Julius Köstlin

Der Glaube und seine Bedeutung für Erkenntnis, Leben und Kirche

Julius Köstlin

Der Glaube und seine Bedeutung für Erkenntnis, Leben und Kirche

ISBN/EAN: 9783743621176

Hergestellt in Europa, USA, Kanada, Australien, Japan

Cover: Foto ©ninafisch / pixelio.de

Manufactured and distributed by brebook publishing software (www.brebook.com)

Julius Köstlin

Der Glaube und seine Bedeutung für Erkenntnis, Leben und Kirche

Der Glaube

und seine

Bedeutung für Erkenntnis, Leben und Kirche

mit Rücksicht auf

die Hauptfragen der Gegenwart

von

D. Julius Köstlin,
Oberkonsistorialrat und Professor in Halle a. S.

Berlin,
Verlag von Reuther & Reichard
1895.

Verlag von Reuther & Reichard in Berlin W. 9.

Früher erschien:

Die Begründung
unserer sittlich-religiösen Überzeugung

von

D. Julius Köstlin,
Oberkons.-Rat und ord. Professor der Theologie in Halle.

1893. IV. 124 Seiten gr. 8. — Preis Mk. 2,—. — geb. Mk. 2,80.

Prof. **Nitzsch** widmet dieser Schrift in den **Gött. Gelehrten Anzeigen**, 1894, Nr. 7, Juli, u. A. folgende Zeilen:

„Diese Schrift, die allerdings zum Teil vom Herrn Vf. selbst oder Andern schon Gesagtes nur zusammenfaßt, füllt, insofern sie seither Zerstreutes eben zusammenfaßt, aber auch eingehend erörtert und namentlich vervollständigt, eine wirkliche Lücke unserer dogmatischen und apologetischen Litteratur aus. Der Titel derselben ist nämlich dahin zu verstehen, daß festgestellt wird, worin das tiefste und entscheidende Fundament unserer religiösen und sittlichen Überzeugungen, namentlich der positiv christlichen, bestehe, ob in Ergebnissen eines diskursiven und objektiven Beweisverfahrens oder aber in unmittelbarer innerer Erfahrung der sittlichen und christlichen Subjekte. In Übereinstimmung mit der Mehrzahl der neueren Dogmatiker und theologischen Religionsphilosophen seit Schleiermacher tritt der Vf. auf der Basis einer ausführlichen Darlegung der Geschichte der Frage mit Recht für die letztere Ansicht ein. Für diese aber beruft er sich zunächst auf die Lehre Luthers und überhaupt die reformatorische Theologie, ohne zu behaupten, daß durch diese das Problem auch bereits theoretisch gelöst sei. Hierauf läßt er die Hauptvertreter der entgegengesetzten Ansicht von Grotius bis auf Eduard König zu Worte kommen, um sodann deren Argumente sowohl hinsichtlich der Beweise für das Dasein Gottes als hinsichtlich der Wahrheit der christlichen Offenbarung als unzureichend zu erweisen.

An diese historisch kritischen Ausführungen (S. 19—53) reiht sich endlich eine vorwiegend positive Begründung der eigenen Auffassung, die jedoch gleichfalls des historischen Materials nicht entbehrt, wie sich aus folgenden fünf Überschriften ergiebt: 1. Der Ursprung der Religion überhaupt (S. 53—58). 2. Das unmittelbare Innewerden im allgemeinen sittlichen Bewußtsein (S. 58—78). 3. Der Ursprung des christlichen Glaubens nach den neutestamentlichen Aussagen (S. 78—83). 4. Die innere christliche Erfahrung nach neueren Theologen (S. 83—100). Darlegung der inneren Erfahrung, auf welcher die christliche Glaubensüberzeugung ruht, und Tragweite derselben S. 100—124."

Der Herr Rezensent geht sodann auf die Einzelheiten des Inhalts tiefer ein, indem er die historischen Notizen, welche in der Abhandlung dargeboten werden, einer eingehenden Betrachtung unterzieht, und wenn ihm zum Schlusse auch das, was der Verfasser über die Bedeutung der christlichen Gemeinde für die Entstehung und Gesundheit des Glaubens bemerkt, nicht völlig genügt, so steht er doch nicht an, der Bedeutung der Schrift dadurch Ausdruck zu verleihen, indem er sagt: „Können wir im Übrigen dem Vf. für seine eingehenden geschichtlichen Notizen nur dankbar sein, so gilt das nicht minder von seinen sorgfältigen und scharfsinnigen dogmatischen und religions-philosophischen Ausführungen, u. a. namentlich von seiner Kritik der Beweise fürs Dasein Gottes."

Verlag von Reuther & Reichard in Berlin W. 9.

Gottesglaube und moderne Weltanschauung.

Von

J. H. Kennedy.

Mit einer Einführung

von

Dr. O. Zöckler,

Professor der Theologie in Greifswald.

1893. XVI, 214 Seiten 8°. Mk. 4,–. In Kaliko geb. Mk. 5,–.

Der zwischen Theismus und Materialismus entbrannte und wohl noch lange nicht ausgefochtene Kampf, welcher sich auf die wichtigsten Fragen der Menschheit bezieht und nicht bloß wissenschaftliche, sondern vor allem die höchsten religiösen Probleme berührt, erfordert ganz besonders in unserer Zeit, welche auch in anderen Gebieten sich vom Frieden loszulösen und rein materiellen Grundsätzen zu huldigen liebt, eine intensive Kraft des Nachdenkens, um keine der geistigen Waffen, welche hier nötig und nützlich sind, zu übersehen. Die Beweise für das Dasein Gottes, wie sie früher die sogenannte „natürliche Theologie" aufzustellen pflegte, genießen bei sehr Vielen unter den Gebildeten aller Kreise leider ein geringes Ansehen. Die materialistische Weltanschauung hat gegen sie die heftigsten Angriffe gerichtet und behauptet, daß die Beweise durch die Ergebnisse moderner Forschung vernichtet seien, wodurch sogar vielfach Freunde einer theistischen Weltanschauung sich haben schrecken lassen und in ihrer Position schwankend geworden sind. Dies ist eine Übereilung. Der heutige Stand der Wissenschaft nötigt weder, noch berechtigt dazu. Zu diesem Resultate gelangen wir durch die Lektüre des vorliegenden Buches von Kennedy. Seine Grundanschauung formuliert der Verf. S. 5: „So weit auch die Wissenschaft ihren kühnen Flug ausdehnen mag, sie hat es überall mit einem Kosmos, nirgends mit einem Chaos zu thun."

Mit Recht hat der gelehrte und scharf denkende Verfasser sich vor allem mit Du Bois Reymond beschäftigt, weil dieser nicht bloß der bedeutendste, sondern, wie es nach seinen letzten Werken scheint, auch der aufrichtigste Vertreter der materialistischen Weltanschauung ist. „Treffend und überzeugend zeigt der Verfasser, indem er uns in klarer und sicher fortschreitender Darstellung alles Für und Wider vorführt, daß dem haltlosen, unbefriedigenden Pyrrhonismus, in den jener Gelehrte zu versinken fürchtet und der in der That die Konsequenz der automatischen Weltanschauung des Materialismus ist, der Glaube an eine schaffende und zwecksetzende Gottheit nicht bloß dem Wunsche, sondern auch der Logik nach vorgezogen werden muß und daß die von Du Bois Reymond als „rettende Planke" ergriffene Darwin'sche Zuchtwahl wohl viele einzelne Erscheinungen, keineswegs aber alle, am wenigsten das Schöne und Erhabene in der Welt erklären kann. Treffend bemerkt er gegen Lange, welcher jede Möglichkeit einer Einwirkung des Willens auf die Materie und auf das Geschehene leugnet, daß, wenn dies so wäre, alle kleinen und großen Ereignisse der Weltgeschichte, alle Fortschritte, Erfindungen u. s. w. hätten geschehen können, ohne daß irgend ein Mensch sich dessen bewußt oder irgendwie im Gemüte dadurch erregt war. Eingehender hätte nach unserer Ansicht das Kapitel über die Willensfreiheit, einen der wichtigsten Punkte in der ganzen Streitsache, behandelt werden können; höchst befriedigend ist aber dann wieder der über Kant und den moralischen Gottesbeweis handelnde Abschnitt, in welchem die von Kant entschieden verworfene Untrennbarkeit des theoretischen und des praktischen Gottesglaubens klar nachgewiesen wird. Das vortreffliche Buch wird den Bekennern des Theismus sehr willkommen und lehrreich sein, es darf und wird aber auch von den Gegnern gewiß nicht unbeachtet gelassen werden."

„Dieses vortreffliche und anziehende Büchlein," schreiben die Grenzboten jüngst, „empfehlen wir den Lesern und verraten vom Inhalt weiter nichts, als daß der Verfasser unter anderm das Schöne in der Natur höchst glücklich zur Widerlegung des Darwinismus verwendet."

Die deutsche Übersetzung hat sich der Sprech- und Denkweise des gelehrten englischen Verfassers mit so glücklichem Verständnis angepaßt, daß man bei der Lektüre des Buches durchaus nicht den Eindruck einer Übersetzung, sondern eines Originalwerkes erhält. Wir machen unsre Leser auf die ganz hervorragende Schrift hiermit noch besonders aufmerksam und geben hier zur besseren Orientierung den Inhalt derselben wieder.

Inhalt.

I. **Das Veto des Positivismus.** — Moderne Angriffe auf den Glauben an einen persönlichen Gott. — Theologie und die Grenzen der Erfahrung — Comte. — Positivismus und Naturwissenschaft. — Der Begriff ‚Erfahrung'. II. **Die Zweckordnung in der Natur und das Kausal-Gesetz.** — Die mechanische Cartesius' Automatenlehre — Weltanschauung. — Ihre Grenze. — Cartesius. — Natürliche Kausalität und die Thatsachen des menschlichen Bewußtseins. — Clifford. — Du Bois-Reymond über die Schranken des naturwissenschaftlichen Erkennens. — Die ‚Welträtsel' und der Supernaturalismus — Laplace. — Der Idealismus als Konsequenz des extremen Materialismus — Berkeley. — Herbert Spencer. — Häckels Theorie über die Atome. — Darstellung der materialistischen Weltanschauung durch Lange. — Automatismus und geistige Kausalität. — Leibniz. — Materialismus und Idealismus in ihrem Verhältnis zur wissenschaftlichen Forschung — Huxley, Hume. — Dieselben vor dem Forum des vernünftigen Denkens — Du Bois-Reymond — Spencer — Bain. — Das Geheimnis unseres Erkennens und das unseres Handelns. — Folgerung aus der kausalen Kraft des menschlichen Willens. III. **Die Zweckordnung in der Natur und die natürliche Zuchtwahl.** — Der Monismus und die Theologie. — Der physiko-theologische Beweis und das Gesetz von der Unsterblichkeit der Kraft. — Der Zweckbegriff als wirkende Ursache. — Theologie im Verhältnis zu der Selektions-Hypothese. — Angriffe auf die Zweckmäßigkeit in der Natur — Helmholtz über das Auge. — Zwei Schlüssel zu dem Welträtsel. IV. **Das Schöne und Erhabene.** — Handeln nach Zweckbegriffen als Ursache von Schönheit. — Darwins Erklärung für das Schöne in der Natur. — Einwände Kants gegen die Teleologie des Schönen. Kritik derselben. — Tyndall. — Theorien von Kant und Burke über das Erhabene. Kritik derselben. — Verhältnis zwischen Schönheit und Erhabenheit. — Bereicherung der Teleologie durch die moderne Wissenschaft. — Tyndall: Welt ohne Ätherschwingungen. — Schluß aus dem Schönen und Erhabenen auf einen ordnenden Verstand. V. **Determinismus und Wille.** — Butlers Stellung zum Fatalismus. — Ansprüche des heutigen Determinismus. — Der Determinismus in der Ethik — Sidgwick. — Materialismus und Determinismus. — Die Erhaltung der Energie und die Thätigkeit des menschlichen Willens — Graham. — Das Gewissen im Verhältnis zu der Evolutionstheorie. — Widerspruch des Determinismus zu der thatsächlichen Einrichtung der Natur. VI. **Kant und der moralische Gottesbeweis.** Bedeutung und Schranken des moralischen Beweises nach Kant. — Verbindung zwischen den Argumenten der theoretischen und der praktischen Vernunft. — Das Problem des Übels — Theorie Mills. — Der Anthropomorphismus in der Gotteserkenntnis. — Fiskes und Salmons Theismus. — Falscher und berechtigter Anthropomorphismus. — Relativität und Realität der menschlichen Gotteserkenntnis.

Verlag von Reuther & Reichard in Berlin W. 9.

Die christliche Ethik.

Dargestellt

von

Dr. H. Martensen,
† Bischof von Seeland.

Deutsche, vom Verfasser veranstaltete Ausgabe.

Mit dem Bildnis des Verfassers in Kupferdruck.

I. Allgemeiner Teil. Sechste Auflage. 1892. M. 9,—. eleg. geb. M. 10,50.
II. Spezieller Teil. 1. Die individuelle Ethik. 2. Die soziale Ethik.
2. Bände. Fünfte durchgesehene Auflage. 1894. M. 15,—. eleg. geb. M. 18,—.

Beim Lesen dieses ausgezeichneten Werkes freut sich der Leser über die echte Frömmigkeit, über die wissenschaftliche Belesenheit und den feinen Takt des Verfassers, der mit kundiger Hand sein Idealbild von Familie und Staat, Kunst und Wissenschaft, Schule und Kirche und der Vollendung des Reiches Gottes entrollt zc.

„Ein so berühmtes Buch wie die Martensensche Sittenlehre bedarf unserer Empfehlung eigentlich nicht. Und doch ist eine solche nicht überflüssig. So oft klagen unsere Gebildeten über Unverständlichkeit des Christentums, Unvereinbarkeit mit der modernen Weltkenntnis u. dergl. Fragt man sie dann: „Haben Sie einmal ein Buch wie Martensen gelesen?" so lautet die Antwort gewöhnlich „Nein!" Hier ist einmal ein Buch voll edelsten Inhalts in trefflicher Form und jedem Gebildeten verständlicher Darstellungsweise. Hier prüfe, wer ein Urteil haben will!"

(Kirchl. Anzeiger d. Ev. Gemeinde zu Köln 1894 Nr. 50.)

Zur Christologie.

Vorträge und Abhandlungen

von

D. Hermann Schmidt,
† ord. Professor an der Universität Breslau.
1892. IV, 220 Seiten. 8°. M. 4.—.

Inhalt: 1. Zur Einleitung. — 2. Der geschichtliche Christus als Stoff und Quelle der Glaubenslehre. — 3. Die Auferstehung des Herrn und ihre Bedeutung für seine Person und sein Werk mit besonderer Rücksicht auf Keims Leben Jesu von Nazara. — 4. Das Verhältnis der Leistung Christi zu der Lehre von seiner Person. — 5. Die hauptsächlichsten Richtungen in der Christologie unserer Tage.

„Der Verf. erweist sich wie in seiner Symbolik als Meister in scharfer Auffassung und Zeichnung der gegnerischen Ansicht. Die Abhandlung über die Auferstehung dürfte nach der dogmatischen Seite hin als erschöpfend gelten" zc.

(Theol. Litteratur-Bericht.)

Verlag von Reuther & Reichard in Berlin W. 9.

Handbuch der Symbolik.

Übersichtliche Darstellung der charakteristischen Lehrunterschiede in den Bekenntnissen der beiden katholischen und der beiden reformatorischen Kirchen

nebst einem

Anhang über Sekten und Häresen

von

D. Hermann Schmidt,

† ord. Professor der Theologie an der Universität Breslau.

Zweite durch ein Namen-, Sach- und Stellenregister vermehrte Ausgabe. 1895. XVI. 520 Seiten. gr. 8°. Mk. 9,—. In Halbfrzbd. geb. Mk. 10,50.

Dekan D. Baur sagt darüber im Theol. Jahresbericht X (1890): „Das sehr geschickt und durchsichtig abgefaßte und zur Orientierung vorzüglich geeignete Buch zerfällt, nachdem die Einleitung die gewöhnlichen Probleme erörtert hat, in zwei Teile und einem Anhange, der die Sekten und Häresen charakterisiert. Der erste Teil behandelt die katholischen Kirchen, von denen die orientalische als die liturgisch-mystische Traditionskirche, die römische als die hierarchische Sakramentskirche bezeichnet wird; der zweite Teil bespricht die reformatorischen Kirchen, zunächst in ihrem Gegensatz gegen die mittelalterliche Kirche, und zwar sowohl als hierarchische Gesetzeskirche, wie auch als päpstliche Traditions- und Sakramentskirche; dagegen sind die reformatorischen Kirchen einerseits die Kirche evangelischer Freiheit und und persönlicher Heilsgewißheit, andererseits die Kirche der erwählten Heilsgemeinde, womit also die Opposition der lutherischen und der reformierten Kirche gegen Rom scharf unterschieden wird. Sodann folgt der Gegensatz der reformatorischen Kirchen unter sich, betrachtet nach dem Gegensatz in der Lehre vom Heilsgrund, vom Heilsmittler und von den Heilsmitteln. In diesen scharfsinnigen Definitionen zeigt sich die eigentümliche Begabung des Verfassers und der eigentümliche Charakter seines verdienstlichen Werkes ꝛc." Die beigegebenen Register sind geeignet, den Gebrauch des Buches wesentlich zu erleichtern.

Probleme aus der christlichen Ethik.

Von

Jul. Schiller,

Pfarrer

1888. VII. 116 Seiten. gr. 8°. Mk. 2,—.

Inhalt: I. Die Adiaphora und das Erlaubte; II. Die Askese; III. Das Gelübde; IV. Das Gewissen; V. Die Kollision der Pflichten; VI. Die Freiheit des menschlichen Willens.

Prof. Lobstein in Straßburg schreibt u. A. in der Theol. Litt.-Ztg. 1888, 25: — „Die Sprache ist überall klar und einfach, frisch und lebendig, ohne jede scholastische Pedanterie. Die Darstellung zeugt von großer Belesenheit; unter den theologischen Ethikern werden Martensen, Wuttke, Beck und Luthardt mit besonderer Vorliebe erwähnt und verwertet; aber auch Schleiermacher und Rothe finden, wenngleich in vielleicht nicht gebührendem Maße, Beachtung. Das Schriftchen sei nicht nur Geistlichen und Theologie-Studierenden, sondern auch Laien, die sich für religiöse und ethische Fragen interessieren, aufs beste empfohlen."

Evang. Kirchenzeitung 1888, 37, 15. September: „In seiner Schreibweise bethätigt der Verfasser eine ebenso bündige und präcise, wie frische und konkrete, überall auf anschauliche Exemplifikation seiner Sätze gerichtete Haltung."

Verlag von Reuther & Reichard in Berlin W. 9.

Zur

christl. Kultus- und Kulturgeschichte.

Abhandlungen und Vorträge

von

D. **Paul Kleinert,**

Oberkonsistorialrat, ord. Professor an der Universität Berlin

1889. III. 329 Seiten. gr. 8°. Mk. 4,50. geb. Mk. 6,—.

Die Beurteilung, welche Kleinerts Abhandlungen von allen Seiten gefunden haben, sind geradezu einstimmig und in hervorragendem Maße anerkennend. Es ist eine Freude, dies hier besonders konstatieren zu können. So sagt u. a.

D. **Woltersdorf** im Theolog. Jahresbericht VIII, 1889: „Gründliche Sachkenntnis, eindringende Gedankenschärfe und echt evangelische Gesinnung haben hier mit der glücklichen Gabe knapper und lichtvoller Sprache zusammengewirkt, um auf verhältnismäßig engem Raume eine in allem Wesentlichen erschöpfende, durch und durch gesunde und im höchsten Grade fesselnde Arbeit zu liefern ꝛc."

Prof. **Seeberg** im Theol. Lit.-Blatt 1889, 29: „Dieses Werk enthält eine Reihe ebenso anziehender als lehrreicher Aufsätze und Vorträge. Bieten erstere Beiträge zur praktischen Theologie, so bewegen sich letztere auf dem Boden der Geschichte und Kulturgeschichte. Es sind besonders die mit Sachkenntnis und warmem Verständnis geschriebenen Abhandlungen, die unsere Aufmerksamkeit fesseln ꝛc."

Prof. *D.* **L. Witte** im Deutschen Lit.-Blatt 1889, 7, 11. Mai: „Das ganze Buch, mit einer Fülle gelehrter Anmerkungen versehen, wird jedem Leser Anregung und Belehrung bringen; wir empfehlen es unserem Leserkreise angelegentlich ꝛc."

Prof. *D.* **Bassermann** in der Zeitschrift für prakt. Theologie XII, Heft 2: „Ein reizendes Buch, das uns hier zur Besprechung vorliegt, anziehend durch den Inhalt, glänzend in der Form. Der erstere ist sehr mannigfaltig; Kultus und Kultur haben freilich mehr als nur fünf Buchstaben mit einander gemein; aber die beiden Gebiete können doch sehr weit auseinander gehen ꝛc."

Endlich die **Grenzboten** 1888, S. 389 ff.: „Es ist eine Freude, so maßvolle und abgeklärte Ansichten über diesen schwierigen Gegenstand zu lesen. Das Buch ist ganz besonders auch als Geschenk für junge Theologen und Theologie-Studierende zu empfehlen ꝛc."

Verlag von Reuther & Reichard in Berlin W. 9.

DIE
ESCHATOLOGISCHEN AUSSAGEN JESU
IN DEN
SYNOPTISCHEN EVANGELIEN.

VON

D. ERICH HAUPT,
Konsist.-Rat und Prof. a. d. Universität in Halle.

1895. VIII, 167 Seiten. Mk. 3,60.

Aus dem Vorwort des Verfassers:

— — „Die Veranlassung, gerade jetzt mit dieser Arbeit hervorzutreten, lag zunächst in der Hoffnung, die neuerdings in den Vordergrund getretene Frage nach Mafs und Art der Abhängigkeit Jesu von den Zeitvorstellungen des damaligen Judentums gerade durch genauere Erörterung seiner eschatologischen Aussagen ihrer Lösung näher zu bringen. Denn gerade hier läfst sich m. E. der Beweis führen, dafs sein Anschlufs an die überlieferten Formen formell überaus grofs ist, aber so, dafs er materiell dieselben umbildet, mit neuem Inhalt erfüllt. Nicht aus dem zeitgenössischen Judentum, sondern aus dem Selbstbewufstsein Jesu mufs der Begriffsinhalt der von ihm gebrauchten Ausdrücke bestimmt werden. Das habe ich schon durch das gewählte Motto andeuten wollen: schliefslich auf kanonische Wurzel sich zurückführend, dann wahrscheinlich durch die jüdische Apokalyptik ausgestaltet, ist dies Wort von Paulus formell übernommen und ihm ein Inhalt gegeben, der weit über den Inhalt dessen hinausgeht, was einst Jesaias und der Mann, der auf seinen Schultern stand, mit den gleichen Worten hatten ausdrücken wollen.

Verlag von Reuther & Reichard in Berlin W. 9.

Aber natürlich sind die eschatologischen Aussagen Jesu auch abgesehen von dem Beitrag, den sie zur Lösung der eben erwähnten Frage geben, schon an sich von der höchsten Bedeutung für die richtige Erkenntnis seiner religiösen Gesamtanschauung und seines Selbstbewußtseins. Es würde mir als ein großer Gewinn erscheinen, wenn gegenüber der exegetischen Zuchtlosigkeit, welche auf dem Gebiet der Eschatologie ihre Hexensabbate feiert, und gegenüber dem Mißtrauen, mit welchem andrerseits viele diesen Worten Jesu gegenüberstehen, die Erkenntnis sich Bahn bräche, wie einfach, großartig und mit seinem gesamten religiösen Bewußtsein einheitlich verbunden die eschatologischen Anschauungen des Herrn gewesen sind.

Es wäre mir daher eine Freude, wenn meine Arbeit auch im weiteren Kreise theologisch Gebildeter Beachtung fände. Ich weiß wohl, daß ich die Erfüllung dieses Wunsches mir selbst erschwert habe. Der Inhalt des ersten Abschnitts, die kritische Analyse der eschatologischen Reden Jesu, ist für solche, die an dergleichen Studien nicht gewöhnt sind, eine schwere Arbeit. Gar Manchem wird schon der Gedanke einer solchen „kritischen" Analyse höchst unsympathisch sein, indem er als Resultat einer solchen Arbeit sich nur eine Herabminderung des Wertes unserer Evangelien denken kann. Nun kann ich zwar die Lektüre dieses Abschnitts keinem Leser ersparen, da meine Resultate sonst in der Luft schweben bleiben; vielleicht aber hat jener Freund recht, welcher mir riet, der eben geschilderten Klasse von Lesern zu empfehlen, mit der Lektüre des zweiten Abschnittes anzufangen: allmählich würden sie dann von selbst die Bedeutung der im ersten Abschnitt behandelten Fragen merken und sich in den Inhalt leichter finden. Ob der Rat gut ist, weiß ich nicht zu beurteilen, wenigstens habe ich ihn nicht verschweigen wollen.

Möchte es mir gelungen sein, an diesem Beispiel zu zeigen, daß die Kritik nicht nur negative und auflösende Resultate hervorbringen kann, sondern auch ein Mittel ist, um den Jesus der Geschichte in immer helleres und, was damit zusammenfällt, immer herrlicheres Licht zu stellen. Das wahrhaft geschichtliche Bild des Herrn ist nicht nur dasselbe, welches unser Glaube erfaßt, sondern ist das Mittel, solchen Glauben zu erwecken."

Der Glaube

und seine

Bedeutung für Erkenntnis, Leben und Kirche

mit Rücksicht auf

die Hauptfragen der Gegenwart

von

D. Julius Köstlin,
Oberkonsistorialrat und Professor in Halle a. S.

Berlin,
Verlag von Reuther & Reichard
1895.

Alle Rechte, auch das der Übersetzung, vorbehalten.

Vorwort.

Mit Rücksicht auf die Hauptfragen der Gegenwart wollte ich, wie unser Titel sagt, den Gegenstand dieser Schrift, nämlich den religiösen, christlichen Glauben nach seinem Wesen und Grund und in seiner allseitigen Bedeutung behandeln. Und gewiß gehören die Grundfragen, welche hier zu erörtern sind, zu den wichtigsten Fragen unserer Zeit überhaupt.

Mit demselben Gegenstand hatte ich schon in den ersten Jahren meiner akademischen Thätigkeit, wo ich erst neutestamentliche Exegese und Theologie vorzutragen hatte, mich aus innerm Drang so eingehend beschäftigt, daß daraus eine der gegenwärtigen in Titel und Anlage gleichartige Schrift hervorging, die mich dann zum Lehramt der systematischen Theologie weiter führte. Nachdem ich seither fort und fort auf jene Grundprobleme aller christlichen Wissenschaft und Lehre zurückkommen mußte, war es mir ein ernstes Anliegen, auch noch eine neue, reife Arbeit über sie allen Mitfragenden und Mitstrebenden vorzulegen. So erscheint denn jetzt diese Schrift als vollständig neue Ausarbeitung mit spezieller Beziehung auf die Gestalt, welche die Probleme gegenwärtig angenommen haben. Dabei habe ich, wie ich mit Dank gegen Gott ausspreche, meine ursprünglichen Grundüberzeugungen und

Bestrebungen nicht bloß festhalten, sondern auch in der ganzen seitherigen Entwickelung unserer Theologie und unseres kirchlichen Lebens gerechtfertigt finden dürfen.

Sehr Vieles, was in den Gegenstand dieser Schrift hereingreift, habe ich seither eigens und eingehend in größeren und kleineren Arbeiten behandelt: so die Lehre Luthers und der lutherischen Reformation in meinem Buch: „Luthers Theologie", meinen Lutherbiographieen und meinem vom Verein für Reformationsgeschichte herausgegebenen Schriftchen über „die Glaubensartikel der Augsburger Konfession" (1891), — so verschiedene Hauptgegenstände der Dogmatik und Ethik, wie das Wesen und Verhältnis von Religion und Sittlichkeit und die Beweise fürs Dasein Gottes in den Theologischen Studien und Kritiken (1870. 1875. 1876), Religion und Offenbarung, Gott, Wunder, Buße, Wiedergeburt, Kirche u. a. in den betreffenden Artikeln der Herzogschen theologischen Realencyklopädie, und ganz besonders „die Begründung unserer sittlich religiösen Überzeugung" und „Religion und Reich Gottes" in den hiermit bezeichneten eigenen Schriften v. J. 1893 und 1894, endlich auch die Zustände und Bedürfnisse unseres gegenwärtigen Kirchentums in dem Vortrag: „Worin hat die evangelische Kirche in der gegenwärtigen kirchenpolitischen Lage ihre unentbehrliche Stärkung zu suchen?" (Halle, 1887).

Indem ich hierauf jetzt verweisen kann, durfte ich in der gegenwärtigen Schrift um so mehr der vielen dort gegebenen historisch theologischen, polemischen und litterarischen Auseinandersetzungen mich enthalten, dagegen eine möglichst selbständige Entwickelung des Gegenstandes, seiner inneren Zusammenhänge und der in ihm enthaltenen Fragen erstreben und dabei einer Darstellung mich befleißigen, die auf eine verständnisvolle Teilnahme von seiten aller jener Mitfragenden und Mitstrebenden hoffen möchte. Ich that dies in steter Erinnerung an eine Mahnung, die mir einst der greise ehemalige Kultusminister von Bethmann=Hollweg, dieser hochgebildete denkende Christ, bei meinem letzten Zusammentreffen mit ihm in ernstem freundschaftlichem Gespräche gegeben hat: „Sie Theologen", sagte er, „können gar nicht einfach und klar genug für uns reden."

Halle, im März 1895.

J. Köstlin.

Google

Inhalt.

	Seite
Eingang. Unsere gegenwärtige Aufgabe im allgemeinen	1
Erstes Hauptstück. Des Glaubens Ursprung und Wesen	8
1. Der Weg der Untersuchung und Begründung	8
2. Die neutestamentlichen Aussagen über Wesen und Werden des Glaubens	17
Der Gegenstand des Glaubens im Neuen Testament	17
Die Entstehung und Begründung des Glaubens im Neuen Testament	27
3. Die Vorgänge in unserem eigenen Innern: der Glaube vermöge unmittelbaren Innewerdens und Erlebens	44
Sittliches und religiöses Innewerden im Herzen und Gewissen noch abgesehen vom eigentümlich christlichen	47
Die innere christliche Erfahrung und die Thatsachen der Offenbarung. Der Glaube als assensus und fiducia	63
Zweites Hauptstück. Die Glaubenserkenntnis	80
1. Ihre allgemeinen Aufgaben und Fragen und ihr Wert	80
2. Verhältnis der Glaubenserkenntnis zu anderem Erkennen	91
a) Das empirische Welterkennen und die Glaubenserkenntnis	91
Der Schluß aus Natur und Welt auf Gott und die Annahme ihrer Selbständigkeit und Selbstentwickelung	93
Naturgesetze und Wunder	107
Die Naturgesetze und die Willensfreiheit und sittliche Weltordnung	115
Weitere Rätsel der empirischen Naturerkenntnis selbst	117
Einigung des verschiedenen Erkennens bei Scheidung der Gebiete	119
b) Praktische Vernunft und Glaubenserkenntnis	123
c) Reines Denken und Glaubenserkenntnis. — Aufgabe der Philosophie im allgemeinen	130
Drittes Hauptstück. Die Glaubenserkenntnis, Fortsetzung: Gott und seine Heilsoffenbarung als ihr Gegenstand	135
1. Das Wesen Gottes in seiner Beziehung zu uns	136
2. Die göttliche Heilsoffenbarung in ihrem geschichtlichen Gange	150

	Seite
a) Die alttestamentliche Offenbarung	152
Die Frage nach dem Ursprung der alttestamentlichen Religion	152
Der geschichtliche Gang der alttestamentlichen Offenbarung	163
b) Die neutestamentliche Offenbarung	179
Jesus in seiner Offenbarung und Heilswirksamkeit	179
Die Offenbarung im apostolischen Wort und Wirken	187
Abschluß der Offenbarung. Die Schriften des Neuen Testaments	199

Viertes Hauptstück. Das Glaubensleben 206

1. Der Glaube als Vorgang innern Lebens 207
   Wesen des Glaubens. Unterschied von Liebe 208
   Glauben und Buße 214
   Gottes Gnadenwirkung und unsere Selbstbestimmung; Gnadenmittel; Kindertaufe 218
2. Das Leben im höchsten Sinne, oder das Heilsgut und sein Inhalt; Rechtfertigung 228
3. Der Glaube als rechtfertigend und Leben bringend ... 240
   Der Eintritt in den Heilsstand durch Glauben 241
   Das Bestehen der Gläubigen im Heilsstande 250
4. Das sittliche Leben aus dem Glauben 256
   Der Heilsglaube und der Glaube an Gottes Weltlenkung . 272

Fünftes Hauptstück. Die Gemeinde der Gläubigen 274

1. Das Wesen der Kirche als Gemeinde der Gläubigen . 275
2. Die Idee der Gemeinde Christi und die gegenwärtige Kirche . 284
3. Die Eine Christengemeinde und die verschiedenen Kirchen . 293
4. Die Gemeinde der Gläubigen und das Glaubensbekenntnis . 306

Eingang.

Unsere gegenwärtige Aufgabe im allgemeinen.

Giebt es unter allen Fragen, die namentlich in der Gegenwart unser religiöses oder zugleich unser sittliches und eben hiermit unser ganzes geistiges Leben bewegen, eine ernstere und dringendere als die nach der Bedeutung unseres religiösen und christlichen Glaubens für Religion, Sittlichkeit und geistiges Leben überhaupt, nach dem Grund, auf dem er ruhen sollte, nach dem Inhalt, den er zu erfassen und zu wahren habe?

Eine Gemeinde der Gläubigen hieß die Christenheit von ihren Anfängen an (vgl. Apgesch. 4, 32), — lebend und geeint im Glauben an ihren Gott, den himmlischen Vater, und an ihren Herrn und Heiland Jesus Christus. Wie man auch über den Werth, den ein solcher Glaube für uns habe, urteilen mag: ursprünglich hat er jedenfalls den Glaubenden eine Beseligung gebracht, mit der kein anderes Glück sich vergleichen ließ, hat sie wunderbar gestärkt zum Wirken, Kämpfen und Leiden, hat auch reiche Schätze höchster Erkenntnis ihnen erschlossen. Aber der Wert, den er an sich und für immer und so auch für uns habe, ist ja hiermit noch nicht festgestellt. Und dem gegenüber erheben sich für uns nicht bloß Einreden, Widerspruch, ja Hohn und Lästerung von seiten solcher Menschen, welche nichts Höheres und Besseres als das weltliche, sinnliche Dasein mit seinen Gütern und Genüssen mehr gelten lassen wollen. Sondern wir müssen hier Fragen würdigen, welche gerade ernsten, höher gerichteten Geistern sich aufdrängen, und Bedenken, welche auch uns nicht erspart bleiben können.

Wie steht's denn vor allem mit jenen wertvollen höchsten Erkenntnissen, welche die Christenheit lange Zeit eben im Glauben gewinnen zu können meinte? Längst ist man ja dahin fortgeschritten, zwischen Wissen und Glauben zu scheiden, ja beide im Gegensatz zu einander zu stellen. Es ist namentlich in der Hegelschen Philosophie, welche noch vor einigen Jahrzehnten die gebildeten Geister Deutschlands weithin beherrschte, die wahre Erkenntnis des Göttlichen, auf welches unser Glaube sich richtet, nur für ein reines Denken in Anspruch genommen worden, das hoch über die schlechten Vorstellungsformen dieses Glaubens sich erhebe. Seither ist in weiten Kreisen vielmehr die Ansicht zur Herrschaft gelangt, daß wir auf jene wahre Erkenntnis überhaupt verzichten müssen, ihrer auch nicht bedürfen; echte Religion, sagt man, habe mit Metaphysik nichts zu thun.

Jene sittliche Kraft ferner, oder jene Energie des Wirkens und Kämpfens für die höchsten Aufgaben und Güter des Lebens, kann dem Glauben der ursprünglichen Christenheit gewiß niemand abstreiten. Aber wir dürfen andererseits in der Gegenwart auch vielen, welche die wesentlichen Grundlagen des alten Glaubens aufgeben zu müssen meinen, darum doch ein aufrichtiges Streben und Ringen nach höheren und höchsten Zielen nicht absprechen. Und sie selbst werden gegen uns behaupten, daß der Geist erst dann recht frisch und frei zum Idealen sich erhebe, wenn er statt den vermeintlichen Glaubensautoritäten dem Licht und Trieb seines eigenen Innern folge, und daß sein sittliches Wirken erst dann weit und kräftig sich entfalte, wenn die Beschäftigung mit dunkeln, verwickelten Dogmen ihn nicht mehr belaste. Sie werden überdies jenem Glauben, auch wenn sie seine Leistungen anerkennen wollen, doch vorwerfen, daß diese immer an einer gewissen Einseitigkeit gelitten haben und leiden müssen, sofern unter seinem Einfluß die Aufgaben einer freien, umfassenden, humanen Bildung im Einzelleben und Gemeinleben den religiösen Zielen und Vorurteilen gegenüber immer schwer zu ihrem Rechte kommen. Vielleicht werden sie auch gar dem Glauben, dessen Energie und Kampfesmut christlicherseits gerühmt wird, den Vorwurf einer verkehrten und verderblichen Kampfsucht machen, während ein friedsames und ersprießliches Gemeinleben und Gemeinwirken vielmehr da zu hoffen sei, wo man auf eine Entscheidung über jene Glaubensfragen verzichte und nur jenem idealen sittlichen Streben sich hingebe.

Der religiöse, christliche Glaube mag für eine solche Anschauung immerhin noch eine Stelle und einen gewissen Wert behalten, als Ergebnis und Ausdruck innerer, gemütlicher Regungen, die, wenn auch in sehr verschiedenen Graden und Formen, doch bei allen oder wenigstens den meisten unter uns unabweisbar wieder und wieder eintreten, die auch immer etwas Geheimnisvolles behalten, die aber verschiedene Deutungen zulassen und für die nimmermehr eine bestimmte Deutung mit Aussagen über ein objektives Göttliches den verschiedenen Subjekten und Individualitäten aufgedrängt werden dürfe. Wie ansprechende, erquickende, beruhigende und erhebende musikalische Töne mag man dann die religiösen Gefühle und Vorstellungen neben den Arbeiten strenger Pflichterfüllung und nüchternen Denkens noch hergehen lassen. Man mag auch gestatten, daß einer in Momenten, wo ihm Licht und Kraft für diese zu entschwinden droht, in jenen noch eine höhere Hilfe für sich suche.

Überall werden wir gegenwärtig diesen Standpunkt in unserer Umgebung verbreitet finden. Nimmermehr dürfen wir ihn der Irreligiosität und Feindschaft gegen den christlichen Glauben gleich stellen. Wird denn nun aber dieser Glaube gegen die Waffen, mit welchen jene kämpft, sich behaupten können? Und wird man von ihm aus derjenigen Befestigung und derjenigen Hilfe, deren man in Wahrheit bedarf, und gerade da, wo man das Bedürfnis recht fühlt, je wirklich teilhaftig werden?

Die Bedeutung echten Glaubens für unsere persönliche Stellung zu Gott und unser Heilsleben recht zum Bewußtsein und Verständnis gebracht zu haben, das ist das Hauptverdienst unserer Reformation und vor allem Luthers. Eben hier erkennt sich die Christenheit recht als Gemeinde der Gläubigen. Und gerade ein Luther, der nur die innigste Beziehung des Herzens zu Gott, also nur einen Vorgang im Innersten des Subjekts für ein wahrhaftes christliches Glauben gelten läßt, bringt zugleich aufs stärkste darauf, daß hiefür ein bestimmter, und in sich geschlossener objektiver göttlicher Inhalt des Glaubens feststehen müsse. Aber wir dürfen nicht übersehen oder beiseite setzen, woran kritische Gegner einer kirchlichen protestantischen Orthodoxie längst gemahnt haben: nach, eben dieser evangelischen, reformatorischen Auffassung können und sollen wir glauben vermöge selbständiger persönlicher Überzeugung — nicht bloß gewohnheitsmäßig, nicht bloß in blindem Beharren bei Vorstellungen, die andere unserem noch unreifen, unselbständigen kindlichen Geist einmal beigebracht haben, nicht in bloßer Unterwerfung unter irgend eine Autorität, welche auf diese Weise einmal Macht über uns gewonnen hat. Eben der evangelische, protestantische Standpunkt, dem der Glaube so hoch steht, macht uns so auch die ernstliche, selbständige Prüfung dessen, was Gegenstand des Glaubens ist und uns zum Glauben bestimmt, und Erwägung der ihm entgegentretenden Bedenken zur Pflicht. Und wird nicht der Glaube eines Christen an seinen Gott auch das gute Vertrauen dazu in sich schließen müssen, daß Gott eine einbringende und umsichtige Prüfung, welche die von ihm unserem Geiste dargebotenen Mittel und Kräfte gewissenhaft gebraucht, durch alle Dunkelheiten und Kämpfe hindurch zu einem wahrhaftigen und wahre Befriedigung bringenden Ergebnis führen werde?

Keine Zeit treibt uns mächtiger und ernster als die Gegenwart in diese Bedenken und Fragen, in diese Aufgaben und hiermit auch in diese Kämpfe hinein. Man darf wohl sagen, sie gebe ebenso auch schon jedem Besonnenen mehr und mehr zu erkennen, welche Gefahren sofort da drohen, wo der Inhalt unseres Glaubens preisgegeben werde. Welcher feste Grund und Inhalt bleibt da noch für eine sittlich-religiöse Überzeugung, ja für sittliche Prinzipien überhaupt? Die allgemeine menschliche Intelligenz soll hier ohne das Licht der Offenbarung, an welche der Glaube sich hält, die Wahrheit feststellen. Bleibt aber eine kräftige Durchbildung der Intelligenz nicht immer verhältnismäßig Wenigen in der menschlichen Gesellschaft durch Natur und Verhältnisse vorbehalten? Und erfahren wir nicht bei diesen Wenigen fort und fort, wie unfähig dieselbe für sich ist, vor Verleugnung der mit Recht so genannten höheren, idealen Güter und vor Übertretung der sittlichen Grundforderungen zu bewahren, ja wie sie die also Gebildeten nur in eine feinere, täuschendere und darum desto gefährlichere Verderbnis hinein sinken läßt? Welche Frucht erwächst erst vollends bei der großen Menge auf dem unchristlichen, glaubenslosen Boden? Unverkennbar wirken auch in der That derartige Erfahrungen und die Gefahren, welche besonders bei jenen Massen drohen, in unserer gebildeten Welt dahin, daß unter ihrem Eindruck Manche der losen Zunge, mit der sie begabt sind, mehr Zügel anlegen, Manche, die innerlich dem Glauben fremd sind, ihn doch dort noch erhalten sehen möchten. Aber vor allem müßten dieselben ja, wenn sie Heil bringen sollten, vielmehr dahin wirken, daß jeder erst für sich den wahren, festen Grund recht zu erfassen und wiederzugewinnen suchte und so auch vor den andern und für die andern davon zeugte.

Ehe wir indessen in die großen Fragen, die in betreff unseres religiösen, christlichen Glaubens uns vorliegen, weiter eintreten, haben wir hier schon im voraus des bestimmteren Sinnes uns zu erinnern, in welchem wir hier jedenfalls von Glauben zu reden haben, im Unterschied von demjenigen Sinne, in welchem man sonst wohl das Wort gebraucht. Sonst nämlich redet man von „Glauben" wohl überhaupt da, wo man etwas für wahr gelten läßt, ja auch wo man etwas bloß vermutet, einer Annahme nur sich zuneigt. Man folgt dabei Gründen, die man doch keiner strengen Prüfung im Denken unterzieht, man folgt vielleicht auch bloß zufälligen subjektiven Neigungen und Interessen. Und mit dem Begriff eines solchen Glaubens verbindet sich dann auch keineswegs schon allgemein der Gedanke an ein inneres Feststehen derartiger Annahmen im glaubenden Subjekt oder an ein festes Überzeugtsein desselben. Dagegen ist dieses innere Feststehen geradezu eins mit dem Begriffe des christlichen Glaubens: so nach allen den Exempeln und Vorbildern des Glaubens, welche die heilige Schrift uns vor Augen stellt, so nach allen den Glaubensmahnungen, welche hier an uns ergehen. Schon der Ausdruck, welchen die alttestamentliche Sprache für Glauben gebraucht, bedeutet ein Festmachen, ein zuversichtliches Feststehen auf etwas; und das nämliche Wort, das hier zu Grunde liegt, wird zugleich zur Bezeichnung für die Treue als für ein Festsein gebraucht. Im Griechischen des Neuen Testaments hängen unmittelbar mit einander zusammen die Ausdrücke für Glauben und Überzeugtsein und wiederum auch für Treue. Gleichgesetzt wird hier diesem Glauben die Zuversicht, mit demselben Ausdruck, mit welchem die griechische Sprache auch die Standhaftigkeit bezeichnet (Hebr. 11, 1. 3, 14. 2 Kor. 9, 4. 11, 17). Ja „Völligkeit," volle Gewißheit, soll diesem Glauben, dieser Zuversicht eigen sein (Röm. 4, 21, Hebr. 10, 22). Bedauern möchte man, daß unser deutscher Ausdruck an sich noch keine solche Bestimmtheit hat, wenn auch das Wort Glauben nach seiner ursprünglichen Bedeutung wenigstens mehr als ein bloßes, jetzt oft damit ausgedrücktes Vermuten bezeichnet und zugleich seinem Ursprung nach, in seiner Verwandtschaft mit den Wörtern Lieben und Erlauben, auf einen Vorgang des Wollens oder ein Willigsein hinweist. Wer aber selbst ein Bedürfnis christlichen Glaubens in sich fühlt und von des Glaubens Wert einmal etwas erfahren hat, der wird auch schon merken und verstehen, wie sehr die ganze Bedeutung desselben daran hängt, daß er nicht ein bloßes Meinen noch eine bloße Hinneigung zu dieser oder jener Annahme, sondern wirklich ein festes Überzeugtsein sei. Von der Beantwortung der Frage, wie der Glaube zustande komme oder begründet werde, haben wir hierbei noch abgesehen. Diese Frage muß aber so schon von vornherein bestimmter dahin gehen, ob und auf welche Weise eine solche feste Überzeugung entstehen könne und solle.

Und noch nach einer andern grundwesentlichen Hinsicht haben wir den Glauben im christlichen Sinne des Wortes sogleich bestimmter aufzufassen. Es genügt auch nicht, ihn als ein festes Überzeugtsein von Gott und seiner Beziehung zu uns, von seiner Macht über uns und seinen Absichten über uns, von der Wahrheit seiner Offenbarung in Christo u. s. w. zu bezeichnen. Sondern in seiner Beziehung zu uns, welche wir gläubig anerkennen sollen, stellt Gott sich uns wesentlich dar als der, bei welchem wir Leben und Wohlsein im höchsten und umfassendsten Sinne zu suchen haben und welcher selbst es uns bei sich verheißt und darbietet, welcher vor allem seine erbarmende rettende Liebe in dem Heilande Christus uns erschließt und genießen lassen will; er ist für uns, wie Luthers bekanntes Wort im Großen Katechismus sagt, „das, wozu man sich versehen soll alles Guten." Christlicher Glaube oder Glaube im Sinn eben jener neutestamentlichen Offenbarung ist so ein dem entsprechendes Vertrauen zu Gott, eine vertrauensvolle Zuversicht zu seiner für wahr erkannten Offenbarung und Darbietung; der Christ geht hiermit in jene Beziehung ein, gründet sich und sein ganzes Verhalten und Leben fest darauf. Wir erinnern uns hierbei an jenes Willigsein, willige Annehmen oder willige Eingehen, worauf das deutsche Wort Glauben uns hinführte: beim christlichen Glauben handelt sichs bestimmter noch ums Annehmen des uns Dargebotenen in festem Vertrauen. Den Ausdruck des Neuen Testaments für Glauben finden wir allerdings auch hier nicht bloß auf ein solches vertrauensvolles Anerkennen und Annehmen göttlicher Wahrheit angewandt; es redet auch von einem Glauben der Dämonen an Gott, bei dem sie zittern (Jak. 2, 19); das Geglaubte ist hier nicht ein Vertrauen wirkendes und vertrauensvoll aufgenommenes, sondern es ist etwas Festes und Gewisses, dadurch das Subjekt überwältigt ist wider seinen Willen und mit Schrecken. Der christliche Glaube aber soll immer ein Glaube in dem zuvor bezeichneten Sinne sein.

Gleich auf ein Glauben in diesem Sinn also müssen wir den Blick richten und gerichtet halten, wenn wir über des Glaubens Grund und Bedeutung uns Rechenschaft geben wollen. Eben damit werden wir auch gleich in die tiefsten Beziehungen desselben zu unserm Innern und zu den verschiedenen Seiten unseres inneren, geistigen Lebens hineingeführt werden.

Erstes Hauptstück.

Des Glaubens Ursprung und Wesen.

1. Der Weg der Untersuchung und Begründung.

Rechenschaft sollen wir von unserem Glauben geben — Rechenschaft anderen und vor allem uns selbst — Rechenschaft über ihn, soweit wir in ihm feststehen, und nicht minder auch über die Bedenken, die gegen ihn in uns sich erheben und um deren willen wir wenigstens teilweis ihn uns entschwinden lassen. Worin wurzelt er? worauf gründet er sich? worin besteht er eigentlich? was hat er für uns zu bedeuten?

Bei einer Untersuchung hierüber werden wir vor allem darnach zu fragen haben, wie wir ursprünglich zu unserem Glauben gelangt sind. Man möchte denken, eine Vergegenwärtigung, Prüfung und Würdigung dieses seines ersten Ursprungs sei die erste Bedingung für ein richtiges Urteil darüber, daß, weshalb und wie weit wir auf dem Standpunkt, auf welchen wir dadurch geführt sind, beharren oder vielmehr jetzt ihn aufgeben sollten.

Bei uns selbst diesen Ursprung zu beobachten, könnte nun freilich schwierig, ja unmöglich erscheinen, — bei uns nämlich, die schon in der christlichen Kirche geboren, in ihr auferzogen und hier in den Glauben eingeführt worden sind, ohne daß wir über den Gang unserer inneren Entwickelung, seine Gründe und Motive viel reflektiert und scharfe Erinnerungen daran uns bewahrt hätten. Die Art, wie unser Glaube ursprünglich entstanden ist, giebt dann auch selbst Raum und Anlaß zu Zweifeln und Einwendungen, die bei gereifteren, nachdenkenden Christen wie unvermeidlich gegen seinen Inhalt sich erheben. Man ist sich genügender Gründe, durch die man dort zum Glauben gekommen wäre, nicht bewußt. Dem

Glauben hat es bisher wohl überhaupt noch daran gefehlt. So mancherlei andere Vorstellungen, die das Kind zuversichtlich und freudig sich angeeignet hatte und die ihm vielleicht von Erwachsenen in bester Meinung beigebracht waren, sind für den Gereiften schon hinfällig geworden: kann und soll er doch an jenen religiösen Vorstellungen noch festhalten? und wie sie begründen und gegen Einwendungen feststellen?

Leicht wird er dann voraussetzen, daß die Gründe demselben Boden entstammen müssen, von welchem die wichtigsten Einwendungen herkommen, oder daß die Angriffe einfach mit gleichartigen Waffen bekämpft werden müßten. Die wichtigsten Einwendungen aber, welche auch bei fortwährender religiöser Gesinnung seinen Glauben an Gott und die göttliche Offenbarung bedrohen, werden von einem Denken ausgehen, das seiner eigenen Gesetze sich bewußt geworden ist und das in selbständigem Erkennen der weltlichen Dinge sich geübt und eine geschlossene Erkenntnis derselben gewonnen hat oder wenigstens gewonnen zu haben meint. Einem solchen Denken müssen jene anderen, kindlichen, unreifen Vorstellungen weichen; es löst sie ganz auf oder setzt an ihre Stelle einen Inhalt, der in ihnen unter ungenügenden widerspruchsvollen Formen verhüllt gewesen sei. Kann nun jener Glaube Stand halten, wenn er mit den Normen und Ergebnissen dieses Denkens und Erkennens in irgendwelchen Widerstreit gerät? Ja, kann er nicht für uns erst dadurch Halt bekommen, daß nachgewiesen wird, wie vielmehr mit diesen sein eigener Inhalt im inneren Zusammenhang stehe und wir so gerade von diesen aus auf ihn hingeführt werden?

So ziehen dann nicht bloß Gegner des Glaubens aus den Ergebnissen eines solchen Denkens ihre Folgerungen gegen den Inhalt desselben; sondern gar viele, welche zu einer ganz unbefangenen Würdigung desselben gelangen, ja, am liebsten ihm so weit als möglich treu bleiben möchten, meinen vor allem zusehen zu müssen, ob und wie weit er durch solche Gedankenzusammenhänge und Denkfolgerungen sich feststellen lasse.

So meinte man bekanntlich durch Folgerungen, welche ein richtiges Denken aus dem Dasein der Welt und aus dem geordneten Verlauf der natürlichen und menschlich geschichtlichen Vorgänge in ihr ziehen müsse, die Grundwahrheit alles Glaubens, daß ein allmächtiger, allweiser, vollkommen guter Gott sei, wirklich unerschütterlich für die Erkenntnis festzustellen, glaubte diejenigen, welche, mit ihrem Trachten und Denken ins Weltliche vertieft, vom Glauben an diesen Gott abgekommen seien, eben von der Welt selbst aus mit Notwendigkeit auf ihn hinführen zu können.

Man hat ferner in bester Meinung sich bemüht, durch Beweise, die ein denkender Verstand führe und die jedem denkenden Verstande genügen sollten, auch den spezifisch christlichen Glauben, den Glauben an die in der heiligen Schrift uns bezeugte Gottesoffenbarung und an ihren Inhalt zu begründen, zu rechtfertigen und wider alle Einwendungen, die einem fortgeschrittenen verständigen Denken dagegen aufsteigen könnten, zu verwahren: es lasse sich, so argumentiert man da, der geschichtliche Nachweis führen, daß die neutestamentlichen Berichte über jene Offenbarung von apostolischen Männern verfaßt seien; die Glaubwürdigkeit derselben lasse sich nicht anfechten; eine — wenigstens im wesentlichen — unanfechtbare geschichtliche Bezeugung liege hier auch für die Wunder Jesu und insbesondere für die Thatsache seiner Auferstehung vor: der Widerspruch, welchen Zweifelsucht und Unglaube dagegen erhebe, habe seine Kraft nicht in Gegengründen einer verständigen historischen Kritik, sondern vielmehr bloß in unberechtigten philosophischen Voraussetzungen und Vorurteilen, in einer einseitigen gewohnheitsmäßigen Beschäftigung des Vorstellens und Denkens mit dem gewöhnlichen Naturlauf, die den Geist gefangen halte, und nur allzu oft auch in einer weltlichen Gesinnung, die nicht bloß gegen die Anerkennung jener äußeren Wunder, sondern auch gegen eine lebendige, innere, geistige, sittlich religiöse Beziehung unserer Persönlichkeit zu Gott sich sträube. Noch weiter hat man gefolgert: nach den Berichten eben derselben biblischen Zeugen stehe fest, daß der Herr und Heiland seinen Aposteln eine besondere Ausstattung höheren Geistes zugesichert habe; im festen Bewußtsein eines solchen Geistesbesitzes hören wir die Apostel und apostolischen Männer auch wirklich in ihren Schriften reben; und so müsse man denn urteilen, daß den neutestamentlichen Schriften nicht bloß die Glaubwürdigkeit treuer menschlicher Urkunden, sondern die Autorität inspirierter Bücher zukomme. Nach dem allem käme es nur noch darauf an, den thatsächlichen Inhalt der hier uns vorliegenden Aussagen auszuheben und zusammenzufassen. Dazu scheint wieder ein einfaches verständiges Denken zu genügen. Trifft dann das Ergebnis mit dem zusammen, was uns ursprünglich in der Erziehung und Belehrung als Gegenstand des Glaubens beigebracht worden ist, so hat demnach dieser Glaubensinhalt seine Rechtfertigung und feste Begründung für uns erhalten.

Wäre dies für gereifte, denkende, selbständig prüfende Christen wirklich der richtige Weg, von der Wahrheit dessen, was in der Erziehung und Unterweisung der Kindheit zum Inhalt ihres Glaubens geworden war, sich zu überzeugen und darin sicher zu werden, so würde ihr Glaube jetzt auf einen ganz anderen Grund gestellt als derjenige war, auf welchem er ursprünglich ruhte. Er hätte von nun an auch einen wesentlich anderen Charakter, ja es wäre fraglich, ob man das nunmehrige Überzeugtsein oder Fürwahrhalten überhaupt noch ein Glauben nennen dürfte und es nicht besser ein denkendes, verständiges Erkennen und Wissen nennen würde. Man möchte dann nur insofern noch von Glauben dabei reden, als ein Glaubender auf das Ergebnis jener Gedankenzusammenhänge und Folgerungen auch willig eingehe, sich trotz etwaiger eigener Neigungen und Triebe, die dem dort sich ergebenden Gotteswillen widerstreben möchten, unter jene Ergebnisse beuge und auf dieselben im eigenen Streben und Leben sein Vertrauen setze: es ist das eine Auffassung des Glaubens, die wirklich bei gläubigen Theologen Vertreter gefunden hat. Da bliebe dann die von uns vorangestellte Frage, wie oder vermöge welcher Gründe und Motive unser Glaube ursprünglich entstanden sei, immerhin noch ein interessanter Gegenstand der Untersuchung; sie hätte jedoch die hohe Bedeutung verloren, welche wir ihr beilegen möchten für die Würdigung des christlichen Glaubens und für unsere Entscheidung darüber, ob wir wirklich noch am Inhalte dieses Glaubens festhalten sollen und können.

Aber nimmermehr genügt dieser Weg zu dem Ziele hinzuführen, das uns hier vorgesetzt ist, nämlich zur richtigen Würdigung unseres Glaubens und richtigen, sicheren Entscheidung darüber, was von seinem Inhalt wir festzuhalten haben. Und nie war es mehr Bedürfnis, vor Täuschungen hierüber zu warnen, als gerade zu einer Zeit, wo dem religiösen Glauben gegenüber das Denken mit den ihm eigenen wirklichen oder vermeintlichen Beweisführungen die stärksten Ansprüche erheben möchte. Gewarnt werden müssen davor nicht zum mindesten eben jene Gläubigen, die in bester Meinung nun auch ihrerseits auf diesem Wege zum Ziele gelangen möchten.

Was jene Beweisversuche richtiges haben, soll vollständig anerkannt werden. Wir werden so ein gewisses Recht der sogenannten Beweise fürs Dasein Gottes bejahen müssen, wenn wir fragen, wie zu unserem Gottesglauben, dessen eigentlicher Grund und Ursprung doch anderswo liegt, unser Welterkennen sich verhalte: ob beides für unsern Geist harmonisch sich zusammenschließe, ob im Gegenteil, wie viele behaupten, dieses ohne jenen ein in sich abgeschlossenes und hiermit jenen ausschließendes Ganzes für einen consequent denkenden Geist bilde, oder ob vielmehr die denkende Weltbetrachtung selbst Probleme auf ihrem Gebiet anerkennen müsse, die für sie unlösbar bleiben und auf welche die Antwort dem religiösen Bewußtsein und Glauben vorbehalten sei. Aber offen müssen wir zugleich anerkennen: wenn wir nicht auf einem anderen Weg unseres Gottes gewiß würden, so würde z. B. alles Fragen unseres Verstandes nach einer letzten Ursache oder höchsten bewegenden Kraft für die einzelnen Dinge und Vorgänge in der Welt, die in einer endlosen Reihe von einzelnen Wirkungen und Ursachen vor uns sich abspielen, uns die feste Gewißheit von einem solchen Gotte nimmermehr gewinnen lassen; wir könnten damit noch nicht den Sieg gewinnen über die Einwendung desselben menschlichen Verstandes, daß ja doch eine solche Ursache unvorstellbar und unbegreifbar und hiermit unverständlich für uns bliebe, und über die Antwort, daß man mindestens ebenso bei einem im Universum selbst liegenden, für uns unbegreifbaren letzten Grund stehen bleiben könne, oder über die andere Antwort, daß der Verstand hier die in seinem Wesen liegenden Grenzen erkennen und deshalb auf jede positive Antwort verzichten müsse. Am meisten wird der Blick eines Menschen, dem es mit dem Streben nach religiöser Gewißheit Ernst ist, bei der Betrachtung der Welt, der Naturgebilde und der geschichtlichen Vorgänge in der Menschheit sich immer mit Recht auf die zweckmäßigen Zusammenhänge und höchsten Zwecke richten, die sich ihm hier darbieten und ihn auf eine höchste Güte und Weisheit in Einheit mit einer höchsten Macht schließen lassen. Aber wer löst seinem Denken den Zwiespalt, wenn ihm alle die Zustände und Vorgänge entgegentreten, durch welche die Absichten einer Leben und Wohlsein wirkenden Güte gehemmt, ja zerstört erscheinen, und wenn gar auch die Erfahrungen seines eigenen Lebens und Wirkens ihn in dieser Hinsicht in undurchbringliches Dunkel hineinführen? In der Gegenwart steht den Beweisversuchen der zuerst erwähnten Art, wo man über alle Erfahrung hinausstrebt, besonders eine durch die Wissenschaft geforderte Prüfung unseres Erkennens und Erkenntnisvermögens überhaupt entgegen, an der es Philosophen und Theologen lange Zeit viel zu sehr haben fehlen lassen, und ihr darf sich am wenigsten eine christlich gläubige Forschung entziehen. Jener Betrachtung eines zweckmäßigen Naturzusammenhangs gegenüber geht die wissenschaftliche Erforschung der Natur gegenwärtig vielmehr durchweg darauf aus, die wirkenden Ursachen oder die in den natürlichen Dingen selbst liegenden wirksamen Kräfte zu erkennen, aus denen immer und überall nach klaren Gesetzen die Vorgänge und Gebilde hervorgehen, während unser Verstand die Zweckmäßigkeit, die wir in diesen finden und aus einer höchsten Intelligenz herleiten möchten, immer nur sehr unvollkommen und stückweise aufzuzeigen vermag; und gewiß muß auch ein religiöser Mensch und gläubiger Christ zunächst jenes Verfahren als Aufgabe der wissenschaftlichen Naturforschung anerkennen. Andererseits vernehmen wir freilich gerade auch aus dem Munde größter Forscher auf diesem Gebiet zugleich warme, fromme, begeisterte Zeugnisse für eine göttliche Weisheit und Güte, die eben auch jene wirkenden Kräfte und Ursachen für ihre Zwecke geordnet haben; aber füglich fragen wir, ob sie im Unterschied von anderen Forschern, die hiervon nichts wissen wollen, einfach durch Verstandesfolgerungen hierauf geführt und hierbei festgehalten werden. Auf die hier angeregten Fragen hatten wir insoweit schon hier einzugehen, um falsche Erwartungen und Voraussetzungen von vorne herein fernzuhalten; weiter werden sie unten zur Ausführung kommen müssen, wo wir eigens von dem auf die Welt bezüglichen Erkennen zu handeln haben (im 3. Hauptstück).

Angelegentlich wird ferner ein denkender Christ, der über seinen Glauben sich klar werden möchte, jenen geschichtlichen Zeugnissen nachgehen, die ihm für die großen Thatsachen der christlichen Offenbarung dargeboten werden.

Daß mit jenen nicht so umgesprungen werden kann, wie ein leichtfertiger Unglaube es möchte, wird ihm schon ein einfacher, ehrlicher Verstand sagen. Sie werden jedenfalls vollkommen zureichen, um ihn dazu zu ermuntern und zu verpflichten, daß er nun auch in den Inhalt selbst sich vertiefe und nach innern Gründen ihn prüfe. Aber wer jenen Beweis aus solchen Zeugnissen führen will, der hat nicht bloß das Recht, sondern auch die Pflicht, sie hinsichtlich ihres Ursprungs und aller darauf bezüglichen Umstände der gleichen strengen Kritik zu unterziehen wie jede schrifliche Urkunde längst vergangener Jahrhunderte. Und wiederum müssen wir vorzugsweise von der Gegenwart sagen, daß ihr der Sinn für die Anforderungen einer solchen geschichtlichen Kritik und hiermit für Aufgaben, welche Gott uns da gestellt habe, aufgegangen sei. Auch wer mit dem besten Willen, festen Grund für seinen Glauben zu gewinnen, in jene historisch kritische Erforschung des Ursprungs der uns für apostolisch und heilig geltenden Urkunden eintritt, kann bei lauterer Liebe zur Wahrheit dem Bekenntnisse sich nicht entziehen, daß in gar vielen wichtigen Beziehungen die alten Zeugnisse diejenige Sicherheit nicht gewähren, die ihnen unsere Kirche und Theologie herkömmlicher Weise beilegen wollte, vielmehr selbst den gewissenhaften Forscher in schwere Fragen und Zweifel hineinführen. Jedenfalls gehört zur Entscheidung darüber auch schon ein Urteil über den Inhalt jener Urkunden, seinen inneren Charakter, seine innere Glaubenswürdigkeit: recht im Gegensatz gegen die Meinung, daß die Autorität der Urkunden, wie sie durch jene Zeugnisse festgestellt sei, auch schon unser Urteil über ihren Inhalt feststellen könnte und müßte.

Für eine solche Beurteilung des Inhaltes aber reichen die bloßen verständigen Argumentationen, auf welche man den Glauben stützen wollte, vollends nicht aus. Göttliche Offenbarungen werden uns hier dargeboten, die über unsere gesamte sonstige äußere und innere Erfahrung uns hinaufführen, Gottesthaten, die zwar überall an die sonstige geschichtliche Entwickelung der Menschheit nach einer innern Gesetzmäßigkeit anknüpfen, aber in derselben ein neues und höchstes setzen und wirken, was keinem der sonst dort wahrnehmbaren Faktoren möglich war: so nicht etwa bloß in den gewöhnlich so genannten Wundern auf dem äußern Naturgebiet, sondern vor allem in dem höhern sittlich=religiösen Leben oder Leben der Gottesgemeinschaft, das in Jesus und durch ihn für die sündhafte Menschheit eintritt. Dem gegenüber haben wir die allgemeinen Gesetze der menschlichen Entwickelung und des weltlichen Geschehens überhaupt zu erwägen, welche aus einer strengen und gewissenhaften Beobachtung des Naturlaufs und der Geschichte sich für uns ergeben. Die Art, wie Gegner des Christentums sie gegen den christlichen Glauben verwenden, darf einen wahrheitsliebenden gläubigen Christen nicht abhalten, sie in ihrer vollen Geltung anzuerkennen. Gott ist es, der auch sie uns offenbar werden und uns immer tiefer und umfassender sie erkennen läßt. Sie schließen keineswegs aus, daß jenes höhere, über alles andere übergreifend, in die durch sie bedingten Zusammenhänge herein trete, aber sie fordern, daß wir ein solches nur da anerkennen, wo wir wirklich entscheidende Gründe dafür haben, und sie warnen uns vor Täuschungen mannigfachster Art, die uns veranlassen möchten, irgend ein besonderes Eingreifen höherer Mächte in ihr Gebiet auch da anzunehmen, wo es an jenen Gründen fehlt. Wird doch ein gewissenhafter Geschichtsforscher der Gegenwart, auch wenn er auf dem Gebiete der christlichen Offenbarung gerne den hier auf ihn wirkenden Gründen Anerkennung schenkt, darum doch Gleichartiges innerhalb der ganzen sonstigen Menschheitsgeschichte nirgends zugeben; er wird, auch wenn das Wunderbare noch so stark äußerlich bezeugt erscheint, einer einfach jenen Gesetzen entsprechenden Lösung nachgehen; er wird, auch wo er sie nicht zugeben und die wirkliche Art und Weise eines Herganges nicht mehr aufzuklären vermag, sich doch beruhigen im Gedanken an die unendliche Menge von Möglichkeiten, wie ein solcher Hergang auch für aufrichtige Berichterstatter sich verdunkeln, wie auch der Blick ehrlicher Beobachter sich verwirren, wie Täuschung und Selbsttäuschung auch in wohlgesinnten Kreisen, zumeist bei heftigen psychischen Erregungen, ein unberechenbares und für uns unentwirrbares Spiel treiben kann. Jene wirklich entscheidenden Gründe aber werden, während der christliche Denker und Forscher sie bei seiner verständigen Reflexion anerkennt, nie aus dieser für sich hervorgehen. Die Frage, wo sie vielmehr ruhen, ist eins mit der Frage nach dem wirklichen Ursprung des Glaubens in unserem Innern, die wir hier in anderer Weise weiter zu verfolgen haben werden.

In der That wird ein Christ gerade je mehr ihm Schärfe des Verstandes und strenge wissenschaftliche Bildung eigen ist und je mehr er wider die Gründe der Gegner seine eigenen Verstandesgründe richtig zu gebrauchen weiß, nur um so weniger in jenen Argumentationen schon den eigentlichen Grund seines eigenen Glaubens oder die entscheidenden Motive sehen, mit denen er andere für den Christenglauben gewinnen könnte und sollte. Wie sollten sie zu einem Glauben uns bringen, der festes, herzliches Vertrauen zu Gott ist, der zur lebendigen Gemeinschaft mit ihm erhebt, in welchem man zu diesem Gotte beten, auf welchen man mit seinem ganzen Leben und Verhalten sich gründen kann und will?

Kehren wir aber zu der Frage zurück, wie der religiöse und christliche Glaube ursprünglich entstehe und fest werde, so sind wir ja hierfür nicht bloß auf eine Beobachtung der ersten Entstehung unseres Glaubens in uns selbst angewiesen, die freilich einer genügenden Beobachtung sich entziehen wird. Wir werden vor allem zuzusehen haben, was schon bei der ersten Erweckung und Pflanzung des christlichen Glaubens überhaupt vor sich ging, wie dort die Träger der göttlichen Offenbarung wirken wollten und wirkten, was die Empfänger derselben in sich erlebten, um was es dabei überhaupt für diese und jene sich handelte; genügendes hierüber wird das neutestamentliche Wort uns darbieten. Für die Frage nach dem Ursprung und Grund unsres eigenen Glaubens aber müssen wir unsere Beobachtung auf die Momente unseres gegenwärtigen inneren Lebens lenken, wo sein Inhalt irgendwie uns zweifelhaft geworden ist und gerade dann die Offenbarungswahrheit mit neuer Macht an uns herantritt, wo der Wert des Glaubensschatzes gerade bei der Gefahr des Verlustes sich recht tief uns bezeugt, wo die Glaubensforderung gerade im Bewußtsein, daß wir selbst uns zu entscheiden haben, recht ernst und unabweisbar uns trifft. Hier werden wir verstehen lernen, daß der Ursprung und Charakter unseres Glaubens immer wesentlich derselbe ist und sein soll, wie schon der jener ersten Gläubigen, die einst unser Herr und Heiland selbst mit seinem Worte zu sich zog.

2. Die neutestamentlichen Aussagen über Wesen und Werden des Glaubens.

Der Gegenstand des Glaubens im Neuen Testamente.

Auf Glauben zielte die ganze Offenbarung Jesu hin; objektive Wahrheiten, die Gegenstand des Glaubens werden sollten, bildeten ihren Inhalt. Aber um Wesen und Werden dieses Glaubens zu verstehen, müssen wir näher zusehen, welcher Art denn jene Objekte sind.

Man hat als das wesentliche der christlichen und überhaupt biblischen Offenbarung allgemeine Aussagen über Gottes Wesen angesehen. Sie lehrt Einen Gott im Gegensatz gegen das Heidentum. Aber man wird finden, daß der unter Juden wirkende Jesus diese Einheit Gottes als Gegenstand des Glaubens einfach schon voraussetzt und nicht zu einem besonderen Gegenstand seiner Zeugnisse macht, und daß der eigens gegen das Heidentum zeugende Paulus sie nirgends so, wie wir etwa erwarten möchten, theoretisch begründet, ja diesen groben Irrtum der Heiden auch nicht einmal zum Hauptvorwurf gegen sie erhebt. Das Eigentümliche des christlichen Glaubens an diesen Einen Gott hat man dann darin gesehen, daß derselbe der dreieinige sei — ewig Vater, Sohn und Geist, Ein Wesen in drei Personen. Aber wie es auch mit einer Ableitung der kirchlichen Trinitätslehre aus den biblischen Aussagen und Anschauungen stehen mag: direkt hat jedenfalls kein neutestamentlicher Zeuge ein solches ewiges Zusammensein und Einssein von Vater, Sohn und Geist ausgesprochen, und diejenigen Aussprüche, welche in gar bedeutsamer Weise, wie namentlich Jesu Taufgebot Matth. 28, 19 Vater, Sohn und Geist zusammenstellen, haben beim „Sohn" nicht ihn im Auge, wie er ewig als zweite Person beim Vater gewesen wäre, und desgleichen beim Geist nicht ihn als eine ewige dritte Person, sondern beim Sohne den Menschensohn und Gottessohn Jesus Christus, wie er als solcher hienieden gelebt und gelitten hat und nun als Herr und Heiland erhöht ist, beim Geiste den heiligen Gottesgeist, wie er jetzt von diesem Christus aus in seiner ganzen Fülle der Christengemeinde zu teil werden, ja ihr wahrhaftig wie eine selbständige Lebensmacht inwohnen soll. Vollends hat keiner jener Zeugen je daran gedacht, wie es christliche Theologen und Philosophen bis auf die Gegenwart versuchten, aus dem Begriffe Gottes oder der Idee göttlichen Wesens eine solche Dreiheit herzuleiten, — etwa zu zeigen, daß es im Wesen des höchsten, vollkommenen, absoluten Geistes und seines Selbstbewußtseins liege, sich seinen eigenen Inhalt so gegenüber zu stellen, daß derselbe ein Fürsichsein habe und zwar eben als Sohn u. s. w. Auch hat überhaupt keiner das ewige göttliche Wesen an sich zum Ausgangspunkt seiner Lehrausführungen zu machen gesucht, um dann erst auf die hieraus fürs Denken hervorgehenden Ergebnisse den Glauben an den konkreten Inhalt aller dieser Ausführungen zu begründen. — Man hat ferner vom Christentum gesagt, daß es für uns die höchste Wahrheit in betreff unseres eigenen Seins und Wesens feststelle, indem es der Unsterblichkeit unserer Seele uns gewiß mache. Aber wer etwa bei jenen Zeugen allgemeine Lehraussagen über das Wesen unsrer Seele, ihr Verhältnis zur Materie und ihre hierdurch gesicherte Fortexistenz suchen wollte, müßte sich sehr getäuscht finden. Es sind durchweg besondere Beziehungen, nach welchen hin unsere Persönlichkeit Gegenstand jener Zeugnisse wird. Es ist ein ganz anderer Weg, als der jener logischen Folgerung, auf welchem sie zur Lösung und zum Verständnis der höchsten auf sie selbst bezüglichen Fragen geführt werden soll.

Jesu und seiner Boten Wort will nicht die göttlichen Realitäten und Thatsachen überhaupt und an sich zum Gegenstande der Belehrung machen; der Glaube, den es fordert, besteht nicht darin, daß man dieselben so für wahr gelten läßt. Es läßt vielmehr den Gott, den es verkündigt, immer in der innigsten Beziehung zu uns Menschen und zwar zum Innersten unserer Persönlichkeit, zu Herz, Gefühl und Wille und zu unserem Wohlsein im höchsten und zugleich umfassendsten Sinne des Wortes offenbar werden. Es ist gleich von Anbeginn Verkündigung des Gottesreichs oder Himmelreichs, das Gott durch seinen Sohn Jesus Christus anbrechen läßt. Über und in uns will hier Gott selbst mit seinem Willen und Wirken herrschen, unser Leben und alles Dasein durchdringend; die Fülle der höchsten Güter erschließt sich hier, uns zu beseligen; verwirklicht ist hier, was wir die höchsten sittlichen Ideale nennen, das vollkommen Gute und Rechte, das was für uns zunächst als Gegenstand höchster, unbedingter und doch für uns unerfüllbarer Forderung uns gegenübertritt. Und die Ankündigung und Darbietung dieses Reiches und seiner Seligkeit wird ein Ruf zu innerer Umkehr, also ein Aufruf an den Willen und die Gesinnung: die Hörer sollen Buße thun, andern Sinnes werden (Matth. 4, 17, Mark. 1, 14 f.). Der Glaube, den Jesus von ihnen fordert, ist Glaube ans Evangelium (Mark. a. a. O.), d. h. vertrauensvolle Annahme seiner frohen Botschaft; er soll lebendig werden eben in dieser inneren Umkehr.

Mit der Ankündigung des Gottesreiches verbindet sich in Jesu Munde die Botschaft von Gott als unserem Vater und der Ruf zu ihm. Nur im Zusammenhang mit dieser kann auch jene richtig verstanden werden: es ist nicht etwa eine Herrschaft, bei der die Unterthanen einem ihnen innerlich fremden Willen sich zu beugen hätten, sondern wie ein Vater will Gott unter ihnen als seinen Kindern oder Söhnen walten, will ihnen den kindlichen Zugang zu sich erschlossen haben, will sie selbst mit seinen Gütern beseligen, will sie auch als seine Reichsgenossen mit herrschen lassen über die Welt umher, und aus der kindlichen Erhebung zu ihm und Gemeinschaft mit ihm soll ihr neues sittliches Verhalten erwachsen, in welchem die Kinder dem Vater ähnlich sind und ihm Ehre bringen.

In diesem Sinn ist es richtig, daß, wie man gesagt hat, die ganze neutestamentliche Verkündigung und Lehre praktischen Charakter und ein praktisches Ziel habe. Blicken wir so auf diesen

Gott im Unterschied von allen nichtchristlichen Gottheiten, so ist hier, wie schon ein Luther und Melanchthon gesagt haben, das Wichtigste für uns, daß wir einen Gott haben, den wir wahrhaft anrufen können, weil er selbst in Vaterliebe uns zu sich zieht und annimmt. Dabei erscheint hier das, was man als Religion und was man als Sittlichkeit zu bezeichnen pflegt, durchweg im tiefsten Grunde eins. Man pflegt von Sittlichkeit zu reden, wo es sich handelt um unseren eigenen Willen in seiner Beziehung auf Forderungen, die an ihn ergehen, auf Ziele, die er sich setzt, auf Ideale, die er sich vorhalten soll, — von Religion, sofern wir von Gott uns abhängig fühlen und wissen und bei ihm Leben und Gutes suchen. Hier aber bietet sich uns Gott dar zugleich als der fordernde, dessen Wille an den unseren sich wendet, und als der wirkende und schenkende, der mit seiner Liebe eben unser eigen Herz zu sich ziehen, mit seiner Liebesmitteilung unserem Willen Trieb und Kraft geben und die ihm sittlich sich Ergebenden mit seinen vollkommenen Gütern beseligen will.

Zum Gegenstande des Glaubens machte endlich Jesus sich selbst — sich als den Gottgesandten, den Messias oder Gesalbten, den eingeborenen, d. h. Einen Sohn Gottes, — ebendamit sein eigenes Wesen und wesentliches Verhältnis zu Gott, seinem Vater. Man darf auch, wenn man mit Melanchthon sagen mag, daß Christum erkennen das Erkennen seiner Wohlthaten sei, dies nicht so verstehen, als ob eine gläubige Erkenntnis der Wohlthaten ohne Verständnis für den Wohlthäter richtig und möglich wäre und nicht vielmehr aus und in den Thaten selbst der Charakter und das Wesen des Thäters erkannt werden sollte. Wohl aber wollte Jesus alles, was seine Zuhörer und Jünger in betreff seiner Person und seines Verhältnisses zu Gott glauben sollten, sie den thatsächlichen Kundgebungen entnehmen lassen, die ihrer eigenen, persönlichen Erfahrung und Wahrnehmung in seinen Werken, in seinen Wohlthaten und Machtthaten und in seinem ganzen persönlichen Verhalten dargeboten waren. Nachdem seine Jünger diese Erfahrungen hatten genießen und ihn in dieser seiner Selbstoffenbarung hatten kennen lernen dürfen, legte er ihnen endlich die Frage vor, für wen sie ihn halten (Matth. 16, 13 ff.), und eben darin sollten sie ihn nun als den Christus und Sohn des lebendigen Gottes erkannt haben.

Was endlich das Wesen dieser seiner Gottessohnschaft, an die sie glauben sollten, betrifft, so tritt, wie wir schon vorhin bemerkten, in seiner Selbstoffenbarung nicht etwa das voran, und soll Gegenstand des Glaubens und Erkennens nicht etwa das zuerst werden, was nachher die christliche Theologie zum Ausgangspunkt ihrer Aussagen über seine Person gemacht hat, nämlich ein ewiges Sein des Sohnes, der hier rein als göttliche Person existierte, bei Gott als seinem Vater. Das erste war für seine Jünger nicht diese seine Stellung zum Vater, auf die wir dann allerdings von der gegenwärtigen Selbstoffenbarung des Gottes- und Menschensohnes uns zurückgewiesen finden werden, die aber hoch über die Grenzen menschlichen Erkennens und Verständnisses hinausliegt. Sondern nach allen den geschichtlichen Berichten unserer Evangelien hat Jesus, wenn er sich als den Sohn Gottes den Seinen und den Gegnern darstellte, immer diejenige Gemeinschaft mit seinem Vater im Himmel im Auge gehabt und ihnen vors Auge stellen wollen, die ihn in seinem gegenwärtigen Dasein, Leben und Verhalten, das heißt ihn, den Menschensohn, wie er sich ja mit Vorliebe nannte, mit jenem verband. Zugleich müssen wir dann hierbei auch davor warnen, daß man, wie es da und dort üblich geworden ist, den Namen Sohn für einen Amtsnamen erkläre, nämlich für eine Bezeichnung der höchsten Würde und Herrschaft, die der himmlische Herrscher ihm wie einem Sohn übertragen habe. Denn Jesus Christus erhält nach den biblischen Aussagen allerdings diese seine Herrscherstellung eben als der Sohn oder vermöge des Sohnesverhältnisses, in dem er zu Gott steht, nicht aber ist diese oder sein Sohneserbe identisch mit der Sohnschaft selbst, von der er redet. Er bezeichnete vielmehr hiermit eine Gemeinschaft des innersten persönlichen Lebens zwischen ihm und seinem Gotte, für welche eine solche persönliche Gemeinschaft zum Bilde dienen darf, wie sie zwischen einem menschlichen Vater und einem ihm aufs innigste vertrauten und verbundenen, von ihm selbst stammenden Sohne stattshaben oder wenigstens zum Ideal einer solchen menschlichen Vaterschaft und Sohnschaft gehören sollte. In der innigsten

Liebe erschließt sich der Vater dem Sohn als seinem Vertrauten, hat an ihm sein Wohlgefallen, ist mit seinem Leben in ihm selbst wirksam und gegenwärtig, macht auch mit seinem göttlichen Machtwirken alles ihm unterthan, sowie der Sohn Jesus ihm, dem Vater, von welchem und in welchem er sein Leben hat, sich ganz hingiebt, ihn offenbart, nach seinem Willen und in Einheit mit ihm wirkt und wandelt. Die innigste persönliche Beziehung zwischen ihm und diesem seinem Vater ist es, deren schon der zwölfjährige Jesus sich bewußt war, als er nach Luk. 2, 49 in dem sein wollte, was seines Vaters sei. Das volle Bewußtsein davon kommt hernach zum Ausdruck in Worten wie dem, daß niemand den Vater kenne als der Sohn und niemand den Sohn als der Vater und daß ihm der Vater alles übergeben habe (Matth. 11, 26 f.). Am reichsten und tiefsten spricht es sich in den vom Johannesevangelium berichteten Reden Jesu aus, ohne daß doch diese etwas enthielten, was nicht auch in dem von den anderen Evangelisten geschilderten gesamten Wirken und Verhalten des Gottessohnes seine Bewährung fände. Man nehme, um die Gottessohnschaft Jesu, wie er sie geglaubt haben wollte, zu erfassen, z. B. seine hohe Selbstaussage Joh. 10, 28—38 vor, deren Inhalt doch immer aus seinem der Erfahrung seiner Zuhörer vorliegenden gegenwärtigen Wirken und Verhalten heraus verstanden werden sollte. Von einer solchen Einheit zwischen ihm und dem Vater redet er da (V. 29 f.), vermöge deren die Seinigen oder seine Schafe ihres Heiles schlechthin sicher seien: denn indem sie in seiner Hand sind, sind sie in der Hand seines Vaters, der größer ist denn alles, und niemand kann sie daraus reißen. Man sieht, es ist eine Einheit des Willens und der Macht, die sie bei sich selbst zu genießen bekommen sollen, und sie weist zurück auf ein Einssein des ganzen Lebens und Wesens. Er könnte sich vermöge dessen wohl Gott nennen: nannte doch, wie er sagt, die altestamentliche Schrift sogar Menschen so, an welche Gottes Wort erging (V. 34 f.). Der bestimmte Name aber, den er selbst sich geben will, ist der des Sohnes Gottes. Und sein Verhältnis zu diesem seinem Vater, das man aus seinen Werken erkennen soll (V. 38), bestimmt er alsdann dahin, daß der Vater in ihm sei — eben mit seiner ganzen Lebensmacht und Lebens=

fülle, seinem Wollen und Wirken, — und daß er selbst im Vater sei, ganz von ihm umfaßt und durch ihn bestimmt, ganz in ihm lebend (wie wir etwa, um ein schwaches Bild dafür zu gebrauchen, vom Leben eines lebendigen Wesens in seinem es ganz umfassenden und durchbringenden Elemente reden mögen). Dabei führte er dieses sein gegenwärtiges Leben und Wirken in der Einheit mit seinem Vater darauf zurück, daß er schon von diesem und vom Himmel her gekommen sei (Joh. 3, 13. 6, 38. 62. 8, 42. 16, 28), und in allen Momenten und Akten seines gegenwärtigen Lebens erscheint als das Erste und Bestimmende fortwährend die innere Weisung und Mitteilung, die von seiten des Vaters vermöge des steten, wesentlichen Sohnesverhältnisses an ihn ergeht. Immer aber entspricht diesem Sein und Walten Gottes im Sohne jene eigene, persönliche, freie Selbsthingabe des Sohnes an den Vater und an dessen Willen, und durch sie und den in ihr geübten Gehorsam ist sein Verbleiben in jener für ihn wesentlichen und schon von seinem Ursprung herstammenden Gemeinschaft mit demselben bedingt, er findet darin sein eigenes Leben und Wohlsein. Spricht er es doch selbst gerade bei Johannes aus: deswegen lasse ihn sein Sender nicht allein, weil er allzeit das diesem Wohlgefällige thue; des Vaters Gebote haltend verbleibe er in der Liebe desselben; seine Speise sei, daß er seines Senders Willen thue und das Werk desselben vollende (Joh. 8, 29. 15, 10. 4, 38). Wir entnehmen das zunächst den ausdrücklichen Erklärungen Jesu im Johannesevangelium, das ja überhaupt weit mehr als die drei andern mit Jesu persönlichem Verhältnis zu Gott und seinen eigenen Aussagen darüber sich beschäftigt. Aber entspricht nicht dem, was Jesu hier über sich und sein Verhältnis zum Vater ausdrücklich sagt, ganz dasjenige Wirken, Predigen und persönliche Verhalten, das sämtliche Evangelien von ihm berichten? giebt sich nicht in allem seinem Thun und Zeugnis kund, daß es eben aus jener Gemeinschaft mit dem Vater hervorgeht?

Das ist und bleibt nun so eine Gemeinschaft und Sohnschaft einziger Art. Kurzweg und schlechthin nennt so Jesus sich und nur sich den Sohn (vgl. z. B. Matth. 11 a. a. O.). Er, der seine Jünger dazu anhielt, daß sie gemeinsam Gott mit „unser Vater" anrufen sollten, und der ihnen Gott mit den Worten „euer Vater" darstellte (vgl. z. B. Matth. 6, 32), hat dennoch nie auch sich selbst in seiner Beziehung zu Gott so mit ihnen zusammengestellt, daß er auch seinerseits gesagt hätte „u n s e r Vater"; sondern er, der Sohn schlechthin, sagt mit Bezug auf sich „mein Vater", — ja auch schließlich noch, wo er recht innig sich in der Beziehung zu Gott mit ihnen zusammenfassen möchte (Joh. 20, 17), doch nicht einfach „unser Gott und Vater", sondern „mein Vater und euer Vater, mein Gott und euer Gott." Einzig von ihm gilt so auch, was er aussagt über sein, des Sohnes, Kommen vom Vater und vom Himmel her und über ein vorangegangenes Sein beim Vater; und daran reiht sich, was Paulus, der Hebräerbrief, das Evangelium und die Briefe des Johannes und die Offenbarung Johannis darüber aussagen, daß durch ihn, wie er das Heil bringen und mit seinem Heil und Reich das Ziel der ganzen Weltentwickelung ordnen sollte, so auch schon Gottes Weltschöpfung vermittelt sei.

Aber so einzigartig und hoch er hiermit seinem ganzen Wesen nach über uns steht, — etwas Analoges soll doch auch für uns, denen er die Gottesoffenbarung und das Heil bringt, in unserer Beziehung zu Gott eintreten; an seiner Sohnesstellung sollen doch auch wir Teil bekommen; und eben auch hiervon zeugt er seinen Jüngern gerade in seinen höchsten Selbstzeugnissen bei Johannes. Ja „Vater" ist der rechte Name, mit dem auch seine Jünger seinen und ihren Gott anrufen sollen und dürfen. Er, der von Anfang an „der Sohn" ist und in welchem die Sohnesgemeinschaft mit dem Vater sich vollkommen verwirklicht hat und offenbart, führt nun auch sie zu einer nicht gleichen, aber analogen Einigung mit Gott. Auch sie dürfen vertrauensvoll jener Vaterliebe genießen, auch sie sollen in kindlicher Hingabe den Charakter des vollkommenen himmlischen Vaters bei sich und in ihrem ganzen Verhalten zum Ausdruck bringen (Matth. 5, 45—48); auch ihnen kommt dann wirklich der Name „Gottes Söhne" zu, ja auch ihnen die Teilnahme an der Herrlichkeit und Seligkeit des Gottesreiches, dessen Haupt ihr Herr und Heiland ist (Matth. 5, 9. 25, 34. 13, 43. vgl. Röm. 8, 17. 5, 17). Dabei sollen, entsprechend jenem Sein des Vaters in Christus und Christi im Vater, sie selbst in Christus sein und er in ihnen, und wie sein eigenes Bleiben in des Vaters Liebe durch sein Verhalten nach des Vaters Geboten bedingt ist, so ihr Bleiben in seiner Liebe durchs Halten seiner Gebote (Joh. 15, 10). Noch mehr: während dem Einen Gottessohne Jesus schon seit dem Beginn seines irdischen Lebens jenes göttliche Sein und Wesen innewohnte und ihn bestimmte, sind wir alle, wie er Joh. 3, 6 andeutet, ursprünglich in den Banden des Fleisches und der Sünde und das wahre Leben in Gott ist uns fremd; aber eine uns gleichsam neu schaffende, neu zeugende Einwirkung und Mitteilung von oben, ja eine Geburt von oben oder Geburt aus Gott (Joh. 3, 3. 1, 12 f.) ist es, wodurch auch wir zu jenem auch uns eröffneten Kindschaftsverhältnis gelangen; solche göttliche Wirkung und Mitteilung ist auch Voraussetzung und Grund für den Glauben und das Rechtverhalten der Seinen; wie ein fruchtbarer, treibender Samen soll das Göttliche, das erst durch ihn und sein Wort in sie eingesenkt ist, ihnen fortan innewohnen (vgl. 1 Petr. 1, 23. 1. Joh. 3, 9).

Diese Aussagen Jesu und diese Erklärungen und Anschauungen seiner ersten neutestamentlichen Zeugen müssen wir möglichst nach ihrem ursprünglichen Gehalt, noch absehend von den darauf gebauten kirchlichen Lehrformen, uns vergegenwärtigen, um zu erkennen, was nach Jesu eigenem Willen der wirkliche Inhalt unseres Glaubens an ihn als den Gottessohn sein sollte. Und sie sind zugleich von größter Bedeutung für die Frage, wie seine Jünger zum Glauben daran und Verständnis davon gelangen konnten und sollten und auch wir noch immer dazu zu gelangen haben: eben als der Gottessohn in diesem Sinne und mit der thatsächlichen Offenbarung und lebendigen Bethätigung dieser seiner Gottessohnschaft und seines Verhältnisses zu Gott und zu uns hat er uns Menschen gemäß dem Willen seines Vaters nahe kommen wollen. Dabei hüte man sich, in jenen biblischen Inhalt moderne, landläufig gewordene Begriffsbestimmungen hineinzutragen, die das Verständnis des Glaubensgegenstandes und des Weges zum Glauben hemmen müßten. Man pflegt da namentlich eine Unterscheidung anzubringen zwischen dem Metaphysischen und Ethischen. Man fragt, ob die Gottessohnschaft, welche das Neue Testament

Jesu beilege, metaphysisch zu verstehen sei oder ethisch, und pflegt wohl für die Auffassung des Johannesevangeliums im Unterschied von den andern Evangelien den metaphysischen Sinn zu behaupten im Unterschied vom ethischen, was man dann auf ein jenem Evangelisten eigentümliches spekulatives Denken zurückführt. Dagegen will man den Begriff der Sohnschaft, die von Jesu Jüngern oder überhaupt von Menschen ausgesagt sei, einfach ethisch verstanden haben in dem Sinne, daß sie die Stellung unseres eigenen sittlichen Wollens, Gesinntseins und Verhaltens zu Gott als Vater bezeichne. Dem gegenüber haben wir, ohne hier in Verhandlungen über den allgemeinen, vielfach und doch meist nicht klar angewandten Begriff des Metaphysischen eingehen zu müssen, entschieden zu behaupten, daß nach allen jenen Aussagen Jesu und zwar namentlich auch des vierten Evangeliums bei Jesu Gottessohnschaft zu der schon ursprünglichen und wesentlichen, den Willensbewegungen vorausgesetzten Gemeinschaft mit Gott doch wesentlich das Wollen und Verhalten mitgehört, das auf jener ruht, auf sie sich bezieht und selbst sie bedingt, und daß andererseits bei den Menschen, denen die Gottesgemeinschaft ursprünglich fehlt und deren Eintritt in die Gotteskindschaft oder Sohnschaft dann durch einen ethischen Vorgang in ihnen oder eine in ihnen vor sich gehende Willensbewegung vermittelt wird, doch der Sohnescharakter nicht etwa einfach Sache ihres Willens und Verhaltens oder ihrer eigenen Hingabe an Gott und Gehorsams gegen ihn ist, daß vielmehr die Einwirkung Gottes und seiner Liebe jener Willensbewegung vorausgeht und daß bei denen, welche hierdurch die Kindschaft erlangt haben, ein beharrliches Innewirken und Innewohnen des Göttlichen statt hat, das als Kraft und Trieb in den eigenen Willensakten sich bethätigt. Wir können, wenn wir die üblichen abstrakten Kategorieen gebrauchen sollen, sagen: bei Jesu Gottessohnschaft kommt nicht bloß das Sein, sondern auch das sittliche Wollen, bei der Gottessohnschaft seiner Jünger nicht bloß das Wollen, sondern auch ein wesentliches Sein in Betracht. Eben indem Jesus mit diesem Sohnescharakter sich offenbarte und bethätigte, wollte er gläubig aufgenommen werden.

Die Entstehung und Begründung des Glaubens im Neuen Testament.

Wie sollte nun der Glaube, den Jesus haben wollte, geweckt und gegründet werden? wie ist er wirklich entstanden und in den Jüngern so mächtig und lebendig geworden?

Den wesentlichen Inhalt der göttlichen Forderungen oder des an uns sich richtenden göttlichen Willens, wie er schon im alttestamentlichen Gesetz enthalten gewesen sei, hat Jesus dem Volke zunächst so dargelegt, wie wir in der sogenannten Bergpredigt (Matth. 5—7) lesen. Diese zeigt ohne Zweifel den Charakter, welchen seine hierauf gerichtete Verkündigung damals überhaupt trug. Er zeugte seinen Zuhörern zugleich vom wahren Wesen des Gottesreiches, das jetzt den Verheißungen gemäß kommen sollte, oder der verheißenen höchsten Güter. Er lehrte sie zugleich in Gott den himmlischen Vater anschauen und anflehen. Bei diesen seinen Reden stützt er nun das Eigentümliche, das er vorträgt, keinesfalls auf theoretische Beweisführungen oder logische Folgerungen aus demjenigen, was die Zuhörer etwa schon wüßten. Er spricht als einer, der wie der Wahrheit seines Wortes so auch der Kraft desselben in sich gewiß ist und es mit dieser Kraft in Herz, Gewissen und Verstand der Zuhörer wirken lassen will. Dabei kommt offenbar ein doppeltes in Betracht: der Eindruck, den die Person des Redners und das Wort als Wort eben dieses Redners machen sollte, so wie er selbst in jener Predigt nachdrücklich ausspricht „ich sage euch," und zugleich die Klarheit und Kraft, womit der Inhalt des also gesprochenen Wortes das Innerste der Zuhörer traf. Die Erschütterung, welche Jesu Predigt so bei den Zuhörern hervorbrachte, erklärt der Evangelist (Matth. 7, 29) damit, daß er gelehrt habe als einer, der Vollmacht (von oben) hatte.

Unsere Frage aber muß speziell auf den Glauben an ihn selbst sich beziehen oder auf den Glauben daran, daß er wirklich der Gottgesandte und Gottgesalbte, der Gottessohn, das Haupt des Reiches, der Bringer des Heiles sei. Was sollte und konnte diejenigen, unter denen er lehrte und wirkte, zum Glauben hieran bestimmen?

Unbestreitbar ist nun, daß er ihnen gegenüber sich dafür sehr nachdrücklich auf seine **Wunder** berief, auf seine Kraftthaten, die er nur vermöge der ihm zu Gebote stehenden Gotteskraft vollbringen könne, auf seine „Zeichen", in welchen sein göttlicher Charakter und speziell die dazu gehörige Macht und Gnade sich ausweise. Und zwar handelte es sich bei allen den Wunderthaten, welche die Evangelisten von ihm berichten, um Vorgänge, in denen auch wir, wenn sie wirklich so sich zutrugen, nicht etwa bloß besonders auffallende Fügungen einer in der Welt und Natur waltenden allgemeinen göttlichen Providenz finden können, sondern ein unmittelbares Eingreifen überweltlicher Gotteskraft in den gesetzmäßig geordneten Zusammenhang der endlichen natürlichen Dinge und der von Gott in sie gelegten Kräfte erkennen müssen. Es ist und bleibt unbestreitbar, daß Jesus derartige Thaten vollbracht haben wollte und auf sie verwies, — daß nicht etwa erst eine spätere, sagenhafte Überlieferung ihm solche beigelegt und so dann auch die Berufung auf sie ihm in den Mund gelegt hat. Denn es ist, von allem anderen abgesehen, undenkbar, daß, wie es unzweifelhaft ist, seine ersten Jünger und Apostel hernach sich selbst Wunderwirkungen beigelegt hätten, wenn ihnen solche von ihm nicht bekannt gewesen wären (vgl. 1. Kor. 12, 6. 9 f. 2. Kor. 12, 12. Röm. 15, 18 f. Hebr. 2, 4). Einem historischen Kritiker, der alle wirkliche Wunderthätigkeit Jesu und seinen Hinweis auf wirkliche Wunderthaten leugnen will, bleibt, wenn er klar und ehrlich ist, nur **die Annahme** möglich, daß Jesus und seine Jünger mit Bezug darauf in fortwährenden Täuschungen sich bewegt haben. Hier indessen haben wir es nicht mit der Frage zu thun, ob dies für uns annehmbar sei (vgl. im nächsten Hauptstück), sondern bloß mit der Thatsache, daß Jesus derartigen Akten solche Bedeutung für den Glauben gab. Nur denke man dabei nicht allein an die übernatürliche Kraft, die für ihn zeugen sollte, sondern zugleich an jene Gnade und helfende, rettende, dienende Liebe, die namentlich in seinen Krankenheilungen sich bethätigte und von da aus zur höchsten, geistigen, sittlich religiösen und allumfassende Rettung und Heilspendung weiter führen wollte. Jesus selbst hat einst in sehr bedeutungsvoller Weise, indem er auf jene Wunder als auf Zeichen seiner göttlichen Sendung hinwies, dies in Worten gethan, in welchem ein alter Prophet die ganze, höchste künftige Heilsoffenbarung hatte ankündigen wollen (Matth. 11, 5. vgl. Jef. 35, 5): hiernach wollte er ohne Zweifel auch die Bedeutung seiner eigenen bisherigen Heilungswunder verstanden haben.

Aber so gewiß Jesus dem Volk, dem er sich offenbarte, jene Wunderthaten als Zeichen und Erweis seiner göttlichen Sendung und Ausrüstung vor Augen hielt: zur Begründung des Glaubens, den man ihm schenken sollte, genügten sie ihm darum doch keineswegs; seine Meinung war auch nicht, daß sie dazu notwendig sein sollten; ja das, was eigentlich den Glauben erzeugt, sollten so doch nicht sie sein. Die Wahrnehmung hiervon ist natürlich besonders wichtig für uns, die wir jene Wunder nicht aus eigener Erfahrung, sondern nur aus den Berichten einer fernen Vergangenheit kennen und mit unabweisbaren Fragen über ihre Geschichtlichkeit zu ringen haben. Ihre Bedeutung für uns wird, so ernstlich wir sie zu würdigen haben, doch nicht mehr die gleiche sein, wie ihre Bedeutung dort. Sehen wir denn zu, daß wir auch Jesu Aussagen über diese richtig würdigen und hiermit zugleich seine Meinung darüber, was das eigentlich Glaubenwirkende dort und auch fernerhin sein sollte.

Unsere evangelischen Erzähler haben unstreitig alle sehr großes Gewicht auf die Wunder gelegt, durch welche der Christus und Gottessohn sich bewährt habe. Diese bilden so namentlich einen Hauptbestandteil der frohen Botschaft von ihm, welche der zweite Evangelist hat geben wollen (Mark. 1, 1). Und dennoch berichtet derselbe Markus (6, 5) ganz unbefangen, Jesus habe in seiner Vaterstadt Nazareth wegen des Unglaubens oder Mangels an Empfänglichkeit, den er dort traf, keine Kraftthaten oder Wunder vollbringen können, außer daß er wenigen Kranken die Hände aufgelegt und so sie geheilt habe. Man mag dieses „Nichtkönnen" verschieden deuten; man mag darein den Sinn legen, daß ein Wunderthun dem allgemeinen, beharrlichen Unglauben gegenüber gegen Gottes Wille und Ordnung gewesen, oder auch, daß die Wirkung der Wunderkraft selbst durch den Glauben bedingt gewesen sei: jedenfalls werden wir auf den Gedanken geführt, daß nicht etwa eine gesteigerte Ausübung von Wunderkraft den Unglauben niederwerfen, daß vielmehr, wie die Wunderwirksamkeit den Glauben wecken, so doch auch andererseits dieselbe von gläubiger Aufnahme abhängen sollte. Die Wunder hatten ferner jenes große Gewicht namentlich auch für unsern vierten Evangelisten: nachdrücklich beruft sich Jesus eben bei ihm auf die Werke, die er thue (Joh. 5, 36. 10, 37 f.), und man muß bei diesen speziell an die Wunderthaten denken, die ja Johannes so anschaulich vorführt. Aber daneben stellt derselbe (4, 48) die unwillige Äußerung Jesu über diejenigen, welche ohne solche Zeichen und Wunder zum Glauben nicht zu bringen wären. Jesus that diese bei seinem Eintritt in Galiläa und unter seine dortigen Landsleute, nachdem er zuvor unter Samaritern bei seiner Durchreise eines raschen Erfolges auch ohne solches Wunderwirken sich hatte erfreuen dürfen. Er kannte und wünschte also einen Glauben, der solcher Hilfe nicht bedürfte, der tiefste Grund für den heilbringenden Glauben aber sollte ja doch gewiß nach seinem Sinn überall ein und derselbe sein.

Die von den Evangelisten berichtete Wunderthätigkeit Jesu hielt sich auch, bei allem ihrem Reichtum, doch immer in gewissen Schranken. Jene Heilungen, in welchen sie zumeist bestand, hatten Vorgänge schon in der Geschichte der alttestamentlichen Propheten, bei einem Elias und Elisa. Dem großen Speisungswunder dessen, der der Messias und Gottessohn sein wollte, konnte man entgegenhalten, daß es schon von einem Mose überboten worden sei, der seinem Volk habe Speise vom Himmel kommen lassen (Joh. 6, 30 f.) Die rechten Zeichen dafür, daß die von den Phropheten verheißene große, den Weltabschluß bildende messianische Offenbarung im Anbruch sei, sah man, soweit wir geschichtliche Kunde vom damaligen Judentum haben, nicht in jenen Thaten höherer Kraft, die schon Moses und die Propheten zu leisten vermocht hatten, sondern in Kundgebungen vom Himmel selbst her, in Bewegungen des Himmels selbst und seiner gewaltigen Elemente. So hatte ja schon Joel Wunderzeichen am Himmel und auf Erden angekündigt. So begehrten die Pharisäer (Mark. 8, 11. Matth. 16, 1) von Jesus selbst, wenn er der Verheißene sein wollte, ein Zeichen vom Himmel her. Das haben, wie wir hier nebenbei bemerken, auch diejenigen historischen Kritiker schlecht bedacht, nach denen unsere neutestamentlichen Wundergeschichten nur das Erzeugnis einer sagenhaften Überlieferung sein sollten, die dem Messias Jesus angedichtet habe, was er nach den herrschenden Erwartungen als Messias hätte leisten müssen: noch ganz Andersartiges wäre ihm da anzudichten gewesen und hätte ihm ja von einer so kühnen Sagenbildung wohl auch angedichtet werden können. Jenem Begehren gegenüber aber versucht nun Jesus nicht etwa zu zeigen, daß diejenigen Wunder, die er wirklich thue, für den Erweis seiner Messianität und Gottessohnschaft schon ausreichen. Sondern er lehnt nach Mark. 8 die Zeichenforderung einfach ab; und er verweist Matth. 16, 2 f. die Fordernden auf die „Zeichen der Zeit," d. h. auf die hochbedeutsamen Zeiterscheinungen überhaupt, die ihnen in seinem Wirken und zugleich in den schon beim Volk eingetretenen Bewegungen vorlagen und aus denen sie das Weiterbevorstehende ähnlich sollten erschließen können, wie man aus der jeweiligen Gestalt des Morgen- oder Abendhimmels aufs kommende Wetter schließe (von Jesu Aussage über das Zeichen des Jonas Matth. a. a. O. V. 4. 12, 39 f. mag hier, weil ihre Erklärung streitig ist, abgesehen werde: meint sie das Wunder seiner Auferstehung, so nennt sie den Fordernden ein Wunder, das doch erst noch künftig und für jene unverständlich war und das für jene auch bei seinem Eintreten nicht sichtbar werden sollte). In seiner Antwort ferner für jene Juden Joh. 6, 30 ff. hat er ihrer Mahnung an Moses Manna oder Himmelsbrot nur das rechte Himmelsbrot, nämlich seine geistige Gabe und sich selbst als das Brot des Lebens gegenübergestellt.

Um den rechten Glauben an Jesu Person zu erzeugen und zu begründen, sollte jedenfalls der ganze Eindruck, den seine Persönlichkeit und alles sein Verhalten erfahrungsmäßig machte, zusammenwirken. Es ist vor allem sein sittlicher Charakter, auf den er zuversichtlich verweisen darf dafür, daß er auch nur Wahrhaftiges rede und daß er auch mit den hohen Aussagen über sich selbst sich nichts Ungebührliches anmaße. Die bekannten Aussprüche, welche in dieser Hinsicht Johannes von ihm mitteilt, stimmen vollständig zu dem Bilde, das wir uns von ihm und seinem Auftreten auch nach den anderen Evangelisten zu machen haben. Weil ihm keiner eine Sünde vorzuwerfen vermag, deswegen dürfen sie auch nicht argwöhnen, daß er sie belüge, haben vielmehr der Wahrheit seiner Reden zu vertrauen (Joh. 8, 46). Weil er nicht seine eigene, sondern nur seines Senders Ehre sucht, wird er auch, was er redet, nicht von sich selbst aus reden, sondern in Wahrheit so, wie er es von diesem, der schlechthin wahrhaftig ist, empfangen hat (Joh. 7, 18 vgl. unten S. 37. 5, 31 ff. 41 ff.).

Durch seine ganze Offenbarung in Worten und Lehren, in Wunderthaten und Werken überhaupt möchte so Jesus die Hörer und Zuschauer dazu bestimmen, daß sie den von ihm verkündigten Willen Gottes und ihn selbst, den Gottessohn, Retter und Herrn, in Glauben, Vertrauen und Gehorsam aufnehmen. Es war eine wesentlich praktische Einwirkung, die er hierbei auf sie übte. Dabei war es nicht seine Sache, eine theoretische Auseinandersetzung der hier in Betracht kommenden inneren Vorgänge, der Empfindungen, Reflexionen, Folgerungen, Triebe, Willensbewegungen u. s. w. und ihres Verhältnisses zu einander zu geben. Woher aber der rechte Erfolg in den Subjekten kommen müsse, darüber haben wir von ihm weitere gar bedeutungsvolle Aussprüche. Sie sind bei ihm unter jenem Wirken teils durch wirklichen, erfreulichen Erfolg, teils durch die schmerzliche Frage, warum dieser ausbleibe, hervorgerufen worden.

Der Vater im Himmel habe es ihm geoffenbart, sagt Jesus zum Felsenmann Petrus auf dessen festes Bekenntnis hin, daß er der Gesalbte und Sohn des lebendigen Gottes sei (Matth. 16, 17). Er meint hiermit eine innere Wirkung Gottes auf jenen und so dann auch auf die andern, bei denen gleiches Glauben, Erkennen und Bekennen eintrat. Sie erfolgte bei ihnen nach dem Sinne seines Ausspruches ohne Zweifel eben unter und vermöge seiner objektiven, äußeren Kundgebungen und Selbstzeugnisse, während bei der großen Menge, die an diesen mit teilnahm, jene innere Wirkung ausblieb und ein Beobachten, Sinnen und Denken mit den bloßen natürlichen Kräften zu jenem Erkennen nimmermehr ausreichte. Wir müssen dabei, wenn wir unsere eigenen bestimmteren Ausdrucksformen anwenden wollen, an eine Wirkung denken, die ihr Innerstes in unmittelbaren Eindrücken dort erfuhr und durch die auch ihr Bewußtsein und weiteres, vermitteltes Denken auf die ganze sich offenbarende Wahrheit hingeleitet wurde.

2. Die neutestamentlichen Aussagen. Entstehung des Glaubens.

Ebenso ist der große Ausspruch Matth. 11, 25 zu verstehen, wo Jesus seinen Vater allgemein für seine Offenbarung preist und zwar für seine Offenbarung an die Unmündigen. Hier spricht er auch aus, wodurch auf seiten der Subjekte und ihres Innern jene Wirkung vor allem bedingt ist. Sie dürfen nicht auf den bloßen natürlichen, weltlichen Grundlagen und in der natürlichen Kraft des eigenen menschlichen Denkens ihr Wissen aufgebaut und abgeschlossen haben — als die Weisen und Verständigen im gewöhnlichen menschlichen Sinne (vgl. dazu die Erklärungen des Paulus 1. Kor. 1, 26 ff.). Vielmehr müssen sie noch wie Kinder oder Unmündige den Einwirkungen und Mitteilungen offen stehen, — müssen offen stehen eben jenen Eindrücken, die jetzt dort von oben her an ihr Inneres ergehen sollten (vgl. über die Unmündigen, Einfältigen u. s. w. auch schon im Alten Testament, z. B. Psalm 19,8). Zugleich konnte indessen Jesus doch über die Kinder Jerusalems insgemein den Vorwurf ausrufen: „Ihr habt nicht gewollt" (Matth. 23, 37); indem er sie wie eine Henne ihre Küchlein sammeln wollte, setzt er voraus, daß sie doch auch insgemein Anregungen empfangen hatten, für deren Abweisung sie verantwortlich wurden.

Im Blick auf den Unglauben und völligen Mangel an Verständnis, auf welchen Jesu Selbstzeugnis bei den Juden stieß, spricht er Joh. 6, 44 (vgl. V. 65) aus, daß niemand zu ihm kommen könne, den der Vater nicht ziehe, welcher ihn gesandt habe. Wir erhalten dort keine nähere Erklärung dieses Wortes. Der bildliche Ausdruck wird sich jedem von selbst erklären, der die Vorgänge des inneren Geisteslebens bei sich und anderen erfährt und beobachtet. Entspricht er doch dem Sinn, in welchem auch unsere Sprache, und zwar auch auf nicht religiösem Gebiete, von einem inneren Zuge zu Personen und auch unpersönlichen Objekten hin zu reden pflegt. Ein solcher Zug regt sich unwillkürlich, indem die Beziehung zu demjenigen und Einigung mit demjenigen, auf welchen er sich hinrichtet, wenigstens ahnungsweise als Gut, wohl auch als sittliche Verpflichtung, überhaupt als wahre und unabweisbare Bestimmung für uns empfunden wird. Jesu Jünger haben, indem sie einen solchen Zug zu Jesus in sich erfuhren und ihm folgten, in den Worten dieses Jesu „ewiges Leben" (Joh. 6, 68) gefunden. Und Gott selbst hatte diesen Zug in ihnen rege werden lassen eben unter den Eindrücken dieser Worte und der ganzen Person Jesu. Innere göttliche Wirkung führt dann unter Jesu objektiver Offenbarung und Belehrung die also Gezogenen weiter und weiter in die ganze Erkenntnis der von ihm verkündigten Wahrheit ein. Sie alle, sagt Jesus (Joh. 6, 45), sollen so von Gott gelehrt sein. Er spricht es aus mit den Worten der größten Heilsweissagung, die schon der Alte Bund, auf den Neuen hinweisend, gebracht hat (Jef. 54, 13). Zu ihm aber sind sie vom Vater hingezogen worden, um bei ihm, im innigen Verkehr und Zusammensein mit ihm nun erst ganz und voll seine eigene göttliche Wirkung auf ihr Inneres zu erfahren, in welcher er, wie der Heiland und Lebensspender, so auch der göttliche Herr für sie wirb, die ihm der Vater gegeben hat (Joh. 6, 39. 10, 29). In dieses Verhältnis Jesu zu seinen Jüngern führen uns seine Reden im Johannesevangelium eigens hinein. Thatsächlich haben wir eine solche, von Gott gewirkte Beziehung zwischen ihnen und ihm nach den gesamten biblischen Berichten anzunehmen: sie hat sich bewährt und völlig realisiert nach seinem Hingang zum Vater und in die Erhöhung.

Zum Vorwurf aber hat Jesus doch auch in seinen johannnischen Aussagen den Juden ihre Unempfänglichkeit und ihr Widerstreben gegen ihn gemacht: „Ihr wollt nicht kommen zu mir" (Joh. 5, 40). In diesem Widerstreben sieht er Mangel an Liebe zu Gott, in dessen Namen er gekommen ist (V. 42 f.). Der Vorwurf aber, den er deshalb gegen sie erhebt, läßt uns wieder voraussetzen, daß eine gewisse Möglichkeit, die göttliche Wahrheit aufzunehmen, doch auch für sie wenigstens ursprünglich statt hatte, daß höhere Eindrücke doch ursprünglich auch ihnen nicht ganz fehlten und daß erst infolge der Abweisung solcher Eindrücke völlige Unempfänglichkeit bei ihnen eintrat.

Und Hauptsache für unsere Frage, wie nach Jesu Sinn der Glaube der Seinigen entstand und entstehen sollte, ist nun, daß andererseits für sie mit jenem innern Zug der Glaube nicht etwa schon unmittelbar identisch war, vielmehr bei ihnen der von Gott gewirkten Bewegung auch ein Wollen entsprechen und eben aus jener hervorgehen sollte. Sie sollten, um unsere modernen abstrakten Ausdrücke zu gebrauchen, wie sie durch die höhere Wirkung bestimmt waren, so auch selbst wirklich sich bestimmen lassen und selbst sich bestimmen. Zu dem, zu welchem sie gezogen wurden, sollten sie auch wirklich kommen. Ihn, der mit seinem Heil und Leben ihnen so dargeboten war, sollten sie auch aufnehmen oder hinnehmen. Gauben ist eben dieses Hinnehmen (vgl. Joh. 13, 20. 1, 12). Eben dieses wird dann auch zur Selbsthingabe an ihn, den Herrn, der selbst in ihnen walten will. — Jenes Glauben, Wollen, Hinnehmen und Aufnehmen meint Jesus, indem er (Joh. 6, 29) den Juden, die sonderliche Werke Gott leisten zu müssen vermeinten, als Gottes Werk das bezeichnet, daß sie an den glauben, den jener gesandt habe; es ist das Werk nach Gottes Sinne, nach seinem Willen.

Fassen wir den Sinn der verschiedenen, von verschiedenen Anlässen herstammenden Aussprüche Jesu zusammen, so sollte offenbar, während Jesus in seinen Worten und Thaten von der göttlichen Wahrheit und sich selbst, dem Gottessohne, zeugte, das Werden des Glaubens an ihn mit jener innern göttlichen Wirkung anheben; ihr sollte der innerlich angeregte Hörer seines Wortes mit den Anfängen jenes eigenen Wollens und Strebens Raum geben; hierdurch sollte eine immer reichere und kräftigere Erfahrung des von dort ausgehenden Geistes und Lebens bedingt sein und dieser Geist sollte wiederum die Gläubigen ihres Glaubens und Erkennens immer gewisser machen, sie um so sicherer auch in ihrem eigenen Durchdenken des Glaubensinhalts aufs Richtige hinleiten und sie zugleich zur Erfüllung des gesamten Gotteswillens im ganzen eigenen Verhalten antreiben und stärken.

Daß jenes Werden des Glaubens und der Erkenntnis für seine Zuhörer von vorne an von ihrem eigenen Willensverhalten abhänge, hat Jesus ihnen namentlich in dem ebenso bedeutungsvollen wie kurzen und schlichten Worte Joh. 7, 17 ausgesprochen: ob seine Lehre sein sei oder des, der ihn gesandt habe, werde man erkennen, wenn man den Willen dessen thun wolle der ihn gesandt habe. An der Erklärung des Ausspruches haben scharfsinnige Schriftforscher und theologische Denker gearbeitet; er ist zu deuten zunächst aus seinen ursprünglichem geschichtlichen Zusammenhang heraus, und sein Inhalt wird fort und fort im wirklichen sittlich religösen Leben sich bewähren und ans Licht stellen. Juden galt er, für welche zwar die Lehrreden Jesu, des Mannes ohne gelehrte Bildung, ein Gegenstand der Verwunderung waren, welche aber erst noch fragten, woher bei ihm doch ein solches Gelehrtsein stamme. Mahnend will ihnen seine Antwort sagen: es komme für sie darauf an, daß sie den Willen Gottes, der ihn gesandt, thun wollen, — nämlich daß sie ihn thun wollen zunächst wenigstens in so weit, als derselbe ihnen schon kund geworden sei, und fernerhin in so weit, als sie ferner noch besselben werden inne werden. Ein solcher Gotteswille war ihnen ja schon kund geworden in den Gotteszeugnissen des Alten Bundes, in den Forderungen vollkommenen Gehorsames, ja der völligen Herzenshingabe an Gott, in den Worten des Gerichtes über die Sünde, darunter sie sich beugen mußten, in den Gnadenverheißungen, auf die sie in sehnsüchtigem Glauben und Hoffen sich hinrichten sollten. Und auch von demjenigen Gotteswillen, der in Jesu sich offenbarte, muß in seinen Reden, über die sie sich so verwunderten, ihnen schon etwas ans Herz gedrungen sein: Etwas von seiner tiefsten Auslegung jener Forderungen, Etwas von jenem göttlichen Liebeswillen, der zu ihm selbst hinziehen wollte. Wer immer einen solchen Gotteswillen zu thun willig war, ihm Raum gab, ihm nachzukommen sich bestrebte, — der also sollte zu jener Erkenntnis von Jesus und seiner Lehre gelangen. Fragen wir näher noch, wie jene Willigkeit hierzu führen und fördern sollte, so haben wir vor allem daran zu denken, daß die Wirksamkeit und feste Dauer der sittlich religösen Eindrücke, wenn sie zunächst auch noch so stark unwillkürlich eintreten, doch immer durch jene bedingt bleibt. Mit ihr wächst dann, wie die Erfahrung zeigt, und wir sicher schon bei den ersten Jüngern anzunehmen haben, die innere Empfänglichkeit und hiermit zugleich die Tiefe und der Umfang des Wirkens jener Eindrücke. Sie lenkt ferner den gewissenhaft nachdenkenden und prüfenden Geist auch auf die rechte Würdigung der objektiven Merkmale und Beweise hin, in welchen jene göttliche Sendung

Jesu sich bewährte: so hat auch Jesus an jenes Wort Joh. 7, 17 sogleich in V. 18 den (schon oben, S. 32, erwähnten) Hinweis darauf angereiht, daß er nicht seine eigene, sondern seines Senders Ehre suche. Das Widerspiel zu jener Willigkeit fand Jesus bei der ungläubigen Menge: diese kamen nicht an das in ihm erschienene Licht, haßten es, konnten es so auch nicht wahrhaft erkennen, weil sie nicht durch dasselbe ihr eigenes böses, gottwidriges Treiben aufdecken und strafen lassen wollten (Joh. 3, 19 f.).

Die Jünger aber, die dem Willen Gottes gegenüber willig sind, erkennen so auch wiklich Jesu Sendung von Gott her. Indem sie mit solcher Willigkeit bei ihm und seinen Worten verbleiben, lernen sie seine Worte als Geist und Leben, ihn selbst als der Heiligen Gottes und Gottessohn erkennen (Joh. 6, 63. 68 f.). Wiederum macht die von ihnen aufgenommene und erkannte Gotteswahrheit sie sittlich frei, um freien Sohnesgehorsam Gotte zu leisten (Joh. 8, 32 ff.); ihr Herr und Heiland selbst, dem sie eingepflanzt sind wie Reben dem Weinstock, läßt sie sittliche Früchte bringen im Halten seiner Gebote (Joh. 15, 5 ff.). Und dieses ihr ferneres sittliches Verhalten bedingt wieder, daß sie in seiner Liebe verbleiben, daß nach seiner Erhöhung zum Vater sein heiliger Geist ihnen zu teil werde und daß dieser Geist erst recht vollends in alle Wahrheit sie einführe, sie alles lehre, sie an das von ihm Gesagte erinnere (Joh. 14, 21 ff.).

Es ist speziell das Johannesevangelium, dem wir diese Erklärungen über Ursprung und Wesen des christlichen Glaubens und Erkennens entnommen haben. Man sagt wohl — und ja auch mit gewissem Rechte, daß dieses Evangelium sonderliches Gewicht aufs Erkennen, ja auf die höchste christliche „Gnosis" lege. Aber wie ist doch dieses Erkennen und diese Höhe christlicher Intelligenz so wesentlich Sache praktisch sittlich religiösen Lebens und Verhaltens!

Von unendlichem Gewicht war sodann für den Glauben jener Jünger an ihren Herrn erst noch das Wunder seiner Auferstehung. Ja eben als Wunder wirkte sie auf jene. Objektiv — des waren sie gewiß — trat der Gekreuzigte ihnen, das heißt auch ihren Sinnen, ihrem Auge, Gehör, Tastsinn, gegenüber als der Lebendige und Lebensfürst. Sollten diese äußeren Vorgänge, deren sie sicher waren und von denen sie sicheres Zeugnis abzulegen vermochten, nicht auch allen den Ansprüchen genügen, welche der denkende Verstand bei seinen Prüfungen und Beweisführungen erhebt? Gottes eigene höchste Kraft sahen jene in dem Auferstandenen wirken; und wir, sagt Paulus, glauben gemäß eben dieser Kraftwirkung (Eph. 1, 19 f. Kol. 1, 12). Darin, daß Jesus die Verwesung nicht sehen durfte und durch den Tod zur Herrlichkeit einging, war er ihnen erwiesen als der Heilige und Gottessohn (Apgesch. 2, 27. 13, 33 ff. Röm. 1, 4). Vor dem Auferstandenen ruft Thomas aus: „Mein Herr und mein Gott" (Joh. 20, 28).

Fragen wir aber, was eigentlich den Glauben wirken sollte, so ist dies den neutestamentlichen Vorgängen und Aussagen zufolge doch auch jetzt nicht das äußere, den Sinnen und dem Verstand vorliegende Wunder oder die äußere göttliche Machtwirkung. Nicht den Augen derjenigen, die seinem Lebensworte bisher ungläubig widerstrebten, ist der Auferstandene erschienen, um durch die Wirkung auf ihre Sinne und durch die Anforderung an ihren denkenden, folgernden Verstand jenen Widerstand endlich zu überwältigen. Nur die Jünger, die der Vater schon innerlich ihm zugeführt hatte, bekamen ihn zu sehen; auch von Jesu Bruder Jakobus, der vordem den Unglauben der Brüder (Joh. 7, 5) teilte und dem er nun doch erschien, werden wir nach Analogie aller jener anderen Fälle sicher anzunehmen haben, daß bei ihm wenigstens ein Zug des Vaters zu Jesus hin jetzt schon mächtig geworden war. Und neben jenes Bekenntnis des Thomas zum Auferstandenen tritt sofort die Antwort von diesem, mit welcher der Evangelist seine gesamten Berichte von Jesu Wundern so bedeutungsvoll schließt: „Weil du mich gesehen hast, glaubst du? Selig, die nicht sehen und doch glauben!" Den Glauben aber, der an den Auferstandenen glaubt ohne ihn zu sehen, können wir vollends nicht ohne jene innerliche Beziehung zu ihm denken, auf welche alle die zuvor ausgehobenen Thatsachen und Worte Jesu uns geführt haben.

Wir haben ferner noch einen ganz eigentümlichen Umstand ins Auge zu fassen, der bei jenen Erscheinungen selbst zweimal uns entgegentritt. Maria Magdalena hat bekanntlich (Joh. 20, 14 ff.)

ihren auferstandenen Herrn anfangs, während sie nach dem biblischen Bericht mit ihren Augen schaute und sein Wort hörte, doch noch nicht erkannt. Den beiden Jüngern, denen er auf ihrem Gange nach Emmaus sich zugesellte (Luk. 24, 15 ff.), gingen über ihn — daß er es sei — die Augen erst dort auf, nachdem er unterwegs lange als ein Unbekannter mit ihnen sich unterredet hatte. Es ist das ein Zug, der gerade auch für die Geschichtlichkeit jener Vorgänge zeugt. Denn es wäre unbegreiflich, wie die Sage oder die Phantasie eines Erzählers auf ihn hätte geraten oder in welcher Absicht ihn jemand hätte erfinden sollen; und ebenso wenig verträgt sich mit ihm die Meinung, daß die Erscheinungen des Auferstandenen gar nichts Objektives und Reales, sondern nur subjektive Visionen, d. h. nur plötzliche Erzeugnisse einer gewaltigen Spannung und Erregung der beklommenen und zugleich sehnsüchtigen und ringenden Jüngerseelen gewesen seien, da ja hieraus für sie nur etwa das Bild ihres ersehnten Herrn und nicht zunächst das Bild einer ihnen unbekannten Person hätte hervorgehen können. Wie nun Jesus zunächst in Wirklichkeit und doch noch nicht erkennbar für sie gegenwärtig werden und ihren Augen und Ohren sich darstellen konnte, das entzieht sich freilich ebenso, wie der ganze Hergang seiner Verklärung und die ganze Beschaffenheit seines verklärten Leibes, unserem irdischen Verständnis. Aber so viel wenigstens entnehmen wir den Erzählungen, daß jenes Erkennen für sie durch innere Eindrücke und Regungen analog benen, welche nach dem oben Gesagten zum echten Glauben führen sollten, bedingt war. Solche empfanden jene beiden Jünger schon unterwegs, als ihnen bei Jesu Reden „das Herz brannte" und sie den Redenden bei sich festhalten wollten, ohne schon das Empfundene recht zu verstehen, und dann vollends als er mit Dankgebet für sie das Brot brach. Und als Jesus zu jener Jüngerin sein „Maria" sprach (Joh. 20, 16), wird nicht bloß der wohlbekannte Klang des Wortes ihr Ohr berührt, sondern die alte innere, ergreifende und beseligende Macht seiner Ansprache ihr Herz getroffen haben.

Mit den Erscheinungen des Auferstandenen, die den ersten Jüngern widerfuhren und in solcher Weise sie zum Glauben förderten,

burfte sodann Paulus diejenigen zusammen stellen, deren er auf
dem Wege nach Damaskus gewürdigt worden ist, um hiermit noch
den ersten, ursprünglichen Zeugen und Aposteln Christi zugesellt
zu werden (Apgesch. 9, 1 ff. 1. Kor. 9, 1. 15, 3 ff.) Unstreitig
war er überzeugt, daß Jesus dort auch ihm objektiv, sichtbar und
hörbar, gegenüber getreten sei; er stellt diese Erscheinung nicht
etwa mit Visionen zusammen, die nach seinem und der anderen
Jünger Glauben auch noch später fort und fort möglich waren
und ihm und andere wirklich zu teil wurden, — nicht mit wunder=
baren subjektiven Vorgängen, wo er im Zustand der Ekstase
(Apgesch. 21, 17 ff.) seinen Herrn sah und hörte, oder wo er, ohne
zu wissen, ob er im Leib oder außer dem Leibe sei, sich ins
himmlische Paradies entrückt fand (2. Kor. 12, 2 ff.), — sondern eben
mit jenen Erscheinungen, von denen uns die Evangelisten das
Nähere berichtet haben und von denen Paulus klar annimmt und
als allgemein anerkannt voraussetzt, daß sie nunmehr abgeschlossen
seien; denn ihm, sagt er (1. Kor. 15, 8), sei Jesus als dem
letzten unter allen sichtbar geworden. Und eben diese Erscheinung
des Auferstandenen erst und sein an ihn gerichtetes Wort hat
plötzlich ihn, den Verfolger der Christengemeinde, zum Glauben
an Christus gebracht. Aber gerade er bezeichnet doch zugleich die
Gottesoffenbarung, vermöge deren er Christ und Apostel geworden
ist, als einen Vorgang, den Gott in seinem Innern gewirkt habe:
in mir, sagt er, hat Gott seinen Sohn geoffenbart (Gal. 1, 16).
Und mit Recht erinnert man an innere Vorgänge und Zustände,
die ohne Zweifel bei ihm schon vorangegangen waren und mit
deren Wirkung dort der Eindruck jener Erscheinung und jenes
Wortes zusammentraf. Wir denken an die Erfahrungen, die er
Röm. 7 schildert und die vor allem er selbst in seinem Innern
gemacht haben muß, — vom vergeblichen, unseligen Streben und
Ringen eines Menschen unter Gottes Gesetz ohne Kenntnis seiner
rettenden Gnade; wir denken auch an das Bild eines sterbenden
Stephanus und anderer freudig duldender Jünger, das vor den
Verfolger trat. Mußte er doch schon damals den Stachel spüren,
gegen welchen zu löcken ihm schwer werden sollte.

In der Heilspredigt, mit der die Apostel den Glauben wecken, verbindet sich dann immer der Hinweis auf das Auferstehungswunder und auf das vorangehende heilbringende Wunderwirken des Herrn (Apgsch. 10, 38) mit der eindringenden Mahnung an die eigene Verschuldung, und Heilsbedürftigkeit, Verpflichtung und Verantwortlichkeit der Zuhörer, an die schwerste Versündigung Israels, das den Lebensfürsten gekreuzigt hat und nun in ihm Vergebung dargeboten erhält, an die traurige Verirrung und Gottentfremdung der Heiden, denen Gott sich auch bezeugt hatte und für welche jetzt nach der Zeiten menschlicher Unwissenheit und göttlicher Nachsicht die Zeit der religiösen und sittlichen Entscheidung gekommen ist. Wirkt diese Predigt, so wirkt sie aufs Herz und Gewissen: es ging ihnen, heißt es (Apgsch. 2, 37), durchs Herz wie ein Stich.

Gläubig werden so die Hörer der Heilsbotschaft, indem Gott ihnen das Herz öffnet (Apgsch. 16, 14). Der Geist Gottes ist's, der ihnen die Wahrheit derselben im Worte der göttlichen Boten kräftig darlegt (1. Kor. 2, 5). Der Inhalt des Evangeliums wird von ihnen erkannt, indem ihnen Gott die „Augen des Herzens" erleuchtet, — dem analog, wie sinnliche Gegenstände von einem hellen natürlichen Auge, dem sie sich darbieten, erfaßt und aufgenommen werden (Eph. 1, 18). Daß sie Jesum den Herrn nennen können, leitet Paulus her von dem heiligen Gottesgeist in ihnen (1. Kor. 12, 3); und dieser Geist, wie „Geist" überhaupt im Sinne der heiligen Schrift, ist gedacht als eine das Innerste bewegende, treibende, wirkende Lebensmacht, — Bild für diese ist, wie der griechische und hebräische Ausdruck und ähnlich auch der deutsche nach seiner ursprünglichen Bedeutung anzeigt, der Wind und Hauch (vgl. besonders Joh. 3, 8): nicht als Ergebnis verständiger Reflexionen und Folgerungen, sondern als Erzeugnis innersten Erregtseins, Ergriffenseins und Bewegtseins von oben her hat so der Apostel jenes Bekenntnis zum Herrn bezeichnet.

Dazu gehört aber auch jetzt wieder auf seiten des Menschen, was wir das ethische Moment nennen mögen. Innerlich ergriffen von der Heilsbotschaft, muß der Mensch auch in seinem Innern, mit seinem Willen, seiner Selbstbestimmung, ihr Folge leisten. Er muß „gehorchen dem Evangelium" (Röm. 10, 16. 2. Thess. 1, 8. 1. Petr. 1, 2). Das geschieht nicht etwa schon in eigenen, inhaltsvollen Leistungen; denn das Evangelium ist Anbietung und Darbietung reiner Gnade für die, welche nichts Eigenes vor Gott zu bringen haben und vor allem der Vergebung von ihm bedürfen: durch den Glauben im Gegensatz gegen die eigenen Gesetzeswerke sollen sie hier gerecht werden. Paulus hatte hiervon speziell wider selbstgerechte Juden zu zeugen, die in ihrer Selbstüberhebung dieser wahren, vor Gott giltigen und von Gott kommenden Gerechtigkeit „nicht untertan werden wollten" (Röm. 10, 3). Was das Evangelium fordert, ist dem gegenüber vor allem Verzicht auf alle eigenen Ansprüche; es ist positiv festes Vertrauen auf jene im Heiland Christus geoffenbarte Gottesgnade, vertrauensvolle Hinnahme ihrer Darbietung und Bauen auf sie. So ist der Glaube „Glaubensgehorsam," das Glauben selbst ein Gehorchen (Röm. 1, 5. 16, 26). Kurz und allgemein sagt der Apostel von diesem Glauben aus: „Mit dem Herzen glaubt man" (Röm. 10, 10): „Herz" heißt hier wie sonst der innerste Mittelpunkt unseres persönlichen Lebens, in welchem wir die Eindrücke und inneren Anregungen empfangen und von welchem unter diesen und diesen gegenüber sofort auch die tiefsten Akte unserer Selbstbestimmung, des Hinnehmens und der Selbsthingabe, des Wollens und des Strebens ausgehen.

Wer so an die Heilsbotschaft und den Heiland glaubt, in dem wird dann, wie Paulus sagt, auch Christus selbst im Herzen wohnen. Und dem wird dann auch für seine Erkenntnis der Inhalt der Heilswahrheit, die er aufgenommen hat, in seiner ganzen Fülle, seiner Tiefe und Höhe sich erschließen (Eph. 3, 17 ff.).

Es sind vornehmlich paulinische Aussagen, die wir hier mit Bezug auf des Glaubens Wesen und Werden vorzuführen hatten. Von Paulus besitzen wir ja nicht bloß überhaupt die reichhaltigsten apostolischen Zeugnisse und Lehrausführungen, sondern er hatte auch gerade dazu, jene inneren Vorgänge zu beleuchten, besondere Gabe und besonderen Anlaß vermöge seiner persönlichen Lebenserfahrung und der Kämpfe, in die er hinein gestellt war.

Die wichtigsten Zeugnisse, die wir bei Johannes darüber finden, haben wir schon in den von ihm mitgeteilten Reden des Herrn kennen gelernt. Nur zwei Hauptaussagen seines 1. Briefs, in 1. Joh. 5, fügen wir hier noch bei.

Er redet dort in Vers 6 ff. von drei Zeugen, durch welche Gott uns unsern christlichen Glauben bezeugt. Zwei derselben sind die objektiven geschichtlichen Thatsachen der Taufe Jesu, wo er kam und geoffenbaret wurde „durch Wasser" oder „im Wasser" (nach V. 6), und seines Todesleidens für uns, wo er kam „durch Blut" oder „im Blut". Zeugend aber ist dabei der Geist, nämlich der heilige Gottesgeist, der selbst die Wahrheit ist (V. 6 nach der richtigen Übersetzung). Das ist eben derselbe Geist, von welchem wir Paulus reden hörten. Hier ist von ihm zunächst mit Bezug darauf die Rede, daß er in den Boten Christi und den Trägern seiner Heilsbotschaft wirksam ist und in ihrem Worte sein Zeugnis ablegt. Weiter aber haben wir daran zu denken, daß er einbringt ins Innere der Hörer, damit sie gläubig werden, und sie haben dann (nach V. 10) auch das Zeugnis in sich selbst.

Vom Glaubenden hat ferner Johannes dort erklärt, daß er aus Gott geboren sei (V. 1). Er wird's nicht erst, er ist es schon: eben schon sein Glauben selbst ist von Gott geweckt und gepflanzt, eben im Glauben steht er als ein durch Gottes Wirkung und Mitteilung neu gewordener Mensch da. Und weiter: dieser sein Glaube ist (nach V. 4 f.) der Sieg, der die Welt überwunden hat und fortwährend überwindet. Er hat sie schon überwunden in seinem eigenen Werden und Bestand, indem er selbst schon geboren ist im Kampf mit der Welt, und das heißt hier natürlich nicht etwa im Ringen mit Verstandesproblemen, die vom allgemeinen Welt= gebiet aus sich erheben, sondern im Kampfe mit feindlichen Mächten und Regungen, wie sie in der Gott entfremdeten Menschheit walten und in unserm sittlich=religiösen Leben und Gesinntheit jenen gött= lichen Zeugnissen, Darbietungen und Forderungen entgegentreten. Wieder sehen wir in solchem Kampf und Sieg das ethische Wesen des Glaubens: es ist der Glaube, welcher Glaubensgehorsam ist, der Glaube, welchen Jesus bei Johannes der Frage der Juden, was sie für Gotteswerke thun sollten, als das rechte Gotteswerk gegenüber gestellt hat. Und die also Glaubenden und aus Gott Geborenen müssen dann, wie Johannes sagt, auch ihre Brüder lieben und Gottes Gebote können ihnen nicht mehr schwer fallen. (1. Joh. 4, 21 ff.). Sie haben auch die rechte Erkenntnis

Gottes, welcher selbst Liebe ist und als Liebe in seines Sohnes Sendung sich ihnen geoffenbart hat (1. Joh. 4, 8 ff.). Es ist eine lebendige Glaubenserkenntnis, die sie von ihm und von Jesus Christus haben; und in dieser Erkenntnis haben und genießen sie ewiges Leben (Joh. 17, 3).

3. Die Vorgänge in unserem eigenen Innern: der Glaube vermöge unmittelbaren Innewerdens und Erlebens.

Aus ihrer eigenen Erfahrung heraus haben Jesu Jünger, deren Worte wir im Neuen Testamente vor uns haben, von dem geredet, was Gott in den Gläubigen wirke, um sie seinem Sohne zuzuführen, und was er vermöge seines Wirkens in ihnen zugleich von ihnen selbst fordere, um zur rechten Erkenntnis und zum wahren Leben zu erheben. Von Vorgängen im eigenen Herzen reden sie: die Gottesoffenbarung, die in der Person und dem Worte des hienieden erschienenen und auferstandenen Gottessohnes ihnen objektiv gegenüber trat, hatte mit innern, göttlich gewirkten Eindrücken ihr Innerstes unmittelbar ergriffen. Der göttliche Inhalt derselben mit seinen über alles wertvollen Darbietungen und höchsten Forderungen war für sie gewiß und fest geworden vermöge eines unmittelbaren Innewerdens, bei welchem auch die verständige Reflexion über jene besonderen Zeichen und Wunder nur besondere Anregung und Förderung, nicht etwa die Entscheidung selbst brachte. Und er befestigte und entfaltete sich weiter für ihren Glauben und ihre Erkenntnis in den Erfahrungen ihres ganzen, auf ihn gebauten weiteren sittlich religiösen Lebens. Sie legen diese inneren Vorgänge, auf die wir uns bei ihnen verwiesen sehen, uns nicht weiter auseinander. Sie meinten auch ohne Zweifel nicht, dieselben durch ein verständiges Zerlegen den Lesern oder Zuhörern näher bringen zu müssen und zu können. Aber sie setzen voraus und sprechen es auch aus, daß ihr eigenes Zeugnis von jener Heilsoffenbarung gleichartige Erfahrungen auch für diese möglich machen werde, daß dadurch Gott auch in ihrem Innern Gleichartiges wirken wolle.

Findet nun Derartiges nicht irgendwie auch fernerhin und auch heute noch bei der Entstehung und Kräftigung eines recht

religiösen und christlichen Glaubens im Innern der Persönlich=
keiten statt?

Es ist wahr (vgl. oben S. 8), wer in der Christenheit ge=
boren und in christlicher Erziehung herangewachsen ist, der hat
nicht beobachten können, wie es mit den Anfängen des Glaubens
bei ihm zuging. Aber werden ihm nicht, wenn er unter späteren
Schwankungen und Erschütterungen seines Glaubensleben auf jene
erste Entwicklung desselben zurückzublicken versucht, wenigstens be=
sondere, wichtige Eindrücke und innere Erlebnisse von dorther
wieder vor die Augen treten, denen er noch jetzt eine fortwährende
eigentümliche tiefe Bedeutung für sein sittliches und religiöses
Denken und Trachten beilegen muß, und werden nicht die ge=
wichtigsten unter ihnen solche sein, in denen jedes Abwägen, Be=
weisen oder Dawiderreden des heranreifenden Denkvermögens durch
ein unmittelbares inneres Ergriffensein des Herzens und Geistes
weit überwogen wurde? Ferner wird, wenn der Inhalt der dort
aufgenommenen religiösen Vorstellungen bei uns ins Wanken ge=
rät, ja uns gar zu entschwinden droht, jedenfalls auch zugleich
ein sehr großer Unterschied zwischen seinen Bestandteilen für uns
eintreten. Reiche Bilder einer himmlischen Welt mögen wir mit
andern kindlichen Vorstellungen dahinfahren lassen, weil sie mit den
Ergebnissen einer wissenschaftlichen Weltbetrachtung unverträglich,
oder auch mit innern Widersprüchen behaftet seien, — schöne Bilder
heiliger Geschichte, weil sie vor einer an allen Geschichtsangaben
zu vollziehenden unbefangenen Kritik nicht beständen. Nichts
desto weniger wird es für einen, der mit seiner ganzen Seele und
Persönlichkeit in die hier vorliegenden Fragen sich vertieft, jeden=
falls gar schwer bleiben und immer aufs neue schwer werden, von
gewissen religiösen Grundwahrheiten, Beziehungen und Thatsachen,
die dem Kinde mit jenen unzertrennlich verbunden schienen, nun
auch sich loszureißen oder innerlich abzulösen. Oder ist etwa mit
jenen Bildern auch die Macht dahin, welche der Gedanke an
einen Gott überhaupt und namentlich an einen in Christus uns
nahe tretenden Gott über uns geübt hat? Können wir auch auf
das höhere geistige Leben verzichten, das hier sich uns darzubieten
schien, die Forderungen los werden, die hier an uns sich richteten?

vermögen alle die kritischen Einwendungen gegen einzelne Thatsachen jener Offenbarungsgeschichte die unabweisbare Thatsache unserer Sünde und Verschuldung und die Thatsache eines für die Menschheit erschienenen und auch uns dargebotenen Erlösers zu nichte zu machen? Und das, was einen hierbei immer wieder am stärksten festhält, sind fürwahr nicht Folgerungen, welche unser denkender Verstand aus der Welt und ihren Vorgängen und Zusammenhängen doch immer auch nach der anderen Seite hin zu ziehen veranlaßt wird, noch die Beweismittel historischer Kritik, welche ihm auch jenen kritischen Einwänden gegenüber verbleiben; sondern es gehört wesentlich einem anderen Gebiet unseres Geisteslebens zu: stehen wir nicht hiermit auf eben demjenigen Gebiet, in welches jene neutestamentlichen Aussagen uns hineinführen mußten?

Eben darauf wird ja auch jeder sich zurückverwiesen finden, der erwachsene Nichtchristen, soweit auch schon ihre gesamte Intelligenz entwickelt sein mag, zum christlichen Glauben bringen möchte. Auf die Kraft jener Folgerungen und Beweismittel wird er nicht bloß den sogenannten rohen Naturvölkern gegenüber, denen dieselben noch ganz unverständlich wären, verzichten müssen. Sondern er wird gerade auch bei den fortgeschrittensten Geistern, so viel er hier von jenen Gebrauch machen mag, doch die eigentlichen, positiven Erfolge nie von jenen erwarten dürfen. Alle, die mit solchen christlichen Arbeiten irgend vertraut sind, stimmen ja gewiß im allgemeinen darin überein, daß, wie man es kurz ausdrückt, ein Wirken auf die Herzen und Gewissen erforderlich sei, nicht bloß um den Willen anderer richtig zu lenken, sondern auch um sie zur rechten Anerkennung der objektiven religiösen Wahrheiten und Thatsachen zu bringen.

Können wir denn nun aber wirklich von inneren Vorgängen reden, in denen man einer höheren Wahrheit gewiß würde, ohne daß sich erst ein notwendiger logischer Zusammenhang derselben mit schon feststehenden anderen Wahrheiten für unser Nachdenken ergeben hätte, Vorgängen, in welchen man eben nicht vermöge dieser Vermittelung, sondern vermöge eines gewissen unmittelbaren Innewerdens jene Gewißheit, und zwar gerade die festeste Gewißheit gewänne? Geraten wir hiermit nicht in ein Gebiet bloßer subjektiver Gefühle und auf Gefühlen ruhender Phantasien hinein, wo die innere Gewißheit nur ein trügerischer Schein ist, der einem kritischen Denken weichen muß? Und werden nicht, wenn wir in derartigen Vorgängen Gewißheit für unsern christlichen Glauben suchen, eine Menge Mitchristen und Mitmenschen, denen wir einen Eifer für die Wahrheit und auch bei allen religiösen Zweifeln ein Interesse fürs Christentum zuerkennen müssen, uns erwidern, daß jedenfalls sie von derartigen inneren Bezeugungen und Erfahrungen bei sich nichts wissen, sich auch nichts Klares und Verständliches bei unserem Reden darüber denken können?

Allen solchen Fragen und Einwendungen gegenüber wird es richtig und angemessen sein, von einem Gebiete auszugehen, auf welchem auch solche, die dem eigentlich christlichen Glauben und Bewußtsein noch ferne stehen, doch der Bedeutung einer inneren Erfahrung sich bewußt werden können und müssen, der sich die christlich religiöse aufs engste verwandt zeigen wird. Was wir ein unmittelbares Innewerden nennen, wird doch auch ihnen nicht fremd sein.

Sittliches und religiöses Innewerden im Herzen und Gewissen noch abgesehen vom eigentümlich christlichen.

Wir verweisen hiermit auf das Willensleben mit seinen inneren Bewegungen, Antrieben und Überlegungen und mit dem Bewußtsein des Sollens, oder der Ziele und Aufgaben, die unserem Willen gestellt sind, der Forderungen, die er innerlich an sich gerichtet findet; und zwar auf dieses Willensleben, wie es auch noch bei solchen unter uns sich entfaltet und Gegenstand ihres Selbstbewußtseins werden muß, die Gottes Offenbarung in Christus und einen Gott überhaupt nicht mehr in Glauben und Erkenntnis festhalten zu können meinen.

Das Gewissen, das von jenen Forderungen uns Zeugnis giebt, hat man oft eine Stimme Gottes in uns genannt. Richtiger sagen wir, daß es unser eigenes Bewußtwerden jener Forderungen oder jenes Sollens sei, und dieses Bewußtsein erwacht nicht etwa von selbst in uns oder bringt aus sich selbst seinen Inhalt hervor, sondern der Inhalt muß unserem Bewußtsein nahe ge=

bracht und ihm dargelegt werden, wie dies in Erziehung, Belehrung, Beispiel u. s. w. für uns geschieht. Daß aber die Forderungen wirklich für uns gelten, daß die zu erstrebenden Ziele höchsten Wert für uns haben und daß die Verächter und Übertreter einem Gerichte verfallen, vermöge dessen sie ihres wahren Wohlseins verlustig gehen müssen, dessen werden wir in unmittelbarem, unwillkürlichem und unabweisbarem Eindruck uns bewußt. Man kann auch nicht ohne weiteres sagen, daß alle, die dessen inne werden, hiermit einer Stimme Gottes sich bewußt werden. Denn den Gedanken an einen Gott, der hierin innerlich bei uns wirksam sei, als dessen Willen wir jene Forderungen zu betrachten haben und von welchem zugleich die uns umgebende Welt ihren Ursprung habe und gelenkt werde, meinen dabei doch viele fern halten zu können, ja als streng verständige Denker fernhalten zu müssen. Aber so viel liegt doch schon im Bewußtseins des Sollens für sich, daß es etwas schlechthin Giltiges sei oder daß wir jenen Forderungen unbedingte Geltung für uns beilegen müssen. Dessen werden wir immer aufs neue unmittelbar inne und gewiß, wenn uns auch dieser innere Vorgang in uns noch so geheimnisvoll erscheinen mag.

Es giebt freilich eine andere Meinung vom Sittlichen, welche von einer wirklichen Unbedingtheit sittlicher Forderungen oder einem unwandelbaren höchsten Werte sittlicher Ideale nichts wissen will und von welcher aus wir auch nimmermehr zu einem Verständnis und einer richtigen Würdigung der Ursprünge unseres religiösen und christlichen Glaubens fortschreiten könnten. Hiernach werden die Menschen, die Völker und anderen Genossenschaften durch natürliche Bedürfnisse und Interessen, nämlich durch das natürliche Verlangen, im Gemeinleben möglichst das eigene Wohlsein zu wahren und zu fördern, auf Gewohnheiten, Formen und Regeln ihres Verhaltens hingeführt, die hierfür dienlich, ja notwendig erscheinen und deren Einhaltung sie deshalb von einander fordern. Die Wahrnehmung, daß, wo eines jeden Willkür und Macht freien Spielraum hat, am Ende Keiner mehr die wünschenswerte Sicherheit fürs eigene Leben und fürs Wirken im eigenen Interesse behält, läßt sie Ordnungen aufstellen, die den einzelnen Gliedern ihre geordnete Stelle und Sphäre im Gemeinwesen anweisen. Das Bewußtsein gemeinsamen Nutzens, den ein Zusammenwirken bringt, läßt sie dieses auch positiv ordnen. Viel weiter noch als ausdrückliche Gesetze, welche zu solchen Zwecken aufgestellt werden, reichen Gewohnheiten oder Sitten, die wie von selbst aus dergleichen Antrieben hervorgehen: so im alltäglichen Verhalten der Einzelnen zu einander, damit dieses möglichst glatt, harmonisch und dadurch erquicklich und angenehm verlaufe; so im Streben nach physischen und geistigen Objekten, welche den Einzelnen im Zusammenhalten mit den Anderen Genuß und Wohlsein versprechen. Und was nun in den menschlichen Gemeinschaften auf diese Weise Sitte und Gesetz geworden ist, dafür fordern sie Unterwerfung von jedem, der in ihre Mitte eintritt. Was ihnen davon als das Wertvollste und Unentbehrlichste erscheint, darin sehen sie gar göttliche Gebote und Verbote. Wer vollends in diesen Anschauungen und unter solcher Zucht ganz aufgewachsen ist, der kann es auch gar nicht mehr anders denken und wissen. Aber wirklichen Anspruch auf Unbedingtheit hat nichts von dem allen. Es ist ebenso wenig unbedingt, als unwandelbar. Ändern muß es sich mit den verschiedenen Zuständen und Verhältnissen, welche ja unbestreitbar die Entwickelung der Menschheit und ihrer einzelnen Nationen durchläuft, mit den Fortschritten der Kultur, mit der unendlich fortschreitenden Entfaltung des menschlichen Geistes, mit dem Lichte, das ihm über den Wert verschiedener Güter neu aufgeht, mit der sich steigernden geistigen Kraft, die wenigstens für hervorragende Glieder und Gruppen der Menschheit auch größere Befugnisse mit sich bringt. Man will da ebenso wenig unbedingte Grundsätze der Sittlichkeit gelten lassen, als es unwandelbare Sitten gebe.

Solche Ansichten sind freilich bei uns gegenwärtig weit verbreitet. Sie herrschen nicht bloß bei Leuten, die schon auf einen Umsturz der bisherigen rechtlichen Ordnungen und sittlichen Grundsätze ausgehen und hiermit unter der Menge der sogenannten Gebildeten Schrecken erregen, ferner bei gar vielen dieser Gebildeten selbst, die gerne Freiheit für eine feinere Art von Fleischesdienst gewinnen möchten. Sie finden sich sogar in theoretischen Erwägungen und Ausführungen von Männern, denen man in ihrem praktischen

Leben und Streben nichts derartiges vorwerfen dürfte, die vielmehr selbst noch den von der christlichen Offenbarung aufgestellten sittlichen Idealen und Normen Hochachtung bezeugen, ja vielleicht auch vom Glaubensinhalt dieser Offenbarung sich gerne noch möglichst viel aneigneten.*)

Wer nun wirklich die Unbedingtheit sittlicher Grundsätze überhaupt leugnen und sie auch den von ihm jetzt immerhin hochgeschätzten Grundsätzen nicht zuerkennen will, bei dem müßten wir auf den Erfolg wissenschaftlicher Erörterungen, wie unserer gegenwärtigen, bis auf weiteres verzichten, müßten vielmehr durch praktische Ansprachen und Anfragen jenes Gewissen, das wir doch auch bei ihm noch voraussetzen dürfen, recht wach zu rufen versuchen. Aber sollte denn nicht wenigstens bei denjenigen Leugnern, deren wir zuletzt gedacht haben, schon ein Hinweis auf gewisse Prinzipien, Grundlagen und Grundgebote des sittlichen Lebens mit der Frage genügen, ob sie es wirklich für möglich halten, daß ein Fortschritt geistiger Entwickelung gewissenhafte Menschen je dahin führen könnte, dieselben prinzipiell aufzugeben? ob wohl auch sie selber trotz der gegenwärtigen Stimme ihres Gewissens hoffen oder fürchten müßten, künftig noch einmal anders erleuchtet und anders gesinnt zu werden? Oder werden nicht auch für sie mindestens die Grundforderungen eines Zusammenlebens der Persönlichkeiten in gegenseitigem Wohlwollen, Wahrhaftigkeit, Treue, ja in einer Gemeinschaft der Liebe immer unerschütterlich bleiben, nachdem dieselben einmal Gegenstand innerer Überzeugung für sie geworden sind? Könnte der sittliche Wert des Familienlebens und das eigentümliche sittliche Gebundensein der Familienglieder an einander je noch Zweifeln für sie unterliegen, wenngleich die vorhin erwähnten anderen Bestreiter unserer unbedingten sittlichen Normen sich auf diesem Gebiet eines Fortschritts zu herrlicher Emanzipation und Freiheit rühmen? Werden sie bei der Betrachtung der menschlichen Persönlichkeit je wieder irre werden können an der Unterscheidung zwischen einer höheren, geistigen und geistlichen, und zwischen einer niederen, sinnlichen, fleischlichen Seite, die jener sich unterordnen sollte?

---

*) Vgl. in meiner Schrift „Die Begründung der sittlich-religiösen Überzeugung" S. 72 (über „positivistische" Ethik).

Man unterscheide nur wohl zwischen einer Entwertung oder gar Umkehrung sittlicher Prinzipien und zwischen einer Verschiedenheit in der Ausgestaltung einzelner sittlicher Aufgaben, die, gerade indem sie aus den gleichen unwandelbaren sittlichen Grundforderungen hervorgehen, doch in ihrer konkreten Behandlung, Entfaltung und Durchführung allerdings durch wandelbare Verhältnisse, verschiedene Zustände des natürlichen Lebens, neue Bedürfnisse des sozialen Lebens, veränderte Kulturzustände u. s. w. mit bedingt werden. Wem jene Grundforderungen, wie sie der Menschheit im Christentum offenbar werden, einmal vors Auge des Geistes getreten und ins Herz und Gewissen gedrungen sind, dem wird das, was unter den wechselnden Verhältnissen jedesmal das für ihre Erfüllung angemessenste erscheint, auch jedesmal zur festen und klaren Pflicht werden.

Einen solchen kann an der Unbedingtheit des von ihm Geforderten auch der gewöhnliche Einwand nicht irre machen, daß ja anderen Personen, Geschlechtern und Völkern ganz Anderes, ja Entgegengesetztes wie ein unbedingt Gefordertes oder wie der Wille einer Gottheit sich darstelle. Denn, daß die ihm in Lehre und Leben objektiv vorgehaltene und ihm auch innerlich sich bezeugende sittliche Wahrheit den Anspruch auf unbedingte Geltung habe, wird dadurch nicht widerlegt, daß dieselbe für andere Teile der Menschheit vermöge einer Hemmung und Störung des allgemeinen geistigen und sittlichen Lebens noch gar nicht zu solcher objektiver Darstellung kommt, daß daher bei ihnen auch die tiefen, echten Gewissenszeugnisse noch nicht so rege werden können, um für die Subjekte wirklich das unbedingt Giltige festzustellen. Und auch in menschlichen Kreisen, wo wir nur sehr verschiedenartige, wandelbare, trübe und verkehrte Vorstellungen vom Inhalt höchster Forderungen finden, behauptet sich ja doch unerschütterlich wenigstens die allgemeine Vorstellung, daß irgend ein höchster Wille an die Menschen ergehe, der schlechthin von ihnen Gehorsam fordere und die Ungehorsamen richte und strafe. Woher diese Vorstellung, von der man doch annehmen möchte, daß die Menschen im Interesse eigener Ungebundenheit und Selbstbefriedigung ihrer so sehr als möglich los zu werden suchen müßten? Sollte sie ihnen etwa nur beigebracht worden sein durch eine wunderbare Kunst und Kraft menschlicher Fürsten oder Priester, die ihre eigenen Machtgebote unter dem Titel eines höchsten, nämlich göttlichen Willens einzuführen verstanden? Oder müssen wir nicht anerkennen, daß sie jedenfalls mit einer gewissen Notwendigkeit sich aufdrängt, auch wo die Auffassungen von dem also Geforderten weit aus einander gehen? Übrigens haben die neueren Vertreter jenes Einwandes die Verschiedenheiten und Widersprüche, die der angebliche höchste Gewissensinhalt bei verschiedenen Gliedern der Menschheit darbiete, großenteils weit übertrieben. Mit gutem Recht hat der gewissenhaft beobachtende und streng urteilende Heidenapostel die Thatsache ausgesprochen, daß Forderungen des von uns in seiner Unbedingtheit erkannten Gottesgesetzes auch unter Heiden vollzogen werden, indem des Gesetzes Werk ihnen ins Herz geschrieben sei (Röm. 2, 14 f.). Und fort und fort bewährt sich die Hoffnung, mit der unsere Missionare in die Heidenwelt hineintreten, daß ihre Darstellung des heiligen Gotteswillens auch dort die Gewissen treffen werde, um dem Glauben an den Heiland die Bahn zu brechen; eine andere Frage ist's ja dann noch, ob die einmal innerlich Angefaßten dem Rufe folgen und nicht gar ihm gegenüber erst recht, wie die Schrift sagt, sich verhärten.

Unbedingte sittliche Forderungen, Normen, Güter u. s. w. treten also auch da vors sittliche Bewußtsein, wo man die christliche Glaubenswahrheit bezweifeln oder gar abweisen zu müssen meint. Wir sagen aber von ihnen, daß sie mit dieser ihrer Unbedingtheit sich uns bezeugen und für uns behaupten durch Eindrücke, deren wir unmittelbar inne werden, und wir werden von hier aus dann auch zur Entstehung des religiösen und christlichen Glaubens weiter zu gehen haben.

Man hat nun auch da, wo man jene in ihrer Unbedingtheit anerkannte, doch die Frage, wie sie solche Geltung für uns gewinnen, in anderen Weisen beantwortet.

Wir kommen hier fürs erste wieder auf eine Auffassung, nach welchem die ethischen Ideen und Normen daraus erwachsen, daß die eine Gemeinschaft bildenden Menschen erfahren und wahrnehmen, was für Verhaltungsweisen, was für Ordnungen des

Gemeinlebens, was für Einschränkungen der Einzelwillen u. s. w. fürs Gemeinwohl ersprießlich seien und eben hiermit dann auch jedem Gliede der Gemeinschaft zu gute kommen. Oben sprachen wir von einer derartigen Auffassung, die dann selbst auf eine Unwandelbarkeit und Unbedingtheit der also begründeten Forderungen verzichtet, ja wohl gar sie ausdrücklich bestreitet. Hier haben wir noch mit einer zu thun, die auf jenem Wege doch auch zu solchen Idealen und Forderungen an den Willen gelangen zu können glaubt, deren Wert fürs Gemeinleben und sein Wohlsein zu allen Zeiten und unter allen Verhältnissen sich bewähren und denen so auch das einzelne sittliche Subjekt immer höchste, ja unbedingte Anerkennung schenken müsse. Ihre Geltung fürs sittliche Bewußtsein oder Gewissen des Einzelnen würden dann die sittlichen Grundsätze zunächst dadurch gewinnen, daß sie ihm durch andere beigebracht und durch Gewohnheit befestigt würden. Um ihrer und ihres unbedingten Anspruchs in eigener, selbständiger Überzeugung gewiß zu werden, müßte er fürs erste prüfen, ob es mit jener Ersprießlichkeit derselben fürs allgemeine Wohl seine Richtigkeit habe, und fürs zweite, ob in jedem Falle, wenn er ihnen nachkomme, dies wirklich auch ihm selbst zu gute kommen werde. So dürften wir dann also nicht sagen, daß wir der unbedingten Geltung sittlicher Forderungen unmittelbar in unserem Gewissen inne werden, sondern sie wäre für uns das mittelbare Ergebnis einer Reflexion aufs eigene Wohlbefinden, aus dessen Erstrebung schließlich alles unser anderes Streben und Thun hervorgehen dürfte und müßte. Aber wollte man nun hier auch das erste zugeben, daß ein bestimmtes Rechtverhalten und die Enthaltung von gewissen Handlungen und Bestrebungen fürs Gemeinleben heilsam sei, — wer wird einen, dem in seiner individuellen Lage von jenem Verhalten und jener Selbstenthaltung schwere persönliche Nachteile sicher in Aussicht stehen und von einem entgegengesetzten, gesetzwidrigen Thun gar keine oder höchstens leichtere Übel drohen, jemals davon überzeugen können, daß er dennoch im eigenen Interesse oder zum Behuf eigenen Wohlseins um des allgemeinen Wohles und Gesetzes willen diese Übel auf sich nehmen müsse? Wer wird da, wenn er selbst in der-

gleichen Lagen sich befindet, auch nur sich selbst dazu bestimmen
können, ja verständigerweise auch nur sich selbst dazu bestimmen
wollen, daß er den natürlichen selbstischen Trieb überwinde,
der hier — wenigstens einmal ausnahmsweise — über das ver=
meintliche oder allgemeine Gesetz sich wegsetze? Man könnte
vielleicht dem gegenüber noch sagen: gerade das höchste innere
Wohlsein, die höchste persönliche Seligkeit stehe einem erst ver=
möge solcher Selbstüberwindung in Aussicht. Aber wer wird denn
an eine soche Aussicht glauben, der nicht vorher schon vom höchsten
Wert und der unbedingten Geltung der sittlichen Forderung über=
zeugt ist? Und wieder stünden wir so bei der Frage, auf was
anderem als auf einem unmittelbarem Bewußtsein diese schon
vorher erforderliche Überzeugung ruhen kann. — Man könnte
denken, diese Erwägungen müßten einem gesunden praktischen Ver=
stand so nahe liegen, daß sie einer weiteren Auseinandersetzung
gar nicht erst bedürften. Aber ein Blick auf die Geschichte und
namentlich auch neuere Geschichte der Ethik zeigt, wie leicht sie
doch gerade auch einem gelehrten Denker sich verbergen.

Gar erhaben mag manchem ein anderer Einspruch gegen den
Satz klingen, daß wir jener Unbedingtheit uns unmittelbar bewußt
werden müssen, nämlich die Erklärung, daß die Erkenntnis des
sittlich Guten vielmehr Sache der Vernunft, und zwar der
praktischen Vernunft sei.

Aber man erkläre erst deutlicher, was man mit dieser Ver=
nunft meint und wie sie zu ihren Erkenntnissen gelangt. Unter
der Vernunft versteht man ja wohl mit Kant und den meisten
Neueren das Vermögen der Prinzipien oder der etwas Unbedingtes
ausdrückenden Ideen und so namentlich der sittlichen Ideen. Diese,
sagt man, werden vom vernünftigen Geiste denkend erfaßt und in
ihrem Zusammenhang durchdrungen und auseinandergelegt, oder
wohl auch, sie stellen sich ihm in bar der Form intellektueller
Anschauung.

Das ist richtig, wenn man dabei bemerkt, daß sie dem einzelnen
Geist nicht etwa ohne weiteres aus seinem eigenen Innern auf=
steigen, sondern im Wechselverkehr geistigen Lebens mit andern
an ihn gebracht und in ihm geweckt werden müssen. Immer aber

bleibt hierbei die Frage: wie wird der einzelne Geist für sich der Unbedingtheit jener Forderungen oder der schlechthinnigen Geltung der ihm sich darstellenden sittlichen Ideale gewiß? Das kann nicht etwa durch einen notwendigen Zusammenhang geschehen, den unser vernünftiges Denken zwischen dem hier vorliegenden Inhalt und zwischen dem Inhalt unseres übrigen, auf die Welt gerichteten Erkennens nachweist, — etwa so, daß man zeigte, es finde ein Fortschritt der Entwickelung statt vom allgemeinen natürlichen Dasein und Leben zum menschlichen, und in diesem wieder von der sinnlichen, natürlichen Seite aus zum geistigen, vernünftigen Leben, und ferner vom Einzelleben und den egoistischen Trieben aus zum sittlichen Gemeinleben in gegenseitiger Achtung und Liebe u. s. w. Denn so weit man es auch in solchem Nachweis mittels spekulativer Deduktionen aus allgemeinen Begriffen heraus oder mittels empirischer Beobachtungen und sogenannter Evolutionstheorieen bringen möchte, — man hätte in so weit für unsere Frage doch noch nichts erreicht. Müßten wir denn in demjenigen, wozu jene Entwickelung weiterführt, darum auch schon ein höheres anerkennen, auf welches und nach welchem unser Wille sich zu richten hätte? Dürfte z. B. nicht im niedern sinnlichen Leben und Genuß einer mit Berufung darauf sich beruhigen, daß dies eben derjenigen Stufe entspreche, über welche in seiner individuellen Ausstattung und Lage die Entwickelung zufällig noch nicht hinausgeschritten sei? Möchte nicht Gleiches einer geltend machen, der den Zug zu sittlicher Gemeinschaft den sogenannten niedern, egoistischen Trieben gegenüber eben noch zu wenig in sich entwickelt findet? Könnte nicht vielleicht einer auch gerade im Hochgefühl ganz besonderer fortgeschrittener eigener Intelligenz und Willenskraft, ja im Drang über die bisherigen Entwickelungsstufen hinaus noch zu einer höheren vorzudringen, sich über eine bisher angenommene Moral des Gemeinlebens wegsetzen?

Die Gewißheit davon, daß bestimmte so von uns gedachte Normen oder Ideale wirklich für uns das höchste, schlechthin zu Erstrebende oder unbedingt Geforderte seien, können wir nach all dem doch nur auf einen unmittelbaren Eindruck gründen, den wir in unserem tiefsten Innern erfahren, indem wir sie uns denkend vergegenwärtigen, und eben er treibt uns auch dazu, gewissenhaft, eindringend und umsichtig ihre eigenen inneren Zusammenhänge und ihren Zusammenhang mit dem ganzen übrigen Inhalt unseres Bewußtseins weiter zu durchdenken. Nicht anders verhält es sich, wenn jene unserem Geist als ein in sich geschlossenes Ganzes wie in einer Anschauung gegenübertreten. Wir können hier den innern Vorgang, der bei sinnlichen Anschauungsbildern statt hat, vergleichen. Daß diese uns schön erscheinen oder ästhetisch wertvoll für uns werden, ist noch nicht in ihrer objektiven Vorstellung begründet, sondern erst in einem Eindruck, den sie auf etwas in uns machen, das wir innern Sinn nennen; es wird daran einem Menschen trotzdem, daß jene Vorstellung für ihn stattfindet, fehlen, wenn es ihm an diesem innern Sinne gebricht. So erhalten jene höchsten Objekte der sittlichen Anschauung ihre Geltung für uns erst durch ihren Eindruck aufs Gewissen, und zwar entsteht durch diesen nicht ein bloßes gefühlsmäßiges Wohlgefallen an ihnen, sondern jenes Bewußtsein der an den Willen ergehenden Forderung oder des Sollens. Und zwar folgt für uns aus der Unbedingtheit der Willensforderung auch das, daß dieser Gewissenssinn noch ganz anders als der Schönheitssinn auch allen Menschen ursprünglich eigen und bei ihnen erregbar sein müsse; zugleich aber erfahren wir auch an uns selbst, wie namentlich durchs eigene persönliche Verhalten gegen seine Forderung seine Reinheit und Erregbarkeit beeinträchtigt werden könne. Sache der praktischen Vernunft ist und bleibt so allerdings jenes Denken und Anschauen, vor allem aber dieses innere Vernehmen. Deutlich machen läßt sich dieses Vernehmen freilich für niemand, der es nicht bei sich selbst erfährt und beobachtet. Deutlich machen und erklären läßt sich auch die Unbedingtheit der Forderungen nicht durch Zusammenstellung mit etwas anderem Unbedingten, wie etwa einer unbedingten Macht, die sich selbst mit Notwendigkeit auswirkt. Das Sollen im Unter= schied vom Müssen muß erfahren sein. Wer es aus Erfahrung kennt und würdigt, der möge dann von hier aus auch die Voraus= setzungen zu ergründen versuchen, die es in unserem Wesen und unserem realen Verhältnis zu einem höheren Wesen hat. Er möge ferner, wenn ihm daneben die Gewißheit des christlich=religiösen

Glaubens geschwunden ist, zusehen, ob er nicht eben von hier aus auch den Weg zu diesem wieder finde.

Aus diesen inneren Vorgängen und Erfahrungen, von denen wir hier Grundlegendes auszusagen hatten, erhebt sich dann zugleich das unmittelbare Bewußtsein der sittlichen Verantwortlichkeit, Freiheit, persönlichen Verschuldung: mit dem Bewußtsein des Sollens zugleich das der eigenen Willensentscheidung. Und auch dieses wird jedem, der den innern Eindrücken gewissenhaft Raum giebt, sich fest behaupten, mag gleich ein reflektierender Verstand, der im sittlichen Verhalten überall wie in den natürlichen Dingen nur notwendige Folgen vorangegangener Ursachen, Kräfte und Triebe sehen möchte, beunruhigende Zweifel dagegen erheben, oder auch trügerische Beruhigung für Anklagen des Gewissens suchen.

Forderungen an unseren Willen sind es, deren wir so auch dann noch werden innewerden, wenn der eigentümlich christliche Glaubensinhalt für uns unsicher geworden ist, ja wir gar im Streben nach wirklicher, geschlossener Erkenntnis von ihm absehen zu müssen meinen. Sie fordern vor allem, daß man hingebend auf sie achte und getreu dem nachstrebe, was in ihnen einmal uns kund geworden ist. Da wird man dann ferner auch schon eine Erfahrung analog derjenigen machen, welche das Wort Jesu Joh. 7, 17 (oben S. 35) meint. Wer nämlich jenen gegenüber wirklich so sich verhält oder ernstlich ihnen, soweit er sie schon vernimmt, nachkommen will, dem wird hierdurch ihre höchste, unbedingte Geltung auch mehr und mehr Gegenstand klarer und fester Erkenntnis werden; und mit solcher Erkenntnis wird für ihn die Anerkennung eines Gottes sich verbinden, dessen Willen er eben in ihnen erkennt. Vom Glauben an diesen Gott überhaupt werden wir im Folgenden weiter zu reden haben. Machen wir denn nicht auch die umgekehrte Erfahrung da, wo jenes eigene Wollen fehlt und man vielmehr jenen Forderungen praktisch sich entzieht, ihrer innern Eindrücke los werden möchte, — daß da auch ein klares sicheres Verständnis für sie und ihre Konsequenzen aufhört, die innere Stimme übertäubt wird und verstummt, das innere Auge, wie Jesus sagt (Matth. 6, 23), ein Schalk wird?

Ein inneres Zeugnis vernehmen wir endlich in jenen Ein=

drücken und Erfahrungen des sittlichen Bewußtseins auch schon über unsere Stellung zu der uns umgebenden Welt und über ihre eigene Entwickelung in ihrem Verhältnis zu uns als sittlichen Persönlichkeiten. Zu einem bestimmten Verhalten und Wirken eben in ihr sind wir ja aufgefordert, und dieses finden wir nun durchaus bedingt durch ihren eigenen Bestand, ihre eigenen Faktoren, ihre eigenen Gesetze: wer giebt uns Gewähr dafür, daß den hier waltenden Kräften gegenüber unser Wollen und Wirken Erfolg haben könne? Dazu kommt gar in der Menschenwelt selbst das entgegenstehende Streben und Treiben des bösen, jenen Normen und Zielen widerstreitenden Willens in Einzelpersönlichkeiten und ganzen Massen: wer versichert uns dessen, daß ein jenen Forderungen und Zielen nachstrebendes Wirken trotzdem Raum behält, ja durchdringen wird? Eben jenes unmittelbare sittliche Bewußtsein aber wird auch schon eine Gewißheit hiervon in sich schließen. Die Forderungen, die es vernimmt, werden zugleich zur Forderung, hierauf zu vertrauen. Eine ganz andere Frage ist es, ob, wenn einer der christlichen Heilsoffenbarung fern bleibt, die Forderungen alle jemals über die praktischen Regungen und Triebe, die in seinem eigenen Innern ihnen widerstreben, so viel Macht gewinnen können, daß er wirklich ihnen genüge und in jenem Vertrauen bestehe.

Wir haben bisher von innern Erfahrungen geredet, die einer auch noch wird machen können und machen wird, der am christlichen Glauben irre geworden ist, ja der auch die Existenz eines Gottes überhaupt nicht mehr festhalten zu dürfen meint.

Eine Menge andere mögen der Festigkeit sich freuen, welche wenigstens die Überzeugung von einem lebendigen, die Welt leitenden und eben auch die sittlichen Forderungen an sie richtenden und das Gute zum Siege führenden Gotte für sie habe. Sie mögen hiermit darüber, daß sie in die eigentümlich christlichen Glaubenssätze sich nicht mehr finden können, sich beruhigen; sie mögen sich gar Glück wünschen, von diesen entbunden zu sein, in denen einem denkenden, vernünftigen Geiste so Schweres, Unfaßbares und unserem sonstigen Wissen Widerstreitendes ohne wirklichen Grund und Bedürfnis zugemutet werde.

Bei diesen also handelt sich's nicht bloß, wie bei den Sub-

3. Die Vorgänge in unserem eigenen Innern ꝛc.

jekten, von denen wir bisher sprachen, um die Gewißheit eines Sollens, sondern um die Gewißheit von Gott als objektiver Realität. Was bestimmt aber dieselben, auch an ihr festzuhalten? Denkende, gebildete Menschen werden den Wegen nachgehen, auf welchen unser Verstand mit seinen bekannten Kategorieen von der Gesamtheit der endlichen, aus einander hervorgehenden und sich gegenseitig bedingenden Dinge aus auf eine letzte, höchste Ursache und von der dort wahrgenommenen wunderbar durchgreifenden Zweckordnung aus auf einen weisen Schöpfer geführt werde. Aber keiner unter ihnen, der seinen Glauben ernstlich prüft und auf das Geglaubte praktisch vertrauen und bauen möchte, wird, wie wir schon zuvor (oben S. 9 f.) bemerkten, den tiefsten und unerschütterlichen Grund für ein solches Vertrauen in jenen Gedankenzusammenhängen finden. Und gerade die schärfsten Denker unter ihnen müßten den Einwendungen gegenüber, die dort für eben denselben Verstand zugleich sich erheben, z. B. den Lücken, ja Widersprüchen gegenüber, die unserem Welterkennen in jener Ordnung sich darbieten, oder den innern Schwierigkeiten gegenüber, welche der Gedanke einer letzten, nicht wieder verursachten, also wohl sich selbst setzenden Ursache macht, an der Festigkeit jenes Grundes verzweifeln, wenn für das also Begründete nicht noch etwas ganz anderes zeugte, was auch sie mit dem gewöhnlichen Ausdruck einer innern Stimme werden bezeichnen müssen.

Manche Philosophen und auch Theologen, zumeist in unserer Zeit, haben nun den innern Vorgang, den man mit jener Stimme meint, dahin ausgelegt oder darauf zurückgeführt, daß ein praktisches Bedürfnis die Menschen in einem höheren, über ihnen und der Welt oder Natur stehenden Wesen den mächtigen Beistand suchen lasse, dessen sie bedürfen, um den Naturmächten gegenüber sich und ihre eigenen höheren und niederen Interessen zu behaupten. Unwillkürlich gehe so aus Bedürfnis und Wunsch der Glaube hervor oder die Zustimmung zu den dem Einzelnen schon durch seine Umgebung dargebotenen Glaubensvorstellungen. Aber wird nicht gerade derjenige noch einen Gott anerkennende und über sich und Gott nachdenkende Mensch, der sich trotz aller jener Verstandeseinwendungen noch am stärksten wie durch ein unsichtbares Band an jenem Glauben festgehalten fühlt und das Band zu zerreißen sich nicht getraut, sich am ernstlichsten gegen eine derartige Erklärung dieses Bandes verwahren? Und wird er nicht volles Recht dazu haben? Er wird zugeben, daß das Band für ihn wertvoll sei und er zu einem solchen Gott sich hingezogen fühle, von dem er Schutz, Fürsorge und Wohlsein erwarten dürfe. Aber er wird erklären dürfen und müssen: was ein Zerreißen des Bandes so schwer mache, das seien doch nicht sowohl seine eigenen Ansprüche an ein solches höchstes Wesen, als vielmehr ein Gefühl der Ansprüche, welche dieses an ihn stelle. Erst dieses Gefühl erklärt uns die Bangigkeit des innern Kampfes bei so manchen, die wenigstens einen Gottesglauben noch sich gewahrt hatten und nun auch ihn preiszugeben versucht sind. Dem Gedanken, daß sie hiermit den wertvollen Gegenstand ihres eigenen Wunsches und Bedürfnisses preisgäben, könnten sie ja wohl neben jenen Verstandeseinwendungen auch den Gedanken an ihre eigene Kraft und günstige Stellung in dieser Welt entgegenhalten, vermöge deren sie hier immerhin so gut wie eine Menge anderer irreligiöser Subjekte sich werden behaupten können; sie könnten auch Zweifel darüber aussprechen, ob denn thatsächlich der bisher von ihnen geglaubte Gott so viel für sie geleistet habe. Was bange macht, ist vielmehr ein Gefühl davon, daß man an diesem Gott festhalten solle, daß man von ihm nicht lassen dürfe, daß man, wenn man dies thue, nicht bloß im eigenen Wohlergehen mehr oder weniger beeinträchtigt, sondern schuldig und hiermit unselig werde. Auch die Hilfeleistungen und Wohlthaten, die man bisher von diesem Gott erlebt zu haben meinte, werden hierbei nicht zumeist insofern ins Gewicht fallen, als man künftig auf sie zu verzichten hätte, sondern in sofern, als man sich verpflichtet fühlt durch sie und schuldig des Undanks gegen sie.

Wir redeten hier von innern Vorgängen in Menschen, deren Gottesglaube und religiöses Vorstellen und Denken überhaupt jedenfalls ursprünglich schon von der christlichen Offenbarung mächtig beeinflußt ist, die jedoch nicht mehr wesentlich auf diese, sondern vielmehr auf eine allen Menschen sich darbietende Grundlage ihren Gottesglauben stellen zu müssen meinen. In der That aber werden wir nun auch für den Ursprung des allgemeinen, nämlich auch des heidnischen religiösen Glaubens auf innere Vorgänge zurückgeführt, welche den für jene bedeutsamen analog sind. Wohl mag das Verlangen nach höherer Hilfe die Heiden zu den Altären ihrer Götter treiben und die Hoffnung darauf sie zu Spenden aller Art an sie veranlassen. Wohl wird zur Begründung und Ausbildung der Vorstellung von ihnen auch schon bei ganz rohen Geschlechtern ein intellektueller Drang mitwirken. Während aber im Gegensatz zu dem allem eine immerwiederkehrende Erfahrung davon, daß dort die schwersten Opfer erfolglos bleiben, und zugleich ein Bewußtsein wachsender eigener Kraft, Klugheit und Fertigkeit zur Versuchung werden muß, sich von solchen vermeintlichen höheren Wesen zu emanzipieren, ist das, was schließlich immer wieder an sie fesselt, das auf dunkeln, geheimnisvollen Eindrücken ruhende und die Zweifler mit Bangigkeit erfüllende Bewußtsein eines höchsten Willens oder vieler, höherer, über uns stehender Willen, die gerade auch an einen, der sie lieber um nichts ansprüche, ihre eigenen Ansprüche fordernd und drohend erheben.

Je mehr die höhere, geistige Seite des Menschen entwickelt ist und namentlich je mehr die christliche Offenbarung auch auf Nichtoffenbarungsgläubige einen Einfluß übt, um so mehr wird der Mensch dann auch des sittlichen Charakters und Gehaltes göttlicher Willensforderungen sich bewußt. Er wird sich bewußt, daß er nicht bloß mit den Ansprüchen einer über ihm und der Welt waltenden, wandelbaren und in ihrer Richtung dunkeln Willkür zu thun habe, sondern mit schlechthin festen, in sich zusammenhängenden, prinzipiellen Geboten und Ordnungen fürs allgemeine menschliche Willensleben; und in dem Inhalte, dessen er sich bewußt wird, erkennen wir Christen mit unserem Heidenapostel (Röm. 2, 14 ff.) auch schon aufs wahrhaft gute gerichtete und wahrhaft unwandelbare Willenskundgebungen des vollkommen guten Gottes. Da werden denn auch die Eindrücke, die man von Gott selbst empfängt, und die auf die unbedingten Normen und Ideale bezüglichen Gewissenszeugnisse unmittelbar mit einander eins. Diese werden unmittelbar auch schon als Stimme Gottes empfunden, und zum Gegenstand der Gewissensforderung wird vor allem eben auch die Anerkennung Gottes überhaupt, das Eingehen auf seine Darbietungen, die Hingabe an seinen gebietenden Willen.

Die Eindrücke, die auch ein noch nicht wahrhaft im Christentum lebender Mensch doch schon so zu erfahren bekommt, wurzeln tiefer und die Ergebnisse davon haften fester im Innersten des Menschen, als er selbst oft klar sieht oder Wort haben möchte. Wie mancher, der aus Gründen des Verstandes an der christlichen Wahrheit, d. h. an der einzigartigen Heilsoffenbarung Gottes in seinem Sohne Jesus Christus zweifeln zu müssen, oder gar sich stolz darüber erheben zu dürfen glaubt, will und kann doch von gewissen sogenannten allgemeinen Religionswahrheiten nicht lassen, die jenem Verstande doch wahrlich auch Unbegreifliches zumuten! Oder wird er etwa, wenn er wenigstens noch einer allgemeinen göttlichen Vorsehung vertrauen möchte, es jenem begreiflich machen, wie eine solche durch alle die zufälligen und namentlich von menschlicher Freiheit und Willkür abhängigen Vorgänge des Weltlebens ihre höchsten Ziele sichere, ja ihnen gerade auch die Handlungen schlechter menschlicher Willkür dienen lasse (vgl. oben S. 58)? Und er wird, wenn er die von jenem hiegegen ausgehenden Einwendungen sich nicht verbergen kann, ihnen wieder nicht bloß sein eigenes Wünschen und Bedürfnis entgegenzustellen haben, sondern vor allem die unwandelbare Gewißheit des Sollens, in der er selbst jene Ziele und den auf sie gerichteten fordernden und verheißenden höchsten Willen anzuerkennen hat.

Nach dem allem dürfen wir zuversichtlich aussprechen: eine innere sittliche und religiöse Erfahrung, mit der wir dann die spezifisch christliche werden zusammenstellen können, ist auch Menschen, welche den christlichen Glauben von sich weisen zu müssen meinen, darum doch keineswegs fremd. Sie macht sich bei ihnen geltend, auch wenn es ihnen noch sehr am klaren Bewußtsein von ihrer Bedeutung fehlt. Ihr verdanken sie die Gewißheit der sittlichen Ziele, Aufgaben und Erfolge, soweit sie einer solchen Gewißheit sich schon erfreuen; ihr die Überzeugung von einem göttlichen Wesen, dem sie sich verpflichtet fühlen müssen und auf das sie vertrauen und bauen dürfen. Wie weit die Ergebnisse dieser Erfahrung bei ihnen anderweitigen Einflüssen gegenüber reichen und wie lange sie bei ihnen ohne ein weiteres Fortschreiten zu jenem Glauben hin sich behaupten werden, mag hier dahin gestellt bleiben. Jedenfalls aber muß diese Erfahrung zur Betrachtung und Würdigung derjenigen inneren Vorgänge weiter führen, in welchen wir den tiefsten Grund des Glaubens echter Jünger Jesu nach den neutestamentlichen Aussagen Jesu finden und so nun auch fernerhin und fort und fort zu erkennen haben werden. Von da aus wird dann auch alles Höhere, was dort schon sich kund gab, erst wahrhaft licht und fest für uns werden.*)

Die innere christliche Erfahrung und die Thatsachen der Offenbarung. Der Glaube als assensus oder fiducia.

Auf einen objektiven, realen, lebendigen Gott richtet sich jeder religiöse Glaube hin; seine Realität erkennt er an; seinem Willen weiß er sich zum Gehorsam verbunden; auf diesen objektiven Gott und seine Gnade und Hilfe sieht er sich verwiesen, um durch ihn möglichst sichern Lebensbestand und Wohlsein für sich selbst zu gewinnen. Im Christentum wird er zu herzlichem Vertrauen auf diesen Gott, bei welchem allein wahres Leben, Vergebung und Heil zu finden ist. Immer aber haben wir den tiefsten Grund für solchen Glauben in Wirkungen zu suchen, die von diesem objektiven Gott aus an jenes Innerste der Subjekte ergehen.

Zum christlichen Glauben gehören wesentlich die geschichtlichen Realitäten, die großen Thatsachen der göttlichen Offenbarung, von der die heiligen Schriften uns berichten, die Heranbildung des alttestamentlichen Bundes- und Verheißungsvolkes durch Gottesworte, Thaten und Fügungen, und vollends Gottes Menschwerdung in Jesu Person, die thatsächliche Stiftung der Erlösung, die Herstellung des Gottesreiches schon innerhalb der irdischen Menschheit. Aber auch diese Realitäten und Vorgänge alle beziehen sich auf dasjenige Lebensgebiet, mit welchem wir in den Zeugnissen unseres eigenen Gewissens und Regungen unseres Herzens zu thun haben,

---

*) Vgl. über das Verhältnis der praktischen Vernunft zur Glaubenserkenntnis unten im 2. Hauptstück, Abschn. 2.

und sollen nur vermöge dieser ihrer Beziehung gläubig von uns aufgenommen werden. So werden wir benn auch bei der Frage, ob wir sie wirklich gläubig aufnehmen sollen, wesentlich an innere Regungen und Zeugnisse uns zu halten haben, die wir, nachdem jene objektiv an uns herangetreten sind, auch in uns selbst vernehmen.

Mit Bezug auf die äußere geschichtliche Bezeugung, in der dieselben vor uns treten, müssen wir bei dem oben (S. 14 f.) Gesagten bleiben. Sie reicht nahe bis an die wichtigsten Ereignisse selbst hin, hat in ihrem Alter und ihrer schlichten, unbefangenen Art den besten Anspruch auf Vertrauen, macht es uns jedenfalls zur Pflicht, das von ihr Dargebotene seinem Inhalt nach zu prüfen und zu würdigen. Aber der dargebotene Inhalt ist so außerordentlich und eigenartig, daß wir schon deswegen Bedenken gegen die Geschichtlichkeit nicht los werden könnten, wenn der Inhalt nicht irgendwie auch selbst sich bezeugte; und im Zusammenhang mit solchen Bedenken müßte man allerdings auch mancherlei Raum anerkennen, den die äußere Bezeugung immerhin für kritische Fragen und Bedenken offen läßt. Auf keinen Fall dürften wir, wenn der Inhalt nicht eben in jener innerlichsten Weise sich selbst bezeugte, zu einem religiösen Vertrauen auf ihn auffordern.

Hinsichtlich des Inhalts nun und vor allem hinsichtlich der Lehre und Selbstdarstellung Jesu weisen wir wieder auf oben Ausgeführtes (S. 17 ff.) zurück.

Wenn wir sagen, daß diese Lehre Jesu durchweg auf das Gebiet sich bezieht, dem jene inneren Zeugnisse zugehören, so könnte man hierbei zunächst nur daran denken, wie er in seinem Worte den an uns sich richtenden heiligen Willen Gottes oder die an uns ergehenden göttlichen Forderungen oder das göttliche Sittengesetz dargelegt habe. Man könnte dann sagen, daß allerdings der Inhalt dieser Verkündigung sich so, wie wir es zuvor schon von den sittlichen Forderungen überhaupt sagten, auch innerlich uns bezeuge, daß aber das Bezeugte eben nur diese ewige sittliche Wahrheit sei, ohne daß dabei die geschichtliche Persönlichkeit des Lehrers und die geschichtlichen Thatsachen seines Lebens, Wirkens, Sterbens ꝛc. weiter für unseren sittlich religiösen Glauben in Betracht kommen müßten. Man könnte ähnlich von den höchsten Gütern, die Jesus verheißt und ankündigt, von Gottes Vaterstellung zu uns, vom Himmelreich u. s. w. zu behaupten versuchen, daß allerdings durch Jesu objektives Zeugnis von ihnen auch ein inneres Zeugnis, ein Zug zu ihnen und Verlangen nach ihnen in uns rege werde, daß jedoch auch daraus für die Anerkennung jener Thatsachen und einen religiösen Glauben an sie noch nichts folge.

Aber einer solcher Auffassung tritt schon die Thatsache entgegen, daß jene Wahrheiten oder Ideale jedenfalls sonst nie und nirgends in der Menschheit zu einer so vollkommenen und innerlich uns ergreifenden Offenbarung gelangt sind, und damit die Frage nach einer ganz besondern Ursache, die in jenem geschichtlichen Momente zu einer solchen ganz besonderen Offenbarung geführt haben muß. Und dieser gesamten Wahrheitsoffenbarung ist nun eben dies wesentlich eigen, daß sie durchweg im innigsten unlösbaren Zusammenhang mit jenem Jesus, seinem innern Leben, seiner Person und seinem ganzen Verhalten, Wirken und Leiden sich darstellt und von denen, denen sie sich darbietet, aufgenommen sein will. Die Offenbarung jenes Gotteswillens, der in seiner Reinheit, Tiefe und Fülle von den Menschen nimmermehr erfaßt worden und gegen den das menschliche Dichten und Trachten immer in traurigem Widerstreite verblieben ist, geht hier von einem Menschensohne aus, dem derselbe aus ursprünglicher und steter eigenster Gemeinschaft mit Gott kund ist und der mit dem eigenen Wollen und Thun in voller, ebenso schlichter wie energischer Hingabe an ihn beharrt. Jene Wahrheit von Gott als unserem himmlischen Vater und von dem Kindesverhältnis, in das er uns aufgenommen hat, gehörte, um ein paulinisches Wort zu gebrauchen (1. Kor. 2, 9), zu demjenigen, was noch kein Ohr gehört hat und in keines Menschen Herz gekommen ist. Offenbar geworden ist sie thatsächlich in dem Jesus, der in seiner Gemeinschaft mit Gott als der Sohn im höchsten, einzigartigen Sinne des Wortes sich uns darstellt, und soweit andere Menschen wirklich jenes Verhältnisses teilhaftig geworden sind, sind sie thatsächlich erst durch ihn dazu gelangt. Gleiches gilt von dem Satze „Gott ist Liebe" (1. Joh. 4, 8), der dann für uns eben in der Wahrheit von ihm als liebendem Vater zum bestimmten Ausdruck kommt. Daß Gott Liebe sei, mögen wohl jetzt auch manche, die den christlichen Offenbarungsglauben abweisen, für eine höchste und ewige Wahrheit anerkennen. Aber offenbar ist diese Wahrheit für die Menschen nicht dadurch geworden, daß sie von jemandem irgendwie denkend deduziert, noch auch dadurch, daß die Idee der Liebe nur in besonders kräftigem, eindrucksvollem Vortrag den menschlichen Herzen dargelegt worden wäre. Sie wurde es vielmehr eben in dem geschichtlichen Jesus, in der vollkommenen Liebesgemeinschaft des Vaters mit ihm, in der Liebesthat Gottes, der ihn uns schenkte, und in der Liebe, mit der er selbst nach des Vaters Willen für die Sünder sich hingab; wer den Eindrücken dieser Offenbarung sich öffnet, der soll dann solche Liebe auch in sich zu erfahren bekommen und so sie als Wahrheit erkennen. Dagegen sehe man zu, wieweit jene Idee, die jedenfalls ursprünglich überall aus dieser Offenbarung und der an sie glaubenden Christengemeinde herstammt, bei solchen, welche dieselbe abgelöst hiervon festhalten wollen, sich unter den Verstandeszweifeln und sittlichen Störungen, die das Weltleben und Sündenleben mit sich bringt, wirklich behaupten und als festbegründet bewähren wird.

Unmittelbar zusammenwirken wird so für jeden, der das neutestamentliche Wort unbefangen auf sich wirken läßt, das Zeugnis Jesu von Gottes heiligem Gesetz und erbarmender Liebe und sein Zeugnis von ihm selbst und seinem Verhältnis zum Vater und zu uns samt dem eigenen Wirken und Leiden, in welchem er den ihm von Gott gegebenen Beruf unter und für die Menschheit erfüllt. Die Offenbarung jenes heiligen Gotteswillens, die hier fordernd und richtend unser Gewissen trifft, beugt uns unmittelbar hiermit vor ihm selbst, dem „Heiligen Gottes" (Joh. 6, 69.*) Mark. 1, 24), den Gott zum Herrn und Richter für uns bestellt hat. Die Liebe, mit der Gott in ihm zu uns Sündern sich herabgelassen hat und mit der er selbst den Sündern nachgeht und Versöhnung für alle stiften will, zieht eben zu ihm die Heilsbedürftigen hin und will sie auf ihn und den in ihm gegenwärtigen Gott vertrauen lassen. Gegen die einzigartige, göttliche Stellung, die er so für unser unmittelbares Bewußtsein und unsere unmittelbare

---

*) So nach dem ursprünglichen Text.

religiös-geschichtliche Anschauung gewinnt, mag bann nicht bloß ein verkehrter, sündhafter Hochmut und eine stolze Selbstgerechtigkeit oder sittliche Leichtfertigkeit sich sträuben; sondern es mag dagegen auch eine an sich berechtigte verständige Reflexion auf den sonstigen Verlauf der Menschheitsgeschichte und auf die mancherlei hier für uns möglichen Täuschungen und Selbsttäuschungen ihre schon oben (S. 15) angedeuteten Bedenken und Zweifel erheben. Aber auch eine streng geschichtliche Erwägung, welche diesen nachgeht, wird, wenn sie zugleich gebührend jene inneren Zeugnisse würdigt, doch bei jenem Ergebnis sicher beharren dürfen und müssen.

Dieselbe mag, wie es viele sehr leichthin thun, den Versuch machen, durch eine eigentümliche Kritik der biblischen Berichte diejenigen Worte Jesu für ungeschichtlich zu erklären, in denen er selbst eine solche Stellung sich beilegt. Aber sie muß davon doch immer noch soviel geschichtlich bestehen lassen, daß es für ein sittliches Bewußtsein unbegreiflich bleibt, wie die Selbstüberhebung, die sie demnach bei ihm annehmen müßte, und die Demut, die Selbsthingabe, das sittliche Zartgefühl u. s. w., wovon doch auch sie noch bei ihm geredet haben möchte, in dieser geschichtlichen Persönlichkeit sich mit einander geeint haben könnte. Daß diesen Einwand viele, denen man sittliches Bewußtsein sonst nicht absprechen darf, nur möglichst umgehen, beweist natürlich nichts gegen seine Kraft. Wo es freilich am sittlichen Bewußtsein fehlt und keine anderen Rücksichten das Urteil hemmen, wird man einfach zu dem Ergebnis kommen, daß der eigentümliche Mann aus Nazareth eben das uns widersprechend Scheinende in seinem Charakter und Treiben vereinigt habe.

Man kann ferner bei jener kritischen Erwägung fragen, ob nicht das, was im neutestamentlichen Bilde Jesu unser eigenes menschliches Wesen so weit überragt und bei aller Anziehungskraft, die es auf uns übt, für unser eigenes Denken und eigenes Streben unerreichbar bleibt, doch einer ursprünglichen, einfach menschlichen, geschichtlichen Gestalt Jesu erst von der an ihn sich anschließenden Christengemeinde beigelegt worden sei, indem er bei dieser nur erst durch eine menschlich unvollkommene Lehre und Selbstdarstellung ein Bewußtsein echten Lebens in Gott wachgerufen und sie dann erst die ganze Höhe des ihr hiermit aufgegangenen Ideals auf ihn übertragen hätte. Hat doch derartiges immer und immer wieder stattgefunden bei Männern, welche durch großartiges, persönliches Wirken auf verschiedenen Gebieten des menschlichen, sittlich-religiösen, nationalen, künstlerischen, wissenschaftlichen Lebens ein begeisterndes Bild von sich der Nachwelt hinterlassen haben. Man kann auch zugeben, daß von manchen neueren Apologeten unseres Glaubens an den biblischen Christus jene Frage nicht genügend ins Auge gefaßt worden ist. Die geschichtliche Forschung aber kann in Gemeinschaft mit dem sittlich-religiösen Urteil nur eine verneinende Antwort darauf geben. Denn im durchgreifenden Unterschied von allen jenen angeblichen Analogieen bezeugt uns hier unser sittliches Bewußtsein von der eigenen und allgemein menschlichen Unfähigkeit, Sünde und Erlösungsbedürftigkeit, wie es am stärksten beim Wort und Bilde Jesu gegenüber erwachen muß, daß schon die erste Entstehung eines wahrhaft mit Gott geeinten Lebens in diese Menschheit nur durch die wunderbare schöpferische Einpflanzung von oben möglich war und daß nur die fortgesetzte von diesem Anfänger selbst ausgehende Wirkung es vermag, das neue mit ihm in die Menschheit eingetretene sittlich-religiöse Leben und Erkennen oder, wenn wir so sagen wollen, das mit ihm für uns aufgegangene Ideal gegen die Trübungen zu sichern, denen dieses sonst immer wieder anheimfallen müßte. Mit allem dem idealen Streben, das in uns selbst wach geworden ist, hätten wir das Bild dieses Christus nicht schaffen können, in welchem mit dem höchsten Selbstgefühle des Gottessohnes nicht bloß eine vollkommene kindliche Hingabe an den Vater, sondern auch eine hingebende, dienende Liebe zu den armen Mitmenschen so geeint ist, daß wir eben hiermit das wahrhaft Gute in ihm verwirklicht sehen; und eben nur der stete Rückblick auf dieses sein wirkliches geschichtliches Bild lehrt uns, das Ideal des Guten, das wir für unser eigenes gottgemäßes Leben und Verhalten entwerfen möchten, sowohl vor leer phantastischen Zügen wie vor der Aufnahme geradezu unreiner trügerischer Elemente zu bewahren. In betreff der geschichtlichen Zeugnisse ferner müssen wir wiederholen, daß durch sie jedenfalls genug Selbstaussagen Jesu feststehen, die auf einen solchen göttlichen Charakter Anspruch machen, den eben jene

Kritik ihm entzogen haben möchte; sie kann diesen Anstoß nicht wegräumen, auch wenn sie im neutestamentlichen Bilde Jesu möglichst viel erst von seiner Jüngerschaft hineingetragen sein läßt.

Mit dieser geschichtlichen Persönlichkeit Jesu, der höchsten Wunderthatsache, die unser Glaube kennt und auf der er ruht, erscheinen nun auch die gewöhnlich so genannten Wunder oder die wunderbaren Vorgänge auf dem Gebiete der äußeren Natur geeint, die nach den biblischen Berichten durch ihn und an ihm geschehen sind.

Diese dürfen, wie wir oben (S. 29 ff.) sahen, schon bei denjenigen Personen, für welche sie Gegenstände eigener sinnlicher Erfahrung geworden und welche so aufs gewaltigste von ihnen ergriffen worden sind, darum doch nicht etwa als die den wahren und festen Glauben wirkende Macht angesehen werden. Welche Bedeutung haben sie dann noch für unseren religiösen Glauben? für uns, denen sie eben nicht mehr als Gegenstände solcher Erfahrung gegenübertreten, sondern nur in alten Berichten vorliegen, deren geschichtlichen Ursprung wir überhaupt nicht mehr genau verfolgen können? Und müssen hier, für unsere Betrachtung und Beurteilung der ins äußere Naturgebiet fallenden Vorgänge, nicht vor allem diejenigen Ergebnisse in Betracht kommen, welche unsere Erkenntnis auf diesem Gebiet mit den ihr hier dargebotenen Mitteln in betreff der hier waltenden Ordnungen und Gesetze gewinnt und gewiß auch nach Gottes Willen und Bestimmung gewinnen soll? So sehen denn viele unter uns, während sie das wahre Wesen unseres Christenglaubens festhalten möchten, wegen des Widerspruchs dieser Ergebnisse gegen solche Wunder in der Anerkennung, die man für dieselben fordere, vielmehr ein schweres Hemmnis für das Werden und Bestehen echten Glaubens. Werden wir nicht besser thun, von denselben wenigstens bei einer Ausführung über des Glaubens eigentliches Wesen und Ursprung noch ganz abzusehen und sie erst in diejenige Erörterung hereinzuziehen, in welcher wir eigens vom Verhältnis des christlichen Glaubens zu den anderen Gebieten unseres Erkennens zu handeln haben werden?*)

---

*) Unten, 2. Hauptstück, Abschn. 2 S. 107 ff.

Jedenfalls müssen wir nun beim Gedanken an sie vor allem unbefangen und gewissenhaft derjenigen geschichtlichen Bezeugung uns erinnern, die wir unstreitig von ihnen besitzen. Daran lassen es die Gegner ihrer geschichtlichen Anerkennung, so sehr sie die Miene historischer Kritiker annehmen, doch meist in hohem Grade fehlen; was sie bestimmt, ist vielmehr die Rücksicht auf die Ergebnisse der gewöhnlichen Naturbetrachtung und eines damit verbundenen philosophischen Denkens.

Mit Bezug auf die Wunderthaten, die von Jesus berichtet sind, steht jedenfalls so viel fest (vgl. oben S. 28), daß er schon nach seiner ersten Jünger Annahme und so auch seiner eigenen Überzeugung Übernatürliches auf jenem natürlichen Gebiet vermöge seiner besonderen Beziehung zu Gott vollbracht hat. Unmöglich kann man die Berichte darüber in bloße spätere Sagen umsetzen. Vollends gilt dies von dem Wunder, das an ihm selbst in seiner Auferstehung geschah. Bekanntlich wissen wir aus einer — man möchte sagen, zufälligen brieflichen Äußerung des Apostels Paulus (1. Kor. 15, 1 ff.), daß dieser gemeinsam mit den ersten Jüngern Jesu eine ganze Reihe von Erscheinungen des Auferstandenen zu erzählen wußte, — ja deren mehr, als irgend einer unsrer vier Evangelisten aufzuzeichnen bedacht war. Sie haben nach seiner Erzählung mit derjenigen ihren Abschluß gefunden, welche ihm selbst auf dem Weg nach Damaskus zu teil geworden ist (1. Kor. 15, 8), sind also nicht mit Visionen des erhöhten Herrn zusammenzustellen, dergleichen Paulus und andere Jünger nachher noch fort und fort zu erleben überzeugt waren (vgl. oben S. 40). Die bestimmte Form ferner, in welcher jene Erscheinungen nach den Berichten der Evangelien eintreten und verlaufen, läßt sich durchaus nicht aus Vorstellungen und Erwartungen ableiten, welche die Jünger etwa von ihrem Judentum her mit Bezug auf eine künftige Auferweckung der Toten und himmlische Offenbarung des Messias gehegt hätten, oder welche sie selbst in überschwenglicher Begeisterung für ihren Christus sich hätten bilden können. Wir hatten auch hierauf, aus anderem Anlaß, schon oben hinzuweisen (oben S. 38 f.): auf die schlichte, wir möchten sagen, bescheidene, anfangs unkenntliche Gestalt, in welcher er, der Sieger über Tod und Grab, der zum Vater emporsteigende (Joh. 20, 7), der Herr über alles (Matth. 28, 18, Joh. 20, 28), seinen Jüngern hier zunächst sich darbietet. Wie eine schwärmerische, visionäre Phantasie der ersten Jünger oder auch eine spätere Sagenbildung auf diese Gestaltung geraten sein sollte, hat noch keiner der Kritiker, welchen den Glauben an Jesu Auferstehung auf bloße Visionen zurückführen wollten, zu erklären vermocht, oder auch nur zu erklären versucht. Gar schlecht vermögen diese überdies mit dem „dritten Tage" sich abzufinden, an welchem schon nach jener ältesten Angabe des Korintherbriefs der Gekreuzigte sein Grab verlassen hat: sollten nicht die Jünger, sollten nicht noch viel mehr die Obrigkeiten, denen alles dran liegen mußte, dem Gerede ein schnelles Ende zu machen, nach diesem sich umgesehen haben, ob es wirklich leer geworden sei? So nahe diese Frage liegt, so schwach pflegen die Antworten der Kritiker auf sie auszufallen.

Dennoch müssen wir erklären: so sehr die Berichte von jenen Wundern auch uns noch antreiben und verpflichten mögen, dem außerordentlichen Charakter und Wesen des Mannes, dem sie beigelegt sind, möglichst weit und tief nachzugehen, so wenig könnte das hier Berichtete, dessen Inhalt uns so ferne liegt und so mancherlei für uns dunkeln Einflüssen ausgesetzt erscheint, jenen Ergebnissen unserer steten eigenen Naturerfahrung gegenüber sich für uns behaupten, wenn nicht vor allem jene Zeugnisse vom Kern und Wesen dieser Person oder die Zeugnisse von diesem geistigen Wunder, von denen wir zuvor gehandelt haben, für uns und in uns mächtig würden. Je nachdem gleichartig erscheinende Wundervorgänge in anderen Zusammenhängen menschlicher Geschichte uns erzählt würden, — wir dürften und müßten ihre geschichtliche Anerkennung abweisen, Unzuverlässigkeit der Überlieferung und wohl auch schon der ersten Beobachter annehmen, vielleicht gar zugleich einen Betrug einzelner dabei Beteiligter vermuten, mindestens darüber ein „non liquet" aussprechen.

Aber mit jenem höchsten Wunder der Person Jesu erscheinen nun eben auch diese äußeren Vorgänge im engsten Zusammenhang. Jene einzigartige Sohnesgemeinschaft mit Gott ist es, aus der bei ihm in einzigartiger Weise auch die ins Naturgebiet eingreifenden Handlungen fließen. Sie stammen so auch aus denselben Motiven und dienen denselben Zwecken, wie seine gesamte, auf unser inneres Leben bezügliche göttliche Liebesoffenbarung. Seinen Charakter tragen sie auch in dem Maße, das sie überall einhalten — recht im Gegensatz zu denjenigen Großthaten, welche seine jüdische Umgebung von ihrem Messias haben wollte und auch von denjenigen Wundern, welche eine spätere Christenheit schon dem Kinde Jesus und dann auch manchen ihrer eigenen Heiligen anzudichten liebte. Jesu Auferstehung sodann ist gewirkt durch die Kraft und Herrlichkeit (Koloss. 2, 12, Röm. 6, 4) desjenigen Gottes, der schon während seines irdischen Lebens sein Gott und sein Vater im einzigartigen Sinne war (Joh. 20, 17), von dem er schon dort Leben im höchsten Sinne des Wortes hatte (Joh. 5, 26) und dem er mit seinem ganzen Leben und Sterben (Joh. 17, 19) sich heiligte. Als den Jüngern seine Auferstehung kund geworden war, fanden sie es nicht mehr anders möglich, als daß dieser „Heilige Gottes" nicht bloß geistig in unvergänglicher, herrlicher Gemeinschaft mit Gott den Sieg gewonnen habe, sondern, in seiner ganzen Person erhöht, auch mit seinem Leibe der Verwesung entnommen sei. So ist er, der Gottessohn, hier auch als Menschensohn vollendet und der Vorgänger und Urheber der die ganze Person umfassenden Vollendung auch für die Seinigen geworden. Man sehe zu, ob dann nicht auch die eigentümliche Weise, in welcher der Auferstandene zunächst noch seinen Jüngern in jenen Erscheinungen begegnete, bei allem Rätselhaften, was sie für uns behalten muß, doch mindestens weit besser aus den auf Jesus und diese Jünger gerichteten wirklichen Absichten Gottes und Jesu selbst, als aus menschlicher Phantasie und Sagenbildung sich erklären läßt. Darf und soll endlich nicht da, wo einmal die Offenbarung Gottes in Jesu Person und Heilswerk dem innern Auge sich erschlossen hat, unser Blick zugleich auf eine künftige, schließliche Vollendung sich richten, von wo im Zusammenhang mit dieser Heilsoffenbarung auch ein herrliches und für uns beseligendes göttliches Wirken auf den gesamten Naturbereich eintreten wird, wie ja das Wort derselben Offenbarung uns verheißt?

Es ist das ein Blick, der freilich den echten Christenglauben nicht erst begründen kann, vielmehr schon in diesem geschehen muß. Er wird aber diesem nicht bloß Genuß für Gefühl und Phantasie bringen, auch nicht bloß eine Beruhigung kritischen Zweifeln gegenüber, sondern auch eine durch nichts zu ersetzende Freudigkeit, Kraft und innere Harmonie. Die Stellung einer verständigen christlichen Erkenntnis zu jenen beiden Gebieten in ihrem allgemeinen Verhältnis zu einander werden wir im folgenden Hauptstück (S. 91 ff.) noch weiter zu erörtern haben.

Wir gedenken hierbei eines bekannten Satzes von Lessing, der uns auch in der neuesten Zeit oft wieder in Erinnerung gerufen worden ist. Er lautet in Lessings Abhandlung „über den Beweis des Geistes und der Kraft" vollständig (während gewöhnlich nur die zweite Hälfte wiedergegeben wird) also: „Wenn keine historische Wahrheit demonstriert werden kann, so kann auch Nichts durch historische Wahrheiten demonstriert werden; das ist: zufällige Geschichtswahrheiten können der Beweis von notwendigen Vernunftswahrheiten nie werden." Dabei hat Lessing mit den undemonstrierbaren historischen Wahrheiten speziell die biblischen Wundergeschichten im Auge. Undemonstrierbar sind ihm alle Geschichten, weil auch die stärkste Beglaubigung eines Geschichtsberichtes einen Irrtum nicht schlechthin ausschließe. Zufällig ist ihm alles, was nicht vermöge seines Wesens und Begriffes von unserer Vernunft als wirklich gedacht werden muß. Wir sehen nun, eine Demonstrierbarkeit der Wunder im Lessingschen Sinn und eine darauf gestützte Demonstrierung irgend welcher ewiger Wahrheiten ist auch in dem oben von uns Ausgeführten verneint. Der Gedanke aber an jene unmittelbare Wirkung des Göttlichen, wie es uns durch Jesu Wort verkündigt und in seiner geschichtlichen Person geoffenbart ist, auf unser Inneres und seine Selbstbezeugung in unserm Innern kommt bei Lessing gar nicht in Frage. Er weiß nur von göttlichen Wahrheiten im Sinn seiner „Vernunftswahrheiten" zu reden, die für uns a priori feststehen und durch strenges Denken dargelegt werden sollten. Darin hat dieser große kritische Geist ohne selbständige Kritik an die ihm zunächst stehende Zeitphilosophie sich angeschlossen. Diejenigen, welche heutzutag seine Sätze uns vorhalten, würden wohl

thun, erst hierüber und über ihre eigene Stellung zu einem solchen
erkenntnis=theoretischen Standpunkte andern und sich selbst Klarheit
zu verschaffen. Wie wenig übrigens Lessing neben seiner richtigen
Einwendung gegen die Tragweite des sogenannten Wunderbeweises
das Ganze der Frage nach der Begründung unseres Glaubens
erfaßt hat, dafür ist auch charakteristisch, daß er den Sinn, in
welchem ursprünglich Paulus von einem Beweise des Geistes und
der Kraft redet (1. Kor. 2, 5, vgl. oben S. 41), gar nicht beachtet
hat; er selbst weiß darunter nur eben jenen Wunderbeweis zu
verstehen.

Zu der Offenbarung Gottes in Christo, die so selbst in ihrer
göttlichen Geistesmacht an uns herantritt, um Gegenstand unseres
Glaubens zu werden, gehört dann wesentlich der Anbruch des neuen
Lebens in der Gemeinde des Auferstandenen und Erhöhten. Er
stellt sich uns dar in den Berichten der Apostelgeschichte und noch
viel tiefer, voller und reicher im Worte der apostolischen Briefe,
das uns vor allem vom inneren Leben der Verfasser Zeugnis giebt
und in welchem sie eben aus dem inneren Erleben heraus vom
Heilsweg und vom Mittler und Urheber des Heils zeugend und
lehrend zu uns reden. So haben dort Apostel und apostolische
Männer sich weiter vertieft in die Anschauung der Gottessohnschaft
ihres Herrn und Heilandes, in seine Herrlichkeit voll Gnade und
Wahrheit (Joh. 1, 14), in seine Herkunft vom Vater, in seine
schon uranfängliche Beziehung zu diesem und zur Welt. So haben
sie zugleich in der innigsten Verbindung eben mit ihm seine Gläubigen
aufgefaßt, als die nun selbst auch aus Gott geboren und Kinder
Gottes seien.

Von dort her stammen die Schriften, in denen der nach=
folgenden Menschheit jene Offenbarung ursprünglich wie urkund=
lich vergegenwärtigt worden ist und so vergegenwärtigt bleiben soll.
Für immer zeugen dort von ihr Männer, von welchen Jesu Wort
gilt (Joh. 14, 26), daß der von ihm kommende Geist sie erinnern
werde alles des, das er gesagt habe: zeugen sollten sie von dem, was
sie in eigener geschichtlicher Erfahrung kennen gelernt hatten, und
neu geweckt und durchleuchtet sollte ihre Erinnerung daran werden
durch seinen Geist. Wie wir ferner von einem Apostel Paulus

und anderen geschichtlich wissen, daß dieser Geist in ihnen mit ganz eigentümlicher Kraft und Originalität wirksam war und ein Hochgefühl davon und von ihrem besonderen Beruf bei aller Demut ihres Dienstes und aller Selbsterniedrigung aus ihnen sprach, so werden wir den gleichen Geist auch jetzt noch aus ihren Schriften reden hören.

Erhalten sind uns diese Zeugnisse und Urkunden durch die christliche Kirche, dargereicht wird uns auch der Inhalt derselben durch ihren Dienst. Im Blick auf thatsächliche Zustände dieser Kirche könnte freilich die Frage sich erheben, wie weit denn in ihrer eigenen Mitte der Glaube an jene Offenbarung und ihren Inhalt noch Bestand habe und behalten werde. Dennoch kann es schon einem einfachen geschichtlichen Blick nicht entgehen, wie derselbe immer wieder sich behauptet, zum Siege durchbringt, auch zugleich sich selbst reinigt und stärkt eben in Kraft jener Zeugnisse. Und nie hat es doch gefehlt noch wird es fehlen an echten Gliedern der Gemeinde und ihres Hauptes, bei denen das von diesem her quellende Heil auch im eigenen Leben wunderbar sich kund giebt und andere zu ihm und seinem Heile ruft. Immer aber wird eine ihres wahren Lebensgrundes bewußte Kirche und werden solche echte Glieder uns vor allem wieder dorthin rufen, wo die Offenbarung in jener Ursprünglichkeit sich uns darbietet, uns einladet und verpflichtet.

Nach dem allen bleibt für uns das Ergebnis: Gegenstand unseres christlichen Glaubens ist das objektiv Wirkliche und Thatsächliche, das aber auf jenes Innerste in uns, auf Herz und Gewissen sich bezieht, hier uns unmittelbar erregt und erfaßt, hier von uns erfaßt und aufgenommen sein will; so die Offenbarung Gottes in seinem Sohne Jesus Christus als Offenbarung seiner heiligen, erbarmenden Liebe. Wir haben sie, wie sie objektiv uns dargestellt und dargeboten ist, in unserer objektiven Vorstellung, Erkenntnis und Anerkennung aufzunehmen. Wahrhafter Glaube aber ist das der Liebe entsprechende, ihre Mitteilung aufnehmende, auf sie bauende Vertrauen.

Von den innern Eindrücken, die wir dort empfangen, und den durch sie erweckten inneren Regungen dürfen wir mit Jesu

Worten sagen, daß Gott darin uns ziehe. Sie behalten etwas Geheimnisvolles — nicht bloß insofern, als sie von der verständigen Reflexion sich nicht weiter analysieren lassen, sondern auch sofern sie oft unversehens und sonderlich machtvoll und umfassend über den Menschen kommen, oft auch in befremdlicher, beängstigender Weise zögern und ausbleiben. Sie unterscheiden sich darin gar sehr von Denkprozessen, die wir bei uns und auch bei andern immerhin verständig zu lenken vermögen. Etwas Geheimnisvolles hat eben auch die Art, wie Jesus von jenem Zuge des Vaters zum Sohne sprach. Wir mögen dabei auch seiner Vergleichung des Gottesgeistes mit dem Winde gedenken, der wehe, wo er wolle (Joh. 3, 8). Unser Augsburger Bekenntnis (Augsb. Konf. Art. 5) bezieht sich darauf, indem es erklärt, der heilige Geist wirke in den Hörern des Evangeliums den Glauben, wo und wann er wolle.

Für uns aber liegt dann alles daran, daß wir, soweit wir den Zug verspüren, ihm Raum geben und folgen. Was wir oben das apostolische Wort vom Glauben als einem Gehorchen sagen hörten, gilt für jeden echten Christenglauben. Insofern kann man auch sagen, dieser Glaube sei ein Willensakt, wie auch Melanchthon in seiner Apologie der Augsburger Konfession ihn ein Annehmen und Annehmenwollen der göttlichen Verheißungen nennt. Und auch das gehört dazu, daß man vom tiefsten sittlich=religiösen Interesse oder von den tiefsten Herzens= und Gewissensmotiven aus dem geglaubten Objekt in der ganzen eigenen Vorstellungswelt und Erkenntnis die gebührende Stelle gebe. Nur verwechsle man diesen Glaubensgehorsam nicht mit der blinden Unterwerfung unter ein von einer höchsten Macht uns gestelltes Gebot, womit dann andererseits leicht zugleich die hochmütige Meinung, daß man ein Verdienst hiermit erlangt, sich verbindet. Das bisher Ausgeführte brauchen wir gegen eine derartige Mißdeutung nicht erst weiter noch zu verwahren.

Eindrücke und Anregungen empfangen wir so zunächst vom Göttlichen her, wie dieses nur erst objektiv uns gegenüber steht, an uns sich wendet. Sie beugen uns vor diesem in heiliger Scheu, sie richten denjenigen, der sich beugen läßt, auf das dargebotene Heil hin, daß er es glaubend erfasse. Wer wirklich gläubig geworden ist, der wird dann auch der wirklichen Gemeinschaft mit Gott, zu der der Glaube führt, genießen dürfen, wird dann auch durch dieses innere Erleben mehr und mehr Licht für jenes Erkennen gewinnen. Wir erinnern auch hier wieder an die ersten Jünger, — an das, was sie zu Jesus führte und an das, was sie bei ihm fanden.

Höchste Bedeutung behält ferner gemäß dem bisher Ausgeführten auch für uns das Wort Jesu Joh. 7, 17 (oben S. 35. 57). Es ist für immer denen gesagt, die den spezifisch christlichen Glaubensaussagen und der ganzen Person und Lehre Jesu noch ungläubig oder zweifelnd gegenüberstehen, indessen von einem höchsten an sie ergehenden Willen doch schon etwas vernommen haben: es nennt ihnen die Hauptbedingung dafür, daß man für den Empfang jener von Christus ausgehenden Eindrücke richtig gestimmt werde. Und weiter gilt fort und fort für die, welche im Christenglauben schon stehen, daß durch die Gewissenhaftigkeit, mit der sie hier erst recht vollends den Willen ihres Gottes zu thun bedacht sein müssen, auch der Bestand und die weitere Förderung ihres christlichen Erkennens bedingt sei.

Was indessen das christliche Erkennen überhaupt anbelangt, so müssen wir zugleich bemerken, daß bei demjenigen, bei welchem es auf solche Weise erwächst und reift, sein christliches Bewußtsein auch für die Unterscheidung dessen, was ins eigentlich religiöse und was in andere Erkenntnisgebiete fällt, immer klarer und sicherer und für eine unbefangene Auseinandersetzung mit den anderen Gebieten immer freier und freudiger werden wird.

Erst von der also aufgenommenen christlichen Offenbarung und von der christlichen Heilsgewißheit aus wird endlich auch der Glaube an ein allgemeines Walten Gottes und seiner Vorsehung über uns (vgl. oben S. 58. 62) zur festen Gewißheit werden. Wir verkennen nicht, wie zu diesem ein innerer sittlich-religiöser Drang auch schon Heiden hingeführt hat. Wir dürfen bei der Entfremdung so vieler moderner Geister von jener Offenbarung uns immer noch freuen, wenn sie diesen wenigstens noch schätzen und festhalten möchten. Aber wie weit fehlt dazu, daß derselbe hier zu einer wirklichen Lebensmacht würde und als solche sich wirklich andern Lebenserfahrungen und eigenen Neigungen und

Strebungen gegenüber behauptete! Ganz anders, wo an den Gott geglaubt wird, der, wie er seinen eigenen Sohn für uns gegeben hat, so mit ihm uns auch alles schenken wird (Röm. 8, 32).

Vom religiösen und christlichen Glauben überhaupt sagt eine in der evangelischen Lehre altherkömmliche Erklärung, daß er bestehe in Kenntnis des zu Glaubenden, im Für=wahr=annehmen desselben und im Vertrauen, das man darauf setze (notitia, assensus, fiducia). Während wir diese Definition hier schließlich noch beiziehen, wird ein richtiges Urteil über sie schon aus allem bisher Gesagten sich ergeben.

Selbstverständlich ist fürs Werden des Glaubens erstes Er= fordernis, daß jenes Objektive, Wirkliche, worauf wir unsere Zu= versicht zu setzen haben, wenigstens mit einer gewissen Bestimmtheit schon objektiv vor unserem Bewußtsein stehe, wir schon eine ge= wisse Kenntnis davon haben. Aber nicht minder wissen wir ja, daß zur rechten und vollen Erkenntnis davon erst der gelangt, der in vollem Glauben und innerer Hingabe lebendig und innig damit vertraut geworden ist.

Über das Verhältnis jener beiden andern Momente, des assensus und der fiducia, zu einander ist neuerdings unter Ge= lehrten viel gestritten worden. Man möchte denken, es sollte schon einem einfachen Christenmenschen nicht so schwer verständlich sein. Er wird sich sagen, daß er sein Vertrauen nicht auf etwas setzen, sein wahres Leben nicht auf etwas bauen dürfte, was für ihn nicht als ein Wirkliches feststünde, sondern vielleicht ein bloßes Gebilde seiner Phantasie, seiner Gefühle und Wünsche wäre. Andererseits aber muß nach dem längst von uns Ausgeführten eine feste, wohlbegründete Überzeugung und Anerkennung von jenen Glaubens= gegenständen immer auch schon auf ebenderselben Grundlage ruhen, auf der zugleich der innere sittlich religiöse Zug und das Ver= trauen erwächst. Ein gewisses Fürwahrhalten der Offenbarung und ihrer Thatsachen kann allerdings auch auf andere Art ent= standen sein, sei's aus Einflüssen, welche die Anschauungen seiner Umgebung und seine daher rührenden Angewöhnungen auf den einzelnen üben, sei's aus vermeintlich genügenden logischen De= duktionen; und es kann scheinen als ob dann hierzu das herzliche

Vertrauen auf die Glaubensobjekte nur noch hinzukommen müßte. So mag die Sache sich namentlich darstellen bei großen Massen der Christenheit, bei denen die kirchliche Tradition und die Autorität solcher Beweise ohne eigene gründliche Prüfung zur Geltung gelangt ist und man um des willen nichts mehr zu vermissen meint als die Beteiligung des Herzens mit seinen eigentümlichen Regungen und Antrieben, die dann noch dazu kommen sollte. Aber je mehr eine scharfe Kritik jener Geltung gegenüber tritt, desto mehr wird man erkennen müssen, daß nur vermöge derjenigen inneren Beteiligung, welche unmittelbar zugleich zu jenem Ergreifen und Vertrauen führt, auch ein festes Fürwahrhalten ermöglicht wird. Wir müssen dieselbe durchweg im Auge behalten, auch wenn wir im folgenden noch eingehender von unserer Erkenntnis und erkenntnismäßigen Anerkennung der Glaubensobjekte handeln. Und von ihr werden wir sodann eigens noch weiter zu reden haben bei einer eingehenderen Betrachtung des im Glauben stattfindenden und weiter aus dem Glauben fließenden sittlich religiösen Lebensprozesses als solchen (s. unten im 4. Hauptstück).

Zweites Hauptstück.

Die Glaubenserkenntnis.

1. Ihre allgemeinen Aufgaben und Fragen und ihr Wert.

Der religiöse, christliche Glaube, von dem wir reden, ruht, wie wir sahen, mit seinem Wesen und Ursprung im tiefsten Mittelpunkt unserer Persönlichkeit. Durch den Inhalt der göttlichen Offenbarung und Wahrheit, der unserem Bewußtsein, Vorstellen und Denken objektiv vorgelegt ist, werden wir vermöge der Beziehung, die er zu uns hat, in unserem Herzen ergriffen und bewegt, geben dem inneren Zuge Raum, ja geben uns selbst ihm hin, erfassen die uns sich darbietende Liebe und Gnade Gottes, vertrauen und bauen auf sie. Es handelt sich hier, wenn wir die Funktionen und Vorgänge unseres Innern in der herkömmlichen Weise bezeichnen und einteilen wollen, nicht bloß und auch nicht zumeist um etwas Intellektuelles, ums Vorstellen und denkende Erkennen, sondern um ein Fühlen oder unmittelbares Innewerden und um ein Wollen, — ein Wollen, das freilich noch nichts Eigenes zu produzieren oder zu leisten vermag, sondern zunächst hinnehmend sich verhält. Von da aus wird dann auch das gesamte persönliche Leben seine tiefsten Antriebe, seine Triebkraft und seinen ganzen eigenthümlichen, christlichen Charakter erhalten, wie unser viertes Hauptstück wird auszuführen haben.

Immer aber müssen wir jenen Inhalt, der unseres Vertrauens Grund und Gegenstand ist, in seiner Objektivität und Wirklichkeit festhalten. Nur so kann er Gegenstand des lebendigen, praktischen Glaubens für uns sein, und je mehr wir ihn praktisch in seiner Bedeutung für unser Leben kennen lernen, ja, wie wir es ausdrücken dürfen, ihn selbst erleben, um so mehr werden wir nicht bloß in jenem innersten Mittelpunkt unserer Persönlichkeit seiner gewiß werden, sondern zugleich darauf bedacht sein müssen, ihn auch für unsern erkennenden Geist, sofern dieser eben mit Erkenntnis des Objektiven und Wahren zu thun hat, gemäß den Bedingungen, welche für dieses Erkennen überhaupt gelten, klar zu stellen und ihn allen Fragen und Einwendungen gegenüber zu sichern, die etwa von anderen Seiten unseres Bewußtseins und Erkennens her sich dabei erheben möchten.

In seiner Richtung auf den Gott, an den wir glauben, hat dieses Erkennen die Aufgabe, das Wesen desselben in seiner Beziehung zu uns und der uns umgebenden Welt so gut wie möglich auf bestimmten Begriff und Ausdruck zu bringen, die verschiedenen Seiten, nach denen es sich für uns entfaltet, darzulegen und sie in ihrer inneren Einheit zusammenzufassen und zu verstehen. Gegenstand des religiösen Erkennens ist zugleich unser eigenes Wesen und Leben in seiner Beziehung zu Gott, in seiner ursprünglichen, bleibenden, ewigen Bestimmung, deren wir jetzt als Christen wahrhaft innewerden, in dem Stande der Sünde und Gottwidrigkeit, in dessen Dunkel erst das Licht der Heilsoffenbarung recht uns blicken lehrt, und in der Heilsgemeinschaft, deren wir jetzt genießen. Geoffenbart ist uns jetzt Gott durch den Gottessohn Jesus Christus; wir gewinnen Gottesgemeinschaft und Leben in Gott durch ihn, dessen Wort und Person uns im Innersten ergriffen hat und den wir fortan innerlich festhalten möchten in herzlichem Vertrauen und innerer Hingabe. Wie aber haben wir seine Person, an deren Wirklichkeit für uns alles liegt, bestimmter zu verstehen? wie sie bestimmter aufzufassen in ihrem Verhältnis einesteils zu Gott, andernteils zu uns, vermöge dessen sie diese Bedeutung für uns hat und ewig behält? Christus selbst weist uns ferner zurück auf die besonderen vorangegangenen Worte und Thaten göttlicher Offenbarung, die auf ihn und sein Heilswerk hinzielten und hinleiteten. Sie bilden ein großes, zusammenhängendes, geschichtlich sich entwickelndes Ganzes, bis, wie die heilige Schrift sagt, in der „Erfüllung der Zeit" er gekommen ist. Es ist ein Zusammenhang und Fortschritt, worin, nach dem Zeugnis der Schrift, die höchste Weisheit waltete und sich kund gab. Erkenntnisaufgabe wird es sein, solchem Zusammenhange nachzugehen und ihn darzulegen.

Gelingt es so, den Inhalt unserer Gottesidee und der Gottesoffenbarung, an die wir glauben, als ein in allen seinen Momenten wohl zusammenhängendes, in sich harmonisches Ganzes zu erfassen und nachzuweisen, so wird er hiermit auch für die intelligente Überzeugung desjenigen, der Gottes Zeugnisse zunächst in jenem einfachen, gläubigen Vertrauen aufgenommen hat, um so festeren Bestand gewinnen. Und das Streben jener Erkenntnis wird zugleich dahin gehen, eben auch das Wesen und Werden des Glaubens selbst aus den objektiven, dabei wirksamen Faktoren, aus einem zwischen Gott und Mensch bestehenden objektiven Verhältnis, aus Gottes und seines Geistes wirklicher Einwirkung auf uns und aus einer dem Menschen inwohnenden höheren Bestimmung und Ausstattung zu verstehen. Auch das wird zugleich Gegenstand klaren Bewußtseins und bestimmten Erkennens werden müssen, wie weit die höchste Wahrheit von Gott und seinem Verhältnis zur Welt für jenes echt religiöse, christliche Glauben in Betracht kommt, wie weit sie für uns überhaupt sich erschließt, und ob nicht auch die reichste und tiefste gläubige Erkenntnis hienieden mit bloßem Stückwerk und mangelhaften Vorstellungs- und Denkformen sich genügen lassen muß, ohne dadurch ihres festen Grundes und wahren Inhaltes irgend verlustig zu gehen.

Notwendig tritt ferner ein Erkennen, welches so den christlichen Glaubensinhalt zu erfassen sucht, in Beziehung zu einer Erkenntnis des Wirklichen, die aus anderen Quellen schöpft, auf anderen Grundlagen ruht, andere Ziele verfolgt, während doch über die Gebiete, auf welche diese sich richtet, auch jenes seine eigentümlichen Aussagen thut.

In einer früheren, noch nicht lang hinter uns liegenden Zeit dachte man bei uns, wenn von einem Zusammentreffen, Konflikt oder auch Handinhandgehen der christlich religiösen Erkenntnis mit anderweitiger Erkenntnis und Wissenschaft die Rede war, am meisten an die Philosophie, die ja gerade das Sein und Wesen Gottes, welches jene wahrhaft zu erkennen meine, auch zu ihrem eigenen Gegenstand habe und allein richtig bestimmen zu können behaupte. Gegenwärtig wird vielmehr der Gedanke an eine empirische, d. h. auf sinnlicher Erfahrung ruhende Erkenntnis der eben unsern Sinnen sich darbietenden weltlichen Dinge nahe liegen: wird man von hier aus auf dem Wege des Denkens auch zu dem Gotte, in welchem unser Glaube den Herrn und Schöpfer der Welt sieht, hingeleitet und haben wir dann vielleicht von hier aus erst die volle Gewißheit von Gott und die richtigsten Begriffe von Gott und dem Verhältnis zwischen ihm und der Welt zu gewinnen? oder kann eine denkende Betrachtung der Welt vielmehr der Gottesidee entbehren? schließt sie dieselbe gar aus? Zugleich wird namentlich in der Gegenwart ein allgemein menschliches sittliches Bewußtsein in Frage kommen müssen, das zunächst nur von höchsten, für unser Willensleben bestehenden Normen und Zwecken weiß und wissen will. Auch von ihm wird sich fragen, ob dasselbe notwendig zur Anerkennung eines Gottes hinführt und dann vielleicht den ersten Anspruch darauf hätte, unsere Vorstellungen von Gott fest und zurecht zu stellen, oder ob dasselbe vielmehr beanspruchen dürfte, schon für sich, ohne einen Gott, das höchste zu enthalten, was es für unser praktisches und theoretisches Denken geben könnte?

Diese Fragen treten jedenfalls an den gläubigen Christen heran, so gewiß als einerseits sein Glaube an Gott ein Glaube an Gottes Walten über und in dieser Welt und sein Leben in der Gemeinschaft mit Gott ein Leben in dieser Welt ist, und als anderseits für ihn der ganze Inhalt seines Welt- und Selbstbewußtseins auch an und für sich und nach seinen eigenen inneren Zusammenhängen zum Gegenstand denkender Betrachtung werden will und muß. Er muß jedenfalls darüber sich Rechenschaft geben, ob und wie weit er in diese Fragen und in die Gebiete, auf denen sie sich bewegen, wirklich und zwar vermöge und im Interesse seines Glaubens selbst eintreten kann und soll, — ob und wieweit zum Glauben auch eine hierauf bezügliche Erkenntnis gehört.

Zu Grunde liegen muß einer solchen Erkenntnis gewiß immer die fortwährende und fort und fort erneute lebendige innere, im Herzen und Willen vor sich gehende Beziehung zu Gott, welche das Wesen des Glaubens ausmacht: nur so ist und bleibt die Erkenntnis eine religiöse, und nur auf diesem Grunde wird sie auch ihres Inhaltes gewiß bleiben können. Für die Erkenntnis jedoch, die den objektiven Inhalt darlegen und durchbringen möchte, treten andere spezielle Thätigkeiten unseres Geistes ein. Und zwar kann jener dem Geiste zunächst in einer Form sich darstellen, welche wir eine geistige Anschauung oder Intuition nennen mögen, wo nämlich der von ihm innerlich ergriffene Geist nicht reflektierend und abstrahierend die einzelnen Momente in ihm zerlegt, auf einander bezieht, das Wesentliche und minder Wesentliche oder Unwesentliche aus einander hält und so des innerlich zusammenhängenden Ganzen gewiß wird, und wo doch das Ganze mit den darin hervortretenden Grundideen und eben als einheitliches Ganzes unmittelbar vor ihm gegenwärtig ist. Wir können damit die Form vergleichen, in welcher ein Ganzes sinnlicher Anschauung von einem damit vertrauten Geist schon ohne zerlegende Reflexion eben als Ganzes aufgenommen wird. Tritt ja doch ähnliches auch auf andern Gebieten des Erkennens und Wissens, z. B. auf den Gebieten der Naturwissenschaft, Sprachwissenschaft, Geschichte u. s. w. ein; wir pflegen da bei den hierfür vorzugsweise begabten Geistern von einem genialen Blicke zu reden, der bei innerer Hingabe an den Gegenstand mit einer gewissen Unmittelbarkeit Wahrheiten erfasse, die aller Verstandesarbeit anderer sich noch entziehen. Auf religiösem Gebiete wird man einem derartigen Erkennen oft auch bei sehr schlichten Christen begegnen. Leicht wird freilich bei ihnen auch eine Phantasie mitwirken, deren Ausdrücke einer strengeren Prüfung nicht standhalten. Sollen aber die vorhin bezeichneten Fragen und Aufgaben des Erkennens wirklich verfolgt werden, so gehört dazu notwendig auch ein diskursives Denken, das streng seinen eigenen festen Gesetzen folgt und namentlich wird dies gelten müssen für die Auseinandersetzung mit den Gebieten des weltlichen Erkennens, das seinerseits den aus den Sinneswahrnehmungen stammenden Stoff nach den allgemeinen Gesetzen und Kategorieen des Denkens zu behandeln hat. Man sagt mit Recht, daß nur ein solches Denkverfahren zu Ergebnissen führen könne, welche Allgemeingiltigkeit haben oder von allen Denkenden anerkannt werden müßten. Wir müssen nur beifügen: Von allen Denkenden, welche auch in der ursprünglichen Aufnahme des in solchem Verfahren zu behandelnden Stoffes, also in jenen innern Glaubens-Vorgängen und -Erlebnissen oder in jenen weltlichen, sinnlichen Erfahrungen mit einander übereinstimmen. Wir stehen übrigens hiermit, nämlich mit dieser Zusammenstellung der christlich religiösen und der weltlichen Erkenntnis, sofort auch wieder bei den Fragen über das Verhältnis der einen zur andern, über die etwaige Abhängigkeit der einen von der andern, ihre Übereinstimmung oder ihren Widerstreit oder vielleicht auch ein Nebeneinanderherlaufen beider ohne innere Verbindung.

Wie wird nun also ein echt religiöser und christlicher Glaube zu einer solchen Erkenntnis und dem Streben nach ihr sich stellen? Kann, darf und soll ein Christ, der auf die von uns bezeichnete Weise gläubig geworden ist und im Glauben steht, darauf ausgehen, so die von ihm angenommene Wahrheit auch mehr und mehr mit seinem Denken in ihren objektiven Zusammenhängen zu durchdringen und dabei mit dem gesamten übrigen Inhalt seines Wissens und Denkens sich aus einander zu setzen? Oder fordert ein echtes Glauben vermöge seines Wesens und seiner Bedürfnisse vielmehr einen Verzicht hierauf? Wird eine richtige Erkenntnis von uns selbst und unsrer Beziehung zu Gott und zur Welt vielmehr selbst auf einen solchen Verzicht uns hinführen und uns bescheiden still stehen heißen bei der Annahme eines nicht weiter begreiflichen Zusammenseins von zweierlei Arten und Gebieten des Erkennens, ja, in diesem Sinne gar, wie man gesagt hat, bei der Annahme einer doppelten Wahrheit?

Man könnte wohl gerade, wenn man seines Glaubens sich sicher fühlt und seiner froh ist, es befremdlich finden, daß überhaupt diese Fragen aufgeworfen werden oder daß nicht wenigstens ohne weiteres die erste der beiden Fragen bejaht werden sollte.

Schon auf die neutestamentlichen Aussagen über das Erkennen zugleich mit dem Glauben und neben dem Glauben möchte man sich dafür berufen, obgleich man sich wird hüten müssen, für diejenigen Fragen, welche uns jetzt vorliegen, schon zu viel direkt aus ihnen zu entnehmen. Wenn Petrus frisch aus dem Herzen heraus Joh. 6, 69 bekennt „Wir haben geglaubt und erkannt, daß du der Heilige Gottes bist", so haben wir bei diesem Erkennen an dasjenige Offenbarwerden der objektiven Wahrheit für die von ihr ergriffene Persönlichkeit zu denken, welches, wie wir in unserem vorigen Hauptabschnitt sahen, schon zum Werden des Glaubens und der gläubigen Überzeugung und Zuversicht überhaupt gehört. So kann Johannes auch das Erkennen voranstellen: „Wir haben erkannt und geglaubt die Liebe, die Gott zu uns hat" 1. Joh. 4, 16. Es ist ihm hier doch nur eine Seite jenes inneren Vorganges, in welchem man den Gottessohn und in ihm das wahre Licht und Leben „aufnimmt" Joh. 1, 12, — eine Seite, die allerdings besonders bei ihm betont wird, wie wir dann auch bei ihm kurzweg lesen, daß man im Erkennen Jesu Christi und Gottes das Leben habe und daß man die bei ihm geoffenbarte Wahrheit erkennen müsse, um durch sie frei zu werden (Joh. 17, 3. 8, 32). — Andere apostolische Aussagen reden dann von einer Erkenntnis, in welcher der gläubige und im Glauben lebende Christ eigens nach dieser bestimmten Seite hin weiter heranreift, einer Erkenntnis, für die Gott und der göttliche Geist ihn mit besonderer Gabe ausstattet und vermöge deren er auch als Glied der Gemeinde in besonderer Weise wirksam werden soll. Ihr erschließen sich noch weiter die Tiefen und Reichtümer des alle Schätze der Weisheit und Erkenntnis in sich bergenden Gottesgeheimnisses (Kol. 2, 2 f., vgl. Ephes. 4, 8 f.). Sie macht geschickt, die Wahrheit mahnend auch anderen darzulegen (Röm. 15, 4). Sie zieht auch praktische Folgerungen aus der Heilswahrheit, — z. B. für das Verhalten des Christen zu weltlichen Dingen (vgl. 1. Kor. 8, 4 ff.). Sie kann als dankenswerte Gottesgabe in hervorragendem Maße auch bei christlichen Gemeinschaften und Gemeindegliedern sich finden, bei denen ihr sittlich religiöser Grundcharakter, nämlich ihr Leben und Verhalten in der aus dem Glauben quellenden Gottes- und Nächstenliebe keineswegs das gleiche Lob verdient; ja sie kann in Ermanglung der Liebe ganz wertlos werden; sie kann verderblich aufblähen, während die Liebe erbaut (vgl. 1. Cor. 1, 5. 12, 8. 13, 2. 8, 1). Sie kommt ferner, auch wo ein lauterer Christ sie vermöge des Geistes von oben besitzt und pflegt, über bloßes Stückwerk nicht hinaus; der Christ sieht ihre Gegenstände nur wie mittels eines Metallspiegels, in rätselhaften Zügen; an ihre Stelle soll einst in der Vollendung ein Schauen von Angesicht zu Angesicht treten (1. Cor. 13, 8 ff., 2. Cor. 5, 7). Dennoch gehört sie sehr wesentlich zu dem auf Glauben ruhenden Christentum des Neuen Testaments und die besondere Begabung für sie zu den hohen Geistesgaben und Kräften, die dem ganzen christlichen Gemeinwesen dienen sollen. In besonderer und eigentümlicher Weise zeigt sich ja auch namentlich in den Schriften des Paulus und Johannes eine Erkenntnis thätig, die viel weiter, als es ohne Zweifel die anfängliche apostolische Glaubensprebigt gethan hatte, den Inhalt der Heilswahrheit in großen Grundideen ausprägt: sie weist vom nächsten Gegenstande der Heilsverkündigung und des Heilsglaubens, nämlich dem hienieden erschienenen Herrn und Heiland Jesus Christus, uns auf ein uranfängliches Sein desselben bei Gott zurück; sie setzt zu derjenigen Stellung und Wirksamkeit, die ihm als diesem Heiland und Herrn für unser Heilsleben und für die allumfassende Verwirklichung des Gottesreiches zukommt, auch schon eine uranfängliche Bedeutung desselben für die ganze Welt, nämlich schon für die Schöpfung dieser Welt in Beziehung; sie geht den Wegen Gottes in der Leitung der gesamten Menschheit zu den Zielen des Heils und der Vollendung nach u. s. w. Es ist das eine gläubige Erkenntnis, die schon weiterstrebt und weiter führen will, als es nach der Meinung mancher Neueren eine echt christliche Glaubenslehre thun sollte und dürfte. Nur darf freilich auch sie nicht einfach jenem Erkennen gleichgesetzt werden, auf welches die jetzt uns vorliegenden Fragen sich beziehen: sie bewegte sich jedenfalls bei einem Johannes und auch bei einem Paulus noch mehr in großartigen Anschauungen eines von seinem Gegenstand unmittelbar ergriffenen und unmittelbarem höherem Triebe folgenden Geistes, als in den Reflexionen und Deduktionen eines seiner eigenen Gesetze sich bewußten Denkens; und sie reflektiert noch gar nicht auf die Frage nach einer Erkenntnis des weltlichen Daseins und Geschehens in seinem Fürsichsein und nach den Beziehungen, in welche sie zu dieser sich zu setzen, nach den Ansprüchen, die sie ihr gegenüber zu behaupten, nach dem Rechte, das sie doch auch ihr zuzuerkennen hätte.

Aber je mehr einmal in einer gläubigen Christenheit die erkennende und denkende Thätigkeit überhaupt reift und ihres Berufes inne wird und je mehr der Christ bei allem Trachten nach einem Reich und Heil, das nicht von dieser Welt ist, doch zugleich seines ganzen ihm in dieser Welt von Gott zugewiesenen Berufes sich bewußt wird, desto mehr müssen auch jene Fragen und Aufgaben in ihrer ganzen Ausdehnung an ihn herantreten. Und da wird schon die Einheit unseres Geistes mit sich selbst auch den Trieb nach einer einheitlichen Auffassung alles für ihn Erkennbaren und die Erwartung der Möglichkeit einer solchen Erkenntnis mit sich bringen. Ja wird hierzu nicht auch gerade ein echt christliches Bewußtsein mit einstimmen? Denn ist es nicht der eine wahrhaftige Gott, der uns in die verschiedenen Gebiete zugleich hineingestellt und unseren Geist für die verschiedenen Aufgaben ausgestattet hat, die er selbst hier vorlegt? Und bringt nicht dem gläubigen Christen der Geist der Gotteskindschaft auch Freiheit und freien Mut für die Arbeit an den intellektuellen so gut wie den anderen Aufgaben des Weltlebens, damit sie vor sich gehen in Harmonie mit unserer Gotteserkenntnis wie mit unserem gesamten Leben in Gott?

In unserer Zeit zeigt sich nun doch eine starke Neigung dazu, das religiöse Gebiet, oder das des Glaubens, und das Gebiet des weltlichen Erkennens, auf welchem man dann wohl auch allein von eigentlichem Erkennen oder Wissen reden möchte, möglichst auseinander und die Fragen nach ihren doch unvermeiblich erscheinenden Berührungen mit einander möglichst ferne zu halten.

Den Konflikten gegenüber, die bei jenen Berührungen drohen, haben lange Zeit auch unbefangene und scharf denkende gläubige Christen und Theologen dabei sich beruhigt, daß die für den Glauben feststehenden Autoritäten, also nach evangelischer Auffassung das biblische Gotteswort, nach katholischer die Entscheidungen der Kirche genügen, um alle die Einreden niederzuschlagen, welche eine weltliche, naturwissenschaftliche, geschichtliche oder philosophische Erkenntnis gegen den Inhalt unseres auf der Schrift ruhenden, von der christlichen Kirche sanktionierten Glaubens oder gegen irgend welche einzelne Bestandteile desselben oder auch gegen die für unser Denken sich daraus ergebenden Konsequenzen erheben möchte. Und jene sind in ihrer guten Zuversicht noch weiter gegangen. Man meinte, gewissenhafte und aufrichtige Vertreter weltlicher Erkenntnis auch von den Fundamenten und Grundergebnissen eben dieses Erkennens aus mit zwingenden logischen Beweisführungen zur Anerkennung des Gottes, an den wir glauben, und auch jener Autoritäten unseres Glaubens hinleiten und treiben zu können. Aber Niemand darf sich gegenwärtig mehr darüber täuschen, daß die Schwierigkeiten der Fragen, die uns vorliegen, keinesfalls so leicht, wie man dort meinte, sich heben lassen. Andererseits hat ein philosophisches Denken, nämlich insbesondere die kurz hinter uns liegende Hegelsche Philosophie, es versucht, aus sich selbst heraus ein allumfassendes, einheitliches System der Wahrheit aufzubauen, das nicht minder den wahren Gehalt unseres noch in unvollkommene, schlechte Vorstellungsformen gebannten Glaubens, als den wahren Inhalt alles weltlichen Erkennens umschließe. Aber mit vollem und unbestreitbarem Rechte hat eine gläubige christliche Erkenntnis sich dagegen verwahrt, daß sie in jenem angeblichen wahren Gehalt wirklich das zu erkennen hätte, was für sie selbst in betreff Gottes und unseres Verhältnisses zu Gott fest stehen müsse. Zugleich hat die sinnliche Erfahrung und empirische Erkenntnis das Gebiet des weltlichen und natürlichen Daseins jenen Spekulationen gegenüber für sich in Anspruch genommen; und von hier aus steht dann in Frage, ob unsere gläubigen Vorstellungen von einem göttlichen Wesen und Walten, an welches diese Erkenntnis nicht heranreiche, überhaupt noch für ein Erkennen und Wissen gelten dürfen.

So wird denn jene gegenwärtige Neigung, von der wir sprachen, sehr erklärlich. Das Bestreben, den Glauben und das sittlichreligiöse Bewußtsein überhaupt von Übergriffen ins weltliche Wissen und die empirische Welterkenntnis zurückzuhalten, kann auch im Interesse eben jenes Glaubens und Bewußtseins geltend gemacht werden. Denn viele zwar und namentlich auch viele sogenannte Gebildete, die darum doch nicht ernste Forscher und Denker sind, denken sich die Scheidung der Gebiete so, daß das religiöse Bewußtsein in Wahrheit gar nicht mit Wirklichem, oder, wie sie zu sagen belieben, mit Metaphysischem zu thun habe, sondern nur mit subjektiven und vielleicht fürs Subjekt wertvollen Gefühlen, Stimmungen, Vorstellungen und Phantasieen. Andere jedoch (wie namentlich)

Schüler Ritschls) wollen den Glauben an eine wirkliche Beziehung zwischen uns und einem realen Gotte getreu im Zusammenhang mit dem sittlichen Bewußtsein und Leben festhalten und möchten ihn nun eben dadurch sicher stellen und in seinem religiösen Charakter und seiner Bedeutung für unser inneres Leben wahren, daß sie sowohl auf jenes erkenntnismäßige Eindringen in Gottes Wesen als auf jene Erörterungen des Verhältnisses zwischen jenem von uns geglaubten Walten Gottes im Weltlauf und zwischen dem empirisch wahrnehmbaren weltlichen Dasein und Werden verzichten.

Was wir aber oben über Bedürfnis, Recht und Aufgabe des christlichen Erkennens ausgesprochen haben, behält Bestand trotz aller Schwierigkeiten, die sich für dasselbe ergeben, aller Gefahren, die bei ihm eintreten, und aller Schranken, in denen es allerdings — auch jenen apostolischen Aussagen zufolge — verbleiben muß.

Wir haben nur vor allem falsche Auffassungen und Auslegungen hinsichtlich der Bedeutung jener Erkenntnis fernzuhalten. So ist von dem zuletzt bezeichneten Standpunkt aus fälschlich die Befürchtung ausgesprochen worden, daß dadurch die Bedeutung des Glaubens als herzlichen Vertrauens beeinträchtigt würde. Bleibt es doch immer dabei, daß nur der Glaube als solches Vertrauen uns zum Heil und Leben in Gott erhebt, und bleiben doch auch die eigentlichen und einzig festen Wurzeln dieses Glaubens und zugleich der aus dem Glauben weiter hervorwachsenden Erkenntnis immer dieselben. Wir erinnern hierbei, daß gerade die oben genannten Apostel, bei denen wir einer sonderlich ausgeprägten Erkenntnis begegnen, zugleich ganz besonders lebendig und innerlich den Glauben und überhaupt die ganze Beziehung des Christen zu Gott uns auffassen lehren. Auch das halten wir, den apostolischen Aussagen entsprechend, fest, daß der einfach gläubige, seinem Gott und Heiland vertrauende und ihm sich ergebende Christ, dem es an besonderer Gabe und so auch besonderem Berufe des Erkennens und strengen, umfassenden Denkens fehlt, darum an der Gemeinschaft Gottes und seines Heiles nichts verliert.

Bei den drohenden Gefahren denken wir nicht bloß an die Gefahr, daß verunglückte Versuche in Fragen der Erkenntnis einen auch im Glauben unsicher machen könnten, sondern vor allem an

diejenige, vor welcher schon jene neutestamentlichen Aussprüche ge=
warnt haben: daß die Erkenntnis mit ihren Leistungen sich auf=
blähe und daß darüber das wahre sittlich religiöse Leben, auf
welchem auch sie selbst ruhen und welches vor allem in der Liebe
sich bethätigen sollte, vertrockne und absterbe. Leicht kann sie auch
in falsch verstandenem Glaubensinteresse und in falschem, dünkel=
haftem Vertrauen auf ihre eigenen Deduktionen sich gegen die
Anerkennung von Wahrheiten stemmen, die auf anderen Wegen,
nämlich auf den Wegen weltlicher Erkenntnis, sich uns bezeugen
und hier nach Gottes Willen und Ordnung von uns aufgenommen
werden sollen.

Aber in dem allem liegt für uns kein Grund, jene Fragen
und Aufgaben von uns zu weisen. Eine nach Kräften einbringende,
treue Arbeit daran soll für Christen aus dem Vertrauen auf den
Einen Gott hervorgehen, der selbst dem erkennenden Geist einer=
seits sich in seiner Offenbarung und seinen innern Einwirkungen,
andrerseits seine Welt in ihrem Fürsichsein und mit ihren eigenen
Erkenntnismitteln darbietet. Und sie soll zugleich dem religiösen,
christlichen Glauben zu Gute kommen: nimmermehr so, daß sie ihn
selbst erzeugte, wohl aber insofern, als er ohne sie da, wo einmal
die Bedürfnisse des allgemeinen und weltlichen Erkennens und des
Weltlebens überhaupt mächtig erwacht sind, den von dort her
kommenden Ansprüchen und Einreden gegenüber notwendig an
Sicherheit und Freudigkeit einbüßen müßte. Nur zu leicht läßt
man auch, während man den Inhalt seines Glaubens jenen Fragen
zu entziehen versucht, doch durch die Einflüsse von dorther so sich
bestimmen, daß man wesentliche Bestandteile desselben vielmehr
dahin schwinden läßt und thatsächlich preisgiebt.

2. Verhältnis der Glaubenserkenntnis zu anderem Erkennen.

a) Das empirische Welterkennen und die Glaubens= erkenntnis.

Blicken wir denn vom Inhalt unseres religiösen Glaubens
weg zunächst auf diejenige Erkenntnis des Weltlichen, mit welcher
ein religiöser Glaube gegenwärtig wohl am meisten einer klaren
und gewissenhaften Auseinandersetzung bedarf. Es ist das, wie
wir oben bemerkten, die auf unserer sinnlichen Erfahrung ruhende

Erkenntnis der uns umgebenden Welt, und zwar gehört zu dieser Erkenntnis nicht bloß das, was wir direkt mit den Sinnen wahrnehmen, sondern auch was wir aus den sinnlichen Eindrücken und Wahrnehmungen mit Notwendigkeit folgern und was dann als richtige Folgerung auch im weiteren Verlauf der sinnlich wahrgenommenen Vorgänge sich bewähren muß. So sucht die empirische Naturwissenschaft denkend die Gesetze, nach welchen diese Vorgänge erfolgen; so stellt sie Hypothesen auf, um diese zu erklären. Ist ja doch auch schon das Ordnen der Dinge in verschiedene Gruppen, Klassen u. s. w. nicht mehr Sache bloßen Wahrnehmens, sondern verständigen Denkens und Schließens.

Bestimmter pflegt man dann unter dem Gegenstande des Welterkennens eben das uns umgebende natürliche Dasein zu verstehen. Damit fassen wir unser eigenes menschliches Wesen und Leben mit Bezug auf seine Naturseite zusammen: nämlich nicht bloß mit Bezug auf unsere Leiblichkeit, sondern auch mit Bezug auf die psychischen Zustände und Vorgänge, sofern sie mit derselben Notwendigkeit, wie die der äußern Natur, und im Zusammenhang und Wechselverkehr mit diesen zeitlich verlaufen. Wir unterscheiden davon nicht nur das religiöse Innewerden und Erkennen, sondern auch ethische Geistesvorgänge, bei denen — wenigstens zunächst — von der Beziehung auf einen Gott noch abgesehen werden mag, nämlich die freien Akte, in denen wir einer Erhebung über jene Notwendigkeit des Naturzusammenhanges uns bewußt sind, und unser Bewußtsein und Wissen höherer für diesen unsern Willen gesetzter Normen und Ziele. Bei der Frage, wie unser Welterkennen und unsere christlich religiöse gläubige Erkenntnis sich zu einander stellen, haben wir es zunächst mit jenem gesamten Naturgebiete zu thun — gerade im Unterschied von jenem Inhalt eines sittlichen Bewußtseins, der auch einen die christliche Glaubenswahrheit noch abweisenden Menschen doch schon über die Naturwelt hinausführen könnte.

Hier scheinen wir ja jedenfalls eines wirklichen, sichern Wissens uns zu erfreuen. Man gewinnt und besitzt hier Wahrheiten, von denen man zuversichtlich sagt, daß sie für alle Menschen mit Notwendigkeit sich feststellen lassen. Die allen gemeinsamen Sinne können und müssen überall unter gleichen Verhältnissen Gleiches wahrnehmen. Mit Messen, Wägen u. s. w. stellt man gleichmäßig den Bestand der einzelnen Dinge fest. Nach den für jeden Menschenverstand feststehenden Gesetzen werden daraus Folgerungen gezogen. Nur hier wird man auch von einem sogenannten **exakten Wissen** wirklicher Dinge und Vorgänge reden dürfen: manche Neuere lieben zwar diesen Namen auch auf Ergebnisse ihres ethischen, ästhetischen und religiösen Erkennens anzuwenden, mögen aber zusehen, wie sie ihn Gegnern gegenüber, die ihre Ergebnisse bestreiten, zu rechtfertigen vermögen.

Wie verhält sich also zu diesem exakten Wissen von Welt und Natur unser religiöser Glaube?

Der Schluß aus Natur und Welt auf Gott und die Annahme ihrer Selbständigkeit und Selbstentwickelung.

Man meinte wohl in den sogenannten **Beweisen fürs Dasein Gottes** eben aus dem Inhalte dieses Weltwissens mit Denknotwendigkeit auch einen Gott erschließen zu können — denselben Gott, der unserem Herzen und Gewissen sich bezeuge und der vollkommen in Christus sich geoffenbart habe. Dem gegenüber müssen wir auf das schon oben Gesagte zurückkommen (oben S. 9 f. 59): durch logische Folgerungen aus jenem Inhalt können wir keineswegs schon dieses Gottes gewiß werden. Die Regungen, welche die Betrachtung der Natur in unserm inneren Menschen, nämlich vor allem im Herzen, Gemüt, Gewissen, im Gefühl und zugleich im Vorstellen hervorbringt, die Eindrücke, die wir hier von einer höchsten Macht und Güte empfangen, die Bilder, die dadurch für unsern Geist sich gestalten, dürfen wir nimmermehr mit logischen Folgerungen verwechseln; treten sie ja doch sehr lebendig und kräftig auch da auf, wo es am strengen Denken fehlt; könnte man doch nach dem Vorgang gar vieler strenger Denker vielmehr fragen, ob sie nicht vor einem solchen Denken zu nichte werden, nämlich in bloße Bewegungen und Gebilde der Phantasie sich auflösen.

Will man, wie es Philosophen und Theologen im sogenannten **kosmologischen Beweise** versucht haben, von dem unserer Erfahrung vorliegenden Weltinhalt aus, in welchem alle Dinge und Vorgänge nach dem Gesetze der Kausalität zusammenhängen, oder als eine unendliche Reihe von wirkenden Ursachen und von Wirkungen oder Gewirktem aus einander hervorgehen, durch einen logischen Schluß auf eine letzte, höchste, in sich unbedingte Ursache kommen und diese Gott nennen, so müssen wir dem gegenüber jedenfalls zugeben, daß die Erfahrung selbst nimmermehr zu diesem Schlusse führe. Denn unsere Erfahrung bietet uns eben immer nur Einzelnes, Endliches, dar, das wieder durch anderes hervorgebracht und bedingt ist; sie für sich läßt uns über die Vorstellung eines endlosen Prozesses, in welchem die weltlichen Vorgänge so verlaufen, nimmermehr hinauskommen; sie bietet uns auch nicht den mindesten Anhaltspunkt für die Vorstellung von Etwas dar, was Ursache seiner selbst wäre. Beruft man sich für jenen Schluß darauf, daß Gesetze unseres eigenen denkenden Geistes oder Forderungen und Antriebe unserer Vernunft über die gesamte bloß sinnliche Wahrnehmung uns hinausheben und uns zur Anerkennung einer solchen letzten Ursache nötigen, so erheben sich dagegen die schon oben (a. a. O.) angedeuteten Fragen: besteht wirklich eine innere Forderung für uns, eine solche Ursache für real anzunehmen, während wir doch weder die Art ihres Wirkens, noch die Art, wie sie in sich selbst begründet sei, zu begreifen oder uns vorzustellen vermögen? ist nicht vielmehr das von uns gefordert, daß wir beim Nichtwissen uns beruhigen? Anders verhält sich's ja mit der sittlich religiösen Forderung, die wir im Herzen und Gewissen vernehmen, daß wir einen höchsten, heiligen Willen anerkennen und ihm uns ergeben sollen: wer sie vernimmt, wird freilich auch ihrer Unbedingtheit inne werden. Wenn wir ferner den Gedanken an jene reale letzte Ursache für notwendig gelten lassen, — müssen wir sie dann notwendig außerhalb dieser Welt suchen? können wir nicht dabei stehen bleiben, daß das Universum im ganzen, als Grund aller seiner einzelnen Vorgänge, nun einmal mit Notwendigkeit existiere? oder läßt sich, soweit nicht anderweitige Motive in unsere Überlegung eingreifen, jener erste Gedanke wirklich leichter als dieser zweite vollziehen? bleibt ja doch in soweit der Inhalt jenes Gedankens, jenes Welt=setzende Unbedingte oder Absolute, immer nur ein höch abstrakter: unverständlich für uns in dem, was er positiv von einem Sich=selbst=setzen und Welt=schaffen aussagt,

2. Verhältnis der Glaubenserkenntnis zu anderem Erkennen.

im übrigen nur negativ, ein Nichtbedingtsein, Nichtgesetztsein u. s. w. aussagend. Ganz anders verhält es sich wieder mit der Gottes= idee jenes sittlich religiösen Bewußtseins.

Auch auf die ernsten Bedenken gegen die Folgerungen, welche man besonders gern aus der harmonischen, zweckmäßigen Ord= nung der Welt oder Zusammenordnung und Wechselwirksamkeit der natürlichen Dinge und Vorgänge ziehen möchte, haben wir schon oben aufmerksam machen müssen. Unwillkürlich freut man sich darüber, wie hier namentlich in den einzelnen Organismen die Bewegungen aller ihrer Bestandteile von einem einheitlichen Ganzen ausgehen und andererseits der Erhaltung dieses Ganzen dienen, wie ferner das ganze natürliche Dasein und Leben in einem Fortschritt von Stufen sich entfalte, von denen die höheren so auf den niederen ruhen und aus ihnen die Mittel für ihr eigenes Leben und Wirken ziehen, daß man offenbar sagen müsse, die einen seien für die anderen gemacht. Aber so lange hier bei uns lediglich die sinnliche Wahrnehmung samt dem logisch folgernden Verstand zum Worte käme, könnte dieser immer auf die unendlich vielen Fälle und weiten Gebiete uns verweisen, wo er im Wahrgenommenen nichts Zweckmäßiges, ja vielmehr nur Hemmungen und Zerstörungen der sonst wahrgenommenen Harmonie finden könne. Er wird ferner darauf sich berufen, daß ja in der Natur da, wo man von Zwecken ge= wisser Vorgänge reden und die Dienlichkeit dieser Vorgänge für ihre Zwecke bewundern möchte, jedenfalls die einzelnen Vorgänge durch vorangegangene Vorgänge und schon vorher vorhandene empirische Dinge und deren Wirkungen und Kräfte hervor= gebracht werden. Er wird fragen, ob er nicht, da die Zweck= mäßigkeit der Natur doch in unendlich vielen andern Fällen höchst zweifelhaft, ja vielmehr zu bestreiten sei, auch in jenen Fällen besser bei dem Gedanken stehen bleibe, daß die Ergebnisse, die für uns wie etwas beabsichtigtes aussehen, einfach durch das unserer Beob= achtung und Forschung vorliegende Zusammenwirken jener realen wirkenden Ursachen so sich gemacht haben. Die Autorität unleug= bar großer Naturforscher tritt bekanntlich gegenwärtig für diese Anschauung ein. Diejenigen verschiedenen Elemente, aus denen die Organismen alle zusammengesetzt sind, haben hiernach ver=

möge ihrer eigenen Natur sich so angezogen und zusammengeschlossen, daß einheitliche lebende Wesen, nämlich zunächst einfache Zellen daraus wurden. Aus dem Wechselverkehr dieser unter einander, aus ihrer Verbindung mit einander, aus den Einflüssen, welche die einzelnen Wesen von ihrer Umgebung erlitten, und den Kämpfen, in welchen sie sich der Umgebung gegenüber behaupteten, sind immer mannigfaltigere und zugleich immer reicher gebildete und zur Selbstbehauptung befähigte Organismen hervorgegangen. Bekanntlich läßt die neuere Naturwissenschaft oder wenigstens die in ihr weitaus vorherrschende Richtung vermöge einer derartigen Entwickelung auch alle die jetzt neben einander bestehenden Arten der Pflanzen und Tiere aus den einfachsten gemeinsamen Anfängen allmählich hervorgehen und die höheren Stufen über die niedrigeren sich erheben. Ob sie hierbei mehrere oder wenigere oder gar nur Eine Urbildung annehmen möchte und ob sie in der Erklärung jener Entwickelung aus wirkenden Ursachen mehr an die ursprüngliche Theorie ihres größten Meisters, Darwin's, sich anschließt oder mehr noch nach anderen Vermittelungen sucht, dafür ist für unsere Hauptfrage wenig gelegen. Und diese Anschauung ist so weit durchgedrungen zu derselben Zeit, in welcher ein früher nicht geahnter Reichtum organischer Bildungen und ihrer das Leben fördernden und hemmenden Wechselbeziehungen sich der Naturforschung erschlossen hat.

Trotz allem, was man in dieser Weise gegen die Anerkennung der Zwecke durch unser Weltwissen und für die Beschränkung unseres Weltwissens auf die Erkenntnis und Erforschung der bloßen Kausalzusammenhänge vorbringen mag, hat freilich die Vorstellung von Zwecken, denen die Vorgänge und Einrichtungen der Natur dienen, sich dem menschlichen Geiste, soweit er nicht der tiefsten Roheit verfallen war, jederzeit wie von selbst und wie unabweisbar sich aufgedrängt. Es ist auch falsch, wenn man die teleologische Betrachtung natürlicher Dinge und Vorgänge überall mit der religiösen Betrachtung und Gesinnung, die einen über allem waltenden Gott sucht und glaubt, in Beziehung setzen oder gar auf sie zurückführen zu müssen meint. Die Betrachtung eines pflanzlichen oder tierischen Organimus, der im Zusammen=

wirken seiner Bestandteile und in Aufnahme und Assimilierung
anderen Stoffes sich selbst als Ganzes behauptet, entwickelt und
bethätigt, während so viele andere Gegenstände der menschlichen
Wahrnehmung nur ein unstetes, ungeordnetes, flüchtiges und zer=
fahrenes Dasein zu haben scheinen, läßt den Menschen, der ja
überhaupt den natürlichen Drang zur Frage nach den Ursachen
des Wahrgenommenen hat, auch ohne ein stärkeres religiöses Interesse
nach einer besonderen Ursache für einen solchen besonderen Bestand
und eine besondere Einrichtung jener Dinge fragen. Er wird um
so mehr darnach fragen, je mehr die vorliegenden, aus dem Zu=
sammentreffen verschiedener Faktoren hervorgegangenen Ergebnisse
ihm auch sonderlich schätzbar und wertvoll erscheinen; vollends
wenn er findet, daß sie ihm selbst für seinen Bestand und sein
Wohlsein dienen. Da kommt ihm dann aber bei der Frage,
woraus man die Entwicklung der Dinge zu solchen Ergebnissen er=
erklären könne, wohl schon unwillkürlich die Art und Weise in
den Sinn, wie diejenigen ihm wohlgefälligen und wertvollen
Resultate zustande kommen, die aus den Akten seines eigenen Willens
und Wirkens oder aus den von ihm selbst in Bewegung gesetzten
wirkenden Ursachen hervorgehen. Dies geschieht ja in der Weise,
daß er das, was er als Resultat haben möchte, vorher im eigenen
Geiste sich als Zweck setzt und die verschiedenen einzelnen Akte
und die Wirkungen der ihm zu Gebote stehenden Kräfte so zu=
sammen ordnet, daß aus ihrem Zusammenwirken eben jenes Resultat
hervorgehen muß. So wenigstens möchte man die Vorstellung von
Zwecken, auf welche jene natürliche Entwickelung hingerichtet, und
von Zweckursachen, durch welche sie hiernach bestimmt sei, bei
Menschen erklären, bei denen von wahrhaft sittlichen und sittlich=
religiösen Gedanken und Motiven noch sehr wenig zu vermerken
ist. Mit Recht erinnert man ferner moderne Naturforscher, welche
die Zweckvorstellung grundsatzmäßig aus dem wissenschaftlichen
Denken ausscheiden wollen, daran, daß sie seltsamer Weise doch immer
und immer wieder unwillkürlich wie aus jener Vorstellung herausreden
— z. B. von einem Zusammenwirken von Organen eines Wesens
„um" dies oder jenes „hervorzubringen" (also doch zu einem Zweck!),
oder von „Veranstaltungen der Natur", oder gar geradezu von

Mitteln, durch welche diese ihre Zwecke erreiche u. s. w. Aber jene werden erwidern, daß sie solche der gewöhnlichen Redeweise entnommene Ausdrücke nicht mehr im eigentlichen, gewöhnlichen Sinne gebraucht haben wollten, vielleicht auch bekennen, daß sie in dieselben nur unwillkürlich und gewohnheitsmäßig wieder hineingeraten seien. Sie wollen dann eben auf jene dem menschlichen Denken und Handeln entnommenen Analogieen oder auf anthropomorphistische Vorstellungen und Voraussetzungen nicht bloß bei gewissen Menschen, sondern überall in der Menschheit die Annahme von in der Natur waltenden Zwecken zurückgeführt und eben hiermit ihr die Berechtigung abgesprochen haben. Und wir nun werden nach allem bisher Ausgeführten zugeben müssen: eine bloße empirische verständige Naturbetrachtung und Naturkenntnis vermöge allerdings nicht, eine in der Natur waltende Zweckordnung und so auch die Existenz eines ordnenden und waltenden Gottes festzustellen; sie vermöge dies nicht jenen Einwendungen gegenüber, welche gerade für sie aus anderweitigen Wahrnehmungen und Erfahrungen sich erheben, und jener andern Auffassung gegenüber, welche nur bei der Anerkennung eines bloßen Mechanismus wirkender Ursachen stehen bleiben und die Entstehung und weite Verbreitung des Glaubens an eine Zweckordnung auf die vorhin angezeigte Weise erklärt haben möchte. Zur Gewißheit, welche wir in so weit vergeblich suchten, werden wir erst gelangen, wenn wir wieder aufs sittlich-religiöse Bewußtsein zurückgehen: auf die hier sich bezeugenden höchsten Zwecke, die ein göttlicher Wille unserem Willen setzt, auf die Stellung, die jener hiermit uns selbst der Natur gegenüber zugewiesen hat, und auf alle die Zeugnisse der allmächtigen und allweisen Gottesliebe, die uns ihr vertrauen lassen, auch wo wir ihre Mittel noch nicht sehen und verstehen.

Darüber also, ob jenes Weltwissen oder jene verständige Betrachtung der unsern Sinnen sich darbietenden natürlichen Dinge und Vorgänge unser Denken notwendig auf einen sie schaffenden und zweckmäßig ordnenden Gott hin führe und hiermit unsern religiösen Glauben an Gott begründen könne, dürfen wir uns keiner Täuschung hingeben. Wir haben auch fort und fort Ursache dazu, einerseits wohlmeinende gläubige und denkende Christen vor einer solchen Täuschung zu warnen, andererseits Gegner unseres Glaubens zurückzuweisen, die ihn darum, weil er derartige Beweise zu seiner Begründung gebrauche, überhaupt für schlecht begründet erklären möchten. Ja wir verstehen es, wie ein jüngst abgeschiedener Hauptvertreter evangelisch-lutherischer Dogmatik, D. von Frank, noch in der letzten Abhandlung, die er veröffentlicht hat, von „dem viel gedroschenen Stroh der Gottesbeweise" reden konnte.*)

Aber nimmermehr sind die Ergebnisse, bei welchen jene Betrachtung ihrerseits stehen bleiben muß, so geartet, daß sie für diejenigen, die wir von anderer Seite her, nämlich vermöge der Zeugnisse unseres sittlich-religiösen Bewußtseins gewinnen, keinen Raum lassen, ja gar in direktem Widerspruch gegen diese stehen sollten. Im Gegenteil wird für unsern Geist, wenn er den verschiedenen Gebieten und Wegen des Erkennens mit gleicher Hingebung und Gewissen nachgeht, das, was da und dort sich ihm ergiebt, zu Einem Ganzen sich zusammenschließen.

Wahrhaft in sich abgeschlossen ist ja der Inhalt, bei welchem jene Betrchtung stehen bleibt, doch gerade gar nicht. Die Frage nach der Ursache, weshalb jener Kausalzusammenhang im Reich der Natur so geartet oder die Grundbestandteile der Dinge für ihr Wechselwirken von Anfang an so zusammengeordnet seien, daß daraus die jedenfalls ganz eigentümlichen, bedeutsamen, den Schein der Zweckmäßigkeit tragenden Gebilde hervorgehen müssen, bleibt uns unbeantwortet, während sie doch immer wieder unserem Geiste sich aufdrängt.

Daß jene Betrachtung nicht ausreiche, um neben dem Kausalzusammenhang, auf den sie uns jedenfalls hinführt, auch eine allgemeine Zweckordnung für unsere Erkenntnis und Überzeugung festzustellen, erkennen wir vollkommen an. Daß aber, wenn wir auf anderem Wege zum Glauben an den seine Ziele setzenden und verfolgenden Gott gelangen, jene kausale und diese teleologische Erklärung der Dinge unvereinbar sein sollten, das ist eine fast unbegreifliche Behauptung, obgleich man in der Gegenwart manche, und zwar auch Leute von verschiedener Richtung, so reden hören kann. Thatsächlich bestehen für einen unbefangenen Menschen-

---

*) Neue kirchliche Zeitschrift 1894 S. 30.

verstand überall beide zusammen. Ein einfacher Menschenverstand vereinigt, wie wir schon vorhin bemerkten, mit der ihm überall naheliegenden Beobachtung der realen Ursachen, durch die er z. B. das Gedeihen von Pflanzen und Tieren bedingt findet, ohne weiteres auch die Vorstellung, daß das, wodurch hier thatsächlich ein Leben genährt uud erhalten werde, einer natürlichen Ordnung gemäß eben als Mittel für diesen Zweck dienen sollte. Andererseits verbindet ein streng religiöser und dabei einfach verständiger Mensch mit dem Verlangen und der Voraussetzung, überall in der Natur göttliche Absichten zu finden, keineswegs überall, noch auch nur für gewöhnlich, die Meinung, Gott müßte dieselben auf anderem Weg erreichen als dadurch, daß er eben jene Ursachen wirken lasse. Ja ein Hinweis hierauf könnte überflüssig erscheinen, wenn er nicht doch gefordert wäre durch die Art, wie manche Neuere von dem Gegensatze zwischen kausaler und teleologischer Weltanschauung zu reden pflegen. Immer hält sich dabei das menschliche Vorstellen und Denken an jene Analogie unseres eigenen Wirkens in der Welt, wo wir eben durch einen in Bewegung gesetzten Mechanismus natürlicher Kräfte das von uns Erzielte herbeiführen. Und wenn wir nun einmal vermöge unseres religiösen Bewußtseins uns wirklich zur Anerkennung jenes die Welt ordnenden und lenkenden Gottes berechtigt und verpflichtet finden, dann haben wir auch guten Grund und gutes Recht, in jener Analogie nicht eine bloße anthropomorphistische Vorstellung zu sehen, sondern auch fürs strenge Denken und Erkennen von ihr Gebrauch zu machen, so wenig wir auch die bei der Analogie obwaltenden gewaltigen Unterschiede und zugleich die Schranken unseres Verständnisses verkennen. Was wir aber von einem innern Geeintsein des kausalen und des teleologischen Zusammenhangs im Inhalt und Verlauf unseres eigenen Wirkens sagen, das gilt von Gottes Wirken im Gebiete der Natur und Welt noch unendlich mehr: wie erscheint hier doch in einem jeden Organismus auch das kleinste von der Idee des Ganzen durchdrungen, fürs Ganze wirkend und vom Ganzen getragen, während auch das gelungenste Werk unserer zweckbewußten Arbeit oder die vollkommenste Maschine aus stofflichen Bestandteilen zusammengesetzt ist, die spröde zum Zweck des Ganzen sich verhalten und zugleich in ihrem Dienst aufgerieben werden.

Aus dem Gesagten erklärt sich's auch, wie verschiedene Naturforscher alter und neuer Zeit, während sie gemeinsam jener Naturbetrachtung sich widmen und im Erforschen jener natürlichen Zusammenhänge und Ursachen mit einander wetteifern, doch eine sehr verschiedene, ja geradezu entgegengesetzte Stellung zum Glauben an jenen Gott und seine Offenbarung in der Natur einnehmen. Jene Betrachtungsweise führt eben an und für sich noch nicht notwendig auf einen solchen Gott. Ja sie kann mit der Befriedigung, die sie einer speziell auf sie hingerichteten Anlage des menschlichen Geistes verspricht, und weiter mit dem Glanz, den sie um das Haupt ihrer hervorragenden Vertreter zu verbreiten pflegt, leicht eine Versuchung dazu werden, daß man, ganz nur ihr zugewendet, die anderweitigen, inneren, sittlich religiösen Eindrücke, Zeugnisse und Erfahrungen nicht zur Geltung bei sich kommen lasse. Und wo auf einem solchen Wege begabte und erfolgreiche Geister vorangehen, pflegt ja bald auch eine Menge anderer in blinder und eitler Einseitigkeit und Befangenheit ihnen zu folgen. Bei denjenigen Meistern aber, deren Inneres zugleich jenen Zeugnissen lebendig sich erschloß, ist darum der Blick und Eifer für die ihnen obliegenden Aufgaben reiner empirischer Forschung in keiner Weise gelähmt oder geschwächt worden, und sie preisen Gottes Walten nur um so inniger, je mehr sie zugleich in die eigenen inneren Zusammenhänge seiner Welt eingedrungen sind.

Die kausale Betrachtung, deren Recht der sittlich religiöse Mensch und Christ vollkommen anerkennen kann und soll, führt sodann auch auf weitere Rätsel, wo von ihr aus keinerlei lösende Antwort zu gewinnen ist und wo wir von ihr selbst aus wieder auf das von jener andern Seite her kommende Licht hingewiesen werden.

Unerklärt und unerklärlich haben wir dort zunächst das gefunden, wie die Atome, aus welchen man die Welt zusammengesetzt und die Entwickelung der Natur hervorgehen läßt, von Anfang an schon so beschaffen und zusammengeordnet gewesen sein sollten, daß gerade diese merkwürdigen Organismen im einzelnen und in ihrer wiederum so merkwürdig gegliederten Gesamtheit daraus hervorgingen. Jetzt blicken wir auf den zeitlichen Verlauf der

Entwickelung, wie ihn die naturwissenschaftliche Forschung auf unserem Erdkörper zu verfolgen weiß.

Wir sehen, daß derselbe, soweit diese Forschung irgend zu ermitteln vermag, erst zu einer bestimmten Zeit, wenn diese auch unberechenbar für uns bleibt, zu seinen für uns merkwürdigsten und einzig wertvollen Produkten fortgeschritten ist, nämlich eben zur Erzeugung der lebendigen Wesen oder dazu, daß, wie die Wissenschaft sagt, aus den übrigen, mechanisch auf einander wirkenden und unter sich zusammenhängenden Atomen heraus bestimmte Arten derselben nach bestimmten Verhältnissen zu den lebendigen Urzellen sich zusammenschlossen und daß aus ihrer Fortpflanzung und wechselseitigen Einwirkung und Verbindung in allmählichem Fortschritt zu immer reicheren und lebenskräftigeren Gebilden unsere ganze Pflanzen- und Tierwelt und endlich unser menschliches Geschlecht erwuchs. Darüber, ob diese gegenwärtigen Arten und Formen des Lebens wirklich alle, so zu sagen, genealogisch, aus wenigen Urformen, ja gar nur einer einzigen herzuleiten seien, mag man noch streiten; und auch unter den Vertretern dieser jetzt weithin herrschenden Auffassung mögen die einzelnen den Entwickelungsprozeß vermittelnden Faktoren noch verschieden aufgefaßt werden. Darüber aber, daß fürs Hervorgehen der Urformen des lebendigen Daseins aus dem vorangegangenen unorganischen Dasein und den in ihm wirkenden Kräften unsere Naturwissenschaft keine Erklärung wisse, legen gerade die größten und eifrigsten Forscher der Gegenwart Zeugnis ab. Vergeblich sucht man trotz allen Scharfsinns nach Fällen, wo die Natur derartiges immer noch leiste. Scharfsinnige Beobachtung hat vielmehr bei allen hierfür vorgebrachten Beispielen gezeigt, daß das Auflebende immer schon aus Lebendem, Zelle immer schon aus Zelle stammte; noch D. Fr. Strauß freilich meinte, als er (i. J. 1840) „die christliche Glaubenslehre im Kampfe mit der modernen Wissenschaft darstellen" wollte, mit größter Sicherheit sogar aufs Beispiel des „nicht selten etliche zwanzig Fuß langen Bandwurms" sich berufen zu können! Mißlungen sind nicht minder alle Experimente, in welchen die erfinderische Kunst des Forschers diejenigen Elemente, die wir in Organismen und Zellen vereint sehen, auch selbst zu einer solchen lebendigen Einheit zu verbinden suchte.

Ein weiteres Rätsel bleibt innerhalb des Gebiets des organischen Daseins oder natürlichen Lebens der Eintritt psychischer Vorgänge, Empfindungen, Vorstellungen u. s. w., die wir schon bei Tieren im Unterschied von Pflanzen annehmen müssen und bei denen wir wieder verschiedene Stufen der Ausbildung beobachten können. Wie können wir von dem sinnlichen, materiellen Dasein aus, aus welchem das Lebendige hervorgegangen sein soll, gar den Übergang zu diesen psychischen Vorgängen erklären, die jenem Materiellen ganz ungleichartig, obgleich aufs innigste mit ihm geeint erscheinen? ist ja doch an ihnen nichts mehr sinnlich greifbar, tastbar, wägbar, meßbar, so sehr sie auch mit den Vorgängen unserer materiellen Leiblichkeit, speziell mit den sinnlichen, mechanischen Bewegungen unserer Nerven zusammenhängen. Und während man auch in solchen psychischen Vorgängen noch ein bloßes Spiel eigentümlicher mechanischer, mit Naturnotwendigkeit wirkender Ursachen und Kräfte sehen könnte, erheben wir selbst — wenigstens nach dem Zeugnis unseres sittlichen Bewußtseins — uns in freien Willensakten über die unbedingte Herrschaft der leiblichen und psychischen Naturzusammenhänge überhaupt; den Anstößen gegenüber, die von dort aus an uns kommen, entscheiden wir uns selbst in unserem Geiste, der zugleich höhere, gar nicht von dort her abzuleitende Normen und Ziele sich gesetzt weiß; zum Mittel für diese macht er Material, das ihm von dort her dargeboten ist. Hier fragen wir vollends: wie hat der kausale Naturzusammenhang zu dieser Entwickelungsstufe geführt, in der wesentlich über ihn hinausgegangen ist?

Wer nur für jene Naturbetrachtung einen Blick hat, ohne zugleich den anderweitigen innerlichen Zeugnissen und Erfahrungen sich zu öffnen und nachzugehen, der mag auch den hier vorgelegten Problemen gegenüber dabei beharren: das Alles, auch die einmal geschichtlich eingetretenen, für uns nicht mehr erklärbaren Neubildungen habe doch lediglich die Natur mit ihren wirkenden Kräften oder Ursachen geleistet; sie habe es gethan vermöge ganz eigentümlicher, besonders günstiger Bedingungen, die in jenen geschichtlichen Momenten eingetreten seien und von denen wir nichts mehr sagen können, weil eben gleiches oder ähnliches für unsere Erfahrung und Beobachtung nicht wieder eingetreten sei. Was Leben, Empfindungen und die niedersten Formen des Bewußtseins betrifft, so haben manche Neuere, um deren zeitlichen Ursprung nicht erklären zu müssen, sie schon ursprünglich den Atomen beizulegen gewagt: freilich ohne zu erklären, was man hierbei eigentlich zu denken habe, und ohne die neue Frage zu beantworten, warum dann doch die Verbindung der schon von Anfang an dazu ausgerüsteten Atome zu Organismen erst in dem späten Zeitmoment erfolgt sei. In betreff des Ursprungs der mit Selbstbewußtsein, Vernunft, Freiheit ausgestatteten Menschen hat D. F. Strauß in seinem „Alten und neuen Glauben" (S. 245) bekanntlich die merkwürdige Erklärung abgegeben, daß „die Natur" — diese für ihn schlechthin unpersönliche, also weder denkende noch wollende Größe — hier „über sich selbst hinausgewollt habe." Konsequent mag man hier in starrer Einseitigkeit dahin weitergehen, daß man doch auch alle die Willensbestimmungen, für die unser sittliches Bewußtsein als für freie uns verantwortlich macht, aus einem Zusammentreffen und Zusammenstoßen der in unserem Innern sich regenden und von außen angeregten Empfindungen, Vorstellungen und Triebe als notwendiges Resultat davon herzuleiten, sie und die höchsten geistigen Vorgänge überhaupt mit den niederen psychischen wesentlich auf eine Linie zu stellen und dann mit diesen wohl gar auf die Materie zurückzuführen versucht.

Wir aber finden uns durch die Rätsel, welche jene Betrachtung für uns bestehen läßt, ja selbst uns vorlegt, vielmehr darauf hingewiesen, daß wir nicht auf sie allein bei unserer Erkenntnis des Weltlaufs uns beschränken, sondern vielmehr möglichst die von verschiedenen Seiten her sich uns darbietenden Wahrheitsmomente zusammenfassen und aus den einen für die andern Licht gewinnen sollten. Und wenn vollends das eigentümliche Wesen des Menschen, dessen zeitlicher Ursprung am Abschluß der irdischen Naturentwickelung eben durch jene Betrachtung für uns bezeugt ist und doch durch sie nicht erklärt werden kann, nach dem sichern Zeugnis unseres sittlichen Bewußtseins über das ganze Gebiet der sinnlichen

Natur und Naturnotwendigkeit hinausführt, so werden wir hiermit auch schon unmittelbar von jener Naturbetrachtung selbst aus auf die Idee eines Gottes hingeleitet, der nicht etwa mit jener Naturkausalität identisch ist, der vielmehr selbst wollend und in Weisheit und Liebe wirkend die Menschheit an dieser Stelle geschaffen und über die bloße Naturwelt gesetzt hat. So kann doch wahrlich von keinem innern Widerspruch die Rede sein, wenn wir mit der kausalen Auffassung der Weltentwickelung die teleologische verbinden, nach welcher derselbe Gott, der den über der Natur stehenden Menschen ins Dasein rief, auch schon die natürlichen wirkenden Ursachen so zusammengeordnet hat, daß die hierdurch gewirkte stete und fortschreitende Entwickelung endlich zu diesem Ziel hinführte und für immer diesem dienstbar wurde.

Der Gedanke an eine zu höheren Bildungen fortschreitende Entwickelung der Natur, der schon einer verständigen empirischen Naturbetrachtung sich darbietet, führt endlich auch wieder auf die schwere Frage nach einem Anfang. Diese drängt sich hier viel gewaltiger auf als bei dem oben erörterten Gedanken an das Universum, das als solches auch, wie jedes Ding, eine Ursache haben sollte, oder an den Regreß vom Gewirkten überhaupt auf wirkende Ursachen, der nicht ins Endlose verlaufen dürfte. Wir denken hier an die Versuche älterer und neuerer Gelehrter, nicht bloß die Entwickelung der Organismen auf unserem Erdkörper durch ihre Hauptformen und Stufen hindurch zu verfolgen, sondern auch zu ermitteln, wie unsere Erde selbst mit dem ganzen System der Weltkörper, dem sie zugehört, also mit den andern Planeten, den Kometen, der Sonne, den Fixsternen u. f. w. aus ihren den Weltraum erfüllenden Grundbestandteilen allmählich durch gegenseitige Anziehung und fortschreitende Verbindung mit einander hervorgegangen sei. Auf die verschiedenen einzelnen Hypothesen, welche dafür aufgestellt worden sind, brauchen wir hier nicht einzugehen. Gemeinsam ist ihnen allen, daß sie auf ein erstes Stadium zeitlicher Entwickelung zurückführen und eben hiermit auch auf einen zeitlichen Anfang derselben. Es fragt sich: sollte dann diesem Anfang eine endlose Zeit vorangegangen sein, in welcher jene Grundbestandteile noch unbewegt und deshalb auch ohne gemeinsame Entwickelung bei einander waren? Man käme dann auf die seltsame Vorstellung von einer über ihnen stehenden Macht, von der sie auf einmal in Bewegung gesetzt worden wären, nachdem sie bis dahin ohne ein Dazuthun derselben ein starres Dasein für sich selbst gehabt hätten; und unverständlich bliebe uns auch das ganze Sein und Wesen jener Bestandteile oder Atome, da wir dieselben so, wie sie jetzt sich uns darstellen, eben immer nur als Mittelpunkte und Ausgangspunkte von Bewegungen und Wechselwirkungen kennen. Oder sollte derjenigen Entwickelung, in der wir jetzt stehen und auf die wir zurückblicken, etwa schon eine andere vorangegangen sein, nämlich eine, die schließlich wieder zu einer Auflösung ihrer eigenen Bildungen geführt und an deren Ausgang dann sofort der Anfang der neuen, gegenwärtigen Entwickelung sich angereiht hätte? Man käme hiermit wohl auf eine endlose Reihe solcher Entwickelungsprozesse, müßte indessen den einen immer wieder ganz wie den andern sich denken, da die Voraussetzungen und Bedingungen, nämlich die Natur der einzelnen Elemente und ihr der Entwickelung vorangehendes Zusammensein, sich immer gleich bleiben würden; das heißt also, man käme auf die Annahme einer endlosen Wiederholung von immer gleichen Kreisläufen. Oder endlich, sollen wir annehmen, so wenig wir's auch begreifen können, daß nicht bloß die Bewegung und Entwickelung, sondern auch das ganze Dasein jener Elemente, das eben nie ein bewegungsloses sein konnte, einen Anfang gehabt habe? Mit dieser Annahme stehen wir bei demselben Gedanken, auf welchen das christlich religiöse Bewußtsein und Glauben uns hinführt: denn indem wir hier die Welt als schlechthin von Gottes Willen gesetzt und auf seine Ziele hingerichtet betrachten, wird für uns der Gedanke, daß Gott immer schon einen gegebenen Stoff vor sich gehabt hätte, unverträglich und drängt vielmehr jener Gedanke an eine ursprüngliche Schöpfung der Welt mit samt der Zeit notwendig sich auf; auch hier freilich müssen wir damit sogleich das Bekenntnis verbinden, daß wir des Gedankens positiven Inhalt uns nicht weiter verständlich zu machen vermögen. Falsch aber ist also auch hiernach die Behauptung, daß man die Aussagen frommen Glaubens und die Aufgaben und Ergebnisse des Weltwissens schlechthin aus einander halten könnte und müßte, oder aber, wenn man das nicht wollte oder nicht könnte, einen Widerspruch zwischen beiden zu erkennen und in diesem Kampfe sich zu entscheiden hätte. Sind nur einmal diejenigen Zeugnisse, auf denen der echte religiöse und christliche Glaube an Gott ruhen soll, in unser Inneres gedrungen und in innerer Hingabe von uns aufgenommen, dann wird vielmehr auch der ganze Inhalt jener empirischen Weltbetrachtung und Welterkenntnis oder die ganze Natur und Naturentwickelung mit ihrem Anfang, ihren Fortschritten und ihrem Ziel von selbst für uns in dasjenige Licht treten, das von dort für uns ausgeht.

Dem bisher Gesagten möchten wohl alle diejenigen religiös Gesinnten im Wesentlichen leicht beistimmen, die in ihrem Vorstellen, Meinen und Denken über Gott und Welt bis jetzt mehr einem gewissermaßen natürlichen Zug und Trieb ihres auf die verschiedenen Gebiete zugleich hingerichteten Geistes gefolgt, als in die hauptsächlich unserer Gegenwart zugehörigen kritischen Reflexionen über die hier wirklich oder auch nur vermeintlich vorliegenden Schwierigkeiten mit hineingezogen worden sind. Denn die innere Einheit unseres Geistes läßt ihn ohne solche Reflexionen nicht darauf kommen, zweierlei Anschauungen, ja wohl gar eine doppelte Wahrheit für sich aufzustellen. Ein solcher Standpunkt läßt sich auch sicherlich nie auf die Dauer halten. Sondern wo man wirklich keine genügenden Motive dafür kennt, daß man in der bezeichneten Weise auch den ganzen natürlichen, kausalen Weltzusammenhang in die sittlich-religiöse Anschauung aufnehme, da wird die sittlich religiöse Wahrheit zu einer bloßen Sache subjektiver Stimmungen oder gar zu einer bloßen Phrase werden. Wo dagegen ein sittlich religiöser Glaube seine Macht im Leben des Geistes behauptet, wird er auch jene Motive wirksam und siegreich zur Geltung bringen.

Naturgesetze und Wunder.

Eine weitere Frage erhebt sich nun hinsichtlich des Verhältnisses zwischen dem religiösen Glauben und der Naturerkenntnis für unsern spezifisch christlichen Glauben, — eine Frage, für welche die Antwort im bisher Gesagten noch nicht gegeben ist. Mit der Vorstellung von jenem Kausalzusammenhang der Natur verbindet sich, auch wenn wir ihn ganz auf Gottes Zwecke hingerichtet denken, für ein modernes wissenschaftlich gebildetes Bewußtsein ohne weiteres auch die Vorstellung von eigenen Gesetzen, nach welchen die natürlichen Dinge sich bewegen und aufeinander wirken, so daß eben durch dieses ihr Wirken der jenen Zwecken dienende Zusammenhang hergestellt wird. Die biblische Offenbarung aber, an die unser christlicher Glaube sich halten soll, berichtet das Eintreten von Wundern in den Naturlauf, d. h. von geschichtlichen Vorgängen innerhalb desselben, deren Ursache nicht in jener Kausalität der Natur oder jenem gesetzmäßigen Wirken natürlicher Kräfte, sondern wesentlich in einem über diese Kräfte und Gesetze erhabenen Eingreifen göttlicher Kraft zu suchen sei. Denn so verhält es sich in der That mit denjenigen außerordentlichen äußeren Ereignissen, in welchen nach jenen Berichten namentlich auch Gottes höchste Offenbarung in Jesus Christus' sich vollzogen und erwiesen hat, wenn auch das biblische Wort keine ausdrückliche Definition von Wundern giebt und keinen ausdrücklichen Unterschied zwischen solchen Wundern und andern zur Erweckung des Glaubens besonders wirksamen Vorgängen macht. Jene Ereignisse, auf welche dasselbe den Hauptnachdruck legt, sind nicht etwa Vorgänge, die einer genaueren Betrachtung doch auch als Wirkung lauter natürlicher Ursachen sich darstellen könnten und nur das Eigentümliche hätten, daß diese Ursachen hier zur Hervorbringung eines für Gottes Heilszweck ganz besonders bedeutsamen Ergebnisses zusamenwirkten und dadurch der diesen Weltlauf ordnende Gott sich mit seiner Hilfe ganz besonders lebhaft zu erfahren gab. Man denke hiegegen nur z. B. an das Hauptwunder der Auferstehung Jesu!

Wir dürfen dadurch, daß wir bei einem unbestimmteren Begriff von Wundern stehen bleiben, den Blick in die Frage, die uns hier vorliegt, uns nicht verdunkeln: eben das nämlich ist die Frage, in welches Verhältnis zu jener Naturerkenntnis unser Glaube gerät, wenn er auch ein solches Eingreifen Gottes in den Naturlauf anerkennen möchte. Hier scheiden sich in der Gegenwart scharf auch solche Christen von einander, die gemeinsam in religiösem und wissenschaftlichem Interesse an jener in sich einheitlichen Wahrheit mit Bezug auf Gott und Welt festhalten. Wir dürfen auch Christen, die vermöge eines ernsten, gewissenhaften Einblicks in den Weltlauf die Anerkennung jenes göttlichen Eingreifens nicht in ihren Glauben aufnehmen zu können meinen, darum keineswegs schon den Glauben überhaupt absprechen. Stehen aber die Tragweite und die Konsequenzen ihres Einblicks wirklich so fest, wie sie selbst leicht in gar absprechender Weise gegen den Wunderglauben behaupten? Ihre Einwendung pflegt bestimmter noch dahin zu gehen, daß jene von Gott geordneten Naturgesetze, die Gott selbst sie dort erkennen lasse, durch ein solches Eingreifen Gottes durchbrochen würden und somit Gott im Widerstreit wider seine eigenen Ordnungen träte: wir werden so vor allem zu prüfen haben, ob dies wirklich in jener Anerkennung enthalten ist.

Man könnte dem gegenüber fragen und hat gefragt, ob wir denn überhaupt vermöge unserer Erkenntnis der Natur ein Recht haben, strenge, ausnahmslos gültige Gesetze in ihr anzunehmen. Auch sehr kritisch gerichtete christliche Denker meinten doch von einer gewissen Elastizität der Naturgesetze reden oder Ausnahmen von dem, was eine allgemeine Gesetzesformel fordere, für die konkreten Vorgänge zulassen zu müssen. Einem rein empiristischen Standpunkte, zu dem gegenwärtig gar viele — freilich ohne klare Konsequenz — sich bekennen, müßte jene Geltung von Gesetzen auch ganz allgemein zweifelhaft bleiben, weil ja die reine sinnliche Erfahrung für sich nur etwa eine zahllose Menge gleichartiger und wie nach einer Regel verlaufener Vorgänge aufweisen könnte, hiermit aber noch nicht bewiesen hätte, daß jeder künftige ähnliche Fall ebenso verlaufen müßte.

Doch einen solchen Zweifel anzuregen, liegt dem religiösen Glauben ferne. Er hat kein Interesse und keinen Grund, die Ergebnisse abzuweisen, zu welchen der von Gott uns gegebene Verstand vermöge jener Erfahrung auf dem Wege der Induktion uns führt und welche ihm durch eigene Experimente sich bestätigen. Er hat nichts zu thun mit einer allgemeinen Skepsis, auf welche man hiermit dem Welterkennen gegenüber geraten würde.

Auch die angebliche Elastizität der Gesetze oder die Möglichkeit von Ausnahmen kann uns ein wunderbares Eingreifen Gottes nicht verständlich machen. Denn wer jene so im allgemeinen behauptet, bewegt sich in Unklarheit; er vermengt, indem er von „Naturgesetzen" redet, Verschiedenartiges; an einer klaren Äußerung über diesen Begriff fehlt es freilich in befremdlicher Weise einer Menge von populären und von gelehrten Ausführungen für und gegen die Zulassung von Wundern. Wir führen den Naturlauf zurück auf verschiedene Grundbestandteile und auf Bewegungen, Thätigkeiten, Wirkungen, welche so beharrlich von diesen ausgehen, daß wir in ihnen das Wesen dieser selbst ausgedrückt sehen und sie aus eigentümlichen, diesen wesentlich inwohnenden Kräften ableiten. Die stete Gleichheit des Wirkens dieser Kräfte ist für uns damit gegeben, daß die Natur selbst und die natürlichen Dinge, denen sie inwohnen, ihren Bestand behalten und mit sich identisch bleiben. Und die sich gleich bleibende Art ihres Wirkens suchen wir nun in den von uns gewonnenen Naturgesetzen zu bestimmen. Zu unserem Begriffe dieser Gesetze gehört, daß sie wirklich ausnahmslos gelten, wo die bestimmten Kräfte in Thätigkeit treten. Von ihrer Richtigkeit überzeugen wir uns in den Experimenten, wo wir selbst diese vor uns in Thätigkeit treten lassen. Und wer will nun behaupten, daß von den Naturgesetzen in diesem Sinne irgendwelche Abweichungen oder Ausnahmen in unserer Erfahrung vorkämen? Man verwechselt da das Wirken oder die energische Bewegung der bestimmten Kraft, für welche das betreffende Gesetz gilt, und dasjenige Ergebnis, welches aus diesem Wirken, aber nicht aus ihm für sich, sondern unter Miteinwirkung anderer Kräfte hervorgegangen ist: eine Verwechslung vor der ernstlich gewarnt werden muß, obgleich diese Warnung für einen nachdenkenden Menschen überflüssig erscheinen möchte. Klar ist ja, daß z. B. die Schwerkraft oder die Anziehungskraft der Körper überall ausnahmslos gleich wirkt. Es wird freilich z. B. ein Stück Eisen mit verschiedener Schnelligkeit zur Erde fallen, je nachdem es dabei dickere oder dünnere Luft oder Wasser zu durchschneiden hat, je nachdem etwa auf das fallende ein stärkerer oder schwächerer Magnet abziehend einwirkt, je nachdem der freie Akt eines Menschen dem Fall ein Hindernis entgegenstellt u. s. w. Aber es wäre sehr verkehrt, hierbei von einer Wandlung des Gesetzes oder seiner Wirkung zu reden. Die Anziehungskraft war dabei immer mit gleicher Gesetzmäßigkeit wirksam; das Ergebnis kam mit gesetzmäßiger Notwendigkeit dadurch zustande, daß die mitwirkenden Faktoren je nach ihren eigenen strengen Gesetzen wirkten; es hätte von uns sicher voraus berechnet werden können, wenn wir die Faktoren alle genau gekannt hätten, und wenn in einem solchen Falle die Berechnung eines Naturkundigen fehlgeht, so darf er daraus sicher nicht etwa auf eine Elastizität der Gesetze schließen, sondern nur auf einen Mangel in seiner Kenntnis der Faktoren. Am leichtesten kommt jene unklare Vermengung beim Reden über zusammengesetzte Vorgänge oder Entwicklungen vor, die als solche ein regelmäßig verlaufendes Ganzes bilden und so eben auch als Ganzes von uns unter ein Gesetz gestellt werden, bei deren Verlauf wir nun aber doch immer auch sogenannte Abnormitäten, also zu deutsch Abweichungen von der Norm oder dem Gesetze, vorfinden: so beim Entwicklungsprozesse von Organismen. Aber von Störungen eines wirklichen, für den bestimmten Fall geltenden Gesetzes kann doch für ein klares Denken auch hier nicht die Rede sein; auch elastisch wird man die für einen solchen Verlauf geltenden Gesetze nicht nennen können. Denn was hier als Störung einer allgemeinen Ordnung erscheint, ist selbst wieder aus dem streng gesetzmäßigen Einwirken bestimmter Faktoren und Verhältnisse hervorgegangen; und das Gesetz für die Entwickelung des betreffenden Organismus hätte, um als Gesetz im strengen Sinne gelten zu können, noch näher dahin bestimmt werden müssen, daß ohne das Eingreifen jener anderweitigen Faktoren das ganze, vollkommene Gebilde, bei einem solchen Eingreifen aber mit gleicher Notwendigkeit ein nur unvollständiges Gebilde oder eine Mißbildung aus der Entwickelung hervorgehe. Bezüglich der Wunder also bleibt für uns die Frage die, ob wir ihre Anerkennung mit der Anerkennung eines Naturlaufs vereinigen können, der sonst nach unverbrüchlichen, aus einer verständigen Naturbetrachtung sich für uns ergebenden Gesetzen verläuft.

Falsch ist ferner die Behauptung, daß, während das weltliche Wissen überall dem Wirken dieser Gesetze nachgehe, der religiöse Sinn und Glauben seinerseits von ihnen ganz absehen und vielmehr überall ein unmittelbares Wirken Gottes sehen möchte. Das kann man höchstens von einem Glauben ganz kindlicher Geister sagen, die zu einer verständigen Betrachtung der Welt überhaupt noch nicht herangereift sind. Schon die gewöhnlichsten und für sein eigenes Leben bedeutsamsten Erfahrungen, die der Mensch vom Laufe der Natur macht, wie der Wechsel von Tag und Nacht, das Sprossen und Reifen der Früchte im Verlauf der Jahreszeiten, das regelmäßige Heranwachsen der lebendigen Wesen und seiner eigenen Person u. s. w., erzeugt ja in ihm mit Notwendigkeit die Vorstellung fester Ordnungen, ob er gleich noch weit entfernt ist, solche überall anzunehmen oder sie in der Form strenger, wandelloser Gesetze sich vorzustellen. Und wenn er nun in frommem Glauben Gott für den Herrn dieser Welt erkennt, schließt er unmittelbar eben auch jene Vorstellung in seine Gesamtvorstellung dieser Welt ein. Wenn er seinem Gotte für die Gaben der Natur dankt, meint er darum wahrlich nicht, Gottes Hand müßte sie direkt hervorgebracht haben oder müßte in diesem Fall wenigstens noch mehr verehrt werden, sondern er dankt ihm gerade auch dafür, daß der von ihm geordnete und durchwaltete Naturlauf solche Gaben bringe. Genug, wenn er nur gewiß sein darf, daß Gott jederzeit, sei's auf die eine, sei's auf die andere Weise für sein wahres Wohlsein sorgen könne und wolle. Wo dann seine Intelligenz sich weiter entwickelt hat, wird sein Glaube auch zu einem Glauben an diejenige Weisheit Gottes, welche eben auch im geordneten und hiermit auf die höchsten Ziele hingerichteten inneren Zusammenhange der weltlichen Dinge und Vorgänge mit einander sich kund giebt. Noch mehr: eine strenger und tiefer denkende sittlich religiöse Persönlichkeit muß, indem sie die ihr selbst von Gott gegebene Stellung in dieser Welt und das ihr darin von Gott zugewiesene, stete und zusammenhängende Wirken erwägt, auch das erkennen, daß ein gewisses Fürsichbestehen der Welt mit festen eigenen Ordnungen eben auch Voraussetzung hierfür ist und somit gerade auch sittlich religiöse Bedeutung für uns hat. Ja die Annahme eines willkürlichen göttlichen Eingreifens, dem gegenüber die natürlichen Ordnungen und Gesetze keinen Bestand mehr behielten, widerstritte nicht bloß unserem Welterkennen, sondern auch dem wahrhaften sittlich religiösen Interesse und Glauben.

2. Verhältnis der Glaubenserkenntnis zu anderem Erkennen.

Wie ist benn nun aber in Wahrheit dasjenige göttliche Eingreifen geartet, welches wir in unserem christlichen Offenbarungsglauben anzunehmen haben?

Ein willkürliches ist es eben nicht. Vielmehr erkennen wir gerade auch in jenen wunderbaren Vorgängen feste Ordnungen, die Gott mit seiner Weisheit im Verfolgen seiner höchsten Ziele sich gesetzt hat. Sie gehören den bedeutungsvollsten Momenten einer einzigartigen Geschichtsentwickelung zu, in welcher Gott Einzigartiges fürs geistige, sittlich religiöse Leben der Menschheit wirkt. Nur im Zusammenhang hiermit wollen sie von uns angenommen und verstanden sein: als eingegliedert diesem göttlichen Heilswirken, von ihm zeugend, ihm dienend. Bestimmte Menschen macht Gott hierbei zu Werkzeugen seiner Wunderkraft vermöge einer einzigartigen geistigen Beziehung zu ihm, zu der sie im Glauben erhoben sind, und vermöge der Stellung, die ihnen in besonderen Momenten jener Geschichte zugeteilt ist. Dabei erscheinen die Wunderwirkungen, während sie die Schranken der Naturwirkungen überschreiten, zugleich doch in sich immer bedeutungsvoll beschränkt: namentlich nirgends als etwas ganz neues schaffend, sondern immer nur als das Geschaffene umgestaltend, wiederherstellend, neubildend, und zwar so, daß die dem irdischen Naturgebiet zugehörigen Produkte der Wunderwirkung, wie die geheilten und gar aus dem Tode neu belebten Leiber, sofort wieder ganz in und unter der natürlichen Ordnung stehen.

Und inwiefern kann man auch nur sagen, daß die Gesetze dieser Ordnung durchs Wunderwirken selbst durchbrochen worden seien? Doch nur insofern, als man „Gesetze" in jenem weiteren, abstrakten Sinne meint, von dem wir vorhin geredet haben. So handelte es sich bei den Krankenheilungen um ein Gesetz, nach welchem ein Krankheitsprozeß vermöge der dabei zusammenwirkenden Kräfte mit Notwendigkeit einen gewissen Verlauf nehmen sollte — aber doch nur unter der Voraussetzung, daß im konkreten Falle nicht noch ein, vielleicht im voraus unberechenbarer Faktor mit eintrete. Als solcher trat dort ein die übernatürliche Gotteskraft vermöge ihrer Beziehung auf die bestimmten Momente jener Geschichte und ihrer Beziehung zu jenen besonderen Gottesmännern.

Auf den Gedanken an einen solchen Faktor kann freilich die bloße Naturbetrachtung und Naturwissenschaft für sich nie hinführen. Sie hat aber auch durchaus kein Recht, ihn als eine Unmöglichkeit abzuweisen. Wer dies thut, kann nicht auf jene Wissenschaft sich stützen, sondern nur auf metaphysische Voraussetzungen über das Verhältnis zwischen der Natur und Gott; und er möge überdies zusehen, wie er ohne ein für die Naturwissenschaft unbegreifliches und darum doch durch sie nicht auszuschließendes Eingreifen jenes Faktors auch schon den oben von uns besprochenen ursprünglichen Eintritt des freien, vernünftigen Menschen in jene Natur erklären kann, dessen Geschichtlichkeit für uns gerade auch durch die Ergebnisse der Naturforschung feststeht.

Was weiter die Naturgesetze im strengsten Sinn, oder die gesetzmäßige Energie und Bewegung der natürlichen Grundkräfte selbst betrifft, so wird das, daß diese Bewegung jedesmal eingetreten ist, durch die Wunder nicht einmal ausgeschlossen. Vielmehr lassen sie dem Gedanken freien Raum, daß eine solche Bewegung auch neben dem Wirken des höheren Faktors noch stattgehabt habe, jedoch für den Erfolg ganz untergeordnet und für uns nicht beobachtbar sei, sowie ja auch schon beim Zusammenwirken bloß endlicher Kräfte zwar alle in ihrer gesetzmäßigen Bewegung seien, aber doch beim Ergebnis das Wirken der einen oder andern für unsere Beobachtung ganz verschwinden könne. Weitere Untersuchung ist hier freilich für uns nicht möglich, hat auch für den Glauben kein Interesse.

So einigt sich mit der Naturerkenntnis auch eine christliche Glaubenserkenntnis, welche Wunder anerkennt: so trotz des absprechenden Geredes Unzähliger, welche die Motive des Glaubens überhaupt nicht kennen, — so auch trotz des meist gar unselbständigen und ängstlichen Urteils der Vielen, denen diese Motive nicht fremd sind, die sie aber nicht kräftig geltend zu machen wagen. Man beachte dem gegenüber doch die ruhige Bestimmtheit, mit der z. B. ein so selbständiger, scharfsinniger und vor allem auch mit der Naturwissenschaft vertrauter Denker wie Hermann Lotze in der philosophischen Weltanschauung auch den Wundern ihre Stelle frei gehalten hat! Die positive Anerkennung kann freilich immer nur auf jenen längst von uns bezeichneten Zeugnissen, Ein=

drücken und Motiven ruhen, während eine bloß äußere historische Bezeugung nicht dafür zureichen könnte. Würden wir von unbegreiflichen, angeblich wunderbaren Vorgängen hören, deren höhere Bedeutung und Stellung im Heilswirken Gottes sich uns nicht auch bezeugte, so müßte nicht bloß ein Respekt vor den Naturgesetzen, sondern auch eine heilige Scheu vor dem Alles in weiser Ordnung durchwaltenden Gotte selbst uns davon abhalten, hier ein unmittelbares Eingreifen seiner Hand anzunehmen. Wir könnten statt dessen die Erklärung suchen in einer Mangelhaftigkeit der menschlichen Beobachtungen und Berichte, oder in täuschenden Kunstgriffen der bei den Vorgängen beteiligten Menschen, oder im Notfall wohl auch im Einwirken solcher Naturkräfte, die nur unserer Kenntnis sich bisher noch entzogen hätten.

Die Naturgesetze und die Willensfreiheit und sittliche Weltordnung.

Unbegreifliches, was aus den Naturgesetzen für sich nimmermehr erklärt werden kann, ja gar auch für eine Beiseitsetzung und Durchbrechung derselben ausgegeben werden könnte, erfahren übrigens fort und fort auch diejenigen sittlich und religiös Gesinnten und nehmen es für Wirklichkeit an, die vermöge ihrer Naturerkenntnis die Wunder der Offenbarung abweisen zu müssen meinen. Wir sprachen von dem Wunder des ursprünglichen Eintritts der freien menschlichen Persönlichkeiten ins Naturleben: und ist's denn nun etwa begreiflicher, wie fort und fort unser eigener Geist den Einwirkungen der Natur gegenüber, die mit Notwendigkeit an ihn ergehen, frei selbst sich bestimmt? Indem die nach Naturgesetzen erfolgenden Bewegungen der uns umgebenden Natur, unserer eigenen Leiblichkeit und unseres mit dieser verbundenen natürlichen Seelenlebens an unsern selbstbewußten Geist herantreten, bringt unser Wille sie zu einem Stillstand, läßt sie nach seiner eigenen Entscheidung weiter vor sich gehen, macht sie den ihm eigentümlichen Zwecken dienstbar. Ein Materialist mag, auf die Alleinherrschaft der Naturkräfte und Gesetze pochend, sagen: auch solche vermeintliche freie Akte seien doch selbst nur Ergebnisse einer materiellen Leiblichkeit und notwendige Fortsetzungen jener

Bewegungen. Jene sittlich und religiös Gesinnten werden ihn abweisen auf Grund des Bewußtseins ihrer eigenen sittlichen Verantwortung und Verpflichtung, das für sie eine ganz andere Gewißheit besitzt als alle Deduktionen des Gegners aus seinem angeblichen Naturwissen heraus. Und sie werden gewiß Recht damit thun, auch wenn sie ihm die in den Naturzusammenhang hereingreifenden Geistesakte so wenig begreiflich machen können als andere ihnen die Offenbarungswunder.

Weiter steht doch wohl für ein solches sittliches und religiöses Bewußtsein auch jene objektive sittliche Weltordnung fest, welche einem wahrhaft sittlichen oder sittlich guten Streben und Wirken den schließlichen Erfolg und Sieg verbürgt, und eine göttliche Vorsehung, die auch den äußern Weltlauf sicher auf die ewig von Gott gesetzten Ziele hinleitet (vgl. oben S. 58. 77). Wie begreifen wir die Durchführbarkeit und wirkliche Durchführung einer solchen Ordnung und solcher Absichten in der Entwickelung der Menschheit und jedes einzelnen Menschenlebens namentlich derjenigen Freiheit gegenüber, welche wir den Menschen selbst beilegen müssen und vermöge deren wir sie in ganz unberechenbarer Weise auf dem Gebiete des menschlichen Gemeinlebens und der ihrem Willen anheimgegebenen Natur jenen Absichten entgegenwirken sehen? Löst uns dieses Problem vielleicht der Gedanke an ein göttliches Vorherwissen, indem Gott auch diese freien Akte schon ewig erkannt und so auch die angemessenen Gegenwirkungen gegen sie schon im voraus in seinen Weltplan aufgenommen hätte? Aber erst recht unbegreiflich erscheint dann eben dies, daß ein freier Akt vor seiner zeitlichen Vollziehung mit Sicherheit vorausgesehen und daß dann doch, wie es ja in unserem Begriff freier Entscheidung liegt, im zeitlichen Verlauf sowohl seine Vollziehung, als auch seine Nichtvollziehung noch möglich sein sollte. Oder sollen wir mit manchen religiösen Denkern annehmen, daß Gott nicht die wirkliche jedesmalige Entscheidung seiner freien Kreaturen, sondern nur die jedesmaligen Möglichkeiten voraussehe und nun, lebendig seinem Weltlauf gegenwärtig, je nach der erfolgten Entscheidung auf den weiteren Gang der Dinge eine Einwirkung übe, vermöge deren dennoch seine letzten Absichten sich durchsetzen, ja auch jene gott=

widrigen Akte ihnen dienstbar werden müßten? Aber ganz unbegreiflich wird dann die Art eben dieser Einwirkungen: sollten es direkte Einwirkungen auf die äußeren Dinge und Verhältnisse sein, die wir doch in diesem gewöhnlichen Weltlauf ganz nur nach jenen Naturgesetzen sich entwickeln sehen? oder vielleicht Einwirkungen aufs innere Leben, Vorstellungen und Triebe der bei der weiteren Entwickelung der Dinge beteiligten Subjekte, worin uns freilich immer Vieles auch sonst rätselhaft und geheimnisvoll bleiben wird?

Die hier angeregten Fragen und Bedenken sind, während auch ein sogenannter Rationalismus auffallend wenig an sie zu denken pflegt, vor einigen Jahren zum Gegenstand mehrfacher öffentlicher Erörterungen durch ernste christliche Denker gemacht worden, — gelöst oder gehoben aber sicherlich nicht. Immer wird die Antwort dahin gehen müssen, daß dem sittlich-religiösen christlichen Bewußtsein eine Wahrheit fest stehen könne und solle, auch wenn ihr Inhalt sich nicht durch vermittelndes Vorstellen und Denken für uns verständlich machen lasse und überhaupt die Grenzen unsrer Erkenntnis überschreite. Und das sind dieselben Grenzen, die wir auch bei unsrer Erwägung der Offenbarungswunder anzuerkennen haben. Sie werden nur um so weniger von uns beachtet, je mehr die in Betracht kommenden Probleme unserem gewohnten Lebensgang zugehören und das stete praktisch-religiöse Bedürfnis uns über die Einwendungen hinweg hebt.

Weitere Rätsel der empirischen Naturerkenntnis selbst.

Einen Widerstreit also zwischen den Wahrheiten, welche die göttliche Offenbarung unsern innern Menschen, und denjenigen, welche die sinnlich wahrgenommene Welt und Natur unseren Verstand lehrt, haben wir nirgends zu fürchten. Möchte man aber um des Unbegreiflichen willen, was im Verhältnis der beiden Seiten zu einander für uns liege, ihrer Einigung dennoch widersprechen und dann das für die Erkenntnis Sichere oder sicherlich Reale wohl nur in jener von unseren Sinnen aufgenommenen und vom Verstande durchdachten Natur finden, dann sehe man zu, ob denn ein scharfer Verstand nicht auch auf diesem Gebiete für sich schließlich bei

Rätseln anlangt, die er nicht lösen, bei Ergebnissen, die er nicht weiter verständlich machen, bei Annahmen, die er nicht weiter beweisen kann.

Man pflegt bekanntlich jetzt in der Erklärung der Natur auf At o m e zurückzugehen und gewiß hat der Verstand gute Gründe dazu. Aber man kommt hiermit offenbar auf das Rätselhafte, daß etwas Unteilbares räumliche Existenz haben sollte, mit der sich doch immer die Vorstellung des Ausgedehnten und Teilbaren verbindet, oder aber daß zwar jedes einzelne Atom nicht räumlich und so auch nicht sinnlich existieren, die vielen unter sich verbundenen Atome jedoch im Raume sein und ihn ausfüllen sollten. Diese Schwierigkeit ist damit, daß man die Atome bloße Kraftmittelpunkte nennt, nichts weniger als gehoben. Auf eine Erklärung davon, wie jedes derselben mit seiner Eigentümlichkeit für sich existiere und doch die unter sich verschiedenen auf einander wirken, so daß daraus unser reicher Naturzusammenhang hervorgehe, müssen wir von vornherein verzichten.

Aus dem geschichtlichen Entwickelungsprozeß der Natur im großen haben wir oben den Eintritt psychischen Lebens mit Empfindungen, Vorstellungen u. s. w. hervorgehoben, von wo wir dann vollends zur Erhebung freier Geister über die Natur weiterzugehen hatten. Und der unlösbaren Frage nach jenem geschichtlichen Eintritt stellt sich nun für uns die Frage zur Seite, wie fort und fort die materiellen, sinnlichen Dinge und die für keinen Sinn greifbaren, nicht tastbaren, nicht wägbaren, also doch wohl jenen ganz ungleichartigen inneren Vorgänge einander korrespondieren und auf einander wirken können; die Erklärung der auf ihr Naturwissen sonderlich pochenden Materialisten, daß die psychischen Thätigkeiten eben Funktionen des sinnlichen Stoffes selbst seien, giebt auf diese Frage eine Antwort, die einfach sich selbst widerspricht.

Dürfen und sollen wir bei diesem Stand unserer Welterkenntnis nicht endlich gar an der Objektivität ihres Inhalts überhaupt zweifeln? Wird diese nicht auch schon dadurch für uns unsicher, daß wir das von Außen an uns kommende in Formen des Vorstellens und Denkens fassen, die wir selbst in uns mitbringen, und Ausdrücke darauf anwenden, die wir von Vorgängen unseres

Innern entlehnen? Wäre hier Skepsis nicht ebenso berechtigt, wie sie von so vielen heutzutage fürs religiöse Gebiet gefordert wird? Sollte man mit dem Empirismus, vermöge dessen gegenwärtig so viele nur von einem Weltwissen hören wollen, nicht vielmehr in der Weise Ernst machen, daß man als Gegenstand eigentlicher Wissenschaft weder einen wirklichen Gott, noch eine wirkliche Welt mehr gelten ließe, sondern lediglich das, was erfahrungsmäßig der nächste, unmittelbare Inhalt unseres Bewußtseins sei, nämlich die aneinander sich reihenden subjektiven Empfindungen und Vorstellungen selbst? Das tägliche Leben mit seinen praktischen Anforderungen und Erträgnissen läßt einen in derartige Fragen und Bedenken gar nicht hineingeraten. Wollen wir aber ihnen gegenüber den wahrhaft festen Grund gewinnen für das Vertrauen, das wir zu dieser unserer Erkenntnis trotz aller ihrer Rätsel, ihrer Unvollkommenheit, ja ihrer anscheinenden Widersprüche dennoch hegen dürfen und sollen, so werden wir ihn wieder in unserem sittlichen und sittlich religiösen Bewußtsein zu suchen haben. So hat J. G. Fichte,*) einer unserer schärfsten philosophisch kritischen Denker, einer endlosen Skepsis den Glauben entgegengestellt, der freiwillig bei der sich uns natürlich darbietenden Ansicht deswegen sich beruhige, weil wir nur bei ihr unsere Bestimmung erfüllen können; aus dem Gewissen allein stamme die Wahrheit.

Einigung des verschiedenen Erkennens bei Scheidung der Gebiete.

In der Einheit unseres Geistes, der einerseits in seinem innersten Mittelpunkt sich zu Gott in Beziehung und von den göttlichen Zeugnissen berührt weiß, andererseits sich von ebendemselben Gott in diese Welt und die Aufgaben des weltlichen Erkennens und Wirkens hineingestellt findet, fassen wir so auch das, was nach der einen und anderen Seite hin als Wahrheit sich uns ergibt, einheitlich zusammen. Wir können die Ergebnisse der einen Seite nicht logisch aus denen der andern deduzieren, sondern haben beide je auf dem für sie uns gewiesenen Wege zu gewinnen. Wir besitzen auch keine adäquaten Ausdrücke für das

---

*) Werke, Bd. 2, S. 253 f.

Schaffen und Walten des innerlich sich uns bezeugenden, über die sinnliche Welt erhabenen Gottes in eben dieser Welt, sondern müssen hierfür — wie übrigens auch schon bei allen unseren Aussagen über ihn selbst — aus dem endlichen Dasein entnommene Vorstellungsformen anwenden. Aber wie wir in guter Zuversicht zur Einen Wahrheit jene Wege einschlagen dürfen, so soll diese Zuversicht auch fort und fort in einer harmonischen Einheit unseres gesamten nach beiden Seiten hingerichteten Lebens, Erkennens, Strebens und Wirkens sich bewähren.

Grundforderung bleibt hierbei für unser Erkennen vor allem ein verständiges und gerade in der Verständigkeit gewissenhaftes Auseinanderhalten der beiden Gebiete.

Unsere bisherigen Ausführungen haben sich hauptsächlich gegen unbefugte Eingriffe gerichtet, welche vom Gebiete der Natur aus in das des religiösen Glaubens mittels falscher Folgerungen gemacht worden sind. Sehr richtig hat der Naturwissenschaft ein energischer und klardenkender Vertreter derselben in einer Rede über „ärztliche Philosophie" zugerufen: „Ernste, aufrichtige und bewußte Zurückhaltung gegenüber dem Unerforschlichen und unverdrossene Arbeit in der Erforschung und Benutzung dessen, was wir messen und wägen können!"*)

Aber nicht minder müssen wir, und zwar im Interesse des Glaubens selbst, hier auch noch ausdrücklich davor warnen, daß man für natürliche Dinge und Hergänge, welche als solche von dem Gott, an dem wir glauben, unserer sinnlichen Erfahrung und Beobachtung zugewiesen sind, dennoch vielmehr vermeintliche Zeugnisse der religiösen, biblischen Gottesoffenbarung herbeiziehe und mit Berufung auf diese den gewissenhaft festgestellten Ergebnissen jener Beobachtung widersprechen möchte.

Ein Hauptbeispiel dafür sind die Einwendungen, die man vom Standpunkte des christlichen, biblischen Glaubens aus gegen das sogenannte kopernikanische Weltsystem, den Umlauf der Erde um die Sonne und überhaupt den ganzen für die Wissenschaft erkennbaren Bau des uns sichtbaren Himmels erhob;

---

*) G. E. Rindfleisch, Festrede am 2. Januar, Würzburg 1888, S. 20.

ein Beispiel auch die Ängstlichkeit, womit noch jetzt manche redlich gläubige Christen in dem von den höchsten religiösen Ideen durchdrungenen Schöpfungsberichte 1 Mos. 1 auch die Reihenfolge der einzelnen Sechstagewerke, also namentlich die Erschaffung der Sonne und der Gestirne erst am vierten Tage, als eine dem wirklichen geschichtlichen Hergang einfach entsprechende Angabe aufnehmen und hiermit die Ergebnisse jenes weltlichen Forschens, sei's auch noch so künstlich und gewaltsam, in Einklang bringen zu müssen meinen.

Hat doch keiner der Gottesmänner, durch welche jene Offenbarung uns zu teil geworden ist, jemals es sich zur Aufgabe gesetzt oder Anspruch darauf gemacht, über jene Dinge, Zusammenhänge und Ordnungen des sinnlichen, weltlichen Daseins als solche uns zu belehren. Noch können Aussagen, welche von ihnen für sich handeln, in uns jenen inneren Sinn des Herzens und Gewissens treffen, in welchem der sittlich religiöse Inhalt der Offenbarung sich uns unmittelbar bezeugt. So hoch und rein die Ideen der Offenbarung über Gottes Beziehung zur Welt und seine Ziele und Wege waren, — die von Gottes Geist beseelten Träger und Verkündiger derselben konnten und mußten darum doch diejenigen Vorstellungen von der sinnlichen Welt an sich verbinden, welche der unvollkommene Stand ihrer sinnlichen Beobachtung und Reflexion mit sich brachte; in diese Formen haben jene für sie sich gekleidet; so brachen sich für ihr Auge die Strahlen des dennoch reinen, geistig erleuchtenden und beseligenden Lichtes.

Daß dem so ist, das können und sollen wir nun vermöge derjenigen Mittel erkennen, mit welchen Gott unser Auge jetzt auch für's Durchschauen der weltlichen Zusammenhänge an sich ausgerüstet hat. Und wer nur immer sein Auge für jenes Licht offen hält, dem wird auch die Herrlichkeit des über dieser Welt waltenden Gottes nur um so reicher noch offenbar werden. In noch weit großartigerem Sinn als der Prophet, der dabei wahrlich auch selbst schon der Bildlichkeit und Unvollkommenheit seiner Rede sich bewußt war, wird er das Prophetenwort sich aneignen von dem Gotte, der den Himmel zu seinem Stuhle und die Erde zu seiner Füße Schemel hat (Apgesch. 7, 49, Jes. 66, 1).

Oder betrachten wir näher jenes andere Beispiel, den Schöpfungsbericht: ja, da entsteht zuerst, am ersten bis dritten Tage, das Licht, die Scheidung der Wasser durch das Firmament, ferner das trockene Land der Erde mit den daraus sprossenden Pflanzen, dann erst am vierten Tage Sonne und Mond, die als Träger jenes Lichtes am Himmel sich bewegen, am fünften Tage das Gewimmel der in jenem Wasser unter dem Firmament sich bewegenden Fische und der an jenem Firmament hin sich bewegenden Vögel, am sechsten Tage die auf jener Erde sich bewegenden lebenden Wesen und zuletzt der Mensch. Aber die religiösen Grundgedanken sind, daß das alles geschah durch den Willen- und Lebensodem des ewigen frei schaffenden Gottes, daß alles bei ihm hinzielte auf den nach seinem Bilde geschaffenen Menschen, daß er dazu in weiser Ordnung fortschritt, hierbei das von ihm stammende Leben der Pflanzen und Tiere auch sofort selbst weiter sich entfalten ließ, und daß das alles „sehr gut" war. Gewiß weicht die hier angegebene Ordnung im einzelnen vom wirklichen, geschichtlichen Hergang ab, so sinnig sie auch eben in diesen Abweichungen gegliedert ist. Aber gewiß bleiben die Grundgedanken für uns bestehen, auch wenn wir die durch jenen Gotteswillen bestimmte Entwickelung über unberechenbare Zeiträume ausdehnen, dabei namentlich das Verhältnis der Gestirnbildung zur Bildung unserer Erde ganz anders uns denken, vielleicht auch das Werden der verschiedenen Arten der irdischen Organismen schon auf einen eigenen, fortschreitenden innern Entwickelungsprozeß zurückführen und schließlich gerade vermöge unseres erweiterten Einblicks ins Dasein und Werden dieses ganzen Universums auch der Schranken unseres Erkennens und der Erhabenheit unseres Gottes nur um so tiefer uns bewußt werden müssen.

Die falsche Befangenheit und Ängstlichkeit gläubiger Christen, der wir hiermit entgegentreten mußten, wird am besten, ja allein genügend dadurch überwunden, daß man in diejenigen Gotteszeugnisse, an welche der Glaube wirklich sich zu halten hat, mit innerer Hingabe eingeht und sich vertieft. So wird man nicht bloß im Glauben fest werden, sondern auch Klarheit über dasjenige bekommen, was zum Inhalt jener Zeugnisse wirklich oder höchstens indirekt oder auch gar nicht gehört, und zugleich Vertrauen zu dem Gotte, der mit den verschiedenen Wegen auf den verschiedenen Gebieten zu einem in sich einheitlichen Ganzen der Wahrheit uns führen will.

Ihren einzig festen Grund hat so auch nach dem, was wir hier über die Einigung zwischen dem religiösen Erkennen und Welterkennen zu sagen hatten, die Glaubenserkenntnis immer nur da zu suchen, wo ihn nach unseren vorangegangenen Ausführungen der einfache Glaube hat und behält, also nicht etwa in Beweisen, die aus dem anderswo Erkannten geführt würden. Nachgehen aber sollen wir gerade auch als Glaubende dem Verständnis jener Einigung und Harmonie, um dem innern Bedürfnis und der von Gott uns gestellten Aufgabe zu genügen und die Anfechtungen, die dort gegen den Glauben sich erheben, nicht bloß auf die Seite zu schieben, sondern mit Gottes Hilfe zu überwinden.

b) **Praktische Vernunft und Glaubenserkenntnis.**

Wer über die Stellung seines Glaubens und seiner sittlich religiösen Erkenntnis zu anderem Erkennen sich Rechenschaft geben will, wird immer und zumal in unserer Zeit vor allem das bisher hier besprochene erfahrungsmäßige Wissen von der natürlichen Welt zum Gegenstand seiner Erwägung und Untersuchung machen müssen. Diesem gegenüber also behauptet jene Erkenntnis ihren eigentümlichen Inhalt und ist desselben in einzigartiger Weise gewiß vermöge eines Innewerdens, das wir gleichfalls Erfahrung nennen können, aber Erfahrung in ganz anderem Sinne: der an uns gebrachte Gegenstand der Erkenntnis berührt uns hier unmittelbar im Mittelpunkte der sittlichen Persönlichkeit, in Herz und Gewissen, und will in demselben Mittelpunkte mit inniger Willenshingabe aufgenommen sein. Ein solches Innewerden hat nun aber, wie wir schon in vorangegangenen Ausführungen (oben S. 47 ff.) bemerken mußten, nicht bloß bei unserm christlichen sittlich religiösen Glauben und Erkennen statt, wo Gott in seiner Liebe zu uns und mit seinen Anforderungen an unsern Willen sich uns bezeugt. Sondern Anspruch auf Geltung erhebt auch ein sittliches Bewußtsein, welches nicht zugleich und vor allem diesen Gott anerkennt, sondern nur ein für unsern Willen geltendes unbedingtes Gesetz — ein Gesetz, von dem man dann wohl sagt, daß wir selbst es uns geben. Eben dieses Bewußtsein, auch ohne eine bewußte Beziehung auf Gott in sich zu schließen, stellt sich als unmittelbares und in sich gewisses dar. Nur so kann für diejenigen, welche auf diesem Standpunkte stehen, ein höchstes Sittengesetz mit seiner Unbedingtheit sich feststellen und behaupten, wie wir hierauf schon oben hinzuweisen und andere Erklärungs=versuche für jene sittliche Überzeugung abzuweisen hatten. Und wir müssen, wenn wir auch unsererseits, vom christlichen, sittlich religiösen Standpunkt aus, dieses Gesetz von vorne herein als Willen Gottes und in Einheit mit der ganzen sich uns innerlich bezeugenden Gottesoffenbarung erfassen, doch zugleich anerkennen, daß wirklich ein unmittelbares Bewußtsein höchster Wahrheit auch bei den Vertretern jenes anderen Standpunkts sich regt und lebt. Wir sehen darin auch bei ihnen ein Wirken Gottes selbst in ihrem durch ihn hierzu bestimmten und ausgestatteten Innern, auch wenn er, der hier redet und wirkt, von ihnen zunächst noch nicht erkannt ist. Wir können hiermit wohl auch Wahrnehmungen zusammen=stellen, die wir möglicherweise bei uns selbst machen: oder geht es nicht Christen, welche grundsätzlich die gesamte ungeteilte sittlich religiöse Wahrheit erfaßt haben, doch oft so, daß in innern Schwankungen, Anfechtungen und Versuchungen, unter denen ihnen diese ganze Wahrheit zu entschwinden droht, am Ende wenigstens noch das sittliche Bewußtsein für sich oder das Gewissen mit seinem Zeugnis von festen sittlichen Verpflichtungen stand hält und von hier aus und hierdurch der Schwankende und Irrende auch wieder dazu geführt wird, vor dem hier redenden heiligen Gotte sich zu beugen und seine Gnadenhand zu ergreifen?

So kann denn der menschliche Geist möglicherweise auch schon ohne der Beziehung zu Gott nachzugehen auf Grund jener Gewissens=zeugnisse und zugleich vermöge der Bedürfnisse, die schon im Inter=esse des eigenen Wohllebens und des diesem dienenden Zusammen=lebens und Zusammenwirkens dem menschlichen Geschlechte bei seiner geschichtlichen Entwickelung sich aufdrängen, in seiner geistigen

Anschauung und seinem reflektierenden und argumentierenden Denken gewisse ethische Grundideen und Ideale ausgestalten. Er stellt sich ein vollendetes menschliches Zusammenleben vor, in welchem den in ihm selbst sich kundgebenden Anforderungen genügt würde und ebenso eine harmonische Durchbildung seines eigenen Innern vom Mittelpunkt eines rechtbeschaffenen Willens aus, auch ohne daß er dafür erst Licht aus der Gottesoffenbarung gewinnen zu müssen meinte, an die unser christlicher Glaube sich hält. Wir stehen hiermit beim Gebiet und den Leistungen der sogenannten praktischen Vernunft, von deren Begriff wir auch schon oben (S. 54) geredet haben.

So aber nimmt nun also die praktische Vernunft einen Teil desjenigen Stoffes auch für sich in Anspruch, welcher Gegenstand unserer sittlich religiösen christlichen Erkenntnis ist. In welches Verhältnis haben wir dann diese zur sogenannten Vernunfterkenntnis zu setzen?

Ferner kann jene Vernunft, auch wenn sie den ethischen Stoff ganz aus sich selbst gewonnen haben und mit ihm nicht schon unmittelbar die Beziehung zu Gott verbunden sehen will, darum doch nicht umhin, auch zur Idee eines Gottes, wie er Gegenstand unseres Glaubens ist, ihre bestimmte Stellung einzunehmen. Man kann, indem man auf sie sich beruft, zu der Behauptung weiter= gehen, daß sie, wenn für sie die Geltung der höchsten Normen und Ideale nicht erst aus der Idee Gottes fließe, oder beides wenigstens unmittelbar mit einander gesetzt sei, so auch überhaupt keinen Grund habe, einen Gott anzuerkennen, und demnach auch dem Gottesglauben kein Recht zugestehen könne. Oder — und dafür werden ernste Vertreter des sogenannten reinen Vernunft= standpunktes mit Recht viel mehr sich entscheiden — man kann von diesem aus dann doch durch vermittelndes, argumentierendes Denken dazu fortschreiten, daß, so gewiß jene sittlichen Wahrheiten feststehen, auch ein höchstes, über den sittlichen Persönlichkeiten und der Welt waltendes Wesen angenommen werden müsse, durch welches auch im Zusammenhang der Natur und des Weltlaufs die sitt= lichen Ziele gesichert seien, das, wie namentlich der Philosoph Kant fordert, den sittlichen Charakter der einzelnen Persönlichkeiten und ihr Wohlsein oder ihre Glückseligkeit und Unseligkeit in die dem Werte des Sittlichen entsprechende Harmonie mit einander setzen werde, von welchem auch unser Leben und Wesen selbst mit dem dazu gehörigen Sittengesetze herstamme. Und von hier aus eröffnet sich für unsere praktische Vernunft die Aussicht auf einen positiven Einfluß, den sie auf die Gestaltung unserer Glaubensaussagen über Gott und unsere ganze Glaubenserkenntnis üben möchte. Sie könnte sich unserm Glauben zu einer in sich selbständigen Stütze anbieten, ja wohl gar zur Begründung seines Wahrheitsgehaltes für alle erkenntnisfähigen Subjekte, sofern nämlich derselbe für diese alle durch seine Übereinstimmung mit den Aussagen der allen gemeinsamen praktischen Vernunft gerechtfertigt werden könne und müsse, oder die von uns geglaubte christliche Offenbarung dadurch sich bewähre, daß sie thatsächlich die Vernunftideale realisiere. Eben damit möchte ein Anspruch der praktischen Vernunft auf oberste Kritik sich verbinden: daß nämlich die Glaubenserkenntnis vom Inhalt der biblischen Offenbarung und des aus ihr hervorgegangenen Glaubens nur festhalten dürfe, was wirklich in jener Weise sich rechtfertigen und begründen lasse.

Wir müssen uns sehr hüten, die Selbständigkeit dieser Vernunfterkenntnis überhaupt zu hoch anzuschlagen. Denn so viel man auch von dieser zu unserer Zeit reden, in so weitem Umfang sie auch wirklich sich geltend machen und so zuversichtlich man sie in weiten Kreisen dem religiösen Glauben gegenüberstellen mag, so wenig darf man die thatsächlichen Einflüsse verkennen, welche der in der Christenheit fortlebende sittlich religiöse Glaube direkt oder indirekt in Erziehung, Unterricht und allgemeinem geistigem Verkehr doch auch auf alle die Vertreter einer reinen praktischen Vernunfterkenntnis von vorne herein geübt hat. Die Probe dafür, was diese rein für sich produzieren und festhalten könnte, müßte sie erst ganz anders noch bestehen. Zeitweise konnte es wohl scheinen, als ob Vertreter jenes Standpunkts, an Kant sich anschließend, sogar zu einer reineren, höheren sittlichen Anschauung als der christlichen, nämlich zu einer schlechthin uneigennützigen, d. h. auf alles eigene Streben nach Glückseligkeit verzichtenden Sittlichkeit sich erheben wollten. Führt jedoch die weitere, neuere Entwickelung

2. Verhältnis der Glaubenserkenntnis zu anderem Erkennen.

eines angeblich selbständigen praktisch vernünftigen Denkens nicht vielmehr dahin, daß statt eines kategorischen Imperativs, der den sittlichen Persönlichkeiten unbedingt sich aufdränge, vielmehr gerade ihr eigenes wahres Wohlsein oder Glück zum Grundmotiv gemacht werde? Und wohin wird man auf dieser Bahn mit der Frage, wo das wahre Glück zu suchen sei, weiter gelangen, falls jene Einflüsse mehr und mehr schwinden, ja gar aufhören sollten? Auch so indessen müssen wir immerhin die Möglichkeit und Wirklichkeit eines ernsten sittlichen Bewußtseins auch bei Solchen anerkennen, deren Bewußtsein die Macht und Bedeutung der unsern Glauben begründenden Gotteszeugnisse nicht mehr inne wird, und die Möglichkeit einer gewissen Ausgestaltung sittlicher Erkenntnis, bei welcher der christliche Glaubensinhalt bei seite gesetzt und die Gottesidee nur noch auf die vorhin bezeichnete Weise — als Hilfsidee, wie man zu sagen pflegt — noch beigezogen wird. Mit dieser Erkenntnis also hat unsere Glaubenserkenntnis doch noch weiter sich aus einander zu setzen.

Hiermit aber verhält sich's nun schon gemäß dem bisher Ausgesprochenen ganz anders als mit jener Auseinandersetzung zwischen unserem sittlich religiösen Glauben und Erkennen und zwischen der Welt- und Naturerkenntnis, wovon unser vorangegangener Abschnitt handelte. Dort kam es vor allem darauf an, zwei verschiedene Gebiete aus einander zu halten. Von beiden Gebieten konnten wir sagen, daß ihr Inhalt vor allem Gegenstand einer unmittelbaren Berührung und Erfahrung für uns werden müsse; aber es ist das eine und andere Mal eine Erfahrung ganz verschiedener, ja entgegengesetzter Art: das eine Mal die sinnliche Erfahrung, das andere Mal das unmittelbare Innewerden unseres inneren Menschen in Herzen und Gewissen. Dagegen will die praktische Vernunft Gegenstände selbständig erkennen, welche wesentlich Gegenstände der sittlich religiösen christlichen Erkenntnis und der ihr zu Grunde liegenden göttlichen Offenbarung sind. Und gerade auch vom Standpunkt dieser Erkenntnis aus müssen wir anerkennen, ja darauf bringen, daß, wie bei ihr, so auch dort ein unmittelbares Innewerden der bezeichneten Art statt habe, während wir zugleich eine Durchdringung und Gestaltung des innerlich bezeugten durchs vernünftige Denken als Aufgabe anzuerkennen und so auch zu unserer eigenen Aufgabe zu machen haben. Wie kann da überhaupt noch die eine Erkenntnis neben der andern eine Stelle einnehmen und behalten? Muß nicht die eine in die andere aufgehen, oder die eine in ihrer Abweichung von der anderen als Verirrung erfunden werden?

Unser Glaube behauptet diesen Fragen gegenüber getrost die eigene Stellung und ist der guten Zuversicht, daß diejenigen, welche zunächst nur gewissenhaft einer „in sich selbständigen Sittlichkeit" sich ergeben, oder den Standpunkt jener „praktischen Vernunft" einnehmen und alles drüber Hinausgehende ablehnen zu müssen meinen, auf eben demselben Wege, der sie allerdings schon zu gewissen festen ethischen Überzeugungen geführt hat und allein führen konnte, bei treuer, voller Hingabe an denselben mit innerer Notwendigkeit auch noch zur innern Erfahrung und rechten Würdigung der in Christus uns geoffenbarten Gnade und Wahrheit gelangen und darin erst für die dort schon in ihnen angeregten höheren Bedürfnisse und Triebe die wahre Befriedigung finden werden. Dabei gilt für sie namentlich jenes Wort Jesu Joh. 7, 17 (oben S. 57. 77). Je mehr in ihnen schon die Willigkeit anhebt, den Gotteswillen, soweit er ihnen schon sich bezeugt hat, zu thun, und hiermit zugleich die rechte Selbstbeugung unter den Erfahrungen der eigenen Schwäche, Sünde und Schuld, um so mehr wird das ihnen dargebotene Offenbarungswort sie auch des Gottes innewerden lassen, dessen Wille schon dort an sie drang, und wird sie weiter und weiter hineinführen in die ganze Tiefe und Weite seiner heiligen Förderungen und in die ganze Bedeutung seines Heilswerkes, vermöge dessen wir erst zum wahren Leben nach seinem Willen und in seiner Gemeinschaft uns erheben können. So vertrauen wir, daß ebenderselbe richtige Grundzug, der in jenen bei aller Mangelhaftigkeit ihres bisherigen Erkennens und bei allen mit ihr verbundenen Abirrungen doch bisher schon wirksam war, sie im Licht und unter den Eindrücken der christlichen Offenbarung zu der Glaubenserkenntnis hinziehe, in deren Inhalt sie nun selbst erst wahre und volle Genüge finden sollen: ein Vertrauen, das für Christen, die ihrem eigenen Glaubensweg verständnisvoll nachdenken, zugleich mit der Selbstgewißheit des eigenen Glaubens gesetzt ist. Wir müssen so auch, wenn wir selbst jene zum vollen sittlich religiösen, christlichen Glauben und Erkennen weiter fördern möchten, dies vor allem und wesentlich, entsprechend den ausgehobenen Momenten, durch praktische, sittliche Einwirkung, Weisung und Mahnung zu erreichen suchen. Verstandesgründe können auch hier nicht die Überzeugung begründen, so wichtig es ist, daß den zu Überzeugenden der Inhalt, in den sie eingeführt werden sollen, auch seinem ganzen Zusammenhang nach klar für ihr verständiges Bewußtsein dargelegt und zu ihrem Denken und Wissen überhaupt in Beziehung gesetzt werde. Das rechte lebendige Verständnis für jenen Zusammenhang und zugleich für die harmonische Einheit unseres gesamten Erkennens wird doch erst da möglich, wo der innere Mensch die Wahrheit erfaßt und lebendig sich angeeignet hat.

Wenn man sagen möchte, daß die den Grund und Inhalt unseres Glaubens bildende Offenbarung sich für unsere Erkenntnis durch Übereinstimmung ihrer Lehren und namentlich ihrer wirklichen Leistungen mit den Grundsätzen und Forderungen unserer praktischen Vernunft bewähren müsse und in der That bewähre, so liegt das Richtige dieser Aussage in dem so eben von uns Ausgeführten. Ganz falsch aber wäre sie, wenn man sie so verstünde, als ob in uns ein von den Einflüssen und Eindrücken der Offenbarung abgelöstes sittliches Bewußtsein und vernünftiges Denken schon für sich Prinzipien und Ideale so hervorbringen und fertigstellen könnte, daß dann eben durch Erfüllung des hier geforderten die Offenbarung sich als recht und wahr auszuweisen hätte; und sehr verkehrt wäre es, darauf etwa die Hoffnung eines Beweises zu stützen, der zu Gunsten der Offenbarung für alle denkenden Subjekte geführt werden könnte. Denn, was einen solchen Beweisversuch betrifft, müssen wir daran erinnern, daß ja auch die Aussagen der praktischen Vernunft auf innere Eindrücke und Erfahrungen des Subjekts sich stützen müssen, die nicht von der Denktüchtigkeit der Subjekte, sondern von einer bei den verschiedenen Subjekten oft sehr verschiedenen sittlichen Disposition und Empfänglichkeit und weiter vom Willensverhalten derselben zu den von ihnen empfangenen Eindrücken abhängen. Und hinsichtlich der sittlichen Ideale und Prinzipien müssen wir auf das vorhin Ausgeführte zurückkommen, daß sie mit ihrem wahren und vollen Gehalt und in ihrer unwandelbaren Gewißheit einem der Heilsoffenbarung noch fern stehenden sittlichen Bewußtsein und Denken noch nicht sich erschließen und daß die volle, lebenskräftige, selige Befriedigung, welche der Inhalt der Offenbarung gewährt und in welcher er seine Übereinstimmung mit den ursprünglichen und unwandelbaren Grundmomenten, Trieben und Zielen unseres sittlichen und vernünftigen Wesens erweist, erst von demjenigen erfahren wird, der ihren Eindrücken und dem inneren Zuge zu ihr hin wahrhaft gefolgt ist. Gewiß, praktische Vernunft kann kein höheres Ideal des Guten aufstellen, als das Gottesreich in Jesu Sinn und Stiftung, keine höhere Forderung, als die von Jesus gelehrte und thatsächlich erwiesene Gottes- und Nächstenliebe mit derjenigen Selbstverleugnung, welche den Gewinn des wahren Lebens mit sich bringt. Aber das rechte Verständnis für das, was hierin liegt, und die feste Gewißheit davon wird erst möglich durch jene Offenbarung in Wort und That und durch den von ihr ausgehenden Geist.

c) **Reines Denken und Glaubenserkenntnis. — Aufgabe der Philosophie im allgemeinen.**

So steht es mit dem Verhältnis, worein unsere religiöse gläubige Erkenntnis zu jenem Welterkennen, welches einen davon spezifisch verschiedenen Charakter trägt, und zu jenem ihr so wesentlich verwandten und doch wenigstens scheinbar von ihr sich ablösenden sittlichen Erkennen sich setzen darf und muß.

Sollen wir etwa daneben auch noch von einer ganz eigentümlichen Erkenntnis, vielleicht Erkenntnis höchster Art reden, bei der das Denken rein aus sich selbst, aus dem Inhalt eines ihm zugehörigen Begriffs oder aus einer ihm selbst inwohnenden Notwendigkeit die Wahrheit hinsichtlich der wirklichen Welt, des persönlichen Geistes und seiner Aufgaben und der Existenz eines über uns und der Welt stehenden Gottes gewönne?

Theologen und Philosophen haben bekanntlich diese Existenz

aus dem Begriff eines vollkommenen Wesens, weil zur Vollkommenheit eben auch die Existenz gehöre, erschließen wollen. Aber kaum wird es gegenwärtig mehr nöthig sein, einem solchen Beweise, bei welchem es übrigens auch an einer genügenden Erklärung der „Vollkommenheit" zu fehlen pflegt, die richtige Bemerkung eines Kant entgegenzustellen, daß man dem Inhalt des Begriffs oder seinen mit einander die Vollkommenheit konstituierenden Momenten nichts beifüge, wenn man ihn als einen wirklichen setze, und nichts nehme, wenn man das nicht thue. Nur in sofern könnten wir sagen, daß die Idee Gottes selbst zur Überzeugung von seiner Wirklichkeit uns hinführe, als sie, unserem Bewußtsein gegenübertretend, in der oben bezeichneten Weise unser Innerstes, nämlich Herz und Gewissen, unmittelbar berührt. Das ist ja aber statt einer logischen Beweisführung vielmehr das Gegenteil einer solchen; auch fällt dabei im Inhalt der Gottesidee der Hauptnachdruck auf ganz andere Momente als bei dem gewöhnlichen logischen und metaphysischen Vollkommenheitsbegriff jenes Beweises.

Noch weniger werden wir hier auf diejenige neuere Philosophie einzugehen haben, welche, wie wir schon oben (S. 89) erwähnten, vom reinen Denken ausgehend, die Wahrheit überhaupt vermöge einer innern Dialektik des Denkens aus diesem selbst ableiten zu können vermeinte. So sehr diese Hegelsche Philosophie eine Herrschaft über die Geister an sich zu reißen und zu einem Triumph des Denkens namentlich auch dem christlichen Glauben gegenüber zu führen schien, so wenig wird es jetzt noch für uns einer eingehenden Erörterung darüber bedürfen, daß ihre Deduktionen des Wirklichen vielmehr Eintragungen eines anders woher geholten realen Inhalts in ihre abstrakten Denkkategorieen waren, und einer Warnung davor, daß wir von den Wegen eines scheinbar so gewaltigen Denkens wirkliche Gefahr für unsern Glauben fürchten, oder auch Weisungen und Hilfe für ihn erwarten möchten.

Wir können nach dem bisher Ausgeführten auch hinsichtlich der Stellung des Glaubens und der Glaubenserkenntnis zur Philosophie überhaupt auf wenige Worte uns beschränken.

Hier ist nicht der Ort und Raum, um das Gebiet, die Aufgabe und Leistungsfähigkeit des philosophischen Denkens und Erkennens eingehend zu besprechen; fehlt es doch in unsrer Gegenwart auch ganz an allgemein angenommenen Voraussetzungen oder einheitlichen Anschauungen darüber, woran eine solche Besprechung sich anlehnen könnte. Man sagt wohl, die Philosophie wolle das Allgemeine erkennen im einzelnen, das Notwendige in dem wenigstens scheinbar zufälligen Verlauf der Dinge, die Gesetze, welche unwandelbar in diesen und ihrer Entwickelung walten u. f. w. Damit wäre noch nicht gesagt, wie sie sich unterscheide von derjenigen Erkenntnis des weltlichen, natürlichen Daseins und des geistigen, sittlichen Lebens, von der wir oben geredet haben; denn beim Einzelnen, Zufälligen bleibt ja schon diese keineswegs stehen. Man wird ihre Aufgabe weiter noch dahin bestimmen müssen, daß sie die letzten Grundbegriffe und Kategorien, welche jede Einzelwissenschaft — wenigstens bei der gewöhnlichen Behandlungsweise — schon wie etwas allgemein Geläufiges und Feststehendes vorauszusetzen und zu handhaben pflegt, wie die Begriffe von Gesetz, Kraft, Substanz, Kausalität u. f. w., eigens und umfassend zum Gegenstand der Untersuchung mache, dabei den Inhalt der verschiedenen einzelnen Erkenntnisgebiete unter höchsten Begriffen und Prinzipien zusammenzufassen suche und mit Bezug auf sie zusammen vor allem nach der Möglichkeit und Zuverlässigkeit unseres Wissens selbst frage. So wird sie dann auch auf den Inhalt unserer Glaubenserkenntnis und auf die Würdigung dieses Erkennens sich erstrecken. Eben hiermit wird sie indessen auch sich selbst prüfen müssen, wie weit in allen diesen Beziehungen und namentlich mit Bezug auf den Zusammenhang der Gebiete und auf den über allem stehenden Gott auch der schärfste menschliche Denker die Wahrheit und Wirklichkeit auf streng logischen, adäquaten Ausdruck zu bringen vermöge, oder mit in sich unzureichenden und nicht weiter erklärbaren Vorstellungsformen sich begnügen müsse.

Den hiermit sich erhebenden Fragen können wir hier nicht weiter nachgehen. Hauptsache für uns aber ist eben das, daß das philosophische Denken die Wahrheit nicht etwa aus sich selbst, seinen eigenen Kategorien oder in ihm vorliegenden Begriffen holen und so unsrer Glaubenswahrheit gegenüberstellen, oder auch als

2. Verhältnis der Glaubenserkenntnis zu anderem Erkennen. 183

eine für sie erforderliche Bestätigung anbieten kann. Auch dieses Denken muß vielmehr, um Wirkliches zu erkennen, auf ein unmittelbares Innewerden des Objektiven zurückgehen und an diejenige Erkenntnisarbeit sich anschließen, welche auf Grund solchen Innewerdens oder äußerer und innerer Erfahrung auch schon von jeder Einzelwissenschaft, ja mehr oder weniger auch schon von jedem einzelnen Denktüchtigen und von Wissenstrieb beseelten Menschen und Christen gepflegt werden muß. Das gilt, wie fürs Naturwissen, so auch in seiner Weise fürs sittlich religiöse Wissen, und weiter auch für ein Denken und Erkennen, welches die verschiedenen Arten des Wissens und Gebiete des zu Wissenden einheitlich umfassen möchte. Dem philosophisch Denkenden können wir bei seiner Arbeit auf dem sittlich religiösen Gebiete nur vertrauen, wenn er auch selbst in die Heilsoffenbarung sich vertieft und das von ihr dargebotene mit erlebt. Und mit der Selbstgewißheit unseres Glaubens verbindet sich dann für uns die sichere Zuversicht, daß er auf diesem Weg auch mit seinem philosophischen Denken zu keinen unsrer Glaubenswahrheit widerstreitenden Ergebnissen gelangen könne; dahingestellt mag hier bleiben, wie weit er dabei gewissenhafter Weise im Handhaben seiner Begriffe und Deduktionen gehen, oder aber an Schranken innehalten wird, die er gerade auch dem philosophischen Denken gesetzt findet.

Immer liegt freilich bei diesem Denken die Gefahr nahe, daß es teils über leeren Abstraktionen die Bedeutung des Lebens und insbesondere jener höchsten, sittlich religiösen Lebensvorgänge verkenne, teils von den Ergebnissen eines bloßen Weltwissens aus falsche und hochmütige Übergriffe in das dem betreffenden Denker innerlich noch allzufremde sittlich religiöse Gebiet begehe. Je mehr es ferner die namentlich für dieses Gebiet bestehenden Grundlagen verkennt, um so leichter wird seine Selbstüberhebung auch immer wieder in eine gefährliche allgemeine Skepsis umschlagen. Übersehen wir aber auch nicht den Gewinn, welchen das strenge, umfassende Denken, richtig geübt, gerade auch einer echt christlichen Glaubenserkenntnis bringen wird. Es wird namentlich den Blick schärfen für den richtigen Sinn und auch die Unzulänglichkeit der von uns anzuwendenden Begriffe, für die Trag=

weite der aus der Offenbarung und religiösen Erfahrung zu ziehenden Folgerungen, für die Grenze zwischen natürlichem Welterkennen und sittlich religiöser, christlicher Erkenntnis. Es wird einführen in Probleme des Welterkennens und der menschlichen Erkenntnis überhaupt, über welche die weltlich gesinnten Gegner des Glaubens meist hinwegsehen und welche uns den Wert der Offenbarung nur um so höher schätzen lassen. Es wird endlich im Gegensatz gegen die vorhin ungedeutete Selbstüberhebung und im Unterschied von haltloser Skepsis auch eine aus dem Bewußtsein der eigenen Schranken erwachsende Bescheidenheit mit sich bringen, die so manchem eifrigen Vertreter positiven christlichen Erkennens abgeht und doch gewiß zu echter christlicher Wahrheitsliebe und Glauben notwendig mit gehört.

Drittes Hauptstück.

Die Glaubenserkenntnis, Fortsetzung: Gott und seine Heilsoffenbarung als ihr Gegenstand.

Die götttliche Wahrheit, die wir, innerlich von ihr berührt und ergriffen, in unserem Glauben erfassen, wird nach all dem bisher Dargelegten für unsern denkenden Geist nicht etwa dadurch festgestellt, daß er auf ihren Inhalt von jenem Weltwissen aus oder auch von reinen Begriffen aus mit logischer Notwendigkeit hingeführt würde. Wohl aber wird durch jenes Verhältnis, in welchem die verschiedenen Gebiete unseres Erkennens und Wissens zu einander stehen, für unsern Geist diejenige innere Harmonie gewahrt, ohne welche auch der wahre und volle Genuß innern Friedens für uns nicht möglich wäre. Und auf dem eigenen Gebiete unseres religiösen Glaubens und Lebens, wie dieses eben von jenen andern Gebieten sich für uns unterscheiden und abgrenzen muß, kann und soll nun unser Geist auch denkend den inneren Zusammenhängen des Glaubensinhaltes nachgehen. So können wir dann sagen, daß gewisse Bestimmungen, Begriffe und Sätze religiösen Inhalts auch zu einer Denknotwendigkeit für uns werden. Aber sie werden es nur für den Gläubigen, der jenen innern Glaubensgrund besitzt und fort und fort auf diesen zurückgreift. Und es wird sich fragen, ob wir die Bestimmungen, die wir bei unserer auf diesem Grunde stehenden Glaubenserkenntnis notwendig finden, nicht doch zugleich immer unzureichend finden müssen.

Die Aufgabe, jenen Inhalt in seinem strengen innern Zusammenhang zu entfalten und darzulegen, ist Sache der gesamten christlichen Glaubenslehre in ihrer Einheit mit der Lehre vom christlich sittlichen Leben oder mit einer christlichen Ethik. Zugleich erfordert eine christliche Glaubenserkenntnis und Wissenschaft den denkenden Einblick in den Verlauf, welchen die Heilsoffenbarung, auf der unser Glaube ruht, nach dem Zeugnis der heiligen Schrift bis zu ihrer Vollendung in Christus genommen hat, — in den innern Zusammenhang und Fortschritt, der auch hier userm Denken sich darbietet. Von einer umfassenden Lösung dieser Aufgaben kann am gegenwärtigen Orte natürlich nicht die Rede sein. Doch mögen wenigstens gewisse Hauptmomente unserer Glaubensaussagen über Gott und Hauptfragen über den Gang der Heilsoffenbarung in Kürze hier vorgeführt werden.

Dazu bemerken wir im voraus: bei unsern Aussagen über Gott wird neben und gegenüber unserer Glaubensauffassung und ihren Ergebnissen hauptsächlich eine sehr davon abweichende Auffassung und Definition des göttlichen Wesens in Betracht kommen müssen, auf welche ein vernünftiges, von der Welterkenntnis auf Gott zurückgehendes Denken hinzuführen scheint, bei unserer Betrachtung jener Geschichte der Anspruch und das Recht einer empirisch geschichtlichen Forschung und Kritik mit Bezug auf die uns vorliegenden menschlichen Berichte über dieselben.

1. Das Wesen Gottes in seiner Beziehung zu uns.

Als Vater stellt sich uns Gott in Jesu Offenbarung dar, wie Kinder mit einem Vater sollen wir mit ihm verkehren. Der charakteristische Ausdruck, den unser christlicher Glaube für Gott hat, ist so der Analogie menschlicher Persönlichkeit entnommen, und je inniger nach den neutestamentlichen Aussagen und nicht minder nach den Erfahrungen echt evangelischer Frömmigkeit das Verhältnis des Gläubigen zu seinem Gott erscheint, nur um so mehr eben als Verhältnis innigster persönlicher Gemeinschaft. Der Glaube hält vor allem gerade an den persönlichen Bestimmungen in der Idee Gottes fest und sucht sie möglichst lebendig und konkret nach jener Analogie zu fassen, wenn damit auch noch so stark das Bewußtsein sich verbindet, daß dieselben, wenn man sie einfach in ihrem sonstigen, bei ihrer Anwendung auf Menschen geltenden Sinn verstehen wollte, dem Wesen des über aller Endlichkeit stehenden

Gottes oder himmlischen Vaters widerstreiten würden. Noch könnte sich indessen fragen, ob nicht im Unterschied vom einfachen Glauben eine gereiftere Glaubenserkenntnis wenigstens die eigentlichen Grundaussagen über Gott anders und reiner fassen könnte und müßte.

In der That tragen ja nicht bloß Philosophen, sondern auch Theologen, und zwar auch Theologen von streng positiver, kirchlicher Richtung Grundbestimmungen für Gottes Wesen vor, in denen dieses ganz über die endlichen Vorstellungen hinausgehoben und von einem über ihnen stehenden reinen Denken erfaßt erscheint. Da wird Gott zunächst definiert als das absolute Wesen, oder als das Absolute schlechthin. Man will darunter nicht bloß das Negative verstanden haben, daß dieses Absolute ein von allem anderen abgelöstes, unabhängiges, unbedingtes Sein habe, sondern das Positive, daß es schlechthin in sich selbst seinen Bestand habe und, wie dies in dem Wort „absolut" schon nach dem lateinischen Sprachgebrauch liegt, in sich vollkommen sei. Man setzt so dafür auch „das Unbedingte" und zugleich auch „das allerrealste Wesen." Indem man es zusammendenkt mit der Welt oder dem Inbegriff der endlichen, bedingten Dinge, wird dieses Unbedingte als das alles bedingende bezeichnet.

Zwei Hauptvertreter spekulativen Denkens in der neueren Theologie, die hierbei zur Kirchenlehre eine sehr verschiedene, ja entgegengesetzte Stellung einnahmen, nämlich A. E. Biedermann und Fr. H. R. von Frank, treffen so in ihrer Grundbestimmung der Gottesidee wesentlich zusammen. Jener will unser Denken „von dem rein logisch zu gewinnenden Begriff der Absolutheit" ausgehen lassen, indem er erklärt, Absolutsein sei „reines Insich- und Durchsichselbst-sein und in sich Grund-sein alles Seins außer sich;" nach Frank haben wir Gott, mit dessen Namen das Realprinzip oder das schlechthinnige Prinzip alles uns bewußt gewordenen Werdens ausgedrückt werde, zu bezeichnen „als das absolute Wesen, das durch nichts außer ihm, nur durch sich selbst bedingte, alles allein bedingende".

Man kann dann in dem vermeintlich unerläßlichen kritischen Streben jene spezifisch religiösen und christlichen Aussagen über Gott neben diesen Grundbestimmungen möglichst überhaupt fern zu halten suchen. Oder man kann auch, wie dies dann vom kirchlichen Standpunkt aus immer geschehen wird, versuchen, diesen in einem notwendigen Gedankenzusammenhang jene anzureihen, ja aus ihnen selbst sie abzuleiten; so soll schon der Begriff des Sichselbstbedingens oder Sichselbstsetzens unmittelbar auf die Idee eines auf sich selbst sich beziehenden, seiner selbst bewußten, sich selbst bestimmenden und hiermit also persönlich zu denkenden Wesens führen.

Ist also dies nicht der richtige und notwendige Weg für die Glaubenserkenntnis überhaupt? Pflegen doch auch schon eine Menge Gebildete, ohne gerade den streng wissenschaftlichen oder gar philosophischen Standpunkt einnehmen zu wollen, von Gott als dem Absoluten oder wenigstens in wesentlich gleicher Tendenz von ihm als höchstem, unendlichem Wesen zu reden.

Ein christlich religiöses Gemüt könnte sich zurückgestoßen fühlen von solchen Begriffen und Ausdrücken; es möchte zwischen ihrem abstrakten Charakter und kalten Klang und zwischen der Auffassung, die ein Gotteskind von seinem himmlischen Vater haben darf und soll, den grellsten Gegensatz sehen. Und doch wäre dies für uns noch nicht entscheidend; denn das ist eben fraglich, ob nicht ein gläubiger Christ, um zu rechter Erkenntnis fortzuschreiten, die für sein Gefühl so wertvollen Vorstellungen von Gott zunächst hinter jene für jedes Denken sicher stehenden Grundbegriffe zurückstellen und erst von jenen aus dann auch für sie eine gewisse wissenschaftliche Berechtigung nachzuweisen versuchen sollte. Zudem giebt es ja auch eine innige mystische Frömmigkeit, welche selbst sich gedrungen fühlt, Gott einfach als Wesen oder Sein, als über alle einzelnen Bestimmungen erhabenes Sein und hiermit zugleich als die allumfassende Ursache aller Einzelwesen u. s. w. zu betrachten. Eine solche Mystik hat bekanntlich besonders im Mittelalter eine auch fürs christliche Leben sehr bedeutsame Rolle gespielt. Freilich nimmt dann bei ihr auch schon der einfache Glaube einen andern Charakter an als denjenigen, welchen wir bereits in der bisherigen Ausführung der neutestamentlichen Heilsoffenbarung gemäß darzustellen hatten und von welchem wir weiter noch in unserem folgenden Hauptstück, bei der Betrachtung des mit dem Glauben gegebenen Heilslebens, zu reden haben werden. Aus der vertrauensvollen

Aufnahme der väterlichen Gottesgnade durch den Gläubigen, der eben hierin wesentlich als Persönlichkeit sich verhält und eben hierdurch das rechte persönliche selbständige Leben mit und in Gott gewinnt, droht nämlich dort eine bloße Abkehr von allem Endlichen und Verzicht auf alles Eigene, ja am Ende ein dumpfes Sichversenken ins Absolute zu werden und als die äußerste Konsequenz zeigt sich da eine vielmehr orientalisch heidnische als christliche Frömmigkeit.

Aber vor allem müssen wir hier darnach fragen, wie weit denn jene Grundbegriffe vor und abgesehen von den durch Denker beanstandeten konkreten religiösen Gottesvorstellungen sich wirklich feststellen lassen und was mit ihnen wirklich für unser Denken und Begreifen gewonnen ist, wenn man so zunächst sie für sich hinstellt (gegen jene Mystik und jenes Operieren mit dem Begriffe des Absoluten vgl. besonders die Polemik A. Ritschls).

Als das absolute Sein und das unbedingt Seiende also will man Gott bezeichnen. Man wendet auf ihn den Begriff der Substanz an und zwar der Substanz im vollkommenen Sinne des Wortes, indem er, während die endlichen Substanzen bei ihrem Insichsein und Bestehen zugleich durch die anderen bedingt seien, ein unbedingtes und vollkommenes Sein in sich selbst habe. Bleibt man nun aber beim abstrakten Seinsbegriff stehen und erklärt wohl gar diesen Gott für erhaben über alle Bestimmungen, so erhebt sich sofort die Einwendung, daß dieser Gott eben nichts als eine leere Abstraktion sei und weder etwas Reales, noch überhaupt etwas Positives. Erklärt man das Absolute vielmehr für das inhaltsvollste Wesen, den Inbegriff der Vollkommenheit, die schlechthinnige Realitätenfülle, so müßte — abgesehen von der solchen Erklärungen allgemein anhaftenden Unklarheit des Begriffs der Vollkommenheit und der in Gott gesetzten Realitäten — erst noch gefragt werden, ob wir überhaupt das Recht haben, ein geschlossenes Ganzes von Realitäten als wirklich zu setzen. Denn die Schwierigkeit dieses Gedankens ist nicht zu verkennen: mit dem Gedanken des Geschlossenen verbindet sich ja notwendig wieder die Vorstellung eines Begrenzten und somit Endlichen. Sagt man, derselbe dränge sich dem Denken notwendig auf oder sei Postulat unserer denkenden, theoretischen Vernunft, so ließe sich hiergegen fragen, ob diese nicht vielmehr bloß fordert, daß wir mit unserem Denken und Erkennen immer über den uns vorliegenden Inhalt hinaus wie auf ein vollkommenes Ganzes hin weiter streben, während wir doch auf die Lösung des hier gegebenen Problemes verzichten müssen. Und wenn wir nun dennoch jene erste Frage bejahen oder über sie uns wegsetzen, so erhebt sich endlich noch dringender die andere, ob denn dann nicht einfach die Welt oder das „Universum," für dieses geschlossene vollkommene Ganze anzusehen sei. Zur Anerkennung eines über dem Universum stehenden Gottes gelangen wir in der That, trotz allen Redens vom Absoluten, auf diesem Wege des Denkens noch nicht.

Man will dieses Absolute oder Unbedingte zugleich als höchste und absolute Kausalität gedacht haben — als das, was sowohl alle anderen, endlichen Realitäten, als auch sich selbst setze. Dem gegenüber genügt es, auf das schon früher (S. 94) Gesagte, zurückzuweisen. Der allgemeine Gedanke der Kausalität und der Gedanken an den in unserer Welt endlos sich fortziehenden Prozeß von Ursachen und Wirkungen genügt keineswegs, um festzustellen, daß über der Welt eine letzte, sich selbst setzende Ursache zu denken sei, die doch alles unser Begreifen übersteige, und daß man nicht bei dem anderen Unbegreiflichen, nämlich einem in sich selbst begründeten und in einem endlosen Prozeß sich entwickelnden Universum stehen bleiben dürfe und müsse.

Unbegreifliches und offenbar Unzulängliches enthalten diese Begriffe und Aussagen, auch wenn man sie gelten läßt, überhaupt nicht minder als jene spezifisch religiösen und christlichen mit den ihnen vorgeworfenen Anthropomorphismen. So das eigentümliche Wesen jener im Absoluten beschlossenen Normalitäten, die dann den von Gott geschaffenen endlichen Realitäten zu Grunde liegen sollen: denkt man sie sich als Ideen, so steht man hiermit doch schon wieder bei der bestimmteren Idee Gottes als denkenden, persönlichen Geistes. So jenes Sichselbstsetzen Gottes, während wir ein Subjekt, das setzt oder irgendwie sonst wirkt, doch immer schon als vor seinem Akt existierend voraussetzen müssen; ganz unzulässig ist es daher auch, von diesem Gedanken des Sichselbstsetzens aus erst auch noch die Persönlichkeit Gottes deduzieren zu wollen.

Fern also sei es, eine höhere Weisheit, als in den reichen und zugleich so schlichten Glaubensaussagen, in jenen möglichst abstrakten Begriffen zu suchen.

Aus derjenigen Quelle, aus der wir allein die Gewißheit von Gott oder von einem über der Welt stehenden, in sich unbedingten Wesen gewinnen können, dürfen und müssen wir zugleich alle die wichtigsten, mit der „Unbedingtheit" noch gar nicht angedeuteten Grundbestimmungen über ihn entnehmen. Sie bieten sich uns sofort dar in seiner lebendigen Beziehung zu uns selbst, wie sie innerlich sich uns bezeugt.

Ein höchster Wille ist es, wovon in der religiösen Erregung ein jeder Mensch und dann vollends in eigentümlicher Weise der Christ sich berührt und in Anspruch genommen weiß; es ist nicht eine bloße Macht, durch die man im eigenen Dasein und Wirken sich bedingt fühlen würde. Indem die Vorstellung von Gott und seiner Macht die Vorstellung eines geheimnisvollen, auf uns achtenden und über uns verfügenden Willens ist, bringt sie bei der unerlösten, heidnischen Menschheit auch eine so eigentümlich bange Stimmung mit sich. Und daß sie und hiermit die Vorstellung von Gott als Persönlichkeit nicht etwa, wie manche gemeint haben, einfach daraus zu erklären ist, daß der Mensch ursprünglich, im Kindesalter der Menschheit, alles um sich her und so auch die natürlichen Dinge und Naturmächte sich nach seinem eigenen Bilde vorgestellt und demnach ihnen Willen und Persönlichkeit beigelegt habe, das ist für uns Christen gewiß vermöge der Offenbarung, in der er selbst auf uns wirkt, und der Erfahrung, die wir selbst hier von ihm machen. Soweit dann auch schon außerhalb des Christentums das sittliche Bewußtsein erwacht und diejenigen Forderungen, die wir für die ewigen und unbedingt erkennen, den Herzen und Gewissen auch in der heidnischen Menschheit kund geworden sind, wird eben dies zum Inhalt des göttlichen Willens gemacht und die göttliche Macht, die dafür eintritt und die Frevler straft, kann ja vollends nur als Macht einer persönlichen Gottheit gedacht werden.

Die christliche Offenbarung aber ist, wie wir wissen, durch und durch Offenbarung und Selbstmitteilung der heiligen

Liebe, in deren Macht das ganze weltliche Dasein steht und so auch schon seinen Ursprung haben muß, und die mit höchster Weisheit alles auf ihre Ziele hinleitet. Darinnen faßt sich zusammen, was wir von seiner Beziehung zu uns, zur Menschheit und Welt in Glaubensgewißheit auszusagen haben. Von hier muß auch ausgehen, was christliche Erkenntnis und Vernunft von ihm selbst aussagen kann und soll. Kurzweg erklärt das apostolische Wort: Gott ist Liebe (1. Joh. 4, 8. 16). Liebe und Lieben aber ist selbstverständlich und ohnedies auch nach dem Sinne des Apostels und der ganzen neutestamentlichen Offenbarung nicht zu denken ohne ein liebendes Subjekt, das Liebe heißt, sofern sein Grundcharakter lieben ist und sein ganzes Verhalten durch Liebe bestimmt ist. Und kein Akt, kein Verhalten eines Subjektes muß so ganz und voll, wie das Lieben, als Sache der Persönlichkeit gedacht werden, die hier von ihrem Innersten aus auf andere sich bezieht, sie in Gemeinschaft mit sich aufnimmt, sich selbst ihnen zum Behuf ihres Lebens und Wohlseins mitteilt und bei dem allem ihnen sich selbst gegenüber Freiheit giebt, vermöge deren sie auf solche Liebe eingehen oder sie abweisen können. Eben unser Glaube selbst mit der Entscheidung, die hier dem göttlichen Willen, Ruf und Zug gegenüber uns anheim gegeben ist, setzt einen solchen persönlichen Willen und Akt Gottes voraus, der als der allmächtige sich so zu uns und uns zu sich hat stellen wollen.

Erst mit dieser Gottesidee bekommt der abstrakte Begriff des Absoluten, des Unbedingten, der letzten und höchsten Ursache u. s. w., zu welchem man in der Beschäftigung mit allgemeinen Begriffen und mit dem Weltwissen gelangen möchte, seinen rechten Gehalt, und erst so werden wir dessen gewiß, daß wir bei solcher Beschäftigung nicht in bloße leere Formen und unhaltbare Gebilde unseres eigenen Denkens hineingeraten sind. Dies zu beachten und zu beherzigen, ist gleich wichtig für einen im denkenden Erkennen weiterstrebenden und hervorragenden Christen, damit er nicht der Doppelgefahr des Hochmuts auf ein sonderliches Wissen und einer darauf folgenden verzweifelnden Skepsis verfalle, wie für einen hierzu wenig begabten und vielmehr auf einfachen Glauben angewiesenen Christen, der sich nun getrost sagen darf, daß der wesentliche Inhalt Grund und Charakter des Glaubens und der Glaubenserkenntnis dennoch für ihn und für jenen der gleiche bleibe.

Man hat hinsichtlich unserer Gotteserkenntnis in neuerer Zeit die Frage besonders gerne dahin gestellt: ob wir Metaphysisches über Gott auszusagen haben. Viele unter den Gebildeten und den Gelehrten verneinen sie eifrig — oft mit Verachtung der Metaphysik überhaupt, oft gar wie mit einem Grausen vor derselben. Wir bejahen die Frage nach allem bisher Ausgeführten, wenn man unter metaphysischen Aussagen Aussagen über das wahrhaft Wirkliche oder Seiende und über die allgemeinen Grundbestimmungen, Grundformen und letzten Gründe des Seienden versteht.*) Wir bejahen sie so gewiß, als wir in Gott eben das höchste Seiende erkennen. Wir müssen hierbei nur immer aufs entschiedenste daran festhalten, daß wir die richtigen Aussagen über den wirklichen Gott auf dem von uns bezeichneten Weg, und nicht etwa, wie freilich viele das „Metaphysische" verstehen, aprioristischen Spekulationen zu gewinnen haben. Und wir müssen dem Gesagten gemäß dieses Gotteswesen davor verwahren, daß man gegen diejenigen allgemeinen und abstrakten Bestimmungen unseres Denkens, welche für das Seiende überhaupt gelten, gerade jene für unser sittlich religiöses Bewußtsein wertvollsten Bestimmungen des göttlichen Wesens zurückstelle oder sie gar nur einer anderen, in Wahrheit niedrigeren Art des Seins, nämlich einem natürlichen, unpersönlichen gleichsetze. So müssen wir ja auch schon, wenn wir vom kreatürlich Wirklichen oder vom weltlichen Sein reden und allgemeine zusammenfassende Aussagen darüber zu thun versuchen, doch hierbei zugleich und sofort den Unterschied zwischen den geistigen, persönlichen und den natürlichen, unpersönlichen und materiellen Existenzen bemerken und würdigen. Wir dürfen indessen den Wert und die Tragweite einer Wissenschaft nicht überschätzen, die also die Grundmomente von ungeistigem und geistigem Sein und von kreatürlichem und göttlichem Wesen in allgemeine Kategorieen zusammenfassen möchte: sie wird viel mehr für eine bloß formale Klärung der

---

*) Vgl. E. Zeller, Über Metaphysik als Erfahrungswissenschaft, in Natorps Archiv für systematische Philosophie I S. 1 ff.

Gedanken und Begriffe erfolgreich sein (vgl. oben S. 133), als für eine inhaltliche Erkenntnis Gewinn bringen. Auf keinen Fall darf ein Christ, der auf dem rechten Grunde des Glaubens steht, in diesem durch angebliche Ergebnisse derselben sich beirren lassen.

Daß nun aber unsere Erkenntnis von Gott und göttlichem Wesen in diesem irdischen, zeitlichen Leben immer unvollkommen bleibe, daß unsere Vorstellungen, Begriffe und Aussagen von Gott immer unzureichend und inadäquat seien, daß wir, wie jenes Apostel= wort sagt, hier immer nur wie durch einen Spiegel sehen, dessen müssen wir, während wir die vermeintlichen Wege zu vollkommenerer Erkenntnis abweisen, unsererseits klar bewußt sein und es rück= haltslos bekennen. Wir müssen dies thun auch manchen gläubigen, wohlmeinenden Christen gegenüber, die ohne ein genügendes Bewußt= sein davon einem vielleicht kirchlich überlieferten Lehrgebäude zu= fallen oder auch einen eigenen vollgenügenden Aufbau gläubiger Erkenntnis für sich versuchen möchten und die am wirklichen Charakter und Umfang jener Unvollkommenheit wohl gar Anstoß nehmen könnten. Beirren darf und kann uns dieselbe doch nicht im echten religiösen Glauben, d. h. im herzlichen, zum Heil und Leben in Gott führenden Vertrauen zu diesem Gotte, der uns wahrhaftig zu sich zieht und uns sich mitteilt auch unter allen Schranken unseres Sehens und Erkennens.

Bedenklich möchte auch manchem Gläubigen schon das erscheinen, daß wir Gott immer nur in und aus seiner Beziehung zu uns, seiner Thätigkeit an uns und der Welt, und nicht in seinem reinen Ansichsein kennen lernen sollen und abgesehen von jener Beziehung nur negative, für sich noch inhaltsleere Bestimmungen über ihn sollen aussprechen können. Bleibt da nicht möglicherweise seines Wesens tiefster und wichtigster Inhalt uns noch verborgen? Aber wie sollte deshalb dem Glauben bange werden, der jedenfalls dessen gewiß ist, daß Gott als Liebe sich geoffenbart hat und als Vater sich an seinen gläubigen Kindern bethätigt? Unser Luther hat in schweren Anfechtungen vor einem uns verborgenen Göttlichen gebebt und hat davor gewarnt, daß man, anstatt an Gottes Offen= barung sich zu halten, in geheime Abgründe der göttlichen Majestät einbringen möchte, die einen verschlingen werden; aber er wurde ruhig in der Gewißheit, daß Gott jedenfalls sein Herz uns erschlossen habe. — Übrigens müssen wir zugleich daran erinnern, daß man ja auch alles Reale in der Welt nur aus und in seiner Bethätigung für unsere Erfahrung erkennt und über alle Bedenken, welche gegen die Vollkommenheit einer solchen Erkenntnis sich erheben, meist einfach praktisch sich hinwegsetzt.

Eigentümlich, unleugbar und unvermeidlich ist in aller unserer Gotteserkenntnis jene relative Unvollkommenheit und Unangemessenheit der Begriffe, die sie handhaben muß. Die Begriffe und Bezeichnungen, die wir auf die verschiedenen Gegenstände unserer weltlichen Erfahrung und Kenntnis anwenden, gestalten wir, indem wir Gleichartiges, das hier sich uns darbietet, zusammenfassen, in bestimmten Worten oder Sprachzeichen ausdrücken und mit eben diesen dann auch weitere gleichartige Objekte bezeichnen und für uns und andere begreiflich zu machen suchen. Für Gott stehen uns nur Ausdrücke zu Gebote, die von unserer weltlichen Erfahrung und darauf gerichteten Vorstellung und Sprachbildung herstammen. Für das Einzigartige, über diese ganze Endlichkeit Erhabene in Gottes Wesen haben wir keinen angemessenen positiven Ausdruck, — können nur sagen, daß man hier alles Endliche, Zeitliche, Räumliche u. s. w. wegdenken müsse, nicht aber das Positive, was darnach sich ergiebt, in adäquater Weise bezeichnen. Um Gott dennoch positiv, wie es unser sittlich-religiöses Bedürfnis und seine eigene Liebesoffenbarung erfordert, uns zu vergegenwärtigen, stellen wir ihn uns in schwachem Bilde vor, und zwar gebrauchen wir dafür die Züge unseres eigenen Wesens, in welchem ja er selbst uns sein Abbild will finden lassen. Dem gegenüber, was für uns unausdrückbar und unbegreiflich bleibt, erinnern wir an den paulinischen Ausspruch, wonach jenes Sehen durch den Spiegel ein Sehen in „dunklem Wort" oder Rätsel ist (1. Kor. 13, 12).

Das Gesagte gilt namentlich von der für unseren Glauben wichtigsten Grundidee der Persönlichkeit Gottes, unseres himmlischen Vaters, des Gottes der Liebe, des fordernden und Recht übenden Herrn.

Über die Analogie mit einer ihrer selbst bewußten menschlichen

Persönlichkeit werden wir schon damit hinausgeführt, daß unser menschliches Ich erst in der Wechselwirkung mit anderen zur Rückbeziehung auf sich selbst kommt, das Selbstbewußtsein namentlich im Verkehr mit anderen Personen sich entfalten muß. Mit Recht ist denen, welche deshalb den Begriff der Persönlichkeit von Gott als dem Unbedingten fernhalten wollten, entgegnet worden, daß man dies nicht zum Wesen der Persönlichkeit zu rechnen, sondern darin vielmehr eine Unvollkommenheit dieses Wesens zu sehen habe. Die Vollkommenheit desselben liegt dann aber doch über unser Begreifen hinaus.

Und diese Unbegreiflichkeit müssen wir nun vollends bekennen mit Bezug auf den inneren Vorgang, den wir in Gott selbst als dem seiner selbst bewußten und sich selbst bestimmenden setzen.

Bei uns setzt ja unser Selbstbewußtsein und unsere Selbstbestimmung immer schon eine für uns gegebene physische und geistige Ausstattung (die überdies mit unserer Leiblichkeit zusammenhängt) voraus. Zu unser Bewußtsein wird erhoben, was hier schon gegeben ist. Unsere Selbstbestimmung oder unser Wille wird mittelst dessen, was wir schon in uns finden, wirksam, bildet es weiter und macht es erst wahrhaft zu unserem persönlichen Eigentum. Bei Gott müssen wir das Sein und das Selbstbewußtsein samt der Selbstbestimmung ewig in vollendeter Einheit denken, ja wir werden auf jenen nicht weiter erklärbaren und begreiflichen Gedanken hingeführt, daß er mit seiner Selbstbestimmung Ursache seiner selbst sei: wir dürften, wie oben bemerkt wurde, nicht etwa aus dem irgend wo anders her gewonnenen Gedanken von einem Absoluten, das Ursache seiner selbst sei, die Persönlichkeit Gottes deduzieren, wohl aber führt die Idee der göttlichen Persönlichkeit, die selbst auf anderem Grunde ruht, auf jenes Unbegreifliche hin, wenn man die aus Wesen der Persönlichkeit sich knüpfenden Fragen weiter verfolgen will. — Verkehrt wäre es, wenn wir, um Gottes persönliches Wesen begreiflicher zu machen, mit manchen christlichen, philosophischen und theosophischen Denkern von einer Natur in Gott reden wollten. Denn dieser Ausdruck würde, wenn er dem sonstigen Sprachgebrauch entsprechen und überhaupt verständlich sein sollte, eben auch von Gott aussagen, daß etwas für ihn und in ihm ohne sein Wollen und als Voraussetzung und Basis für dieses gesetzt sei, und es wäre damit über ihn nicht bloß etwas für uns Unbegreifliches, sondern etwas seinem Wesen widersprechendes ausgesagt.

Fragt man weiter, was denn eigentlich für Gott den Bewußt= seinsinhalt ausmache, so hat man hier den oben schon erwähnten Begriff einer Realitätenfülle beigezogen, die in Gott sei und in der die Urbilder und höchsten wirkenden Ursachen für alles Geschaffene oder für die weltlichen, endlichen Realitäten beschlossen seien; man hat dafür die apostolischen Aussagen von einer „Fülle der Gottheit" (Kol. 2, 9 f. 1, 19) beigezogen. Aber mit metaphysischen Aus= sagen dieser Art ist man doch wahrlich ganz über die Grenzen des für uns Begreiflichen und Vorstellbaren hinausgegangen; man wird besser thun, in Anerkennung dieser Grenzen auf solche meta= physischen Fragen und Antworten zu verzichten. Auch denkt Paulus dort nicht an eine Realitätenfülle in jenem Sinne des Wortes. Er redet vielmehr von einer Fülle der Gottheit, die in dem Herrn Christus wohne, in analogem Sinne, wie er dort fortfährt, daß wir, d. h. wir Christen, in eben diesem Christus erfüllt seien und wie er Ephes. 3, 19 sagt, wir Christen sollen vermöge der Er= kenntnis seiner Liebe bis zur ganzen Fülle Gottes erfüllt werden, d. h. so, daß diese ganze Gottesfülle auch in uns übergehe. Wir sehen, er meint damit nicht sogenannte Urrealitäten oder Urkräfte des Seins und Lebens überhaupt, sondern bestimmter oder minde= stens vor Allem das, was wir ethische Vollkommenheiten, Kräfte und Gaben nennen; es ist eben dieselbe Fülle, auf die das Wort des Johannes sich bezieht: wir schauten seine Herrlichkeit als des Einen („eingeborenen") Sohnes vom Vater her, indem er voll war von Gnade und Wahrheit (Joh. 1, 14 vgl. 16). Und so= weit überhaupt das Schriftwort von dem redet, was in Gott sei, geht sie nie über den hier in Betracht kommenden Gesichtspunkt hinaus. Metaphysische Erörterungen, die weiter gehen möchten, werden auch unserem Glauben und auch unserer Glaubenserkenntnis schwerlich Gewinn bringen.

Daß Gottes Wesen in seiner Erhabenheit über alle mensch= liche Analogie unserem Begreifen unfaßbar ist, müssen wir end=

lich gerade auch mit Bezug auf ihn als den vollkommen guten bekennen. Denn vom sittlich Guten bei uns Menschen, den von Gott geschaffenen, geistig ausgestatteten und nun durch Christus erlösten und von Gottes Gnade ergriffenen Persönlichkeiten müssen wir sagen, daß es in unserem Willen und durch unseren Willen sich realisiere, indem dieser Wille auf Grund der von oben empfangenen Gaben, Anregungen und Triebe dem Willen Gottes sich hingebe, und daß so die geschaffenen Persönlichkeiten sittlich gut im vollen Sinne des Wortes nie schon von Anfang an sein können, sondern erst in solcher Selbstbestimmung sittlich gut werden und so endlich auch zu einer Unwandelbarkeit und Vollkraft des guten Willens und Charakters gelangen sollen. Von Gott dagegen müssen wir erklären, daß er ewig der vollkommen Gute, — daß sein vollkommen guter Wille mit seinem Wesen eins sei. Wer wagt das unserem Denken weiter zu verdeutlichen?

Dazu kommen die all unser Begreifen überragenden Fragen, welche die Stellung dieses ewigen Gottes, seines Wissens und Wollens, zum zeitlichen Weltlauf und den einzelnen zeitlichen Dingen und Vorgängen mit sich bringt. Auf die größte Schwierigkeit, welche jenes Wissen für unser Verständnis in sich schließt, nämlich auf das Verhältnis eines göttlichen Vorherwissens zu den freien zeitlichen Akten der menschlichen Persönlichkeiten ist schon oben (S. 116) hingewiesen worden.

Wohl dem nach voller Erkenntnis strebenden gläubigen Christen, wenn er die Schranken seines Erkennens in gewissenhafter Besonnenheit und Bescheidenheit selbst wahrnimmt und an sie nicht erst durch Gegner gemahnt werden muß, die damit nicht bloß dem stolzen Aufflug seines Denkens, sondern seinem Glauben selbst ein Ende machen möchten! Halten wir nur immer an dem Grunde fest, welchen unsere unzureichenden Aussagen über Gottes Wesen in seiner thatsächlichen Offenbarung und lebendigen, erfahrungsmäßigen, für uns innerlich gewissen und sichern Beziehung zu uns selbst haben, so wenig auch die Begriffe ausreichen, in die wir das hier sich kundgebende Gotteswesen fassen, und so sehr unsere Denkdeduktionen mit solchen unzureichenden Begriffen in Hemmnisse, ja Widersprüche geraten müssen. Zweifeln gegenüber, welche hieraus gegen den Glaubensinhalt selbst sich erheben möchten, haben wir einesteils immer neu jenen Grund uns zu vergegenwärtigen, andererseits die Schranken, die nicht bloß für unser christliches, sondern für alles menschliche Erkennen bestehen. Und jener wird immer festeren Bestand gewinnen, indem wir Herz und Gewissen jenen Kundgebungen Gottes offen halten und dann die göttliche Wahrheit, der wir vertrauen, auch immer mehr im gesamten eigenen Leben erfahren dürfen. Dabei hat ja auch die Würdigung jener Schranken höchste sittlich-religiöse Bedeutung für uns: den Gott der Liebe, dem unser Glaube vertraut, muß dieser immer zugleich in Demut für den schlechthin Erhabenen anerkennen.

Übertragen wir in unsern religiösen Vorstellungen und Aussagen Bilder, die dem Endlichen entnommen sind, auf Gott, so mag man dies als eine Thätigkeit der Phantasie bezeichnen. Aber nicht um ein willkürliches oder etwa nur ästhetischen Wohlbehagen dienendes Spiel derselben handelt es sich hier, sondern um ein Eintreten derselben mit innerer Notwendigkeit und im Interesse einer recht lebendigen und vollen Beziehung der frommen Persönlichkeit zu ihrem Gotte. In Keuschheit muß sie dieser ihrer Stellung und Bestimmung sich bewußt bleiben. Maaß und Umfang ihrer Thätigkeit mag je nach verschiedenen persönlichen Bedürfnissen und verschiedener intellektueller und allgemein geistiger Ausstattung und Beschaffenheit der gläubigen und gläubiger Erkenntnis nachstrebenden Persönlichkeiten verschieden sich gestalten.

Jene Beschränktheit und Unvollkommenheit haftet, wie gesagt, jeder menschlichen Gotteserkenntnis an. Man sehe zu, ob das, was wir über Gott auf Grund seiner Beziehung zur Welt und zu uns auszusagen haben, etwa vollkommener erkannt und adäquater und verständlicher ausgedrückt ist, wenn man bei jenem Abstraktum des absoluten Seins stehen bleibt, oder wenn man Gott wie eine nicht persönliche Macht denkt, womit man notwendig auf die Analogie einer bloßen Naturkraft gerät, oder wenn man ihm als dem Grunde des Weltprozesses und zugleich einer sittlichen Weltordnung zwar Geistigkeit beilegt, jedoch eine Geistigkeit ohne Persönlichkeit und damit eine reine Abstraktion, bei der für uns vollends alles Verständnis aufhört.

An jenem Sehen im Spiegel aber soll der Christ mit Dank gegen seinen Gott sich genügen lassen, weil es ihm genügt für die wirkliche Gottesgemeinschaft, deren er mit seiner ganzen Person, auch seiner Intelligenz, schon jetzt genießen darf, die jedoch in einem anderen Lebensstand erst sich vollenden kann und soll.

2. Die göttliche Heilsoffenbarung in ihrem geschichtlichen Gange.

Der geschichtliche Jesus Christus ist es, in welchem Gottes Wesen so sich uns darstellt und darbietet, wie wir es jetzt, von seiner Offenbarung innerlich ergriffen, in unserem Glauben aufnehmen und erkennend zu durchdringen versuchen.

Jesus aber mit seinem ganzen Wort und Wirken steht in einem großen Geschichtszusammenhang, in welchem der christliche Glaube ein ganz besonderes, in sich zusammenhängendes und fortschreitendes Wirken und Walten Gottes sieht. Auf ihn sehen wir die ganze Entwicklung der alttestamentlichen Offenbarung hingerichtet, wir sehen in ihr die Vorbereitung auf ihn, sehen sie in ihm vollendet. Wie verhält sich's nun genauer mit dem inneren Zusammenhang und der inneren Fortbewegung dieser Geschichte? wie mit ihrer Eigenart, in der wir sie und das Wirken Gottes in ihr von allen andern religiösen Entwicklungsprozessen der Menschheit, worin ja Gott doch gewiß auch wirksam war, wesentlich unterscheiden, über diese alle erheben, ja wohl gar in einen Gegensatz zu ihnen stellen möchten? Namentlich auch hierauf hat die Glaubenserkenntnis sich zu richten. Sie muß dies um so angelegentlicher thun, je mehr auch ein allgemeines wissenschaftliches Streben unserer Gegenwart dahin geht, die geschichtlichen Entwicklungen der Menschheit überhaupt und insbesondere die religiösen thatsächlich festzustellen, die darin wirksamen geistigen Faktoren und äußeren Bedingungen darzulegen und hierbei auch dort, wo die Glaubensüberlieferung die übernatürliche göttliche Offenbarung sieht, vielmehr die Gesetze und Ergebnisse einer natürlichen menschlichen Geistesentwicklung nachzuweisen.

Indem wir übrigens so von der Geschichte der besonderen, auf Christus hinzielenden Offenbarung reden, bedarf es erst noch einer kurzen Bemerkung über diese Anwendung des Begriffes Offenbarung. Wenn man ihn nämlich hier zum Hauptbegriffe macht, kann dies leicht so verstanden werden, als ob in Jesu Leben und Wirken und in jener geschichtlichen Vorbereitung desselben die Hauptsache schon damit gesagt wäre, daß Gott und die göttliche Wahrheit oder Gott mit seinem auf uns gerichteten heiligen Liebeswillen dort objektiv uns, unserem Bewußtsein und unserer Erkenntnis sich dargestellt habe. Es könnte scheinen, als ob es dann weiter einfach unsere Sache wäre, auf Gottes Absichten auch mit unserem eigenen Willen einzugehen. Jesus selbst bezeichnet es einmal (Joh. 17, 6) kurzweg als seinen Beruf, den Namen seines Vaters den Menschen zu offenbaren. Aber seine Absicht und Aufgabe ist hierbei, den Verlorenen wahrhaftiges Leben und Heil in der Gemeinschaft mit diesem Gott innerlich mitzuteilen, sie zu heilen wie ein Arzt die Kranken. Eben mittelst seines Offenbarungswortes und des darin kräftigen Geistes will er dies auch innerlich ihnen wirken. Seine Heilandsthätigkeit ist ferner nicht bloß ein Wirken auf sie und in ihnen, sondern er ist zugleich dem Vater gegenüber zum besten der Seinen thätig, er heiligt sich für sie, giebt sein Leben zum Lösegeld für die Verlorenen (Joh. 17, 19. Matth. 20, 28). Wir müssen hieran erinnern im Gegensatz gegen eine einseitig intellektualistische Auffassung, welche nur zu leicht mit dem Gebrauch sich verbindet, den namentlich neuere Theologen vom Offenbarungsbegriff als Hauptbegriffe zu machen lieben. Aber in unsern Begriff der Heilsoffenbarung schließen wir nun eben auch jene von Gott und dem Heiland ausgehende innere Wirkung und Mitteilung mit ein, — überhaupt die gesamte Heilsstiftung und Verwirklichung, wie sie durch Jesus und in ihm erfolgt ist. Als Gegenstand der Offenbarung, die im Evangelium, d. h. der Heilsbotschaft, statt hat, bezeichnet so Paulus (Röm. 1, 17) auch die Gottesgerechtigkeit, die aus dem Glauben kommt, d. h. die wahre Rechtbeschaffenheit, die Gott den Gläubigen zuteilt: geoffenbart wird sie nicht bloß sofern sie in Lehre dargestellt wird, sondern sofern sie thatsächlich und offenkundig in die Wirklichkeit eintritt. Zu Gottes alttestamentlicher Offenbarung gehört so alles das geschichtliche Wirken

Gottes am und im Volk Israel, worin er es zu seinem Volk heranbildet und für jene volle Heilsoffenbarung, vorbereitet.

a) **Die alttestamentliche Offenbarung.**
Die Frage nach dem Ursprung der alttestamentlichen Religion.

Suchen wir nun die Geschichte dieser besonderen Gottesoffenbarung oder dieses besonderen göttlichen Wirkens mit unserer Erkenntnis zu erfassen und zu durchdringen, so treten gleich beim Eingang gar schwierige und wichtige Vorfragen uns entgegen. Was ergiebt sich denn einer Forschung, die gewissenhaft alle von Gott ihr dargebotenen Mittel und Weisungen gebraucht, als wirkliche Geschichte? Wir sind dafür an die geschichtlichen Berichte gewiesen, die in den alttestamentlichen Schriften auf uns gekommen sind. Wie steht es aber mit ihnen, ihrem Alter und Ursprung, ihrer historischen Zuverlässigkeit? wie vor allem mit den Berichten über die Anfänge der Religion Israels und dieses Volkes selbst als des Gottesvolkes, über die grundlegende Offenbarung und Bundesstiftung, auf die wir mit der im Glauben von uns aufgenommenen neutestamentlichen Heilsoffenbarung, deren eigenem Zeugnis entsprechend, zurückgehen möchten? Keine aufs alttestamentliche Schrifttum bezügliche Frage hat gegenwärtig so hohe Bedeutung für die Auffassung jener Offenbarungsgeschichte gewonnen und zu so ernsten Kämpfen und auch schon zu so bedeutungsvollen Ergebnissen geführt, wie die Frage über den Ursprung und die Zusammensetzung des jene Anfänge berichtenden Pentateuchs oder der Bücher, die wir mit der alten Überlieferung die 5 Bücher Mose nennen, ohne daß doch sie selbst diesen Namen sich beigelegt hätten. Daß diese von Moses verfaßt seien, stand für jene Überlieferung fest, wenn man auch wenigstens die Erzählung von seinem Lebensende nicht auf ihn selbst zurückführen konnte und wenn man dann gleich in der Erzählungsweise kein Anzeichen dafür zu finden vermochte, wieweit er selbst noch geschrieben und wo sodann derjenige, von dem jene Erzählung stammt, überhaupt zu schreiben begonnen hätte. Gegenwärtig steht in Frage, ob wir überhaupt noch ein Schriftstück von Moses Hand besitzen, ja ob auch nur der Dekalog von ihm herstammt. Und nach der ge=

meinsamen Annahme von Forschern sehr verschiedenen theologischen und religiösen Standpunkts ist eine jenen Büchern jetzt einverleibte Sammlung priesterlicher Gesetze erst im babylonischen Exil abgefaßt worden, jener ganze Pentateuch erst nach dem Exil zum Abschluß gekommen. Von selbst versteht sich, daß bei der Annahme eines solchen Ursprungs der Schriften, die uns als geschichtliche Urkunden dienen sollten, auch ganz andere Auffassungen des wirklichen Verlaufs der Geschichte selbst möglich werden.

Wir dürfen uns diesen Fragen nicht entziehen. Für die Zweifel an jener Überlieferung liegen uns im Inhalt der sogenannten mosaischen Bücher unabweisbare Gründe vor, wenn auch hier nicht der Ort ist, sie im einzelnen vorzuführen, zu würdigen, von etwaigen bloßen Scheingründen zu unterscheiden. Es sei hier nur z. B. erinnert an die ganz unbefangene Weise, in welcher dort auf Verhältnisse nachmosaischer, später Zeiten wie auf gegenwärtige Rücksicht genommen ist, oder an die verschiedenen Züge und Bestandteile in der dort gegebenen Erzählung gewisser geschichtlicher Vorgänge, die vermöge ihrer Verschiedenheit von einander uns darauf schließen lassen, daß der Erzählung schon verschiedene ältere geschichtliche Darstellungen zu Grunde lagen, oder an gesetzliche Bestimmungen, die mit Bezug auf Einen Gegenstand an verschiedenen Stellen gegeben werden und unter sich so stark abweichen, daß auch sie auf einen derartigen Schluß uns hintreiben u. s. w. Und irgend einen genügenden Grund, um solche Fragen und Zweifel von vorne herein abzuweisen, können wir in demjenigen Glaubensinhalt, dessen wir vermöge der Selbstbezeugung der christlichen Heilsoffenbarung in unserem Innern gewiß werden, bei einer gewissenhaften und unbefangenen Erwägung dieses Inhaltes keineswegs finden.

Wohl meinte man von dieser Gewißheit aus also schließen zu können: wenn für uns einmal fest stehe, daß Gottes Gnade und Wahrheit in Christus erschienen und dieser Offenbarung schon jenes sonderliche Zeugen und Wirken Gottes an und in seinem auserwählten Bundesvolke vorangegangen sei, dann dürfen und müssen wir sicher annehmen, daß Gott auch über den ganzen geschichtlichen Verlauf seiner Offenbarung und seines Wirkens schlecht=

hin zuverlässige Berichte habe entstehen und auf die Nachwelt kommen lassen. Aber wer also schließt, der erwägt viel zu wenig, ob jene Glaubensgewißheit denn wirklich dadurch für uns bedingt sei, daß auch alle die einzelnen Momente der geschichtlichen Hergänge schlechthin klar und zweifellos uns vorliegen; und er müßte sich sagen, daß, wenn seine Schlußfolgerungen und Forderungen richtig wären, die göttliche Vorsehung und Wirksamkeit hinsichtlich der erforderlichen Berichte noch ganz anderes als dasjenige hätte leisten müssen, was sie auch nach der traditionellen Auffassung der biblischen Berichte geleistet hätte. Wären denn da nicht wenigstens auch bestimmte Angaben und Nachweise der Berichte über ihre Verfasser ratsam, ja unerläßlich gewesen? und durfte in denselben so vieles der vorhin angedeuteten Art uns vorgetragen werden, was mit geschichtlicher Genauigkeit unverträglich erscheint, ohne daß die Berichte auch nur einen Versuch machten, derartige Anstöße für uns zu heben? Möge doch, wer also folgert und fordert, gewissenhaft zusehen, ob er hiermit nicht nach seinem eigenen Sinn dem Gott, den er ehren möchte, die Wege vorschreibt, und diejenigen, auf welchen Gott uns wirklich zum Glauben führen will, verkennt. Würdigt er diese recht, so wird er auch finden und erfahren, daß es der von ihm geforderten Wege zur Erzeugung und Befestigung eines echten, innerlich begründeten Heilsglaubens nicht bedarf und daß da, wo man jene äußeren Bedingungen für denselben aufstellt, wohl gar sein eigenes tiefstes Wesen verkannt wird. Das Gesagte wird weiter auch von den Berichten über die äußeren Vorgänge des Lebens und Wirkens Jesu selbst gelten, die Gott in den neutestamentlichen Schriften hat auf uns kommen lassen.

Größtes Gewicht für unsere Würdigung der alttestamentlichen Schriften und namentlich auch der sogenannten Bücher Mose müssen jedenfalls die Äußerungen Jesu und seiner Apostel über sie behalten. Und von hier aus mögen allerdings auch für einen Christen, der ganz nur den höheren Weisungen für seinen Glauben und sein Denken folgen will, schwerwiegende Bedenken darüber sich erheben, wie weit er den Fragen und Zweifeln, von denen wir hier reden, irgend Raum geben dürfe. Kurzweg bezeichnet Jesus in Übereinstimmung mit seinem Volke die Worte der alttestamentlichen Schriften, auf die er in seiner eigenen Verkündigung sich beruft, als Worte derjenigen Männer, von denen die Schriften nach der herrschenden Überlieferung verfaßt waren; Moses, sagt er, habe dort von ihm geschrieben; einfach auf Moses führt er die dort niedergeschriebenen Gebote zurück. Vertragen sich also jene Fragen und Zweifel mit unserer Anerkennung seiner eigenen Autorität? wird nicht diese selbst durch jene für uns in Frage gestellt? Dennoch gehen wir auch bei einer derartigen Folgerung von einer Voraussetzung aus, die wir nicht einem einfachen, klaren Zeugnis Jesu oder anderen Gotteswortes entnommen, sondern, wenn auch in bester Meinung, selbst uns gemacht haben; und wir müssen ihre Richtigkeit eben auch daran erst prüfen, ob sie mit demjenigen Thatbestande sich verträgt, der sich im Inhalt und in der Beschaffenheit der Schriften einer unbefangenen Prüfung aufdrängt und der wahrlich von demselben Gotte, von welchem wir diese Schriften empfangen haben, zugleich unserer nachdenkenden und forschenden Prüfung vorgelegt ist. Ausgegangen wird nämlich dabei von einer bestimmten Vorstellung über die dem Gottessohn Jesus eigene Erkenntnis der göttlichen Wahrheit, über die Gegenstände, auf welche sie sich richtete, über die Ziele, die sie sich und ihrer Verkündigung setzte, über die menschlichen Bedingungen, von denen sie doch in ihrer und ihres Wortes Ausgestaltung immer abhängig blieb. Gewiß, er, der vertraute Sohn in des Vaters Schoße (Joh. 1, 18), hat nicht bloß Gott in seinem heiligen Liebeswesen und seinem auf uns gerichteten Heilswillen voll und ganz erkannt und uns offenbaren wollen; sondern offenbar war für ihn und wurde durch ihn für uns auch die wahre Bedeutung, welche schon das geschichtliche Wirken dieses Willens im Alten Bund hatte, der wahre Sinn jener Heilsvorbereitungen und Verheißungen, der eben durch den Verheißenen und in der Erfüllung sich uns noch ganz anders als den Propheten selbst erschlossen hat, und der wahre, tiefe, volle Gehalt der schon im alten Gesetz ausgesprochenen und von Alters her in Israel vorgetragenen und ausgelegten Gottesgebote, den doch der althergebrachten Auslegung gegenüber er erst jetzt so ans Licht stellt (vgl. besonders Matth. Kap. 5—7). Aber auf jene

Fragen, die hinsichtlich der Aufzeichnung des alttestamentlichen Inhalts unserer geschichtlichen Betrachtung sich aufdrängen, nehmen wir bei ihm, in seinen mahnenden und lehrenden Reden und auch in seinem eigenen Denken nirgends eine Beziehung wahr, — nirgends eine Absicht, auch über sie uns zu belehren, nirgends überhaupt eine Reflexion auf sie. Und was er z. B. dort in der Bergpredigt mit seinem „Wahrlich, ich sage euch," also kraft seines eigenen Wissens und seiner eigenen Autorität, als den wahren Willen Gottes für uns hinstellt, das muß ja wahrlich als solcher für uns feststehen, ob es nun mit der geschichtlichen Aufzeichnung der alttestamentlichen Gesetzesworte, aus denen wir diesen Gotteswillen für uns entnehmen sollen, in der einen oder andern Weise zugegangen sein mag. So soll denn die Art, wie Jesus von der Abfassung jener Bücher durch Mose in einfachem Anschluß an die Überlieferung seines Volkes redet, uns nicht binden denjenigen Anforderungen gegenüber, welche die uns zu teil gewordene Aufgabe geschichtlicher Forschung in sich schließt, und den Resultaten gegenüber, zu welchen eine gewissenhafte, mit allen unsern menschlichen Mitteln geführte Untersuchung uns bringt.

Blicken wir auf die bisherigen Ergebnisse jener geschichtlichen, speziell den Pentateuch betreffenden Untersuchungen, wie sie von Gelehrten sehr verschiedener Richtung und sehr verschiedenen theologischen und religiösen Standpunkts geführt worden sind, so mahnt uns zur Vorsicht ein vielfacher Widerstreit, in welchem diese, auch abgesehen von solchen Differenzen des Standpunkts, mit ihren angeblichen Entdeckungen unter einander gerieten, und insbesondere auch der Umstand, daß gewisse Annahmen, die längere Zeit zur Herrschaft gelangt schienen, dann doch schnell wieder andern weichen mußten, auch manche zuversichtliche Forscher mit befremdlicher Schnelligkeit von der einen zur andern übersprangen. Aber wir dürfen darum unsern Blick nicht gegen diejenigen bedeutsamen Resultate der geschichtlichen Prüfung jener Bücher verschließen, welche doch allmählich bei den verschiedenen Forschern zur Geltung gelangt sind. Da ist immer allgemeiner wenigstens die Überzeugung durchgedrungen, daß mit Ausnahme eines verhältnismäßig kleinen uralten Grundstocks, über dessen Ursprungszeit gestritten wird

(2. Mos. 20—23), die Bestandteile, aus denen unsere jetzigen Bücher zusammengesetzt seien, erst aus den Zeiten nach der Einsetzung des Königtums in Israel stammen, — daß unser 5. Buch Mose (oder nach anderen eine noch ältere, ursprüngliche Gestalt desselben) mit dem Gesetzbuch, das man unter König Josia ums Jahr 623 nach 1. Kön. 22 im Tempel fand, identisch und nur eine relativ kurze Zeit (wenn auch nach Manchen einige Menschenalter) vorher geschrieben worden sei, — daß endlich der Pentateuch, so wie er uns jetzt vorliege, nicht vor dem Exil und der Rückkehr aus dem Exil seinen Abschluß gefunden habe, wenn auch bezüglich eines, die priesterliche Gesetzgebung wiedergebenden Hauptstücks (vgl. oben S. 153) die Frage über seinen damaligen oder bedeutend älteren Ursprung noch jetzt einen Hauptgegenstand des Streites bildet. Auch müssen wir anerkennen, daß für die Probleme, welche für unsere Erkenntnis und Würdigung der alttestamentlichen Gottesoffenbarung dann sich erheben, wenn jene über Moses uns berichtenden Bücher jedenfalls viele Jahrhunderte jünger sind, die Frage, ob man sie dann der Zeit nach noch mehr oder weniger herabsetzen sollte, kein so großes Gewicht mehr behält.

Sehr berechtigt ist ferner eine Klage darüber, daß manche Forscher die Pietät gegen den Inhalt jener Schriften, auf die er doch bei einem religiösen Menschen und Christen immer Anspruch behalte, vermissen lassen, ja wie geflissentlich verleugnen, und hiermit verbindet sich der Verdacht, daß auch bei ihrer Prüfung des Ursprungs derselben religiöse Motive unwillkürlich mitspielen. Aber es wäre eine nichts weniger als christliche Verdächtigung, wenn man hiermit jene ganze Forschung mit ihren Ergebnissen abthun möchte. Dem gegenüber genüge hier die Erinnerung an den Einen treu gläubigen, ehrwürdigen, gegen jene Kritik erst redlich kämpfenden und dann doch ebenso redlich und selbständig in jene Bahn eintretenden Theologen Fr. Delitzsch und an das Wort eines seiner letzten Werke (seines neuen Genesiskommentars): „Wahrheitsliebe, Beugung unter den Zwang der Wahrheit, Darangabe traditioneller Ansichten, welche vor der Wahrheitsprobe nicht bestehen, ist eine heilige Pflicht, ein Stück der Gottesfurcht."

Schreiten wir endlich von der unerläßlichen Untersuchung des geschichtlichen Ursprungs jener Bücher zur Feststellung und Würdigung des wirklichen geschichtlichen Verlaufes der alttestamentlichen Offenbarung und alttestamentlichen Religion selbst und vor allem zur geschichtlichen Betrachtung ihrer Anfänge oder der grundlegenden mosaischen Offenbarung und Bundesstiftung weiter, so scheint jetzt hier der ganze alte Glaube der Christenheit an eine wirkliche höhere, außerordentliche, einzigartige Offenbarung Gottes durch Mose für sein Volk Israel in Frage gestellt und mindestens noch ganz anderen, entgegengesetzten Auffassungen Raum gegeben. Indessen bestehen hierüber doch bei verschiedenen Forschern, welche bezüglich eines späteren Ursprungs jener Berichte und Bücher in entscheidenden Punkten übereinstimmen, sehr verschiedene, ja entgegengesetzte Auffassungen und Überzeugungen, und zwar hängen diese zusammen mit der Verschiedenheit ihres gesamten theologischen und religiösen Standpunktes. Auf der einen Seite nämlich tritt jetzt eine Geschichtsbetrachtung ein, wonach die Religion Israels in jenen Anfängen, d. h. in dem ganzen Zeitraum, der mit Mose, dem Volks- und Heerführer beginnt und bis zu den uns bekannten Propheten reicht, vielmehr noch wesentlich Naturreligion und zwar speziell den Religionen anderer semitischer Stämme gleichartig gewesen wäre. Eine höhere, ethische Auffassung von Jahwe, dem Gott Israels, von seinem Verfahren mit seinem Volk und von seinen Forderungen an dieses soll erst bei jenen Propheten, nämlich zunächst bei Amos, angebrochen und in ihrem Worte zum Ausdruck gekommen sein. Dabei ist, so weit wir sehen, die Meinung die, daß dies erfolgt sei vermöge einer durch die geschichtlichen Umstände bedingten inneren Selbstentwickelung des menschlichen Geistes von derselben Art, wie eine solche auch in der religiösen Entwickelung anderer Völker und im allgemeinen Fortschritte des menschlichen Geistes, der menschlichen Erkenntnis, Sitte, Kultur u. s. w. statt habe. Auf der anderen Seite stehen mindestens ebenso selbständig denkende und forschende Theologen, die zwar auf eine genaue Kenntnis jener Anfänge wegen des späteren Ursprungs der Berichte verzichten und zwischen den uns erkennbaren Anfängen und zwischen der Religion oder den Gotteszeugnissen jener Propheten einen sehr bedeutsamen Fortschritt sehen, indessen jedenfalls in jenen Anfängen eine ganz besondere Offenbarungsthat Gott und in jener Entwickelung selbst ein ganz besonderes Wirken und Walten Gottes und seines Geistes anerkennen zu müssen überzeugt sind. Ja es fehlen auch solche nicht, welche trotz der späteren Entstehung oder Ausgestaltung der uns jetzt vorliegenden Berichte für die wirkliche mosaische Offenbarung wesentlich dieselbe Höhe und volle Entfaltung, die ihr nach diesen zukäme, möglichst festhalten wollen.

Auf die Anzeichen nun, aus welchen man die spätere Entstehung der Bücher erschließt, näher einzugehen und eigene Ansichten über dieselbe zu begründen, haben wir hier nicht die Aufgabe und nicht den Raum. Zu weit würde uns auch eine eingehende Untersuchung des Inhalts der mosaischen und zugleich der andern, und zwar namentlich der prophetischen Bücher des Alten Testaments führen, welche die wirkliche Geschichte jener Anfänge und jener weiteren Entwickelung der Religion im Volk Israel näher darlegen sollte. Aber um ein sicheres Urteil darüber zu gewinnen, ob wirklich in der Entwickelung der Religion Israels zur christlichen Heilsoffenbarung hin ein höheres göttliches Wirken stattgehabt und sie namentlich auch schon ihren Ursprung durch Mose einem solchen zu verdanken gehabt habe, oder ob, wie man es gewöhnlich ausdrückt, schon dort eine „besondere" göttliche Offenbarung erfolgt und dann bis zur neutestamentlichen fortgeschritten sei, werden auch schon kurze Hinweise hier genügen: so wenigstens für einen, dem einmal die im Heilande Christus erschienene Gnade und Wahrheit innerlich, lebendig und sicher sich bezeugt und der von hier aus nun auch den ganzen Umfang und Zusammenhang der Offenbarung mit gläubiger Erkenntnis erfassen möchte.

Mit dem Gedanken an eine bloße natürliche Entwickelung, den jetzt viele ohne jedes scharfe Eindringen in das hierbei vorgelegte Problem und in die verschiedenen historischen Vorgänge aufnehmen und handhaben möchten, könnten wir auch dann nimmermehr uns begnügen, wenn diejenigen Recht hätten, nach welchen der höhere, geistige, ethische Charakter der alttestamentlichen Religion erst mit jenem Prophetentum angehoben haben sollte. Denn im Prophetentum ist dann nicht bloß die Entwickelung zu einer Höhe gelangt, welche bei keinem andern Volk, in keiner andern Religion je erreicht worden ist, und schon dies nötigt uns, nach besondern geistigen Kräften zu fragen, die hier erleuchtend, belebend und namentlich sittlich reinigend wirkten. Sondern noch mehr: so weit wir von Fortschritten des religiösen Vorstellens und Lebens auch da und dort bei der übrigen, heidnischen Menschheit reden können, hat die weitere Entwickelung dort doch immer wieder zu einem unabwendbaren Verfall und Verderben geführt, ohne irgendwo von sich aus zu einem neuen und höheren Aufschwung oder gar zu einer das religiöse Bedürfnis befriedigenden Vollendung, zu einer Heilung der tiefsten sittlich religiösen Schäden fähig zu sein. Behalten wir hierbei nur immer im Auge, um was es beim religiösen Bedürfnis und Wesen der Religion vor allem sich handelt: nicht etwa um metaphysische Erkenntnisse und Theorieen, nicht um ästhetisch wertvolle Gebilde der Phantasie, sondern um eine lebendige Beziehung des innern Menschen mit Herz, Gewissen und Willen zur Gottheit, um Vertrauen auf sie und Zutritt zu ihr, um Durchdrungensein des eigenen Willens durch den vollkommen guten Gotteswillen. Vergebens suchen wir in diesen Beziehungen dort überall nach Fortschritten, die sich bewährt, die auch nur wenigstens Bestand behalten hätten. Auch erscheint der eigentliche religiöse Lebenszustand auf früheren Stufen der Entwickelung, die wir einem Zeitraum unbefangener, einfacher Kindlichkeit und Jugendlichkeit vergleichen möchten, oft in Wahrheit befriedigender als auf späteren Stufen, die man wegen eines in anderen Beziehungen eingetretenen Fortschritts der geistigen Entfaltung und Reife für weit höher erklären kann; man denke z. B. an die Religiosität der ältesten religiösen Gesänge, die wir von den Indern haben, oder an die der homerischen Heldenzeit. Ja die Fortschritte und Bereicherungen der Kultur erscheinen jenem Lebenszustande geradezu verderblich und haben für das religiöse Elend und die sittliche Korruption, worein man mit ihnen geraten ist, keine Mittel der Heilung und Erhebung mehr. Dagegen ist der Geist, der in jenem alttestamentlichen Prophetentum sich erhoben hat, in den Zeugnissen der langen Reihe jener Männer klar und sicher fortgeschritten. Er hat durch ihr Wort bei ihrem Volk, auch während dessen Leben vielfach erstarrt schien, tief anregend, läuternd und befruchtend fortgewirkt. Er hat dasselbe verheißend und mahnend auf die vollendete Offenbarung vorbereitet, in ihm den Boden für diese bereitet. Und als der Gottessohn und Heiland erschien, in welchem wir jetzt diese Offenbarung gläubig erkennen, da hat er selbst zu jenen als zu seinen von Gott bestellten Vorgängern sich bekannt; unsere Gewißheit vom ewigen Fortbestand seines Heilswerks und unsrer christlichen Religion schließt so auch die Anerkennung der Geltung in sich, die den Zeugnissen jener einzigartig und ewig zukommt, und des Ursprungs, der ihnen im Unterschied von allem religiösen Denken und Reden des Heidentums eigen sein muß.

Überzeugend freilich kann das nur für diejenigen sein, die in ihrem Innern jener Gewißheit teilhaftig geworden sind. Andere mögen sagen, die christliche Religion und Religiosität müsse zwar immer mit einer solchen höheren Auffassung des Alten Testaments und seiner Prophetie sich verbinden, habe aber selbst auf Vollendung und bleibenden Bestand so wenig Anspruch als die andern Religionen; sie sei überhaupt von diesen nur relativ verschieden; sie werde wie diese auch noch einer höheren Religionsform die Stelle räumen, oder gar einer höheren, über jede Religion hinausführenden Entwicklungsstufe des menschlichen Geistes einst weichen müssen. Einem solchen Standpunkte gegenüber können wir nur auf die letzten Gründe unserer religiösen Überzeugung überhaupt zurückverweisen.

So hat unsere christliche Erkenntnis zu urteilen, auch wenn wir zunächst nur von der alttestamentlichen Prophetie ausgehen. Wir dürfen aber auch diejenige Religion, welche dieser in Israel voranging, keineswegs zu einer bloßen Naturreligion herabsetzen. Schon eine einfach geschichtliche Untersuchung führt zu einem anderen Ergebnis. Und wenn wir die besondere göttliche Offenbarung in den Propheten anerkennen, dann müssen wir eine solche vor allem auch schon in den Anfängen des alttestamentlichen Bundesvolks finden und bei seinem Führer, der es als selbständiges Volk aus Ägypten geleitet und als Volk Gottes sich zu fühlen und zu führen gelehrt hat. Ein einheitliches großes Ganzes gottgewirkter Entwicklung bietet sich dann von dort aus bis zu Christi Offenbarung und Heilsstiftung unserer Erkenntnis dar, mag auch in der Geschichte der alttestamentlichen Bücher und einzelnen geschichtlichen Vorgänge noch so vieles zweifelhaft und streitig bleiben.

Unter jenen Propheten nämlich, unter denen Amos jedenfalls eine erste Stelle einnimmt und vielen für den der Zeit nach ersten gilt, giebt keiner auch nur eine Andeutung, ja zeigt keiner auch nur eine Ahnung davon, daß sein und seines Volkes Gott ihm in einem ganz neuen Lichte sich dargestellt, mit der Botschaft neuer sittlich=religiöser Wahrheit ihn ausgesandt hätte. Sie beschäftigen sich nicht einmal eigens damit, ihrem Volke dieses Gottes Charakter und Willen darzulegen, ihm das Ganze seiner Forderungen auseinanderzusetzen. Amos ruft es zur Buße und kündigt ihm Gericht und Strafe an, weil es „des Herrn (Jahwes) Gesetz verachte und seine Rechte nicht halte": er mutet ihm zu, diese längst zu kennen (2, 4. 5, 14 f. 24). Er kennt auch Propheten und Prophetenschüler, die ihm schon vorangegangen sind (2, 11. 3, 7. 7, 14). Von ihnen unterscheidet er sich, sofern er nicht wie jene Schüler herangebildet war und die Prophetie zum Lebensberuf hatte, vielmehr seinem gewöhnlichen Berufe nach Rinderhirte und nur einem außerordentlichen Ruf Gottes in seinem prophetischen Auftreten gefolgt war. Aber Knechte Jahwes, denen er seine Geheimnisse offenbart, sind ihm auch jene: keine Rede davon, daß sie einen anders gearteten Gott verkündigt hätten!

Man gehe bei der Frage nach der mosaischen Offenbarung nur nicht von der Voraussetzung aus, daß die Zeugnisse von Gott und seinem Verhältnis zu seinem Volk, welche dieses Volk dort empfing, mit den Vorstellungen, welche bei diesem selbst in seinem Reden und Treiben uns begegnen, sich gedeckt haben. Berichtet doch vielmehr die ganze geschichtliche Überlieferung der Israeliten davon, daß bei ihren Vätern jene gar schwer mit deren natürlichem fleischlichen Sinn und mit der Anziehungskraft, welche das Heidentum benachbarter Völker auf diesen übte, zu kämpfen hatten: Berichte, wie sie schwerlich je ein Volk zum Nachteil der eigenen Ahnen willkürlich erfunden hat. Und wo immer wir in der Geschichte der Menschheit von einer größeren sittlichen und religiösen Erhebung hören, die in einem bestimmten Zeitpunkt durch einen originalen Geist für größere Kreise stattgefunden hat, da werden wir in diesen Kreisen weiterhin nicht etwa ein sofortiges ferneres Fortschreiten finden, sondern vielmehr ein Ringen des Neuen mit den dort noch fortwirkenden niedrigeren Elementen und Kräften, ja gar eine Trübung durch diese, in der der wahre Charakter des Neuen oft schwer mehr zu erkennen ist. So ist es, was Außerchristliches betrifft, z. B. mit dem späteren Buddhismus in seinem Verhältnis zum ursprünglichen der Fall, — so in der Fortentwickelung des Christentums mit der Gestalt, welche dieses bei ganzen großen Volksmassen in grellem Gegensatz gegen den Inhalt und Geist des Neuen Testaments angenommen hat. In der Geschichte Israels weist uns gerade der Unterschied, den wir nach den geschichtlichen Berichten zwischen der Höhe der mosaischen Offenbarung und dem Charakter der auf sie folgenden und neben ihr hergehenden thatsächlichen Volksreligion machen müssen, auch auf den jener Offenbarungsreligion eigenen höheren Ursprung hin.

Aus der Art, wie jene ersten Propheten mit ihrer Verweisung auf einen Gotteswillen, der dem Volk längst bekannt sein müßte, an dieses herantraten, dürfen wir nun zwar nicht folgern, daß der Inhalt der sittlich = religiösen Wahrheit in den Zeugnissen früherer Gottesmänner auch schon ebenso entfaltet und die verschiedenen zur Religion des Alten Bundes gehörigen Momente und Seiten schon ebenso in ihrem Verhältnis zu einander beleuchtet gewesen wären, wie dies in der Verkündigung Jener geschehen sollte und geschehen ist. Wohl aber muß wenigstens der Grundcharakter Gottes und seines auf sein Volk gerichteten Willens sich schon dort zu erkennen gegeben haben, so daß dann hierauf Jene auch mit ihrem eigenen und eigentümlichen Zeugnis sich gründen konnten. Hiernach erst werden wir ein richtiges und in sich wohl zusammenhängendes Bild jener Anfänge und jenes Fortschrittes gewinnen.

Der geschichtliche Gang der alttestamentlichen Offenbarung.

Schon in jenem Ausgangspunkt hat der Gott, der Israel aus Ägypten führte, sich ihm als sein einiger Gott geoffenbart, wie kein ander Volk einen Gott kannte und besaß, — als den einen, der es in freier und treuer Huld zu seinem Volk annahm, der mit heiligen Forderungen und Ordnungen sein nationales Leben gestalten wollte, vor dem es in heiliger Scheu sich beugen mußte und der, übermächtig über alle anderen Mächte oder Gottheiten, den eigenen Rechten gemäß seine Geschicke bestimmte. Der große Unterschied zwischen der Bedeutung und dem tiefsten Gehalt ethischer Grundforderungen, die aufs Innerste der Gesinnung sich richten, und zwischen der Bedeutung äußerer Rechts- und Volksordnungen trat dort ohne Zweifel auch für einen echten Gottesmann noch nicht ans Licht. Ein äußerer Kultus, der jedenfalls schon aus älteren Zeiten stammte (wenn auch streitig ist, was alles damals zu ihm gehörte) und der auch heidnischen Kulten verwandt war (vgl. auch Galat. 4, 9), trat mit den sittlichen Forderungen auf Eine Linie. Hat sich doch auch im Dekalog (bezüglich des jetzt auch über seine Entstehungszeit herrschenden Streites vgl. oben S. 152) der Sinn und Wille Gottes keineswegs schon ursprünglich, geschichtlich, so ausgesprochen, wie diesen dann Jesus uns verstehen lehrt und unsere Katechismen für uns auslegen: was wir allgemeine Pflichten gegen die Nächsten nennen, kommt dort zunächst nur in negativen Geboten gegen Eingriffe in fremdes Leben, guten Ruf, Eigentum u. s. w. zum Ausdruck; und das Grundgebot der Sabbatfeier war ein Gebot des äußern Kultus, oder wie wir zu sagen pflegen, ein ceremoniales. Fragen wir aber, wodurch die Verkündigung dieses Einen Gottes und seines Willens die Macht gewonnen habe, sich in Israel trotz aller widerstrebenden natürlichen Neigungen und fremder Einflüsse zu behaupten und Leben und Kraft in diesem Volke zu wirken, so können wir dies nicht aus äußern Verhältnissen und auch nicht etwa aus irgendwelchen sie begleitenden und unterstützenden äußeren göttlichen Machtthaten erklären, sondern, allen unseren sittlich religiösen Beobachtungen und eigenen Erfahrungen entsprechend, nur aus den ganz besonderen Eindrücken, die sie überwältigend aufs Innere der Volksgenossen ausübte, und zwar aus Eindrücken, die eben nur das geistige, ethische Wesen oder die sittliche Heiligkeit und Erhabenheit des dort verkündigten Gottes so üben konnte.

Als das Volk dieses Gottes drangen die Stämme Israels mit jugendlicher Frische und Kraft in das Land ein, das er ihnen zum Eigentum gab, um dort unter ihnen zu herrschen und mit den Gaben seiner Güte sie zu speisen. Die „Kriege Jahwes" führten sie! Ihn allein preist das sicherlich alte Siegeslied der Debora (Richt. 5), — ihn und die gerechten Thaten seiner Führung.

Es entsprach ganz jenen allgemeinen Bedingungen und Gesetzen, die wir in der geschichtlichen Entwickelung menschlicher Religionen wahrnehmen, wenn das Volk von der Offenbarung, die ihm schon zu teil geworden war, doch nur erst unvollkommen durchdrungen wurde und von einer schon erreichten Höhe unter den Einflüssen des eigenen alten natürlichen Sinnes und der für ihn anziehenden benachbarten heidnischen Religionen herabsank, — wenn die Kinder Israel ihrem einen und einzigartigen Gotte wieder untreu wurden. Auf den besonderen Ursprung dieser Religion aber folgt dann sofort auch ihre ganz besondere Erhaltung, Weiterentwickelung, weitere Entfaltung und Erhebung, wofür die Geschichte uns nirgends gleichartiges aufweist.

Da tritt für die Herrschaft jenes Gottes ein Samuel mit originaler Geisteskraft, die als Kraft von oben sich ausweist, siegreich ein. Er überwindet auch nicht bloß jene heidnischen Mächte im Volk; sondern von ihm haben wir auch das Wort, das gegen eine Überschätzung des äußerlichen Kultus Jahwes selbst sich richtet: daß Gehorsam besser sei denn Opfer (1. Sam. 15,22). Von ihm her stammt zugleich der wichtigste Fortschritt für die nationale, politische Gestaltung des Volkes im innigsten Zusammenhang mit seiner religiösen Entwickelung, nämlich die Herstellung eines Königtums, unter dem Israel als Volk Gottes auch äußerlich fest zusammen geschlossen sein sollte: eine geschichtliche Wendung, in der wir jetzt eine weitere Anbahnung der höchsten Ideen unserer christlichen Heilsoffenbarung von einem wahrhaften Gottesreich erkennen. Weiterhin sehen wir, im Anschluß an die Thätigkeit des Gottesmannes Samuel, sogenannte Prophetenschüler unter dem Volk auftreten. Sie bilden Gemeinschaften und gehen aus Gemeinschaften hervor, in denen ohne Zweifel menschliche Mittel, Übungen und Unterweisungen und namentlich auch Anregungen durch Musik dazu dienen sollten, den göttlichen

Geist zu erwecken, in welchem jene zu zeugen und zu wirken hatten. Wir hören auch von ekstatischen Zuständen, in denen dieser sich bethätigen sollte. Man hat diese Propheten schon mit bekannten schwärmerischen Vorgängen und Erscheinungen in anderen nicht christlichen, namentlich orientalischen Religionen zusammengestellt. Aber auch in denjenigen unter ihnen, bei denen die psychischen Vorgänge noch am meisten einen solchen Charakter tragen mochten, lebte doch immer noch der Eifer um den Einen Gott Israels. Und die weitere geschichtliche Entwickelung führt hier nicht in die den Naturreligionen eigenen, dunkeln, gewaltsamen religiösen Erregungen hinein, auch nicht etwa auf einen Standpunkt hinaus, wo die unmittelbaren religiösen Erregungen mehr und mehr vor einer verständigen Reflexion und stolzen Weltweisheit zurücktreten müssen, vielmehr hoch empor zu derjenigen **Prophetie**, deren Erzeugnisse in den alttestamentlichen Schriften uns noch vorliegen.

Da erst hören wir recht von einem unmittelbaren Ergriffensein von Gott durch seinen Geist, ohne menschliche Unterweisung und Zubereitung fürs Amt: „Du," sagt ein Jeremia zu Jahwe, „du hast mich erfaßt und überwältigst mich" (Jer. 20, 7). Aber mit ernster sittlicher Besinnung und Hingebung folgen die also Berufenen und Getriebenen. Der Grundeindruck, den sie von ihrem Gotte haben, ist der der sittlichen Heiligkeit des Allerhabenen, vor dem sie vor allem Reinigung ihrer Lippen und Sühnung und Vergebung ihrer Sünden bedürfen (vgl. besonders Jes. 6, 5 ff.) Und was er ihnen kund thut und zu verkündigen giebt, sind nicht die zufälligen Dinge, mit denen neue heidnische oder heidnisch geartete Wahrsagerei sich im Dienste gemeiner menschlicher Interessen beschäftigte, sondern es ist ein auf sein Volk gerichteter und über ihm waltender Wille Gottes, den auch wir als wahrhaft guten, unserer höchsten Gottesidee entsprechenden und eben nur in Israel also geoffenbarten Willen anerkennen müssen, so wenig wir auch die prophetische Offenbarung desselben schon der neutestamentlichen gleichsetzen dürfen. Darin, daß man Liebe, Treue, Recht übe und vertrauensvoll seines Gottes harre, faßt schon ein Hosea (4, 1. 12, 7) kurz den Willen Jahwes zusammen, zu welchem umzukehren er Israel auffordert. Das Gute und Rechte, das Gott so fordert, erscheint vollkommen wirklich und ausgeprägt in seinem eigenen Charakter und eigenen Thun. In Huld und Liebe umfaßt er sein Volk. Er verfährt mit demselben entsprechend seinen Rechten, hält Gericht über die Abtrünnigen, ruft aber auch selbst sein Volk wieder zu sich und verheißt ihm freie, huldreiche Vergebung. Wie wenig trifft für diesen Gott der Propheten das Bild zu, das man oft vom alttestamentlichen Gotte sich macht als von einem, der in starrer Transcendenz über der Menschheit und Welt stehe und wie ein verzehrendes Feuer den Zutritt zu sich wehre! Die Beziehung, in die er zu seinem Volke sich gesetzt haben will, entspricht auch derjenigen Gemeinschaft mit ihm, deren wir Christen jetzt gewiß werden und uns freuen dürfen, in viel höherem Grad und überhaupt in ganz anderer Weise als dasjenige Sichversenken ins Absolute, wonach eine mystische orientalische Religiosität und auch ein irregehender christlicher Mystizismus sich gesehnt und abgemüht hat. So erhaben ferner der Gott der Propheten ist und so furchtbar er in seinen Gerichten werden kann, so frei ist er doch von den dunkeln und schreckhaften Zügen, welche das göttliche Wesen namentlich auch für die von vielen wegen eines heitern und harmonischen Charakters sonderbar gerühmte altklassische, griechische Religiosität trägt: kein Neid der Götter, keine dunkle Herrscherwillkür, vollends keine Möglichkeit, daß eine Gottheit in Dingen, die sie ihren Geschöpfen verbietet, sich selbst ergötzen sollte. Wen die christliche Offenbarung zum wahren Gott und zur innigsten Gemeinschaft mit ihm erhoben und wer hiermit zugleich das eigene Unvermögen dazu an anderen und vor allem an sich selbst erfahren hat, der muß eben auch schon in jener Prophetie ein einzigartiges Wirken Gottes selbst sehen und wird dasselbe klar und sicher bis zur Höhe der vollendeten Heilsoffenbarung weiter verfolgen.

Die äußern Zustände und Geschicke des Volkes und die Kundgebungen des prophetischen Geistes stehen da fortwährend in der innigsten Beziehung zu einander. Dieser lehrt in jenen Gottes Wege und Gerichte verstehen. Und durch sie wird er selbst neu angeregt, um nach neuen Seiten hin Gottes Willen zu verkündigen. Ein besonderes einheitliches Walten Gottes erkennen wir eben auch in dieser Verbindung des äußeren Gangs der Geschichte mit der fortschreitenden Offenbarung seines Geistes und Wortes — auf das Eine Ziel hin, das jetzt in jener Heilsoffenbarung erreicht ist.

Seine Gebote und Rechte hat Gott seinem Volke kund gethan. Aber die Kinder, die er groß gezogen hat, fallen von ihm ab. Er hat ein Königtum dort eingesetzt, aber die Träger desselben werden schlechten weltlichen, fleischlichen Gewalthabern gleich, üben Willkür und Unrecht, suchen Kraft und Hilfe in fleischlichen Mitteln in sündhaften Anschlägen anstatt bei ihrem Gotte. Dazu öffnet sich der Blick über eine große Heidenwelt hin; mächtige Weltreiche erheben sich um das kleine, in sich noch gespaltene Reich her, das ein Gottesreich zu werden bestimmt war: was ist zu erwarten von den hier anbrechenden Kämpfen? was haben die Gottesmänner in Israel hier für Rat?

Unter diesen Verhältnissen halten die Propheten fort und fort Gottes Willen der Gegenwart vor, die Sünden derselben strafend und die rechten Wege ihr weisend. Der Gegensatz aber, in welchem das wirkliche Leben und Treiben des Gottesvolkes fort und fort gegen jenen Willen steht, das Verderben, welches darum über dasselbe hereinbrechen muß, und das menschliche Unvermögen, Rettung zu schaffen, treibt jetzt weiter zum Blick in die Zukunft. In eine Zukunft läßt Gott jetzt schauen, wo alles Gottwidrige seinem Gerichte verfallen ist, wo durch die That seiner Gnade, Gerechtigkeit und Allmacht seine Herrschaft und das in ihr beschlossene Heil so verwirklicht erscheint, wie sie in den bisher ans Volk ergangenen Geboten auch noch nicht der Idee nach hatte zum Ausdruck kommen können, wo endlich die hierauf gerichteten Gottesthaten und Gottesgaben mit seinem alten, von ihm geläuterten Volk auch die gesamte Menschheit und mit dem sittlichen Leben auch ein verklärtes Leben der gesamten Natur umfassen. Das Ziel der Wege Gottes überhaupt wird hierin gesehen, die Prophetie sieht solches eintreten „am Ende der Tage." Unmittelbar an die Weissagungen hierüber schließt dann die neutestamentliche Heilsoffenbarung als deren Verwirklichung und Vollendung sich an. Man möchte, wenn man von besonderer, übernatürlicher Offenbarung dort dennoch nichts wissen will, etwa von einer höchsten Erhebung eines sittlich reli=

giösen menschlichen Bewußtseins reden und das dort Geweissagte als Postulat eines solchen Bewußtseins bezeichnen. Aber die gesamte Geschichte der übrigen Menschheit kennt keine Hoffnung auf eine solche schließliche sittliche Vollendung; von einer Gnadenoffenbarung des vergebenden und rettenden Gottes, die dazu führen sollte, zeigt sich vollends keine Ahnung. Nur die Religion der alten Parsen kennt einen schließlichen Sieg des Guten, ein Abgethanwerden der bösen, unheilbringenden Mächte: aber wie unrein ist dabei die Auffassung des sittlich Guten, wie sehr fehlt vollends auch hier eine rechte und lebendige Idee des Heils und Heilsgottes! und wie hat jene immerhin ideale Vorstellung, aus einer dunkeln Vorzeit stammend, in der Weiterentwickelung der gesamten Menschheit so gar nichts zu leisten vermocht! Wir dagegen sehen in jener Weissagung, mit der die Erfüllung sich zusammenschließt, und in eben dieser Erfüllung auch schon Eine, in sich einheitliche, geschichtlich bedingte, aber aus keinen bloß menschlichen Faktoren erklärbare Offenbarung.

Blicken wir näher noch auf einzelne Hauptmomente der Verheißung und der Erfüllung, so tritt gleich bei Jesaia der Sprößling aus Davids Stamm, der die Gottesherrschaft verwirklichen soll, in einer Hoheit und Reinheit des Charakters voran, die nur in der Erfüllung der Verheißung noch übertroffen werden konnte: ein großartiges Bild, das nicht aus schwacher menschlicher Sehnsucht erwachsen oder durch menschliche Berechnung gestaltet ist, sondern plötzlich und mächtig von oben her aufleuchtet (Jes. Kap. 9 und 11). Gottes Geist ist auf jenem als Geist der Weisheit, Gottesfurcht und Kraft. Mit Gerechtigkeit und Treue ist er gegürtet, Recht übt er namentlich für die Elenden; so ist sein Recht befestigt in Ewigkeit. Kein geringerer Name als der Name „starker Gott" (9, 6 vgl. 10, 21) kommt ihm zu: denn Gott mit seiner Stärke ist mit und in ihm.

Als auch König Josias treue und eifrige Reformen das sittlich religiöse Leben nicht zu erneuern und Gottes Gesetz nicht zur Herrschaft zu bringen vermocht haben und nun das sündhafte, schuldbeladene Volk durch Gottes Gericht dem Verderben unter dem Schwerte der heidnischen Mächte preisgegeben scheint, da hebt durch

Jeremia die volle Gnadenbotschaft an, daß Gott, die Missethat vergebend, selbst sein Gesetz in die Herzen schreiben, sich allen, Groß und Klein, zu erkennen geben, mit Juda und Israel einen neuen Bund machen will, wo sie sein Volk sind und er ihr Gott ist (Jer. 31). Und desgleichen kündet Jahwe den ins Exil Verstoßenen an, daß er selbst reines Wasser, um sie von aller Unreinigkeit zu reinigen, über sie sprengen, ihnen ein neues Herz und einen neuen Geist geben und so Leute aus ihnen machen wolle, die in seinen Geboten wandeln (Hesek. 36, vgl. auch Zachar. 13, 1).

Ein echtes Evangelium, eine echte, überaus reiche, lebendige, liebliche Heils- und Freudenbotschaft ist endlich an Israel ergangen zu Ende seiner Gefangenschaft in dem Prophetenworte, welches den zweiten Teil unseres Jesaiabuches (Jesaia 40—66) bildet. Wer Gott in That und Wort der neutestamentlichen Heilsoffenbarung erkennt, muß die Stimme ebendesselben Gottes in wunderbarer Hoheit und Reinheit schon dort erkennen, sowie ja dann jene Offenbarung auch ganz speziell auf diese Weissagung sich zurückbezogen und mit ihrem Aufruf, dem Herrn den Weg zu bahnen (Jes. 41, 3 ff.), sich selbst eingeführt hat. Geschichtlich bedingt bleibt auch hier alles: in politischem Interesse ließ der siegreiche Cyrus das Judenvolk nach Paläftina zurückkehren; daß unter den Juden jetzt besonders gute Hoffnungen auf Gott und gute Vorsätze ihm gegenüber sich regten, war kein Wunder. Hoch über allem aber, was sie, die Schwachen und Gebemütigten, zu erwarten oder zu erstreben vermochten, steht hier die Gnadenzusage ihres Gottes, dem sie mit ihren Missethaten Mühe gemacht haben und der ihre Übertretungen um seinetwillen tilgt, dessen Wort Bestand behält, während alles Fleisch wie Gras verdorrt, und der auch die Thaten und Pläne jenes Eroberers dazu dienen läßt, sich ein Reich und ein Volk herzustellen, wo sein wahrhaft guter Wille ebenso in der sittlichen Rechtbeschaffenheit der Seinigen wie in dem ihnen zugeteilten Heile für immer verwirklicht, wo ihr Heil wie ein Strom, wo ihre Gerechtigkeit wie Meereswogen sein soll.

Dabei führt uns hier die Idee des Knechtes Jahwes, die in den Mittelpunkt der Verheißung tritt und in ihr sich weiter gestaltet, ins tiefste Geheimnis des den Sündern bestimmten Heiles, nämlich der für sie zu vollbringenden Sühne hinein. Der Prophet sieht in dem Knechte das Gottesvolk Israel. Er sieht dann in ihm bestimmter, was man das ideale Israel nennen mag, oder den echten, wirklich seinem Gotte dienenden und von seinem Geiste beseelten Kern dieses Volkes. Wen aber meint er in jenem merkwürdigen Stück Jes. 52, 13—53, 12, wonach der Knecht, ein von den Menschen verachteter Schmerzensmann, unsere Krankheiten auf sich genommen und die uns zugehörige Strafe getragen hat, um uns Heilung und Frieden auszuwirken, — wonach er, der Schuldlose, aus dem Lande der Lebendigen weggerissen und bei den Gottlosen begraben ist und wonach dann eben derselbe lange leben, Vielen Gerechtigkeit schaffen, mit den Starken Beute teilen soll u. s. w.? Man möchte auch hier an ebendasselbe echte, geistliche Israel denken, also thatsächlich an eine Vielheit von Personen. Und gewiß bildeten die geschichtliche Voraussetzung für das, was der Prophet hier schaut und sagt, die Leiden und Leistungen eben solcher Personen, welche in der Zeit, da ihr Volk das Ärgste verschuldet hatte, vielmehr selbst das Schwerste wie Lämmer duldeten. Aber der Prophet, der jenem Kerne Israels doch gewiß selbst zugehörte, sah ja denjenigen Gottesknecht, von dem er hier (53, 2 ff.) redet, sich und seinesgleichen ebenso wie dem ganzen Volke als den einzig schuldlosen gegenüberstehen; und von welchem unter allen jenen Vielen hätte er wirklich aussagen können, was er von diesem verkündigt? Vielmehr läßt hier unter dem Eindruck jener geschichtlichen Erfahrungen und Erlebnisse der Geist von oben das Bild eines Gottesknechtes vor ihm aufsteigen, der in seiner Schuldlosigkeit, seiner duldenden Hingebung, seinen Leiden und seinen heilsstiftenden Wirkungen hoch über jene geschichtlichen Persönlichkeiten emporragt und hiermit erst dazu genügt, um alle die Andern aus dem vom Propheten so tief empfundenen Stande der Schuld und des Elends zu jener Gerechtigkeit vor Gott zu erheben und Jahwes Vorhaben an ihnen (53, 10) gelingen zu lassen. Beim Propheten selbst finden wir keine weitere Reflexion darüber, wie und wann das also von ihm Geschaute sich verwirklichen sollte. Wir aber sehen jetzt kein anderes Prophetenwort in so ergreifender Weise verwirklicht wie dieses. Wer mit seinem Inhalte den leidenden

Jesus des Neuen Testaments vergleicht, wird hier, falls ihm dieser innerlich gleichgültig bleibt, mindestens ein höchst merkwürdiges Zusammentreffen eines geschichtlichen und zwar weltgeschichtlichen Vorganges mit einer ihm um Jahrhunderte vorangegangenen, auf tiefstem sittlich religiösem Sinnen und Ringen ruhenden Phantasie sehen müssen. Wer in Jesus wirklich das Gotteslamm sieht und in ihm sich versöhnt weiß, wird hier ganz besonders die Eine Gottesoffenbarung erkennen, die durch den ganzen Alten Bund hindurch vermöge höchster Geisteswirkungen und geschichtlicher Fügungen auf die durch Jesus Christus gewordene Gnade und Wahrheit (Joh. 1, 17) hingeführt hat.

Von dem Gotte, der allgewaltig sein Volk gegen die scheinbar übermächtigen Völker der Welt schirmt und als den Herrn über alles sich erweist, sieht endlich die Prophetie auch schon Licht und und Heil über alle ausgehen. Nicht durch die Waffengewalt sollen sie unter seine Herrschaft gebeugt, sondern durch sein Wort und seine Heilsoffenbarung und mittels des Dienstes seines Knechtes, jenes echten Gottesvolkes, seinem Reich mit eingegliedert werden. So kündet schon die alte Weissagung bei Jesaia (Kap. 2) und Micha (Kap. 4) eine letzte Zeit an, wo viele Völker hinaufziehen zu dem über alle Berge erhabenen Tempelberg, um sich belehren zu lassen über die Wege des Gottes Jakobs. Und die reichste, lebensvollste Verheißung bringt auch hierfür jener zweite Teil des Jesaiabuches, wonach Jahwes Knecht ein Licht der Völker werden soll, um blinde Augen zu öffnen und die Gefangenen aus dem Dunkel des Kerkers zu führen (Jes. 42). Inmitten eines Volkes, das mit seiner natürlichen Eigenart gerade auch im Bewußtsein der ihm zugewandten Gottesgnade sich zum hochmütigsten Partikularismus neigte, hat Gott so seine Offenbarung zu einem Universalismus des Heiles fortschreiten lassen, wie ihn keine andere Religion und keine Menschenweisheit auch nur geahnt hat und wie derselbe jetzt thatsächlich verwirklicht ist und weiter und weiter sich verwirklicht.

Vergleichen wir freilich alle jene Weissagungen mit dem wirklichen Gottesreich und Heilsstand, dessen wir durch Jesus Christus teilhaftig sind, so bewegen sich jene fort und fort noch in äußeren, beschränkten, der damaligen Gegenwart entnommenen

Formen. Wie wenig erst kommt unter ihnen der innere geistige Charakter der Gottesherrschaft im Unterschied von weltlichem Regiment und Herrlichkeit zum Ausdruck! wie wenig bei dem Verheißenen, der in seiner Hoheit und seinem Machtwirken einem Jesaia schon als „starker Gott" erschien, seine innerste und innigste Beziehung zu Gott, seinem Vater, und zu den Genossen seines Reiches und Heiles! Es ist auch ein unbefugtes und thörichtes Verfahren, wenn man wegen vermeintlicher Glaubensinteressen und praktischer Rücksichten die Wahrheit, wie sie uns sich erschlossen hat, auch schon ebenso in den Sinn der dort redenden Gottesmänner hinein deuten möchte. Aber die Ideen, die für uns die höchsten sind und bleiben, sehen wir doch schon dort trotz aller Hemmnisse menschlicher Schwäche und Sünde wunderbar eben auch unter jenen unvollkommenen, unangemessenen Formen ausgeprägt und sehen sie in ihrer fortschreitenden Entwickelung und immer volleren und reineren Entfaltung dem Ziele zustreben, das noch so hoch über dem Standpunkt der vorangegangenen Seher lag.

Auch hat jener höchste Inhalt den verschiedenen Sehern nach verschiedenen Seiten hin und mit Bezug auf verschiedene Hauptmomente sich dargestellt, und es wäre wiederum verkehrt, wenn wir im Bewußtsein und Sinn eines jeden von ihnen zugleich alles, was die andern verkündigt haben, hineintragen wollten. So steht ihnen bald der verheißene Davidssohn im Mittelpunkt als der von Gottes Geist erfüllte Bringer und Träger der Gottesherrschaft, bald reden sie, ohne seiner zu gedenken, von einem Kommen Gottes selbst zu seinem Volke. So hat über jenen auch die merkwürdige Verheißung vom leidenden, Sünde stiftenden Knechte Jes. 53 sich nicht verbreitet, — hat die Züge dieses Knechtes nicht etwa mit denen des kämpfenden und herrschenden Königs zu vereinigen gesucht. Und zwar wirkten auf diese Verschiedenheiten ohne Zweifel wieder geschichtliche Bedingungen ein, unter denen die Propheten zu schauen, zu zeugen und zu ermahnen hatten. Nur um so mehr aber erkennen wir dann wieder das Wirken des hier waltenden Gottes in der lebendigen Einheit, zu welcher alle die verschiedenen Seiten und Züge in der Erfüllung sich zusammen geschlossen haben und welche kein Geistesblick vorher zu umfassen, kein Verstand zu berechnen fähig war.

Den religiösen Ideen, die so in alttestamentlicher, prophetischer Offenbarung sich entfalteten, dürfen wir nun wieder diejenigen Vorstellungen, welche in der großen Menge des Volkes verbreitet waren und im alltäglichen Leben zum Ausdruck kamen, nimmermehr gleichsetzen. Reden ja doch auch die Propheten selbst immer wieder klagend und strafend von dem harten Boden, den sie beim Wirken ihres Wortes vorfanden. Wie wir oben vor der falschen Voraussetzung warnen mußten, daß vor diesem Prophetentum innerhalb Israels nichts Höheres geoffenbaret gewesen sei, als was uns dort in Äußerungen des gemeinen Volkslebens vorliege, so haben die Wahrheiten und geistigen Kräfte, in denen jetzt die Offenbarung weiter sich entwickelte, nicht auch schon dieses Volksleben durchdrungen. Wie mächtig aber doch schon diese alttestamentliche Offenbarung Herzen bewegte, in empfängliche Subjekte eindrang und sie in Wahrheit schon über den innern sittlich religiösen Lebensstand der ganzen vorchristlichen Menschheit hinaushob, das bezeugen uns namentlich die Psalmen des alten Gottesvolkes. Und sie hat ja dann auch das gesamte, durch Gottes Heimsuchungen weiter erzogene nachexilische Volk als ein heiliges Buch und zu seinem eigenen gemeinblichen Gebrauche zusammengestellt. Eben in ein tieferes inneres Leben der Subjekte lassen sie uns blicken, aus welchem jenes Offenbarungswort wiederklingt. Gegenüber einem Streit neuerer Gelehrter, wie weit aus ihnen schon eine wahrhaft individuelle Religiosität oder vielmehr, entsprechend dem eigentümlichen Charakter der ursprünglichen israelitischen Religion, der Geist oder die Seele des Volkes im ganzen reden, müssen wir erinnern, daß Regungen und Strebungen des Herzens, Gewissens, sittlich religiösen Gefühles und Willens ihrem Wesen nach immer Sache der Subjekte und zunächst ganz bestimmter Subjekte sind und nur da, wo dies wirklich der Fall war, zu einem so tiefen, warmen, echten Ausdruck wie in diesen Psalmen kommen können; dagegen bleibt (wie auch bei unsern wertvollsten Kirchenliedern) fraglich, wieweit die Gemeinde, von der sie in den Gebrauch genommen sind, das alles auch wirklich mit gefühlt und mit erstrebt hat. Wie wir nun in jenen objektiven Zeugnissen der Prophetie schon eine einzigartige Offenbarung des heiligen und gnadenreichen Gottes erkennen, so in diesen Liedern auf einzigartige Weise die tiefste Beugung vor ihm zugleich mit innigem Vertrauen und Hoffen, das tiefste Sündenbewußtsein und Ringen nach Gnade zugleich mit dankbarer Befriedigung durch diese und aufrichtiger Freude an Gottes Geboten. Ein Luther will uns den Psalter gar als einen hellen, reinen Spiegel betrachten lassen, der uns schon zeige, was die Christenheit sei. Er wollte darin schon „allen Heiligen ins Herze sehen" — in den Tod und die Hölle, wo sie klagen, und auch schon in den Himmel, wo sie fröhlich Gottes und seiner Wohlthaten gedenken. Da haben freilich er und andere übersehen, wie weit doch jene Frommen von demjenigen Genusse der Versöhnung, Gotteskindschaft, Freiheit u. s. w. noch ferne sind, der erst durch Jesus Christus sich uns erschließt. Sie haben in die Psalmen, wenn sie sie praktisch auslegten oder in Kirchenlieder umdichteten, mehr hineingelegt, als schon im Besitz und Bewußtsein der alten Sänger war. Aber sie hätten das nicht in dieser unbefangenen Weise thun und der Psalter hätte die Bedeutung, welche er überhaupt im religiösen Gebrauch evangelischer Christen gewonnen hat, nie so gewinnen können, wenn nicht das aus ihm redende innere Leben ebenso schon die von oben stammende Vorstufe des christlichen Heilslebens wäre, wie jene alttestamentliche Offenbarung die der neutestamentlichen.

Neben den eigentümlichen Gotteszeugnissen der Prophetie, die der Anbetung Gottes im Geist und in der Wahrheit (Joh. 4, 23) entgegenführten, bestanden fürs alttestamentliche Gottesvolk mit ihrem Anspruch auf unbedingte Geltung die Gesetzesbestimmungen fort, nach welchen der Zutritt zu Gott durch Opfer und andere Kultusakte eines besonderen menschlichen Priestertums vermittelt werden und die Selbstheiligung der Volksglieder vor ihrem Gott bestimmte Akte äußerlicher, leiblicher Reinigkeit und Reinigung erfordern sollte. Dieselben sind ohne Zweifel, wie die oben erwähnte historisch kritische Forschung dies näher nachzuweisen sucht, erst in der Zeit bis zum Exil und zur Rückkehr aus diesem so ausgestaltet worden, wie sie in den Büchern Mose uns vorliegen. Die Prophetie hat zwischen ihnen und zwischen jenen Gottesforderungen, die wir von einem Hosea oben (S. 166) vernahmen und in denen wir erst die echte Sittlichkeit und Frömmigkeit erkennen, prinzipiell unterschieden, hat solchen Akten da, wo es an dieser fehle, den Wert vor Gott abgesprochen, hat dieselben jedoch keineswegs überhaupt außer Geltung setzen wollen; einen Gottesdienst ohne jene Opfer kündigt sie auch noch nicht für die künftige Vollendung an. Auch im Bestehen dieser Formen aber sehen wir, so wenig wir eine gewisse Gleichartigkeit mit heidnischer Religiosität (vgl. oben S. 164) hier verkennen, doch zugleich eine besondere Gottesfügung: so in den symbolischen Andeutungen, die sie enthalten, und in der Zucht, die sie üben. Wir sehen sie dazu dienen, daß ein für den wahren Gottesdienst noch nicht reifes Volk für die künftige höchste Offenbarung bewahrt und dafür vorbereitet werde. Und in dieser Offenbarung erklärt Paulus, daß in ihnen schon das künftige abgeschattet war (Kol. 1, 17). Ja Jesus selbst will, daß vom ganzen Gesetz, zu dem sie ja mit gehörten, auch kein Jota vergehe (Matth. 5, 18): denn auch in dem kleinsten geringfügigsten Stück, was er mit diesem Buchstaben meint, erkannte er doch eine tiefere Bedeutung.

Dem Kommen Christi, dem wirklichen Anbruch seines Heiles und Reiches, ging endlich ein Zeitraum voran, wo die lebendigen prophetischen Gotteszeugnisse verstummt waren. Es konnte scheinen, die fortschreitende Offenbarung sei zum Stillstand gekommen. Auch die große, kräftige, an Heldenthaten und Märtyrtum reiche Erhebung des seinem alten Gotte getreuen Judentums unter den Makkabäern brachte einen Gottesmann im Sinne jener Propheten nicht hervor; man war sich dort auch selbst des Mangels wohl bewußt (vgl. 1 Makk. 4, 6. 9, 27. 14, 41). Dagegen lag jetzt das Wort der alten Prophetie samt dem Gesetz in festen, abgeschlossenen schriftlichen Urkunden vor. Hier hatte die Frömmigkeit ihren festen Halt, vernahm Gottes heilige, unwandelbare Forderungen mit redlichem Streben ihnen nachzukommen und mit tiefem Gefühl eigener Schuld und Schwäche, richtete sich empor an den Verheißungen, wenn auch wahres Heilsbedürfnis und sinnliches

Begehren dabei unklar sich vermengten.*) Von hier ging zugleich grober Buchstabendienst aus mit den drückendsten, jene Formen weiter ausspinnenden Satzungen und mit Abstumpfung des inneren Sinnes für den wahren Geist jener Prophetie.

Wie weit die Verkehrtheit und Verderbnis nach dieser Seite hin fortschritt, das zeigt uns besonders der Kampf Jesu gegen die Pharisäer und Schriftgelehrten, sodann der des Paulus gegen die gleichartige Richtung, die in der Christengemeinde selbst ihm entgegentrat. Aber als das hochbedeutsame Ergebnis dieser und zugleich der ganzen vorangegangenen geschichtlichen Entwickelung erkennen wir jetzt den Boden, den Jesus mit seiner Offenbarung und seinem Heilswirken dort fand und anderswo nirgends hätte finden können. Er stellt sich uns vor allem in echten Vertretern jener Frömmigkeit dar: rechte Beispiele dafür sind jene Männer und Frauen im ersten Abschnitt unseres Lukasevangeliums, die schon, so gut sie konnten, in den Geboten ihres Gottes wandelten und doch, je mehr sie darauf bedacht waren, um so mehr erst noch der Erlösung, nämlich der Vergebung ihrer Sünden und zugleich der Errettung aus Feindeshand harrten (Luk. 1, 6. 70. ff 2, 29 ff.), — oder die ersten Jünger Jesu, wie Nathanael, der echte Israelit ohne Falsch (Joh. 1, 48). Der Ernst des Gesetzes und der Druck jener Gesetzlichkeit machte sie um so empfänglicher für den, der ihnen dann Ruhe für ihre Seelen darbot und dessen Joch sanft war (Matth. 11, 28 ff.). Den geistig Armen brachte er ja das Himmelreich (Matth. 5, 3).

Die Ideen und Wirkungen jener alttestamentlichen Offenbarung waren es, wodurch solche Seelen für Jesus vorbereitet waren und ihm zugeführt wurden. Und sein eigenes Wort an sie bewegte sich durchweg in denselben Ideen, die er jetzt für sie zur wahren Entfaltung, Vollendung, Verwirklichung brachte. Ebenso suchte er diejenigen zu gewinnen, welche aus dem alttestament-

---

*) Auf Auseinandersetzungen über das Buch Daniel, über seine Abfassungszeit und über den Unterschied zwischen derjenigen schriftstellerischen Thätigkeit, aus der es hervorgegangen ist, und zwischen dem Wirken des prophetischen Geistes in der vorangegangenen Prophetie können wir hier nicht eingehen.

lichen Haushalt Gottes wie verlorene Söhne (Luk. 15, 11 ff.) abgekommen waren, — ebenso auch diejenigen noch zu warnen und zu retten, die in demselben äußerlich verblieben waren, in Wahrheit aber mit harten und selbstgerechten Herzen ihn verleugneten. Manche meinen, für die Vorbereitung dieser höchsten Offenbarung und des für die ganze Menschheit bestimmten Christentums zugleich gar wichtige Einflüsse beiziehen zu müssen, welche während der letztvorangegangenen Jahrhunderten von andern Seiten der Menschheit, von nicht jüdischen religiösen Anschauungen her in die Religion Israels und zwar gerade auch ins palästinensische Judentum eingedrungen seien. Auf Einflüsse des Parsismus hat man die Ausbildung der Lehre vom Satan und den guten Engeln und den Glauben an eine künftige Totenauferstehung zurückgeführt. Aber für beides lagen Wurzeln und Triebe jedenfalls schon in der älteren Offenbarungsreligion und ihrer eigenen inneren Entwickelung, wenn auch bei dieser die Berührung mit anderweitigen religiösen Vorstellungen fördernd mitwirken mochte. Überdies ist das Alter jenes Glaubens im Parsismus noch fraglich. Und jene ausgebildeten jüdischen Engelsvorstellungen gehörten jedenfalls weit mehr nur zu einer Einkleidung, als zu dem lebendigen, wirksamen Kern derjenigen Wahrheit, durch welche Jesu Wirken dort vorbereitet war und welche dann durch ihn zu ihrer vollen Offenbarung kam. Gewisse, wenigstens mittelbare, Einflüsse griechischen Vorstellens und Denkens mögen weiterhin auch bei palästinensischen Juden, nämlich teils in der eigentümlichen religiösen Gemeinschaft der Essener, teils in gelehrten Schultheorieen stattgefunden haben. Aber gerade für diejenigen Kreise und Personen, in welchen Jesu Offenbarung den rechten Boden für sich fand, kommen sie nicht in Betracht. In seinem eigenen Wort ist keine Spur davon.

So wird unserer gläubigen Erkenntnis, so auch jeder einsichtigen und unbefangenen Geschichtsbetrachtung der große Zusammenhang der Einen geschichtlichen Entwickelung, in der wir eben nur eine einzigartige einheitliche Gottesoffenbarung sehen können, fort und fort sich bewähren. Auch eine gewissenhafte historisch kritische Behandlung der alttestamentlichen Schriften wird mit aller ihrer Abweichung von alten Überlieferungen dem keinen Eintrag thun.

b) Die neutestamentliche Offenbarung.

Mit der neutestamentlichen Offenbarung hatten wir uns schon oben eingehend insoweit zu befassen, als wir (in unserem 1. Hauptstück) fragen mußten, wie sie den Glauben an ihren Inhalt ursprünglich erzeugt habe und was auch fort und fort für unsern Glauben das eigentlich Wirksame und Entscheidende sei. Die christliche Erkenntnis hat in diese Fragen tiefer einzudringen, wie wir dies oben versuchten, — während ein einfacher Glaube schon am thatsächlichen Vernehmen der Botschaft vom Heiland und Heil, an der thatsächlichen Wirkung ihrer Eindrücke und am wirklichen Erleben des hierauf hin vertrauensvoll aufgenommenen Heiles sich genügen lassen mag.

Aufgabe unserer christlichen Erkenntnis ist es nun zugleich, Jesu Offenbarung, welche auf diese Weise Glauben fordert und wirkt, in ihrem geschichtlichen Verlauf zu verfolgen, — wie auch sie, die uns das Höchste bringt, geschichtlich bedingt und vermittelt ist und erst allmählich zu ihrer Entfaltung kommt. Und diese ihre ursprüngliche Entfaltung sehen wir noch fortschreiten im Wort und Wirken seiner ersten, apostolischen Werkzeuge, wie dieses in den neutestamentlichen Schriften uns vorliegt.

Jesus in seiner Offenbarung und Heilswirksamkeit.

Die Offenbarung des Gottessohnes Jesu und des Vaters in ihm hebt für uns an, als er in dem ihm von oben gewiesenen Zeitpunkt, nach seiner Taufe, vor sein Volk trat.

Das vom Matthäus- und Lukas-Evangelium berichtete Wunder seiner Geburt kann, während es Voraussetzung der Offenbarung des Gottessohnes ist, für uns erst von dem aus zum Verständnis kommen, was in dieser Offenbarung sich uns darstellt.*)

Voran gegangen war seinem Auftreten ohne Zweifel eine persönliche innere Entwickelung, die durch die Einflüsse alttestamentlicher Offenbarung und Frömmigkeit bestimmt war, dabei aber im unmittelbarsten Verkehr mit dem himmlischen Vater sich vollzog,

---

*) Wir werden darauf aus besonderem Anlaß in unserem letzten Hauptstück, beim kirchlichen Glaubensbekenntnis, noch zu reden kommen.

wie benn barauf auch die einzige geschichtliche Mitteilung aus seiner Jugendzeit, Luk. 2, 41 ff. uns hinweist.

In seiner Predigt nimmt er dann ganz die religiösen Grundgedanken der alttestamentlichen Offenbarung auf und schließt sich so an sie an, wie er sie als seinen Zuhörern bekannt voraussetzen durfte.

Er verkündigt das wirkliche Kommen des Gottesreiches, das die Prophetie als Ziel der Wege Gottes verheißen und dessen Nähe so eben auch schon der Täufer Johannes dem längst harrenden Volk angekündigt hatte, — ein Reich, das Gott selbst aufrichtet und wo er sein Volk selbst der höchsten Herrlichkeit und Seligkeit genießen lassen will. Mit dem Ruf zur Umkehr oder Buße, welche Bedingung für die Teilnahme am Reich ist, verweist er auf Gottes längst geoffenbartes Gesetz oder seine Forderungen, wie sie schon im Alten Testament vorliegen. Und zwar nimmt er diese Grundgedanken wesentlich so auf, wie sie schon in den sogenannten kanonischen Büchern des Alten Testaments enthalten sind. Eben derjenige Geist, der schon die Schriften der Propheten erzeugt hat, erscheint bei ihm neu aufgelebt und in seiner Vollendung. Was er von anderen, weitergebildeten Vorstellungen der letzten Jahrhunderte mit aufgenommen hat, hat im Verhältnis dazu nur untergeordnete Bedeutung und erscheint ganz von jenem Geiste durchdrungen. Von griechischen Einflüssen ist hier, wie wir schon oben bemerkten, keine Spur. Seine Offenbarung stellt sich so vor allem in jener Einheit mit der alttestamentlichen dar, auf die wir schon bei unserer Betrachtung und Würdigung der letzteren das größte Gewicht zu legen hatten.

Aber er lehrt sofort den tiefsten Sinn und vollen Inhalt des Gesetzes verstehen wie keiner der Propheten: so vor allem in der Bergpredigt Matth. 5—7. In dem Gotte, dessen Reich herangekommen ist, lehrt er die Seinen ihren himmlischen Vater erkennen und mit kindlichem Vertrauen anrufen (vgl. oben S. 19). In seinem ganzen Wirken bringt er dann die beseligende Gottesherrschaft schon zu einer wahrhaften, geistlichen Verwirklichung:*) so

---

*) Vgl. über die Idee des Reiches Gottes im Neuen Testament meine Schrift „Religion und Reich Gottes" 1894 S. 193 ff.

vermöge seines Wortes, das wie ein Samen in den Herzen triebkräftig wird, vermöge seiner sieghaften Gewalt über die Mächte der Finsternis, vermöge des neuen Lebensstandes, in welchen er die Seinigen erhebt (vgl. besonders Matth. 13, Luk. 17, 21, Matth. 12, 28); auch in seinen leiblichen Wunderheilungen erweist er sich als den Verheißenen, der das Reich und Heil bringen soll (Matth. 11, 4 ff.). Die großen Propheten, auch der Täufer Johannes, der größte unter allen, die bisher vom Weibe geboren wurden, haben das Wesen dieses Reichs noch nicht verstanden, wie es jetzt schon in Wahrheit gegenwärtig wird, ebenso sicher aber auch seiner das ganze äußere Dasein umfassenden Vollendung erst noch entgegengeht; sogar jener Johannes stand noch nicht in demselben; und der kleinste, der jetzt darin steht, ist schon größer als ein Johannes (Matth. 11, 11). Auch unter Jesu eigenen Aposteln, die dann durch ihn, ihren Heiland und Herrn, sich schon in sein Reich versetzt und der Heilsgüter darin sich teilhaftig wußten (vgl. besonders Kol. 1, 13. Röm. 14, 17), hat doch keiner hernach mit solchen Worten voll Geistes und Lebens das Himmelreich uns vor Augen gestellt, wie es schon jetzt senfkornartig wächst, sauerteigartig weiter bringt, als verborgener Schatz und kostbare Perle zu gewinnen ist (Matth. 13).

Und indem Jesus so von Gottes Willen, Gottes Vaterstellung, Gottes Reiche zeugt, steht nun mehr und mehr er selbst im Mittelpunkte seiner Offenbarung. Gleich von Anfang an tritt er mit eigener höchster Autorität auf wie nie ein Prophet. Den altherkömmlichen Auffassungen jenes Gesetzes stellt er die seinige entgegen mit dem einfachen „Ich aber sage euch". Wie er selbst jenes Reich bringt, so ist ihm selbst Herrschaft und Gericht übergeben vom Vater. Während er alle seine Jünger Gott als Vater anrufen lehrt und will, daß sie Gottes Söhne (Matth. 5, 9. 45) seien und heißen, nennt er sich allein den Sohn schlechthin und Gott seinen Vater in jenem einzigartigen Sinne, den wir schon oben (S. 21 ff.) auseinanderzusetzen hatten. Und so schreitet er nun auch zur energisch ausgesprochenen Forderung fort, daß man der Liebe zu ihm selbst die Liebe zu den eigenen Eltern und Geschwistern hintansetze: ähnlich wie einst in Hingabe an Gottes

Sache und Gebot der Stamm Levi die eigenen Eltern und Brüder verleugnete (Luk. 14, 26. Matth. 10, 37. 5. Mos. 33, 9).

Bei den für unsern Glauben so hochwichtigen Selbstaussagen Jesu, die wir in diesem geschichtlichen Zusammenhang verfolgen, erhebt sich eine Hauptfrage der neueren biblisch historischen Kritik, die auch ein aufrichtig gläubiger christlicher Forscher ernstlich erwägen muß, nämlich die Frage, ob wir das Recht haben, wie es frommer Glaube ohne weiteres thun möchte, mit den von den drei ersten Evangelisten uns berichteten Aussagen die des vierten Evangeliums zusammenzufassen, oder ob etwa diese, wie viele annehmen, erst von einem Standpunkt späteren Glaubens und vielleicht auch Spekulierens dem Herrn in den Mund gelegt sind. Die ganze Untersuchung darüber können wir hier nicht führen, doch wenigstens auf Hauptmomente aufmerksam machen, die einer unbefangenen Betrachtung nahe genug liegen, so sehr sie von zuversichtlichen Vertretern jener Annahme im Anschluß an bei ihnen traditionell gewordene Auffassungen und Behauptungen beiseite gesetzt werden mögen.

Es entspricht ganz der geistigen Beschaffenheit und der Fassungskraft, welche wir für die ersten Jünger nach dem Stand ihrer bisherigen religiösen Entwickelung und so auch gemäß den evangelischen Berichten voraussetzen müssen, wenn keineswegs in ihre ältesten und am weitesten verbreiteten Überlieferungen und schriftlichen Aufzeichnungen gerade die tiefsten und für sie ganz neuen Zeugnisse ihres Meisters von seinem inneren Leben mit und in Gott und von dem Leben, das sie selbst von ihm und in ihm gewinnen sollten, sofort übergegangen, wenn vielmehr von ihnen ganz vorzugsweise jene aus alttestamentliche Gotteswort sich anschließenden sittlichen Forderungen und seine Aussprüche über das ihnen angekündigte und vom Alten Bund her erwartete Gottesreich aufgenommen worden sind. Derjenigen höchsten Stellung aber, die er eben hierbei sich selbst als dem Lehrer von göttlicher Autorität und als dem Herrn des Reichs und Richter über alle Welt beilegt, entspricht ja doch völlig das, was wir auch dort schon über ihn als den Sohn schlechthin und über Gott als seinen Vater vernehmen. Und hat er wirklich die hierher gehörigen Aussprüche gethan, die schon in jenen Evangelien wieder und wieder uns begegnen, dann hat er sicherlich, um wirklich in diesem Sinne sich zu offenbaren und verständlich zu werden, noch viel weiter, als wir dort lesen, auch eigens in dieser Hinsicht sich ausgesprochen. Nur so wird es auch erklärlich, daß, wie wir aus Paulus Briefen ersehen, derjenige wahrhaft göttliche Charakter, den dieser Apostel ihm beilegte, nirgends unter den Jüngern, ja auch nicht bei den gegen Paulus erbittertsten und in ihrem eigenen Glauben beschränktesten Judenchristen auf Widerspruch stieß: Jesus muß mit seinen Selbstzeugnissen über sich, den Gottessohn, und mit der kräftigen Bethätigung dieser seiner Sohnschaft einen höheren und mächtigeren Eindruck bei ihnen hinterlassen haben, als in ihren bestimmten Vorstellungen und Lehraussagen über ihn und auch in den von ihnen vorzugsweise festgehaltenen Worten Jesu selbst zum Ausdrucke kam.

Betrachten wir andererseits die dem Johannesevangelium eigenen Selbstaussagen Jesu, so sind hier von größter Bedeutung diejenigen Eigentümlichkeiten derselben, die wir schon oben S. 22—26 hervorgehoben haben, während gar vielen gelehrten Erklärern und Kritikern wegen ihrer traditionell gewordenen gelehrten Voraussetzungen und Vorurteile der Blick dafür fehlt: bei den höchsten Aussagen des Gottessohnes über seine einzigartige wesentliche Einheit mit dem Vater, von dem er herkommt, doch zugleich ein echt ethischer, in seinem sittlichen Verhalten sich entfaltender und durch sein sittliches Verhalten bedingter Charakter dieser Einheit; zugleich eine Analogie zwischen seiner Lebensgemeinschaft mit dem Vater und zwischen der Gemeinschaft der Seinen mit ihm, zwischen seinem Ausgehen vom Vater und zwischen der Geburt von oben, die an ihnen sich vollziehen soll. Das sind lebensvolle Anschauungen, dergleichen wir bei nachweislich späteren, nachapostolischen Lehrern und Theologen nirgends wiederfinden. Sie weisen auf einen Jünger zurück, der sie im lebendigen Verkehr mit jenem Gottessohne gewonnen und in solche Selbstzeugnisse desselben lebendig sich vertieft hat. Und unser eigenes richtiges und auch wissenschaftliches Verständnis dafür wird immer wesentlich bedingt sein durch eine Beziehung, in die wir dazu auch mit unserem eigenen Leben, seinen Bedürfnissen und christlichen Erfahrungen uns setzen.

Hiernach sehe man zu, ob nicht der Gottessohn, der in diesem Evangelium sich offenbart, doch derselbe ist und dasselbe zu bedeuten hat, wie derjenige, der in den drei andern und namentlich in Aussprüchen wie Matth. 11, 25 ff. von sich und seinem Vater redet. — Weiter haben wir dann mit jenen für Jesus so eigentümlichen Aussagen von einem bereits gegenwärtigen Gottesreiche diejenigen Aussagen Jesu bei Johannes zusammenzustellen, wonach die Seinigen das wahre Leben, d. h. das in sich vollkräftige, vollbefriedigte, beseligte, ewige Leben, das den Subjekten eben im Gottesreich zu teil wird, schon gegenwärtig besitzen (Joh. 5, 24). — Es ist ein Höhepunkt der Offenbarung, zu welchem diese Aussagen Jesu über sich, den Gottessohn und Herrn, und über das Gottesreich und Leben uns erheben. Aber gerade auch hier haben wir zugleich daran zu erinnern, daß es eine schon durch den Alten Bund fortschreitende einheitliche Offenbarung war: schon von dort her stammen auch gerade diese ihren Höhepunkt bezeichnenden Ideen und Ausdrücke.

Wir sahen oben, wie Jesus den Glauben an diese seine Person, seine Würde und Aufgabe innerlich wecken wollte und weckte. Allmählich führte er die alttestamentlich gläubigen Zuhörer von diesem Standpunkt aus dazu weiter. Sich geradezu als Messias einzuführen und zu bezeichnen, vermied er vor ihnen absichtlich (nicht ebenso vor den Samaritern auf seiner Durchreise durch ihr Gebiet nach dem bedeutsamen Zusammentreffen mit jener Frau Joh. 4) Seine Jünger sollten als solchen erst dann ihn anerkennen und bekennen, wenn ihnen nicht bloß darüber, daß er es sei, sondern auch darüber, in welchem Sinn er es sei (nämlich nicht im Sinn ihrer überlieferten sinnlichen Messiasvorstellungen), das Licht von oben aufgegangen war. Und als ihm nun Petrus jenes Bekenntnis Matth. 16 ausgesprochen hat, thut er sofort den wichtigsten weiteren Schritt in seiner Selbstoffenbarung an die Seinen: er kündigt ihnen sein Leiden und Sterben an — im stärksten Gegensatz gegen jene Vorstellungen, im innigsten Zusammenhang mit seinem wirklichen Berufe. Für ihn selbst erscheint der Gedanke daran nichts weniger als neu; hatte er doch darauf auch z. B. schon in den Worten vom schmerzlichen Weggang des Bräutigams Matth. 9, 15 hingedeutet. Offen beginnt er davon zu reden, als seine Jünger insoweit ihn gläubig kennen gelernt hatten, daß sie auch davon zu hören fähig sein sollten, und als die Nähe der schweren Katastrophe ein längeres Schweigen darüber nicht mehr für ihn zuließ.

Bedeutsam aber ist dann für uns zugleich der Inhalt seiner bestimmten Äußerungen über Gottes und seine eigene Absicht bei solcher Hingabe in den Tod und die kleine Anzahl und Kürze seiner hierauf bezüglichen Worte. Mit so wenigen Worten führt er seine Jünger darin ein, indem es ihnen und so auch uns erst recht eindringlich und verständlich werden sollte im wirklichen geschichtlichen Hergange: in seinem wirklichen Leiden, das er wie ein den Gottesfeinden Preisgegebener bestehen muß und in welchen jene Weissagung Jes. 53 (oben S. 171) merkwürdig erfüllt erscheint, in jenem Kampf in Gethsemane, wo der Gottessohn den Gehorsam gegen den Vater nicht bloß bewährt, sondern auch (nach Hebr. 5, 7 f.) erst weiter noch lernt, in dem Gefühl der Gottverlassenheit, das er am Kreuz nicht bloß kennen lernt, sondern auch im Gottvertrauen besteht und überwindet, endlich in den Erscheinungen des aus dem Tode siegreich erstandenen, der jetzt aufführt zu seinem und der Seinigen Vater, zu seinem und der Seinigen Gott (Joh. 20, 17). Das Wenige aber, was er über die Bedeutung seines Todes den Jüngern sagt, enthält die Grundweisungen auch für unsere christliche Erkenntnis und Lehre, wenn wir jene nicht bloß in unserem Leben erfahren, sondern, wie es für uns Bedürfnis ist, auch im Zusammenhang unseres ganzen religiösen Glaubens und Wissens verstehen lernen wollen. Und zwar muß ganz besonderes Gewicht für uns das Wort haben, das er gerade beim Eingang ins Leiden in jenem feierlichen Momente seines letzten Abendmahls von seinem dahinzugebenden Leib und seinem zu vergießenden Blut als dem Bundesblute sprach und das sicherer als irgend eine andere seiner Reden durch Paulus (1 Kor. 11, 23 ff.) und die drei ersten Evangelisten zugleich uns bezeugt ist. Es ist kaum begreiflich, wie man bei der Beziehung, welche für Jesu Jünger jedenfalls das Blut der Sühnopfer auf die Sühne der Sünden vor Gott hatte (vgl. Hebr. 9, 22. 3. Mos. 17, 11) und auf welche sie namentlich durch die Erzählung von der Stiftung des Alten Bundes (2. Mos. 24, vgl. auch 1. Petr. 1, 2) sich hingewiesen sahen, in jenem Worte Jesu den Sinn verkennen kann, daß durch seine Todeshingabe eben wirkliche Sühnung der Sünden vollbracht, Vergebung ausgewirkt, Erlösung vor allem aus dem Banne der Schuld und des Verderbens (vgl. auch Matth. 20, 28) erzielt werden sollte. Wir erkennen so, daß der Gottessohn nicht bloß den Vater uns offenbaren und Gaben von ihm uns bringen, sondern auch für uns vor ihm eintreten wollte, damit wir seiner Liebe und Liebesgaben trotz Sünde und Schuld genießen könnten. Ähnlich sagt er bei seiner Hingabe in den Tod auch (Joh. 17, 19), daß er zu ihrem Besten sich heilige oder weihe, wie eine heilige Opfergabe. Nur erfasse man dies im innigsten Zusammenhang, dem in den alten kirchlichen Lehrbildungen nicht genug gethan ist, mit dem Inhalt anderer Worte Jesu — mit der Bedeutung seiner durch den Tod bedingten Erhöhung für die Seinen, denen dann von ihm her (nach Joh. 14—16) der Geist von oben zu teil werden soll, und namentlich mit der Bedeutung, welche seine Todeshingabe vor allem auch für ihn selbst, für sein Verhältnis zum Vater und eben vermöge dessen wieder für die Seinigen hat, indem er darin als Gottes Sohn des Vaters Gebot erfüllt (Joh. 10, 17 f., dazu vgl. oben S. 23) und wie durch eine Taufe zu einem neuen Lebensstand übergehen und geweiht werden soll (Mark. 10, 38). Beachten müssen wir auch, daß er darüber, wie die Sühne durch seinen Opfertod gewirkt werden soll, noch keine nähere Erklärung giebt: Nichts darüber, ob das Gottwohlgefällige seiner Selbsthingabe oder ob etwa, wie unser Dogma lehrt, ein Tragen der den Schuldigen gebührenden Strafe hierfür in Betracht komme. Auf jenen Knecht Jes. 53, der leidend die Schuld seines Volkes auf sich nimmt, hören wir aus Jesu Mund nur den kurzen Hinweis Luk. 22, 37.

Der christlichen Erkenntnis sind hier Wege fürs weitere Nachdenken über seine verschiedenen Selbstaussagen und zugleich über den wirklichen Hergang seines Leidens gewiesen; aber hüten wir uns wohl, die Erzeugnisse solchen Nachdenkens und theologischer Lehrbildung der ursprünglichen, unserem Glauben dargebotenen Offenbarung ohne weiteres gleichzusetzen.

Die Offenbarung im apostolischen Wort und Wirken.

Zur neutestamentlichen Offenbarung gehören aber wesentlich noch die Kundgebungen des Geistes bei den Jüngern nach ihres Meisters Erhöhung, die hiermit eintretende Pflanzung des christlichen Gemeindelebens und das Licht, das hier besonders noch durch Paulus aufgegangen, die Darbietung der Offenbarung und des Heiles an die gesamte Menschheit, die hierdurch erfolgt ist. Auch die nüchternste geschichtliche Forschung muß anerkennen: über die während des irdischen Zusammenseins mit ihrem Meister noch so schwachen Jünger war eine gewaltige, außerordentliche Geistesmacht gekommen; sie begeisterte und stärkte sie zum freudigen Bekenntnis des Glaubens an ihren erhöhten Herrn und der Hoffnung auf seine herrliche Wiederkunft; sie verband sie unter einander in feuriger Bruderliebe; sie stattete fürs Wirken innerhalb der Gemeinde und nach außen hin die einzelnen mit verschiedenen Gaben aus, die aus unmittelbarer innerer Erregung heraus an den Tag traten, mit Gaben prophetischen Schauens, der Lehrrede, des ganz eigentümlichen Zungenredens, der leiblichen Heilungen in Kraft des Glaubens. Darüber freilich, ob man in dem allen nur einen psychologisch merkwürdigen schwärmerischen Enthusiasmus wahrzunehmen oder, wie die christlichen Berichterstatter meinten, den heiligen Geist Gottes und Christi anzuerkennen habe, kann eine historische Untersuchung nie für sich entscheiden, sondern nur im Zusammenhang mit der Stellung, die der Untersuchende in seinem eigenen innern Leben zu den Heilsbedürfnissen, Heilsthatsachen und Heilserfahrungen einnimmt.

Auffallen kann wieder, daß Jesus selbst nur so selten von einem künftigen eigenen Gemeinwesen seiner Jünger geredet hat, oder von einer Gemeinde oder Kirche, wie eine solche nun sofort in lebendiger Wirklichkeit dastand. Nur zwei Worte, in denen er ausdrücklich von seiner Gemeinde redet, sind uns erhalten (Matth. 16, 18. 18, 17), und neuere Kritiker haben ihm diese und überhaupt die Absicht einer eigenen Gemeindebildung absprechen wollen. Wir aber sehen auch hier wieder, wie alles, was zum christlichen Glauben und Leben gehört, nicht durch bloße Lehrworte, sondern erst vermöge der wirklichen Vorgänge und Erlebnisse offenbar werden sollte.

Bei der geistigen Erregung und Erhebung der ersten Jüngerschaft könnte man sich darüber verwundern, daß sie doch noch streng und als ob sich's von selbst so verstünde, das ganze mosaische Gesetz mit allen seinen Äußerlichkeiten zu beobachten und der jüdischen religiösen oder kirchlichen Obrigkeit sich zu untergeben fortfuhr. Wenn Jesus Gleiches that, so sprach er doch zugleich schon Sätze wie den aus, daß nicht das in den Mund Eingehende, sondern das aus Mund und Herzen Ausgehende einen vor Gott verunreinige (Matth. 15, 10 ff.), — Sätze, wodurch jene Äußerlichkeiten prinzipiell schon entwertet waren und wonach man hätte denken mögen, er warte nur noch die rechte Stunde ab, um die praktischen Konsequenzen zu ziehen. Die ganze Menge seiner ersten Jünger zog diese doch nicht, folgte ihrem Meister auch nicht in seinem speziellen Eifern gegen die äußerliche Gesetzesgerechtigkeit der Pharisäer nach. Von ihm aber sehen wir eben hierin, wie hoch doch er über den andern allen stand. Und im Gegensatz gegen jene Beschränktheit erfolgt nun vollends der wichtigste Offenbarungsakt der apostolischen Zeit: die wunderbare Bestellung des Paulus zum Zeugen von Christus und dem Heil in Christo.

Eben das volle, durchgreifende Zeugnis davon, daß in Christus und in ihm allein Heil oder Rettung ist (vgl. dazu das petrinische Wort Apostgesch. 4, 12), läßt den Apostel Paulus auch jene Schranken zerbrechen. Denn nicht etwa aus einer bloßen verständigen Kritik jener äußerlichen Satzungen und ihres Wertes erwächst für ihn die Freiheit von denselben, sondern er weiß sich jetzt frei von dem ganzen bisherigen Gesetzesstand überhaupt, wo ihm Gottes Forderungen wie eine ihm innerlich fremde, zwingende und verdammende Autorität gegenüber standen und wo dann mit ihnen auch jene Äußerlichkeiten sich verbanden; und zwar weiß er sich so frei vermöge der Umwandlung, die durch Gottes Gnade mit ihm selbst innerlich vor sich gegangen ist, durch sein inneres Sterben und Neuaufleben, durch den Geist der Kindschaft, dessen der Glaube an Gottes Gnade in Christo teilhaftig macht und aus dessen freiem Trieb nun die gottgefälligen Früchte erwachsen (vgl. Röm. 6, 14 ff. 7, 6. 8, 14. Gal. 5, 18). Zu diesem Glauben aber und dieser Erkenntnis ist er gelangt durch die von ihm selbst berichtete wunderbare Offenbarung Christi, der ihm erschien und innerlich ihn ergriff und erleuchtete (1. Kor. 9, 1. Gal. 1, 16. Phil. 3, 12). Und ergriffen hat ihn so die Gnade, nachdem er an sich selbst so, wie kein anderer der uns bekannten Apostel, erfahren hatte, daß man mit der in jenem Gesetzesstand erstrebten eigenen Gerechtigkeit vor Gott immermehr bestehen könne. Die Frage, auf welche uns die erste Jüngergemeinde geführt hat, wiederholt sich ganz besonders bei diesem Apostel: haben wir bei ihm, der solches von sich aussagte und weiterhin im steten unmittelbaren Verkehr mit seinem himmlischen Herrn zu stehen sich bewußt war, mit einem ebenso gewaltigen wie excentrischen Enthusiasmus oder mit wirklicher, wunderbarer Offenbarung zu thun? Von der Antwort darauf gilt ebendasselbe wie oben.

Was so mit Paulus und durch Paulus geschah, ist jedenfalls das wichtigste Moment im weiteren Verlauf der göttlichen Thaten und Kundgebungen, die wir noch nach Jesu Erhöhung zur ursprünglichen, unsern christlichen Glauben und christliche Erkenntnis auf immer begründenden Heilsoffenbarung zu rechnen haben. Mit jenem Geiste, der ihn zur tiefsten Auffassung des christlichen Heils und ebendadurch zum freudigsten Bewußtsein christlicher Freiheit führte, sehen wir bei ihm auch die eigentümliche Energie und Schärfe des reflektierenden Denkens verbunden, wie er sie namentlich in Auseinandersetzungen und Kämpfen mit Gegnern bethätigt. Er hat ferner, wie wir es von ihm allein unter den Aposteln wissen, die gelehrte jüdische Schule bei einem Gamaliel durchgemacht. Auch eine gewisse Bekanntschaft mit griechischer Litteratur ist ihm, wie auch andern Gliedern einer solchen Schule nicht ganz fremd geblieben. So steht er in der Geschichte der Offenbarung vor uns als der große Heidenapostel, — so als der Jünger, der innerhalb der Christenheit das klarste und schärfste Zeugnis speziell vom seligmachenden und befreienden Glauben als solchem im Gegensatz gegen Werkgerechtigkeit und Gesetzesknechtschaft für alle Zeiten auszusprechen berufen war, — so zugleich als derjenige, ber, während sein Zeugnis ganz vom Leben ausgeht und aufs Leben zielt, verhältnismäßig am meisten auch schon vom einfachen Glauben zu einem darauf ruhenden entwickelteren Erkennen uns weiterführt.

Aber auch die Kundgebungen des neuen Lebensgeistes, die von andern apostolischen Männern her uns erhalten sind, dürfen wir nicht übersehen.

Ein Petrus hat, soweit wir aus dem 1. Petribriefe schließen können*) und auch sonst von ihm wissen, jene Grundmomente der Heilswahrheit nicht mit der ganz besonderen Schärfe und Tiefe paulinischen Denkens erfaßt, war wohl auch mehr zu warmem praktischem Zeugen und Wirken als zu eigentümlicher Ausbildung der Lehre vermöge seiner Gaben berufen, ist auch selbst erst durch Paulus hierin noch weiter gefördert worden, ja bedurfte auch einmal noch einer praktischen Zurechtweisung durch diesen, als er judaistischen Eiferern in seinem Verhalten Konzessionen machte, in denen die von ihm selbst schon gewonnene Überzeugung verleugnet war (Galat. 2, 11 ff.). Aber wie frisch, sicher und freudig redet doch auch in jenem ganzen Briefe der neue Geist mit dem Bewußtsein der schon gewonnenen Erlösung von der Macht und Schuld der Sünde, mit einer Furcht vor dem heiligen Gott, die jetzt eine kindliche Furcht vor ihm, dem Vater, ist, und namentlich mit einer innigen, zuversichtlichen, in Leiden und Kämpfen ausharrenden Hoffnung auf das noch bevorstehende vollendete Heil, die aus der von Gott gewirkten Neugeburt des erlösten Christen hervorgeht; dabei eine Rückbeziehung aller der echten christlichen Ideen auf die Ideen und Ausdrücke der alttestamentlichen Offenbarung, wie wir sie so reich und gedrängt und zugleich so schlicht und ungekünstelt in keiner andern Schrift des christlichen Altertums wieder finden.

Und ausdrücklich ist hier auch der Jakobusbrief zu nennen, so sehr seine Art ihn von den bisher genannten Geisteserzeugnissen unterscheidet. Luther hat bekanntlich von ihm gesagt, er sei im

---

*) Gegen die Abfassung des 2. Petribriefs durch Petrus erheben sich aus seinem Inhalt, aus seinem Verhältnis zum Judasbrief, den der Verfasser benützt hat, und aus den alten äußern Zeugnissen berechtigte Zweifel.

Vergleich mit jenen und den johanneischen Schriften eine recht stoherne Epistel, weil nämlich Luther in ihm die rechte Heilsbotschaft und namentlich die rechte Lehre vom Glauben in seiner Bedeutung für Rechtfertigung und Leben (vgl. darüber in unserm folgenden Hauptstück) vermißte. Ohne Zweifel zeugte Jakobus von Jesus ganz vornehmlich als von dem Christus und Herrn, dem die Herrlichkeit zukomme und auf dessen Wiederkunft in der Reichsherrlichkeit die an ihn Glaubenden und im Glauben mit ihm Verbundenen harren sollten (vgl. Jak. 2, 1). Das Wort der Wahrheit (1, 18 ff.) legte er ihnen besonders angelegentlich mit Bezug auf die dazu gehörigen sittlichen Forderungen Gottes ans Herz, indem er diese im Sinne der Bergpredigt Jesu verstehen lehrte. Aber wie zeigt er nun auch in der frischen Kraft seiner Worte sich selbst von diesem Willen Gottes durchdrungen, sich vom rechten Ideal eines „vollkommenen Mannes" (3, 2) beseelt! Wie weiß er gerade in der Anerkennung und Befolgung des „vollkommenen Gesetzes" sich innerlich frei: das Gesetz selbst ist ihm ein Gesetz der Freiheit (1, 25). Und den Grund solchen neuen innern Lebens sieht auch er (1, 18) in einer Gnadenwirkung und Gnadenmitteilung Gottes, der nach seinem Willen durchs Wort der Wahrheit uns gezeugt hat (1, 18). Wir können den Mangel an einer Entwickelung der eigentlichen Lehre vom Heil und Heilswerk uns wohl erklären bei einem Manne von streng praktischer und von ursprünglich alttestamentlicher Frömmigkeit; wir können uns auch denken, daß er bei jenem Bewußtsein innerer Freiheit es als recht und gut für die aus dem alten Gottesvolk stammenden Christen ansah, zugleich noch unter den dort aufgerichteten äußerlichen Satzungen zu verbleiben, die er eben auch nicht mehr wie ein drückendes Joch empfand (vgl. besonders Apgesch. 21, 20 ff.); und auch recht schlimme, beschränkte Eiferer für dieses Gesetz konnten dann an ihn sich hängen (vgl. besonders Gal. 2, 12). Ein thatsächlicher Zeuge aber von dem neu angebrochenen Heilsleben bleibt er für uns auch gerade mit dieser seiner Eigentümlichkeit.

Am Schlusse der im apostolischen Zeitalter sich vollziehenden Offenbarung stehen für uns das Evangelium und die Briefe des

Jüngers, der einst an des Herrn Brust lag, des Apostels Johannes; so nicht bloß der Zeit nach, sondern auch hinsichtlich ihres eigentümlichen Charakters. Zu diesem gehört zwar jene Schärfe eines den Inhalt zerlegenden und begründenden Denkens, worin Paulus allen voranging, gerade nicht. Aber die höchsten, ebenso umfassenden wie einfachen Grundideen der Offenbarung stehen wie in geistiger Anschauung vor ihm und kommen in der schlichtesten Redeform bei ihm zum Ausdruck: Gott als Licht und Liebe, — der eingeborene Gottessohn voller Gnade und Wahrheit, in welchem wir den Vater sehen und schon jetzt das wahre, ewige Leben haben, — der neue Lebensstand der Gläubigen als ein Stand der Gotteskindschaft, die auf einer Geburt aus Gott ruht, und als ein Wandel im Lichte, in welchem die Christen den für sie nicht mehr schweren Gottesgeboten treulich nachkommen (1. Joh. 1, 5 ff. 4, 7 ff. 3, 9 ff. 5, 1 ff. Joh. 1, 12 ff. 5, 24. 14, 9).

Der Apostel selbst stand ohne Zweifel am Schluß eines langen, in innerer Gemeinschaft mit seinem Herrn geführten Lebens, als er in dieser Weise die höchsten Wahrheiten vortrug, die in tiefster Kontemplation sein eigen geworden sind und die er zugleich aufs einfachste praktisch geltend macht. Auf das dem entsprechende Eigentümliche in seiner Wiedergabe der Reden Jesu selbst ist schon oben (S. 182 ff.) aufmerksam gemacht worden.

Manche meinten, diesen letzten auf uns gekommenen Erzeugnissen der apostolischen Offenbarung einen spekulativen Charakter beilegen zu müssen. Und wesentlich als Sache der Erkenntnis werden wirklich jene Wahrheiten von Johannes uns dargeboten (vgl. besonders auch Joh. 17, 3). Aber sein eigenes Erkennen ist, wie wir schon bemerkten, vielmehr ein intuitives, und für seine Auffassung des rechten christlichen Erkennens überhaupt ist charakteristisch, daß es durch ein sittliches Verhalten bedingt und daß die Wahrheit etwas ist, das „gethan" wird (Joh. 3, 21; vgl. auch schon oben S. 35 ff.).

Man bezeichnet ferner seine Geistesart als mystisch, und zwar mit Recht, sofern er zu seinem Gott und Herrn sich mit seiner ganzen Persönlichkeit in eine unmittelbare Beziehung setzt und setzen will, an die kein diskursives Denken hinanreicht. Aber es

2. Die göttliche Heilsoffenbarung in ihrem geschichtlichen Gange.

ist bei ihm nicht wie bei verkehrter, ursprünglich heidnischer Mystik eine Beziehung, bei der des Frommen endlicher persönlicher Geist in einem absoluten Sein untergehen möchte, sondern eben eine wesentlich ethische, in der das gläubige Subjekt die göttliche Liebesoffenbarung aufnimmt und durch sie sich bestimmen läßt.

Vorzugsweis auf die johanneischen Zeugnisse hatten wir schon bei der Frage nach Ursprung und Wesen des Glaubens überhaupt hinzuweisen. Vornehmlich sie haben wir so auch zu beachten, indem wir eigens von der Erkenntnis handeln, die zum Glauben gehört.

Wir haben hiermit die Vollendung der Offenbarung, wie sie nach Jesu Tod und Erhöhung in der ersten Jüngergemeinde statt hat, ihrem allgemeinen Wesen und Inhalt nach überblickt: sie erfolgt in der wirklichen Mitteilung des durch Christus gestifteten Heiles, im Aufleben des von ihm kommenden Geistes bei seinen Jüngern, in der Herstellung seiner Gemeinde, wo sein Heil fort und fort dargeboten werden und sein Geist hierdurch fortleben soll, in der Wirksamkeit dieses Geistes namentlich auch bei denjenigen apostolischen Männern, deren ursprüngliche Zeugnisse von Christus und seinem Heilswirken als Grundzeugnisse für den christlichen Glauben aller kommenden Zeiten durch Gottes Fügung in den neutestamentlichen Schriften uns erhalten worden sind. Diese Offenbarung also in ihrer Einheit mit der vorangegangenen persönlichen Offenbarung des Gottes- und Menschensohnes und diese gesamte Heilsoffenbarung in ihrem innern Zusammenhang mit der alttestamentlichen Vorbereitung zu erfassen und zu verstehen, ist Aufgabe unserer Glaubenserkenntnis. Diese wird darin wahrhafte und im höchsten Sinn vernünftige Weisheit (1. Kor. 2, 6) erkennen, ob auch über Einzelheiten des äußern geschichtlichen Verlaufs gar viele noch unerledigte kritische Bedenken ihr vorliegen: sie wird sich durch solche um so mehr auf das wirklich Wesentliche hinweisen lassen müssen.

Blicken wir näher noch auf lehrhafte Aussagen jener neutestamentlichen Zeugen über **Objekte** des Glaubens, in die dann auch unser Erkennen weiter einzubringen versuchen muß, und zwar namentlich über **Christi Person** und über die **objektive**

Bedeutung seines Lebens und Sterbens für unser
Heil, so treten in der apostolischen Anschauung von diesem Heils=
werke Christi jetzt sehr klar die zwei Hauptgesichtspunkte hervor:
der des Opfers, auf den schon Jesu Worte so deutlich uns hin=
führten, und der jenes an der Sünder statt geduldig leidenden
Gottesknechtes und Lammes, worauf Jesus wenigstens Luk. 22, 37
hingewiesen hat (hierzu vgl. Apgesch. 8, 32f. 1. Petr. 2, 22 ff.
Hebr. 9, 28, das „Lamm" in der Offenb. Joh.). Aber bestimmtere
dogmatische Auseinandersetzungen über des Opfers Bedeutung (vgl.
oben S. 186) vermissen wir auch hier, und ebenso wenig erhalten
wir solche darüber, wie die Übernahme jener Leiden auf den Un=
schuldigen und wiederum der Übergang seiner Gerechtigkeit auf
die Schuldigen vermittelt zu denken sei.

Am stärksten und gewichtigsten erscheint eine solche wechsel=
seitige Übertragung in den dem Paulus eigentümlichen Aussagen
ausgedrückt, daß Christus ein Fluch für uns geworden (Gal. 3, 13),
ja daß er von Gott für uns zur Sünde gemacht sei, damit wir
in ihm die Gerechtigkeit, die vor Gott gilt, würden (2. Kor. 5, 21).
Selbstverständlich ist hier, daß der Ausdruck nicht buchstäblich zu
nehmen ist, als ob Christus selbst einen durch und durch sündhaften
Charakter angenommen hätte; einer näheren Erklärung aber bedarf
es dann, wie weit wenigstens alles das, was nach göttlichem Ver=
hängnis und Recht über die Sünder kommen sollte, ihn wirklich
und gleichermaßen getroffen habe. Eine Erklärung für jene Aus=
sagen kann man auch nicht etwa in pharisäischen Schulvorstellungen
finden, welche manche in sehr oberflächlicher Weise beigezogen haben,
um zugleich die Geltung der paulinischen Aussage für uns herab=
zusetzen, welche indessen keineswegs identisch mit jenen sind. Dazu
kommt, daß mit dieser Bedeutung des Todes Christi bei Paulus
noch eine andere ganz unmittelbar sich verbindet, die an sich und
in ihrer Beziehung zu jener gleichfalls wieder einer Auseinander=
setzung für ein reflektierendes Denken und Erkennen bedürftig sein
wird: diejenigen nämlich, zu deren Bestem Christus so gestorben
ist, sind eben hiermit auch selbst gestorben, um nun ein neues, ihm
zugehöriges Leben zu leben (2. Kor. 5, 14 f. vgl. Röm. 6, 2 ff.).
Sehr zu beachten ist zugleich, wie dieser Apostel, der in seiner

2. Die göttliche Heilsoffenbarung in ihrem geschichtlichen Gange.

Heilslehre auf Christi Tod und Auferstehung so vorzugsweise Gewicht legt, doch gerade nicht gleichmäßig wiederkehrende, feste dogmatische Ausdrücke hierfür gebrauchte, vielmehr das, was in lebendiger innerer Anschauung vor ihm stand, in verschiedenen Ausdrücken auszuprägen versuchte, und zwar in Ausdrücken, die an alttestamentliche Worte und an gewisse auch schon von echter jüdischer Frömmigkeit aus dem Alten Testament aufgenommene Begriffe sich anschlossen.

Für unsere gläubige Erkenntnis wird sich aus diesem Charakter der apostolischen Aussagen überhaupt die Berechtigung und Verpflichtung ergeben, noch weiter dem Verständnis der Versöhnung durch Christus nachzustreben, für die Hauptmomente jener Aussagen weitere innere Vermittlung zu suchen und das Symbolische, das ihnen eigen ist, vom strengen Gedankengehalt zu unterscheiden, alle anderen im neutestamentlichen Wort uns gegebenen, wenn auch mehr zurücktretenden Weisungen und Winke mit beizuziehen, den Gegenstand im innigsten Zusammenhang mit dem gesamten übrigen Inhalt unseres religiösen und sittlichen Bewußtseins und Denkens zu erfassen und zu durchdenken. Zugleich aber ergeht aus allen den neutestamentlichen Zeugnissen an uns die Mahnung, daß, wie die Ausbildung der Heilslehre dort ursprünglich auf Grund des thatsächlichen Lebens und Leidens des Heilands und auf Grund des thatsächlich von ihm ausgegangenen Heiles und Lebens erfolgt ist, so hierauf auch unser weiter bringendes Erkennen fort und fort zurückgehen muß. Nur so wird die Arbeit der Erkenntnis auch der Festigkeit des Glaubens förderlich werden; und das Unvollkommene und Stückweise, was diese Arbeit immer behält, wird den Erkennenden dann zwar bescheiden, aber nicht mutlos machen.

Mit Bezug auf Christi Person schreiten die apostolischen Aussagen dahin fort, daß er, der als Gottes Sohn auf Erden sich geoffenbart hat, schon vorher, ja von Uranfang her beim Vater existiert habe und durch ihn schon die Welt geschaffen sei. So nicht etwa erst im Evangelium des Johannes, der ihm (Joh. 1, 1) im Hinblick hierauf den besonderen Namen des Logos, d. h. Wortes, beilegt, sondern auch in den paulinischen Briefen (vor allem schon 1. Kor. 8, 6) und in der von diesen sonst so verschiedenen Offenbarung Johannis (3, 14). Jesus selbst redet nur in einzelnen,

besonders bedeutungsvollen, aber kurzen, geheimnisvoll klingenden
Aussprüchen jenes Evangeliums von einem Sein beim Vater schon
vor seinem Kommen in die Welt, ja Joh. 8, 58 wie von einem
Sein, das ihm unabhängig von der Zeit zukomme.

Da treffen nun jene apostolischen Aussagen mit zwei Vorstellungen, die wohl schon damals innerhalb des Judentums bestanden, in gewisser Weise zusammen. Die eine ist die, daß schon
von Uranfang her der Messias, von Gott geschaffen, im Himmel
existiert habe und desgleichen auch noch anderes, wie z. B. das
Heiligtum, nämlich nicht etwa Ideen oder allgemeine Begriffe im
Sinne Platos (dessen Philosophie Neuere hierfür beigezogen haben),
wohl aber Objekte höchsten Wertes, auf deren Verwirklichung hienieden dann Gottes ganze Weltschöpfung und Weltlenkung hinzielte. Die andere Vorstellung ist die, daß das Wirken des über
alles Endliche schlechthin erhabenen Gottes auf diese endliche Welt
vermittelt sei durch eine die höchsten Kräfte und Gedanken in sich
befassende, wie eine Persönlichkeit vorgestellte und doch nie
klar und scharf als solche charakterisierte geistige Kraft oder
Potenz: so nach dem an griechische Philosophie sich anschließenden Juden Philo durch den Logos, welcher Begriff dann nach
einer für viele feststehenden traditionellen Behauptung von dort
in unser viertes Evangelium übergegangen sein soll; vom Alten
Testament her bot sich dafür die Idee der göttlichen Weisheit dar
(Spr. 8, 22 ff.). In Beziehung zu einander treten jene beiden
Vorstellungen im Judentum gerade nicht: der Messias wird keineswegs auch als jenes vermittelnde Wesen vorgestellt, — auch überhaupt
nur als Mensch und sein präexistentes Dasein nur wie ein abstraktes Existieren, ohne daß dabei von einer inneren Lebensbeziehung
zu Gott die Rede wäre.

Wir werden anzuerkennen haben, daß, als das Denken und
Erkennen der vom Geiste beseelten Apostel zu jener Betrachtung
Christi in seinem Verhältnis zur gesamten zeitlichen Entwickelung
und schon zur Weltschöpfung fortschritt, auf die Ausprägung desselben solche jüdische Vorstellungsformen mit einwirkten. Aber ausgegangen ist es nicht, wie namentlich die philonische Spekulation,
von metaphysischen Fragen über Gott und Welt, Absolutes und

Endliches, sondern immer wieder von dem geschichtlichen Christus und dem in ihm erschienenen Heile. Von hier aus hatte der Blick zunächst auf die sicher bevorstehende Vollendung seines Werkes und höchste Verherrlichung seiner Person sich gerichtet, worauf alle die Wege Gottes mit seiner Menschheit und Welt hinzielen. Erst dann und von dort aus geht derselbe zurück auf die Bedeutung, die dieser Christus schon von Uranfang an vor Gott und für die ganze Welt hat: als Mittler schon der Schöpfung, wie dann des Heiles, — als der, durch welchen, wie als der, auf welchen hin alles geschaffen ist (vgl. Kol. 1, 15 ff.). Gar keine Rede ist hierbei von dem, was die stoische Philosophie und nach ihr Philo in jenem Logos sah, — von einer die weltbildenden Kräfte und Ideen umfassenden und der Welt selbst immanent gewordenen Vernunft; vielmehr nur eben als „Wort" will Johannes mit seinem Logosnamen den bezeichnet haben, der für uns die göttliche Offenbarung geworden ist und dem entsprechend auch schon in der Schöpfung wirksam war. So ist dann auch die ganze Anschauung von dem durch den Logos wirkenden Gott von der eines Philo und von der jenes Judentums überhaupt gründlich verschieden, ja ihr entgegengesetzt. Denn für Philo ist Gott wesentlich das abstrakte, absolute, übers Endliche, ja über jede Bestimmtheit erhabene Sein, das eben deswegen eines vermittelnden Logos dem Endlichen gegenüber bedarf; diesem Gottesbegriff gegenüber kommt dem Logos wahres Gotteswesen schon nicht mehr zu; andererseits ist auch er vom Endlichen und Sinnlichen so verschieden, daß er nicht wirklich eine Welt schaffen, sondern nur eine schon ewige Materie gestalten kann; völlig undenkbar wäre gar eine Menschwerdung desselben. Und charakteristisch ist ein abstrakt transcendenter Gott auch für das Judentum — nicht, wie man oft sagt, für das des Alten Bundes, wohl aber für dasjenige Judentum, von dem wir hier reden. Dagegen erkennt die apostolische Anschauung als Grundbestimmung in Gottes Charakter und Wesen seine heilige Liebe und eben hiermit erkennt sie im Gottessohne, der voll ist von Gnade und Wahrheit (Joh. 1, 14), dieses Gottes wahrhaftige, volle Selbstoffenbarung und Mitteilung, und zwar sieht sie dieselbe begründet schon in jenem uranfänglichen göttlichen Verhältnis, das ihr als Sein des Logos selbst bei Gott sich darstellt. Andererseits gebraucht sie für die wahrhafte, volle Einigung des Göttlichen und des irdisch Menschlichen im geschichtlichen Christus den denkbar stärksten Ausdruck, nämlich den einer Fleischwerdung des Logos. Metaphysische Fragen darüber, wie dies beim Wesensverhältnis des Absoluten als solchen zum Endlichen und Sinnlichen als solchem zu denken sei, kommen für dieses gläubige Erkennen noch gar nicht zur Sprache. Ja es wird in denjenigen apostolischen Aussagen, welche von der Fleischwerdung und, wie das Wort Phil. 2, 6 ff. von einer gewissen Selbstentäußerung jenes Präexistenten reden, auch nicht einmal der Versuch gemacht, wenigstens diesen Vorgang näher auseinanderzusetzen. So sehr fällt hier fort und fort alles Gewicht auf das, was wir jetzt im menschgewordenen Gottessohn, unserem Herrn und Heiland, haben; indem eben von hier aus und im Interesse hierfür der Blick apostolischer Männer über ein vorangegangenes Sein Christi und seine Bedeutung für Gottes Beziehung zur Welt sich ausdehnte, haben sie, so weit wir irgend wissen und vermuten können, zu eingehenderen Reflexionen und Ausführungen darüber sich nicht berufen gefunden (vgl. oben S. 87).

Fragen wir hiernach nach der Aufgabe des christlichen Erkennens überhaupt, so dürfen wir dort gewiß ersehen, daß es für dasselbe wirklich Bedürfnis und Pflicht ist, in jener Richtung nach Kräften zu arbeiten. Und je mehr in christlichen Kreisen das Welterkennen fortschreitet und die von ihm aus sich ergebenden allgemeinen Grundbegriffe sich feststellen und ausgestalten, umsomehr wird jenes auch über die Beziehung seiner eigenen Ergebnisse hierzu sich Rechenschaft geben und so notwendig auch mit den dort noch beiseite liegenden metaphysischen Fragen sich beschäftigen müssen. Aber vor allem haben wir doch dem neutestamentlichen Worte hier wieder ebensolche Mahnungen wie oben in betreff der Fragen über Christi Werk zu entnehmen. Und auf die nachapostolische kirchliche Lehrentwickelung blickend, müssen wir sagen, daß dieselben in ihr keineswegs richtig beachtet und daß im Gegensatz gegen sie hier namentlich Einflüsse griechischer und insbesonders auch jener philonischen Philosophie wirksam geworden sind. Zugleich wird indessen eine Erkenntnis, je mehr sie in strengem, klarem Denken sich bewegen und mit jener Welterkenntnis und den Grundbegriffen des Seins und Wissens sich auseinander setzen möchte, um so gewissenhafter auch besonders hinsichtlich dieser ihrer höchsten Objekte sich fragen müssen, wie weit sie hier überhaupt zureichende Begriffe und Ausdrücke zu finden vermag, ja auch ob und wie weit sie jene biblischen Vorstellungs- und Ausdrucksformen hier streng festhalten und durchführen soll und kann, oder vielleicht weit mehr, als von manchen kirchlich gläubigen Christen und Theologen zugegeben wird, auf jenes Bekenntnis des erkenntnisreichen Apostels Paulus zurückkommen muß, daß wir doch immer nur wie durch einen Spiegel Rätselhaftes sehen.

Abschluß der Offenbarung. Die Schriften des Neuen Testaments.

Rechenschaft muß endlich die christliche Erkenntnis auch darüber sich geben, ob wir wirklich die Heilsoffenbarung als abgeschlossen zu betrachten haben. So ist es ja die Überzeugung der evangelischen Christenheit, und dabei legt sie jenen neutestamentlichen Schriften, welche aus der Zeit dieses Abschlusses hervorgegangen sind, die Bedeutung bei, daß wir eben aus ihnen den Inhalt jener Offenbarung zu entnehmen, nach ihren Aussagen also unsere Glaubensaussagen zu normieren haben.

So selbstverständlich, wie es manchem scheinen könnte, ist jene Überzeugung doch nicht, auch wenn wir von jener Bedeutung der Schriften noch absehen. Denn die uns erhaltenen Zeugnisse der neutestamentlichen Offenbarung weisen einen Gedanken daran, daß Gottes Geist mit gleicher Kraft und Unmittelbarkeit wie dort auch noch weiterhin wirken und weitere Wahrheiten erschließen könnte, nirgends ausdrücklich ab. Die römisch katholische Kirche sehen wir zu Gunsten des in ihrem Lehramt und speziell im Papste fortwirkenden Geistes Ansprüche erheben, welche jener Überzeugung unserer Kirche widerstreiten. Innerhalb unserer eigenen Kirche meinte der Irvingianismus eines wunderbaren Neuauflebens apostolischer Offenbarung harren, ja bereits genießen zu dürfen. Von anderer Seite her könnte gegen jenen Abschluß eingewandt werden, daß diejenige Weiterentwickelung der religiösen Wahrheitserkenntnis, die fort und fort in der Christenheit und christlichen Wissenschaft stattfinden und erstrebt werden müsse, auch noch als Weiterbildung oder weitere Vollendung des Inhalts der Offenbarung anzusehen sei.

Dieser Einwendung gegenüber erinnern wir vor allem wieder an das Wesen dieses Inhalts: nicht begriffliche Bestimmungen sind es, an denen etwa ein philosophisches Denken noch weiter arbeiten mag, sondern Gott in seiner lebendigen Beziehung zu uns und der Weg zu seiner Gemeinschaft und seinem Heil, den er durch Christus uns erschlossen hat; erschlossen ist dieser dort ein für allemal, die heilige Liebe Gottes ist ein für allemal uns kund gemacht und dargeboten. Und durch jenes angebliche Weiterwirken des Geistes in der römischen Kirche sehen wir diese Wahrheit vielmehr entstellt, diesen Weg versperrt. Das göttliche Licht, das in der Reformation neu aufleuchtete und unserm Innern immer neu sich bezeugt und bewährt, ist dasjenige, welches wir voll und ganz schon in Christus und dem Wort seiner Apostel aufgegangen sehen. Neben ihm bedürfen wir auch nicht jene angebliche neue Wundergaben des Geistes, noch können wir die angeblichen irgendwo für wirkliche erkennen.

Was sodann die Schriften des Neuen Testaments anbelangt, so gewinnen sie jene Bedeutung für uns dadurch, daß ihre Verfasser nicht bloß über die damals ergangene Heilsoffenbarung als ihr zeitlich nahe stehende, ehrliche Berichterstatter uns Nachricht geben, sondern, daß wir in ihrem eigenen Worte ein ursprüngliches, einzigartiges Leben und Wirken eben desjenigen Geistes wahrnehmen, mit dessen Lebendigwerden in der apostolischen Gemeinde und speziell in einzelnen apostolischen Werkzeugen Gottes jener Abschluß der Heilsoffenbarung eingetreten ist (vgl. oben S. 74).

Offen und bestimmt müssen wir aussprechen: es darf das nicht im Sinn der sogenannten orthodoxen Inspirationslehre verstanden werden, die übrigens ein Luther noch nicht vorgetragen oder für unentbehrlich gehalten hat. Von einer solchen Eingebung der Worte, die sie schrieben, wissen die neutestamentlichen Schriftsteller selbst durchaus nichts. Sie sagen überhaupt nichts von einer Wirksamkeit des göttlichen Geistes bei ihnen im Schreiben, die sich vom Wirken des Geistes in ihrer gesamten apostolischen

Thätigkeit und Verkündigung unterschieden hätte. Und den Geist von oben, von dem sie sich beseelt, erleuchtet und für ihre besonderen Aufgaben auch in besonderem Maße sich ausgestattet wußten, stellten sie doch ohne weiteres mit dem Geist, wie er in allen echt Gläubigen lebe, zusammen (vgl. Paulus 1. Kor. 7, 40. 2, 10 ff., Johannes 1. Joh. 2, 20. 27).

Die einzigartige Eigentümlichkeit aber, die doch das Leben und Wirken des Geistes in jenen Schriften auszeichnet und die wir ebenso fürs mündliche Zeugnis jener Apostel annehmen müssen, giebt sich uns thatsächlich zu erkennen. Vor allem kann kaum stark genug der Unterschied hervorgehoben werden, der zwischen jenen Schriften und allen des nächstfolgenden Zeitalters obwaltet. Christlicher Geist und christliches Leben hat sich ja in der Gemeinde forterhalten und spricht sich aus und entfaltet sich nach verschiedenen Seiten hin auch in den Schriften der apostolischen Väter. Aber wie fehlt ihnen die Originalität, Lebensfrische, Fülle und Gedrängtheit der Ideen und zugleich auch die eble, kräftige Schlichtheit, die in den Schriften der vorhin genannten apostolischen Männer uns anzieht und fesselt und die gerade auch mit den verschiedenen Eigentümlichkeiten derselben und Unterschieden von einander eine nur um so vollere harmonische Gesamtwirkung hervorbringt. Mit den drei ersten Evangelien, wo eine besondere Geistesausrüstung der Verfasser weniger sich kundgiebt, vergleiche man hinsichtlich des schlichten, gesunden, kräftigen Geistescharakters alles, was wir von anderweitiger evangelischer Überlieferung und sogenannten apokryphischen Evangelien besitzen; mit dem einzigen prophetischen Buch unseres Neuen Testaments, der johanneischen Offenbarung und ihren für uns teilweise fremdartigen, aber immer edeln, lichtvollen bildlichen Ausführungen reinster und höchster Ideen die mancherlei noch vorhandenen jüdischen und alten christlichen Apokalypsen, wo auch ein etwaiger schöner Aufflug religiösen Denkens alsbald wieder durch Abgeschmacktheiten und Plumpheiten gelähmt erscheint. Ein wahrlich nicht orthodox oder pietistisch befangener Theolog, Richard Rothe,[*)] hat über die

---

[*)] Rothe, zur Dogmatik S. 200.

Kluft zwischen jener apostolischen und der gleich an sie sich anschließenden Litteratur also geurteilt: „Wie scharf sticht die Hoheit, Fülle, Frische, Natürlichkeit und Gesundheit des Geistes der einen ab gegen die Dürftigkeit, Kleinlichkeit, Leerheit, Steifheit, Geschraubtheit und Schwülstigkeit der anderen! Darüber kann gar kein ernstlicher Streit sein." Wir fügen nur bei: es kann darüber kein Streit sein zwischen Leuten, die auch nur wenigstens für frisches religiöses Leben und originelle Kundgebungen desselben überhaupt noch einen gesunden Sinn haben, und vollends zwischen solchen, bei denen dieser Sinn mit tiefem persönlichem Interesse für den Gegenstand sich verbindet, — während ein solcher Sinn bekanntlich einer großen, reflektierenden, im kleinen arbeitenden Gelehrsamkeit verloren gegangen sein kann. — Die Behauptung Neuerer, daß ein großer Theil der von uns genannten Schriften, namentlich das Evangelium und die Briefe des Johannes und angebliche Hauptbriefe des Paulus, vielmehr selbst erst der nachapostolischen Zeit angehören, können wir hier nicht weiter erörtern, dürfen aber wenigstens in Kürze darauf hinweisen, wie wunderlich es wäre, wenn dann also alle die wirklichen Verfasser solcher Schriften und hiermit gerade die geistesmächtigsten Männer der nachapostolischen Zeit mit ihrem Namen und ihrer Persönlichkeit ganz der Vergessenheit sollten anheim gefallen sein.

Merkwürdig ist auch, wie in der alten Christenheit, die neben ihrem Gebrauch des Alten Testaments und einer von den Aposteln ausgegangenen mündlichen Verkündigung und Überlieferung erst allmählich auch das Bedürfnis eigener, neutestamentlicher Schriften von maßgebendem Ansehen verspürte und einen Kanon solcher Schriften für sich gestaltete, eben unsere gegenwärtigen Schriften und schließlich sie alle und sie ausschließlich zu einer solchen Geltung gelangt sind. Denn längere Zeit standen da und dort auch andere, die den Namen angesehener Männer trugen, in kirchlichem Gebrauch und hoher Achtung. Nur jene aber haben, und zwar ohne daß es lange kirchliche Verhandlungen oder gar Kämpfe darüber gab, sich behauptet und sind allgemein und für immer durchgedrungen. Ja dies geschah in einer Zeitperiode, in der das Verständnis für die tiefsten Momente ihres Inhalts, insbesondere für die paulinischen und johanneischen Grundideen schon gar schwach und mangelhaft geworden war. In kritischen Untersuchungen über ihren apostolischen Ursprung, die immer sehr dürftig waren, kann die Erklärung dafür nicht liegen. Wir finden sie vielmehr zumeist in dem unmittelbaren Eindruck des Geistescharakters der Schriften auf einen christlich religiösen Sinn und Geist, der bei der Christenheit trotz aller Mängel ihres Verständnisses und Lebens sich im Ganzen doch noch behauptete. Eine gewisse Analogie dafür bietet auf dem Gebiete schöner Kunst und Litteratur die Geltung, zu welcher wahrhaft klassische Künstler und Dichter auch da für immer durchdringen, wo ein großes Publikum Anfangs ihren Erzeugnissen andere von weit geringerem Wert ohne weiteres noch gleichgestellt hatte und auch nachher neben seinen nunmehr anerkannten und hochgestellten „Klassikern" thatsächlich noch ganz andere Richtungen pflegt und für jene nur wenig wirkliches Verständnis zeigt.

Die Heilswahrheit, welche in unsern Schriften niedergelegt ist, hat alle Trübungen und Verkehrungen in der Reformation durchbrochen und ihre ewige Lebenskraft siegreich bewährt. Sie war es, welche einem Luther in seinem Herzen und Gewissen sich bezeugte und ihn zu ihrem Hauptzeugen vor der Christenheit gemacht hat. Aber wir wissen, wie hoch eben damit für Luther auch das Ansehen der Urkunde stieg, in welchem sie aufbewahrt war, des geschriebenen Wortes, das mit solch ursprünglicher, göttlicher Kraft von ihr zeugte.

All dem hier Gesagten gemäß hat denn auch unsere christliche Erkenntnis die Schriften zu würdigen.

Die besondere Kraft des Geistes, die sich uns darin kund giebt, dürfen wir ebenso wenig auf rein weltliche, religiös gleichgültige Bestandteile des Schriftinhaltes beziehen, als wir dies bei irgend welchen anderen Aussagen echter Gottesmänner oder auch beim Innewerden der Heilswahrheit in unserem eigenen Herzen thun dürfen. Nur um so sicherer aber wird für eine religiöse Erkenntnis, welche diese Grenzen beachtet, dann auch der wirkliche Inhalt und Zusammenhang der Offenbarungswahrheit und zugleich der einzigartige Wert ihrer neutestamentlichen Urkunden sich feststellen.

Bei aller Anerkennung für den Geist der ursprünglichen Offenbarung in unseren Schriften muß ferner die christliche Erkenntnis verschiedene Stufen und Formen unterscheiden, in denen er doch bei den verschiedenen Schriften sich wirksam zeigt, sowie die verschiedenen Seiten, nach denen diese die Eine Heilswahrheit vorzugsweis auszuführen befähigt und veranlaßt waren. Zugleich aber wird ihr dann auch die Geschichte des christlichen Glaubens, Erkennens und Lebens im großen zeigen, wie eben diese Verschiedenheiten für die verschiedenen Bedürfnisse der Christenheit ihre besondere Bedeutung und ihren eigentümlichen Wert haben, und dem werden auch die Erfahrungen entsprechen, die der einzelne Christ in der Entwickelung seines eigenen sittlich religiösen Lebens und seiner religiösen Intelligenz machen darf. Da lernen wir auch dankbar die göttliche Fügung bewundern, welche die verschiedenen Schriften so zu einem Ganzen im Gebrauch der Kirche hat werden lassen.

Wir haben endlich auch hinsichtlich höchster Wahrheitsaussagen gewichtigster neutestamentlicher Schriftsteller, wie hinsichtlich jener Aussagen über den präexistenten Christus (oben S. 199), die Frage nicht zurückgehalten und dürfen sie grundsätzlich nicht zurückhalten, wie weit doch auch dort jene Wissensschranken, von denen Paulus selbst so nachdrücklich redet, von uns in Betracht zu ziehen und wie weit bei der hierdurch bedingten Gestaltung solcher Aussagen auch geschichtlich bedingte menschliche Vorstellungsformen von Einfluß gewesen sein möchten. Gegenüber von Bedenken aber, die von hier aus und überhaupt von unserer Auffassung der neutestamentlichen Zeugnisse aus bei gläubigen Christen gegen die Sicherheit und Bestimmtheit unserer Glaubenserkenntnis sich erheben mögen, muß diese sich und alle die Gläubigen immer wieder vor allem daran erinnern, daß die Sicherheit des Weges zu Gott oder des Heiles in Christo von der Vollkommenheit aller unserer Aussagen über das göttliche Wesen an sich glücklicherweise nicht abhängt.

Mit der gleichen Mahnung müssen wir auch unsere gesamten Ausführungen über die Glaubenserkenntnis hier schließen. Man könnte ihnen gegenüber von christlich gläubigem Standpunkt aus fragen, wie viel denn dann von demjenigen Inhalt, welchen die überlieferte kirchliche Lehre umfaßt, für unser Erkennen Bestand behalten werde. Das zu beantworten, wäre die Sache einer vollständigen Glaubenslehre. Hier hatten wir zunächst nur mit den allgemeinen Aufgaben, Grundlagen, Mitteln und Schranken christlicher Erkenntnis zu thun, wie sie dem Wesen des Glaubens entsprechen. Was aus ihnen sich ergiebt, mag manche Ansprüche menschlicher Intelligenz und auch eines damit zusammenhängenden vermeintlichen religiösen Bedürfnisses unbefriedigt lassen. Einem echten Glauben aber oder herzlichen, lebendigen Vertrauen zu Gott und dem Heiland kann es nur förderlich sein, indem es ihm das Eine, was not thut, klar macht.

Viertes Hauptstück.

Das Glaubensleben.

Es ist ein wirklicher lebendiger Gott, an den wir glauben. Seine wirklichen Heilsthaten sind es, auf denen unser Glaube ruht und an die er fort und fort sich hält. In seiner lebendigen Wirklichkeit muß dieser Gott, wie er in Jesus sich geoffenbart hat, unserem Bewußtsein und unserer Erkenntnis sich darstellen, damit wir ihn vertrauensvoll erfassen; und wer ihn einmal innig erfaßt hat, seiner Liebe sich erfreut und freudig den Forderungen seines heiligen Willens nachstrebt, der wird mit allen Kräften des von ihm beseelten Geistes ihn auch möglichst in eindringender und umfassender Erkenntnis sich zu vergegenwärtigen suchen, so sehr er auch immer, ja bei fortschreitendem Nachdenken vielleicht noch immer mehr, der Unvollkommenheit des eigenen Erkennens sich bewußt werden und auf falsche Ansprüche der Intelligenz im Glauben verzichten muß.

Mit Recht besteht hierauf ein von Herzen gläubiger Christ dem Unglauben gegenüber, der vermöge eines anderswoher erworbenen Wissens und eines selbständigen Denkens aus den christlichen und überhaupt aus den religiösen Wahrheiten bloße Illusionen meint machen zu können, und dem Kleinmut gegenüber, vermöge dessen auch mancher religiös tief angeregte und ergriffene Mensch doch für diese Wahrheiten jenem Wissen und Denken gegenüber kämpfend einzutreten sich scheut. Nicht minder muß auf die religiöse Bedeutung der objektiven Wahrheit und Wahrheitserkenntnis namentlich in unserer Gegenwart eine Frömmigkeit verwiesen werden, die auch im eigenen Interesse von Fragen nach der objektiven Wahrheit absehen und nur in schönen Gefühlen und idealen Stimmungen sich bewegen möchte.

Wie es mit jener Wahrheitserkenntnis bestimmter sich verhalte, wie sie zustande komme und wie weit sie reiche, haben unsere vorangegangenen Hauptstücke darzulegen versucht.

Aber schon hierbei mußten wir davon ausgehen und immer wieder darauf zurückkommen, daß der Glaube wesentlich Sache unseres innersten persönlichen Lebens ist, daß auf Bewegungen dieses Lebens auch die rechte Glaubenserkenntnis ruht und daß das Ziel des Glaubens nicht eine mehr oder minder adäquate objektive Vorstellung von Gott in seinem Verhältnis zur Welt ist, sondern Lebensgemeinschaft mit ihm, eine darin gewonnene höchste Lebensbefriedigung oder Seligkeit und ein davon ausgehendes gottgemäßes Willensverhalten und Wirken.

Ein Vorgang im Mittelpunkt unseres persönlichen Lebens ist dieser Glaube.

Leben in noch höherem, ja im höchsten Sinne des Wortes ist es, was denen zu teil wird, die an Jesus Christ, den Gottessohn, glauben (Joh. 20, 31).

Eben durch diesen Glauben gelangen sie dazu und bestehen darin.

Und aus diesem Glauben und dem Lebensgeiste von oben, der den Gläubigen zu teil wird, geht dann neues, gottgemäßes und innerlich freies sittliches Leben in dieser Welt für sie hervor.

Dies die Hauptpunkte, die wir hier weiter zu erörtern haben. Es ist nicht bloß für unser Erkennen, sondern zumeist eben fürs Leben wichtig, sie in dem weiten, großartigen Zusammenhang zu erfassen und zu verstehen, in welchen des Glaubens Wesen und Bedeutung uns einführt.

1. Der Glaube als Vorgang innern Lebens.

Daß der echte christliche Glaube in uns lebendig werde, haben wir, wie wir in Jesu eigenen Worten ausgedrückt fanden (oben S. 33), einem göttlichen Zug in unserem Innern zu verdanken, den wir vermöge des Eindrucks der göttlichen Offenbarung auf uns erfahren. Gläubig werden wir, indem wir auf diesen Zug eingehen. Jener Zug aber ist wesentlich ein Zug der göttlichen Liebe, und zwar vor allem der vergebenden, erbarmenden

Liebe, wie sie uns Sündern in Jesus Christus erschienen ist und unsere Schuld vergeben, in die Gemeinschaft des heiligen Gottes uns aufnehmen, mit seinen Geistesgaben und Gütern uns erneuern und ewig beseligen will. Und man geht ein auf diesen Zug oder läßt sich durch ihn bestimmen, indem man, der Sündhaftigkeit und des eigenen Unvermögens dem heiligen Gotte gegenüber sich bewußt, ganz nur auf diese seine Gnade und Liebe vertraut und baut, sie zuversichtlich erfaßt und nur durch sie mit Gott geeint und selig werden will. Auf die Stellung, welche bei diesem praktischen Verhalten die Erkenntnisthätigkeit einnimmt, brauchen wir nach dem, was unser voriges Hauptstück ausführte, hier nicht mehr weiter einzugehen: eine gewisse objektive Kenntnis der göttlichen Wahrheit ist, wie wir sahen, Voraussetzung und Vorbedingung für dieses Verhalten, andererseits wird das wahre Verständnis und eine lebendige, immer tiefer eindringende Erkenntnis jener erst durch eben dieses ermöglicht.

Wesen des Glaubens; Unterschied von Liebe.

Wir beachten bei diesem Wesen unseres Glaubens das Gemeinsame, was er mit dem religiösen Verhalten überhaupt, nämlich auch mit nichtchristlicher Religiösität hat; insbesondere aber haben wir das Einzigartige zu würdigen, das ihm eigen ist, ja den Gegensatz, worin er zu jeder Religion steht, die nicht aus jener Offenbarung hervorgeht.

Dort, bei den andern Religionen, erkennen wir gleichfalls unmittelbare Eindrücke des Göttlichen, aber ganz überwiegend einer göttlichen Macht und eines göttlichen Willens, der gewisse eigene Leistungen fordert und die Menschen in banger Scheu sich gegenüber erhält. Dabei erscheinen die religiösen Subjekte, was ihr eigenes Verhalten, Gesinntsein, Wollen und Streben betrifft, einerseits von solchen Eindrücken ganz unwillkürlich überwältigt, während sie derselben lieber los und ledig wären, andererseits kann das eigene Thun, mit dem sie die übermächtigen himmlischen Gewalten befriedigen möchten, doch nie das hierfür Genügende leisten und zum wahren innern Frieden führen.

Im Alten Bund erscheint der Stammvater des alten Gottesvolkes, Abraham, schon als Mann eines Glaubens, den der Apostel

Paulus zum Vorbild unseres christlichen Glaubens machen konnte,
— Abraham, wie Paulus sagt, als „Vater aller die da glauben"
(Röm. 4, 11). Lehrhafte Auseinandersetzungen über Wesen und
Bedeutung eines solchen Glaubens giebt uns das Wort des Alten
Testaments nicht; was davon zeugt, ist die von ihm berichtete
thatsächliche Geschichte. Mit Recht führt Paulus aus Abrahams
Geschichte speziell das Vertrauen an, womit dieser die Verheißung
der ihm von Gott geschenkten Nachkommenschaft aufnahm, — eine
Verheißung, die ganz nur von Gottes freier Gnade ausgeht und
Glauben fordert auch im Widerstreit gegen alles natürliche, sinn=
liche Wahrnehmen und Erfahren (Röm. 4, 3. 1. Mos. 15, 6).
In gleichem vertrauensvollem Glauben zieht Abraham aus seines
Vaters Haus in das Land, das Gott ihm zeigen will (1. Mos.
12, 1 ff. Hebr. 11, 8). In unbedingtem Vertrauen zu Gott will
er, weil Gott es will, auch den einen Sohn opfern, an welchem
für ihn jene Verheißung hing, und es Gott überlassen, wie dieser
dieselbe dennoch erfüllen möge (Hebr. 11, 17). Moses, der in
Israels Geschichte als der große, von Gott gesandte Gesetzgeber
vor uns steht, muß selbst vor allem dem Gotte, der ihn beruft,
schlechthin vertrauen, und Voraussetzung und Grundlage für jene
ganze göttliche Gesetzgebung ist die Heilsthat, die Gott an seinem
Volk aus lauterer Gnade vollzog und auf die dieses vor allem
im Glauben einzugehen hatte. Vertrauen zur Treue seines
Gottes bleibt für dasselbe fort und fort die Voraussetzung für
die eigene Treue gegen ihn und den Gehorsam gegen seine Ge=
bote. Im Glauben mußten vollends die Verheißungen der Propheten
von der großen zukünftigen Rettung und schließlichen Vollendung
aufgenommen werden. Auf Glauben an seinen gnädigen, ge=
treuen Gott ruhte fort und fort der ganze Bestand des Gottes=
Volkes unter allen den weltlichen Kämpfen und göttlichen Gerichten.
„Glaubet ihr nicht", sagt Jesaias (7, 9), „so bleibet ihr nicht;"
und der hebräische Ausdruck für Glauben bedeutet ein Fest=
halten: „haltet ihr nicht fest (an eurem Gott), so bleibt ihr
nicht fest."

Nachdrücklich muß dieser Charakter der durch die alttestament=
liche Offenbarung gewirkten Religiosität einer auch noch in der

Gegenwart weit verbreiteten Meinung entgegengestellt werden, wonach der Gott des Alten Testaments ein Herrscher wäre, der vor allem mit schweren Forderungen an sein Volk heranträte, ja schneiden wollte, wo er nicht gesäet hätte, und daß das Verhalten seiner Frommen zu ihm wesentlich ein Sichabmühen in knechtischem Dienst und banger Furcht sein müßte. Schon jener Glaube unter dem Alten Bunde steht vielmehr als ein einzigartiger aller heidnischen Religiosität gegenüber; er ist Forderung und Erzeugnis der besonderen Offenbarung, von deren Selbstbewährung für unsere Erkenntnis unser voriges Hauptstück handelte. Aber freilich, zu seinem reinen, vollen Ausdruck und zu seiner wirklichen Darbietung ist das göttliche Heil, das reiner Glaube erfassen und aneignen soll, dort noch nicht gekommen. Die geschichtliche Entwickelung des Alten Bundes führt so auch noch nicht zu einer scharfen Scheidung zwischen diesem einfach empfangenden Glauben und seiner Bedeutung und zwischen einer von Gott gewollten allseitigen und werkthätigen Erfüllung seiner sittlichen Forderungen.

Der Glaube als reines, hinnehmendes Vertrauen zu Gottes Gnade kommt zu seiner vollen Geltung mit der vollen Offenbarung und Darbietung dieser Gnade in dem Heilande Jesus Christus. Als Arzt kommt er zu den Kranken. Wie er von denen, die leiblich von ihm geheilt sein möchten, nur unbedingtes Vertrauen zu seiner Wundermacht und seinem freundlichen Willen fordert, so spendet er Vergebung und neues Leben denen, die von Herzen sein Gnadenwort aufnehmen und innerlich sich aneignen. Er hält den Zuhörern den gesamten Gotteswillen vor, der volle Sinnesänderung, sittliche Umkehr und wahre Gerechtigkeit mit einem den göttlichen Normen entsprechenden Verhalten fordert. Aber die Sündenvergebung, die Aufnahme in seine Gemeinschaft, den Eintritt in den Heilsgenuß weist er kurzweg dem Glauben zu, mit dem jene Sünderin Luk. 7 ihn aufgenommen hat; indem er ihr die Sündenvergebung zusichert, sagt er zu ihr: „Dein Glaube hat dich gerettet" (Luk. 7, 50). Wie jener heidnische Hauptmann an des Herrn Wundermacht glaubte, so sollen vermöge gleichartigen Glaubens Menschen von Abend und Morgen einst mit den Erzvätern im Himmelreich sitzen (Matth. 8, 10 ff.). Bei

Johannes erklärt Jesus einfach, daß diejenigen das Leben haben sollen, welche an ihn, den Einen, von der göttlichen Liebe uns geschenkten Gottessohn glauben (Joh. 3, 16. 6, 40. 47). Das mußte Jesu Jüngern vollends zum Bewußtsein kommen, als sie in seinem Tode sein Versöhnungswerk vollbracht und ihn als ihren Lebensfürsten und Fürsprecher zur Rechten des Vaters erhöht sahen. Die klarsten und schärfsten Zeugnisse von dieser Bedeutung, welche dem Glauben für sich zukommt, haben wir endlich bei einem Paulus zu suchen, der die tiefste und schmerzlichste Erfahrung gemacht hatte von dem Unvermögen mittels eigener Leistungen sich ins rechte Verhältnis zu Gott zu bringen, und der den besonderen Beruf hatte, die Ansprüche selbstgerechter Volksgenossen hierauf zurückzuweisen. Es bleibt dabei: das ganze rechte Verhalten des Christen zu seinem Gott ist ein Verhalten seines Willens zu Gottes Willen oder ein Gehorchen (vgl. auch 1. Petr. 1, 2. 22). Aber es kann und soll nur erst, wie Paulus (vgl. oben S. 41 f.) es ausdrückt, ein Glaubensgehorsam sein, und Glauben ist, wie namentlich auch Johannes sagt, ein Hinnehmen, Aufnehmen (Joh. 1, 12). Eigene gottgefällige Leistungen oder Früchte können erst aus dem Lebensgrund erwachsen, den dieser Glaube in der Gnade und Gemeinschaft mit Gott gewonnen hat; im folgenden erst haben wir hiervon weiter zu reden.

Diesen Glauben haben uns unsere Reformatoren wieder gelehrt und in ihm Frieden, Seligkeit und zugleich Kraft und Trieb zu einem neuen sittlichen Leben gewonnen, — im Gegensatz gegen eine Auffassung des Glaubens, welche ihn zu einem bloßen Fürwahrhalten, zu einer Sache der Intelligenz oder des Kopfes anstatt des Herzens machte und welche Gottes Gnade nicht durch ihn angeeignet, sondern mittels eigener Leistungen errungen, ja verdient haben wollte. Auch dem alten Rationalismus ging das Verständnis dieses Glaubens verloren. Und wie oft fehlt es daran auch jetzt noch ernsten, frommstrebenden evangelischen Christen, indem sie den Glauben, auf den jene reformatorische Lehre bringt, doch auch nur für einen intellektuellen Akt ansehen, als das einzig Entscheidende für unser Heil und unsere Gottesgemeinschaft nur unsere Willensrichtung und Gesinnung angesehen haben wollen, hierbei aber statt an Gottes Gnadenbarbietung und an unser Verhalten zu ihr nur immer ans eigene Leisten und Wirken denken und damit dann entweder in verderbliche Selbstüberschätzung oder in stete Gewissensnöte hineingeraten. Als ein Wollen haben, wie wir schon oben erwähnten (S. 76), unsere reformatorischen Bekenntnisse eben auch jenes Glauben bezeichnet; glauben heißt hiernach: „Gottes Gnadenbarbietung oder die Versöhnung, Vergebung u. s. w. wollen und annehmen", oder dieselbe „annehmen wollen"; Glaube ist „nicht bloß Kenntnis im Intellekt, sondern auch feste Zuversicht im Willen" (so nach der Apologie der Augsb. Konfession).

Man muß so auch wohl unterscheiden zwischen **Glauben an Gott** und **Liebe zu Gott**, so gewiß aus jenem diese quellen und dann diese mit jenem aufs innigste geeint bleiben muß; man darf jenen auch nicht ohne weiteres mit Hingabe an Gott definieren, während man dann dieselbe Definition für die Liebe zu Gott zu gebrauchen pflegt. Schon das Wohlgefallen an dem lebendigen Gott, das übrigens noch nicht mit Liebe identisch ist, kann in Wahrheit erst bei dem eintreten, der schon vertrauensvoll die göttliche Gnade ergriffen und den dieser Glaube über die bange Scheu vor dem heiligen, allgewaltigen Gotte, die es zu keiner Freude an ihm kommen läßt, hinausgehoben hat. Und wahre Selbsthingabe an Gott, wie sie das Wesen der Liebe im Unterschied von dem auf eigenen Wert verzichtenden und hierbei nur erst hinnehmenden Glauben ausmacht, wird für uns eben damit erst möglich, daß Gott uns, die also glauben, seine eigenen Liebesarme geöffnet hat und mit neuen Lebenskräften unser Inneres erfüllt. So erst können wir, wie es zum Wesen der Liebe gehört, den innigen persönlichen Verkehr mit ihm pflegen, seine allgemeinen Willensziele verstehen und zu den unsrigen machen, ihm weihen und opfern, was wir aus seiner Fülle empfangen haben.

Bedeutsam sind für jenen Unterschied auch die biblischen Aussagen über das Verhalten der Christen zu **Christus**, über ihren **Glauben an ihn** und ihre **Liebe zu ihm**. Es wäre sehr verkehrt, daran, daß solche Liebe wesentlich zum Christentum gehöre, etwa deswegen zu zweifeln, weil von ihr nur so selten die Rede sei. Wir haben dem gegenüber nicht bloß der bekannten gewichtigen

Frage an Petrus zu gedenken, ob dieser ihn lieb habe (Joh. 21, 15 ff.); auch nicht bloß der für alle echten Christen geltenden Worte des Petrus, daß sie Jesum lieben, ohne ihn gesehen zu haben (1. Petr. 1, 8). Sondern gerade auch Paulus, welchen man speziell den Apostel des Glaubens nennen möchte, redet von dieser Liebe so, daß in ihr erst recht das volle Wesen christlicher Gesinnung ausgedrückt erscheint, — ähnlich wie von ihm und ohne Zweifel von allen apostolischen Männern die echten Frommen mit dem schon vom Alten Bund her stammenden Ausdruck als „die Gott Liebenden" (Röm. 8, 28, 1. Kor. 2, 9, Jak. 1, 12) bezeichnet wurden. Einen Fluch ruft er aus, so jemand den Herrn nicht lieb habe (1. Kor. 16, 22), — Gnade über alle, die ihn lieben unverrückt (Eph. 6, 24). Gegenstand der Liebe darf und soll derselbe hiernach für sie sein gerade während sie den hoch über sie erhabenen Herrn in ihm erkennen. Und zwar gebraucht der Apostel dabei für ihr Lieben sowohl denjenigen griechischen Ausdruck, der mehr das Affektvolle, Gemütliche, Zärtliche der Liebe, als denjenigen, der mehr den Willensakt des Liebens und die darin liegende Hochschätzung zu bezeichnen pflegt.*)

Wenn nun dennoch solche Aussagen selten uns begegnen und wir diesen Jesus Christus vielmehr fort und fort als Gegenstand und Grund des Glaubens uns dargestellt finden, so liegt die Ursache hierfür ohne Zweifel darin, daß er für uns Heilsbedürftige eben vor allem und immer aufs neue mit seiner Heilsgabe, seiner eigenen Liebe zu uns (Gal. 2, 20), seinem Versöhnungswerk, seinem Eintreten für uns beim Vater (Röm. 8, 34 ff.) u. s. w. in Betracht kommen muß; daran soll auch ein Christ, der diesen Herrn und Heiland lieben zu sollen und zu dürfen sich bewußt ist, doch immer wieder vor allem in ebenso demütigem wie zuversichtlichem Vertrauen sich halten. Es liegt hierin die rechte Tröstung, Beseligung und Ermunterung für uns, vermöge deren wir dann auch zu der echten Liebe gelangen mögen, ernste Warnung aber für diejenigen Christen, die in Gefühlsschwärmerei ihrer Heilandsliebe sich rühmen möchten, ohne erst wahrhaftig als Heiland und Herrn ihn zu würdigen.

---

*) 1. Kor.: φιλεῖν, Eph.: ἀγαπᾶν.

Glauben und Buße.

Dagegen gehören allerdings schon zum Werden des Glaubens selbst auch kräftige, wirksame Eindrücke des heiligen göttlichen Willens wie dieser wider die Sünde sich richtet, für die der Sünder Vergebung und Erlösung suchen und diese im Glauben erlangen soll. Und solche Wirkungen müssen wenigstens in gewissem Umfange dem Erwachen des Glaubens oder dem Verlangen und Greifen nach der dargebotenen Gnade und dem Vertrauen auf sie schon vorangehen. Nicht das sagt uns die frohe Botschaft Jesu und seiner Apostel, daß wir es jetzt mit der Sünde und Schuld leichter nehmen, das Gewicht der Schuld, welche jede Vergehen gegen Gottes heilige sittliche Forderungen mit sich bringt, nicht mehr so hoch anschlagen dürften, als wir vielleicht bisher aus Unkenntnis der göttlichen Liebe gethan. Hat doch vielmehr im Gegenteil von dem unendlichen Gewicht unserer Schuld und von dem Gericht und Verderben, dem wir ohne Gottes vergebende Gnade durch sie verfallen müßten, niemand je stärker gezeugt als der Heiland und seine Boten. Nicht etwa mit einer nachsichtigen, laxen Vaterliebe hat er uns vertröstet, sondern zu einer heiligen Liebe ruft er uns herbei, die um seinetwillen und auf Grund seines Versöhnungswerkes die unendlich schwere Schuld vergeben will. Ihrer aber kann nur genießen, wer jener Verschuldung und ihres Gewichtes lebendig, und ebendamit aufs schmerzlichste sich bewußt geworden ist. Und was das Werden des Glaubens am stärksten niederhält und ihn gerade auch bei den vielleicht im Menschen noch vorhandenen relativ besseren Regungen und Strebungen nicht aufkommen läßt, das ist ein Selbstgefühl, welches unter das Bewußtsein der Schuld und des eigenen Unwertes sich nicht beugen will, vielmehr immer noch wie Paulus sagt, eigene Gerechtigkeit aufrichten möchte (Röm. 10, 3).

So gilt denn fort und fort, was die Apostelgeschichte Kap. 2, 37 (oben S. 41) von jener ersten Predigt des Petrus sagt, daß das Wort von oben den Hörern durchs Herz gehen muß wie ein scharfer, peinlicher Stich. Die also gewirkte Bewegung des Gewissens kann, während sie überall das Werden des Glaubens bedingt, unter verschiedenen Verhältnissen verschieden sich gestalten;

man darf für sie so wenig als für jene inneren Vorgänge überhaupt eine methobistische Schablone aufstellen. Sie wird stärker für sich hervortreten bei einem Menschen, der schon in Sünden herangewachsen ist, ehe der Ruf von oben an ihn bringt, weniger bei einem, der schon von den Anfängen seiner sittlich religiösen Entwickelung an das Glück hatte, den Vater im Himmel kennen zu lernen und die Worte der Gnade und des heiligen Ernstes in Einheit mit einander zu vernehmen; auch dieser aber wird zur selbständigen Aneignung des Gnadenwortes nicht gelangen, ohne im Gewissen verspürt zu haben, wie es ohne diese Gnade mit ihm stünde. Wer im Christenstande lebt, wird zwar oft, wenn unversehens noch sündhafte Lüste in ihm sich regen, ja ihn augenblicklich auch gegen sein besseres Wollen fortreißen, zugleich mit dem schmerzlichen Bewußtsein hiervon auch schon wieder der Gemeinschaft mit seinem Gott innewerden, an der er mit seiner Grundgesinnung und Willensrichtung dennoch festhielt, und so ohne jenes peinliche Gefühl der Gottentfremdung wieder Vergebung finden. Aber wo die Sünde noch die Macht hatte, ihm sein sittliches Bewußtsein zu verdunkeln, oder wo er gar mit Bewußtsein ihr sich ergeben hatte, da wird der Ruf Gottes, der ihm neu ans Herz bringt, sicherlich immer erst richtend und strafend sein Gewissen treffen und erst das dadurch erschütterte und gebeugte Herz wird neu im Glauben sich aufrichten. Wird nicht jeder ernste Christ schon bei scheinbar kleiner Sünde, z. B. bei einer Lüge, in die er hineingeraten, ja schon bei bloßen inneren Regungen böser Lust, denen er in Phantasieen und Wünschen nachgegangen ist, die Erfahrung hiervon machen? Wird er nicht, wenn ihm das Gewissen darüber wach wird, immer erst wieder den heiligen Ernst Gottes oder sein richtendes Gesetz verspüren müssen?

So hat Luther, während er Vergebung, Heil und Leben mit Paulus nur dem durch Evangelium geweckten Glauben zuwies, doch zugleich erklärt, daß Gott erst töten müsse, um lebendig zu machen. Mit spezieller Beziehung auf jene Fälle, wo ein schon im Heilsstand befindlicher Christ sich wieder schwere Sünde hatte zu Schulden kommen lassen und wo nun der Katholizismus deren

Vergebung von seinem sogenannten Bußsakramente mit Zerknirschung, Ohrenbeichte und gewissen äußern Bußleistungen oder Genugthuungen abhängig machte, erklärt unser Augsburger Bekenntnis, daß die Vergebung dem Glauben zu teil werde, setzt aber vor diesen als erstes Stück der Buße jene „Schrecken des Gewissens" im Erkennen der Sünde. In dem Widerspruch, den schon damals ein Genosse unserer Reformatoren, Agricola, und ähnlich neuere hiergegen erhoben haben und um dessen willen wir auch hier näher auf den Gegenstand eingehen mußten, können wir nur Mißverstand sehen, oder aber eine mangelhafte Würdigung menschlicher Verschuldung und göttlicher Heiligkeit, durch welche auch das Bewußtsein der Heilsbedürftigkeit und die hierdurch bedingte Demut und Energie des Glaubens notwendig beeinträchtigt wird.

Nur müssen andererseits auch da, wo man jene beiden Stücke zusammen anerkannt haben will, üble Mißverständnisse fern gehalten werden. Vor allem kann natürlich davon nicht die Rede sein, daß, wie man wohl bei jenem Bußsakrament meinte, die mit dem Schuldbewußtsein verbundene Zerknirschung die Schuld gut machen, sich gar Gnade bei Gott verdienen, überhaupt als eigene Leistung in Betracht kommen sollte. Jene Erschütterungen des Gewissens und jener Schmerz, den die Sünde dem Sünder macht, dürfen ferner nicht damit verwechselt werden, daß auch die Macht der Sünde im Sünder schon überwunden, ein neues Leben in ihm schon durchgedrungen wäre. Das wirkt freilich erst Gottes Gnade, die der Glaube erfaßt. Ein Prediger oder Seelsorger hat Gottes Heilsordnung schlecht verstanden, wenn er mit dem Hammer des Gesetzes schon jene Wirkung hervorzubringen und dann erst die Heilsbotschaft ankündigen zu sollen meint; der in seinem Gewissen angefochtene Sünder quält sich fruchtlos ab, bis er an diese sich hält, die Gott ihm von Anfang an dargeboten haben will. Das wirkliche Absterben dem alten Menschen nach, wovon Paulus Röm. 6, 2 ff. redet, muß immer schon, wie er sagt, ein Sterben in Gemeinschaft mit Christus, dem im Glauben erfaßten Heilande, sein. Ja auch die rechte tiefe und scharfe Erkenntnis der eigenen Sünde und ihrer verschiedenen Regungen tritt mit jener unerläßlichen ersten Erschütterung des Gewissens noch nicht ein. Sie wird erst dadurch möglich, daß der gläubige und der göttlichen Liebe gewisse Christ nun auch willig und freudig dem Lichte von oben Stand hält und in diesem Licht energisch sein eigenes Inneres durchforscht.

Um die hier angezeigten Mißverständnisse zu vermeiden, ist es auch wichtig, den verschiedenen Sinn festzustellen, in welchem der dabei angewandte Hauptbegriff der Buße bezüglich des Verhältnisses zum Glauben gebraucht werden mag. Wir können Buße im umfassenden Sinn für die ganze von Gott gewollte, das Heil bedingende Sinnesänderung nehmen, so wie der Ruf Jesu Matth. 4, 17 kurzweg lautet: thut Buße, das Himmelreich ist herangekommen. Dann gehört der Glaube gemäß seiner oben bezeichneten Bedeutung selbst mit zu ihr. Wir können indessen auch von Buße und Glauben neben einander reden, wie das neutestamentliche Wort z. B. Mark. 1, 15, Apostelgesch. 20, 21 es thut. Und zwar haben wir dann bei der Buße im Unterschied von dem die Gnade ergreifenden Glauben bestimmter an die Umkehr zu Gott zu denken, sofern man in ihr mit seinem Willen und seiner Gesinnung von allem Bösen sich abkehrt und dem ganzen heiligen Willen Gottes sich ergiebt. Dann aber darf man die Buße nicht in dem Sinn vor dem Glauben nennen, als ob diese ganze innere Umwandlung ihm zeitlich und der inneren Bedeutung nach vorangehen sollte; sondern von dem, was zu ihr gehört, gehen ihm nur jene Schrecken- oder jene Erschütterung des Gewissens voran, das andere kann wesentlich nur mit dem Glauben und vermöge der im Glauben gewonnenen Gottesgnade sich vollziehen.*) Dem entsprechend verhält es sich auch mit dem Begriff der R e u e : verstehen wir unter ihr nicht bloß jedes Gefühl von Schmerz, das uns die eigene Sünde macht, und jedes Begehren, hiervon loszu-

---

*) Man pflegt — und zwar nicht mit Unrecht — besonders bei Calvin hervorzuheben, daß er die Buße aus dem Glauben hervorgehen lasse. Aber ganz wie oben in Übereinstimmung mit Luther ausgeführt worden ist, erklärt auch Calvin zu der Stelle Apgesch. 20 a. a. O.: der Anfang der Buße, nämlich das Gefühl des göttlichen Zornes, das einen antreibe, das göttliche Heilmittel zu suchen, gehe dem Glauben vorbereitend voran.

werden, sondern wesentlich ein aus Liebe zu Gott und dem Guten hervorgegangenes Leid und dazu kräftige, gottgemäße Vorsätze, so wird jenes Gefühl wohl schon vor dem Glauben anheben, wahrhafte, heilsame, kräftige Reue aber erst mit ihm und durch ihn möglich werden. — Wen der Gedanke an die eigene Sünde und das eigene Heil ernstlich praktisch bewegt, der wird auch die praktische Bedeutung dieser genaueren Begriffsbestimmungen verstehen.

Gottes Gnadenwirkung und unsere Selbstbestimmung; Gnadenmittel; Kindertaufe.

In dieser ganzen bisherigen Ausführung hatten wir Glauben und Buße in der Weise als Vorgänge des Herzens und Willens zu betrachten, daß in ihnen die sittlich-religiöse Persönlichkeit auf Grund von Wirkungen, die sie von oben her erfährt, sich selbst bußfertig und vertrauensvoll Gott zuwendet. Fort und fort mußte so jenes Wirken der göttlichen Gnade zusammen mit unserer eigenen Selbstbestimmung für uns in Betracht kommen; und zwar meinen wir damit ein Wirken der göttlichen Gnade mittels der Heilsbotschaft und Heilswahrheit, die, unserem Bewußtsein objektiv gegenübertretend, unser Herz und Gewissen trifft, oder, wie es unsere Kirchenlehre auszudrücken pflegt, mittels des göttlichen Wortes als Gnadenmittels.

Richten wir nun noch eigens auf dieses Verhältnis zwischen der göttlichen Gnadenwirkung und menschlichen Selbstbestimmung unsern Blick, so erinnern wir uns an die Streitigkeiten der alten lutherischen Kirche über die sogenannte synergistische Lehre, die für eine Anerkennung solcher Selbstbestimmung eintrat und auf keinen geringeren Theologen als auf Melanchthon sich berufen konnte. Sie wurde durch die kirchliche Entscheidung in der sogenannten Konkordienformel schlechthin abgewiesen, obgleich diese das Beharren des Sünders in Unbußfertigkeit und Unglauben der göttlichen Darbietung gegenüber doch ganz nur seinem eigenen Willen schuld gegeben haben wollte. Gottes Ehre und das Interesse der eigenen Heilsgewißheit schien auch nach dem Sinn praktisch denkender, frommer Theologen und Kirchenmänner jene dogmatische Entscheidung zu fordern. Heutzutage wird dieselbe auch vielen zu unserer Kirche, die an der alten Rechtgläubigkeit festhalten möchten, gar nicht mehr in ihrer Schärfe bekannt sein, und gar viele evangelische Christen, die ernstlich durch Jesu Wort und Werk selig zu werden streben, werden, während sie dabei auf Gottes Gnade und Hilfe vertrauen wollen, thatsächlich doch bei sich und anderen, in ihren Mahnungen an andere und in ihren eigenen guten Vorsätzen, das Hauptgewicht aufs eigene Streben, die eigene Selbstbestimmung legen. Oder wäre es vielleicht das Richtigste, daß man, wozu ja auch manche Theologen geneigt sind, die hier gestellte Frage auf die Seite schöbe und die über den Heilsweg zu Belehrenden beim Vorhalt der in Jesu erschienenen Gottesoffenbarung nur einfach ermahnte, mit ihrem eigenen Willen auf diese einzugehen? Gerät man nicht sonst in Auseinandersetzungen hinein, die keine Frucht bringen, und in ein mystisches Gebiet des inneren Lebens, das sich nun einmal unserem Bewußtsein und Wissen entzieht?

In der That werden wir wenigstens darauf verzichten müssen, den Punkt, wo die göttliche Wirkung und menschliche Selbstbestimmung eins werde und wo eine ganz neue, aus Gott gezeugte wollende Persönlichkeit anhebe, so scharf, wie andererseits manche gewollt haben, zu fixieren und zu analysieren, werden auch immer fragen müssen, wie weit unsere Auseinandersetzung praktischen Wert, d. h. Bedeutung eben fürs wirkliche Glauben und Heilsleben habe. Wir haben ferner auch nicht weiter einzugehen auf Fragen wie die, ob wir dem noch unerlösten Menschen doch noch ein inneres sittlich religiöses Vermögen beilegen dürfen, das durch die Sünde nur gehemmt und gelähmt sei und dann durch die Wirkung und Mitteilung der göttlichen Gnade erst wahrhaft lebendig werde; ist ja doch auch schon der Begriff des Vermögens überhaupt ein streitiger, der auch von Leuten gleicher christlicher Überzeugung verschieden verstanden und angewandt werden kann.

Nachdrücklich festhalten aber müssen wir gerade auch im praktisch religiösen Interesse wenigstens dasjenige, was nach jenen beiden Seiten hin und mit Bezug auf das Verhältnis der beiden Seiten zu einander schon in unseren vorangegangenen Ausführungen gesagt ist.

Auf innere Voraussetzungen, Dispositionen, Triebe, Kräfte, durch welche unser Wille überhaupt bedingt ist, führt schon jede gründlichere Selbstbeobachtung, auch abgesehen vom spezifischen Inhalt unseres christlichen Bewußtseins. Es wäre verkehrt, hiergegen in einem Hochgefühl der freien persönlichen Selbstbestimmung, das angeblich zum unmittelbar gewissen sittlichen Selbstbewußtsein gehören sollte, seinen Blick zu verschließen. Nur wer die wirklichen Bedingungen und Schranken unserer Selbstbestimmung anerkennt, wird auch gegen völlige Leugner derselben und gegen deren empirische Nachweise und wissenschaftliche Deduktionen den richtigen Standpunkt behaupten können. Und daß ohne die vergebende, rettende, helfende Gottesgnade und die von ihr ausgehenden Anregungen und Kräfte eine wahrhafte Erhebung zu Gott und Einigung unseres Willens mit seinem Willen unmöglich sei, daß vielmehr da beim Zusammentreffen der mannigfachen innern Antriebe und Motive, das unseren Willensbestimmungen vorangeht, unser Wille schließlich immer durch die überwiegenden selbstischen Regungen und die unsere Selbstsucht reizenden weltlichen Objekte bestimmt werde, — dessen müssen wir als Christen uns in Demut klar und bestimmt bewußt werden und bleiben, so gewiß unser Glaube eben ein hilfsbedürftiger Glaube an jene Gnade sein muß. Daß der rechte innere Zug zu Gott nicht von uns, sondern von Gottes Gnadendarbietung ausgeht und daß der durch sie angezogene und ihr vertrauende und sich ergebende Christ wirklich Kraft und Trieb guten Wollens gewinnt, das muß dieser fürwahr auch selbst fort und fort dankbar sich vergegenwärtigen. Auch Wirkungen von oben auf unser Inneres, die ganz unwillkürlich vor sich gehen, haben wir hierbei in gewissem Umfang anzuerkennen, — dürfen nicht meinen, wir gerieten damit schon in eine Annahme von „magischen" Vorgängen hinein, vor welcher der Protestantismus als vor einer katholischen und abergläubischen mit Recht warne. Wird doch jedem die einfache Selbstbeobachtung sagen, daß sehr gegen seinen Willen sein Gewissen laut wird. Und wirken nicht auch die Vertrauen weckenden Eindrücke göttlicher, wie menschlicher Liebe und Erbarmung zunächst unwillkürlich? Wir dürfen ja solche Wirkungen nie mit der innern, reuigen und gläubigen Umkehr selbst identifizieren; diese bleibt Sache des Willens, aber eines Willens, der erst durch jene möglich geworden ist. Des Geheimnisvollen finden wir in diesem göttlichen Innewirken noch mehr, als man bei einer Anerkennung desselben im allgemeinen zu bemerken pflegt. Wir erinnern dafür an die oben angeführten Aussprüche Jesu, auch an die manchen befremdlich klingende Aussage der Augsburger Konfession, daß der Geist in den Hörern des Evangeliums den Glauben wirke, wo und wann er wolle (oben S. 76). Wir dürfen hier nicht das hineinlegen, daß der Geist oder Gott ihn in gewissen Hörern vielleicht gar nie wirken wolle. Warum aber die Heilspredigt an manchen Orten und zu manchen Zeiten nicht einmal jene ersten Regungen in den Herzen und Gewissen hervorbringen zu können und anderswo Herzen und Willen vieler gar mit unwiderstehlicher Gewalt fortzureißen scheint, müssen wir in Demut und Vertrauen Gott anheim stellen. Man darf, wo der Mangel an Erfolg befremdet, darum nicht verzweifeln an der Kraft jenes Wortes und Geistes; man meine auch nicht, mit selbstausgedachten Künsten nachhelfen zu müssen.

Dabei wiederholen wir: es ist die objektive lebendige Darstellung der Heilswahrheit im Worte der neutestamentlichen Offenbarung, wodurch solche Geisteswirkungen in uns erfolgen; als Gnadenmittel bezeichnen wir dieses Heilswort, — das Wort, wie wir es aus dem Munde christlicher Lehrer und Zeugen vernehmen, es niedergeschrieben lesen, es in unser Bewußtsein aufnehmen, in unsern Gedanken bewegen. Unsere Bekenntnisschrift fand es nötig, sich hiermit namentlich gegen Schwärmer zu wenden, die das göttliche Geisteslicht ohne eine solche Vermittelung, in unmittelbarem wunderbarem Einswerden mit Gott, zu empfangen behaupteten. In der Gegenwart werden wir die Bedeutung des Gnadenmittels nach dieser Seite hin nicht besonders zu betonen haben. Wohl aber wird gegenwärtig namentlich eine Erinnerung daran am Platze sein, wo dieses Heilswort richtig zu finden ist. Wir sprachen oben von der heiligen Schrift als solcher, oder von dem geschriebenen Worte, dieser ursprünglichen Urkunde der Offenbarung. Das Wort, von dem wir jetzt reden, ist nun zwar, wie man bei der Lehre vom Gnadenmittel mit Recht und in Übereinstimmung mit unseren Reformatoren zu erklären pflegt, nicht zu identifizieren mit dem Offenbarungsworte, sofern es dort geschrieben vorliegt, sondern es handelt sich hier um jene lebendige Verkündigung und Vergegenwärtigung des dort uns vorgelegten Wahrheitsinhaltes. Aber man darf darüber nicht, wie gegenwärtig nur zu oft geschieht, vergessen oder verkennen, welche Bedeutung eben hierfür jene ursprüngliche Bezeugung der Heilswahrheit mit Bezug auf Inhalt und Form behält. Wer diese erfolgreich andern und seinem eigenen innern Menschen vorhalten möchte, der suche dort immer neu und immer tiefer zu verstehen und zu erfassen, was ihren wirklichen Inhalt, Grund und Mittelpunkt ausmacht; er entnehme den Wegen, die Gott ursprünglich bei seiner Offenbarung mit der Menschheit und einzelnen Menschen gegangen ist, auch Weisungen für angemessenes eigenes Wirken im Dienste Gottes mittels des göttlichen Wortes. So wenig das lebendige Gotteswort eine steife, hölzerne Reproduktion des Schriftbuchstabens werden darf, so sehr wird seine Wirksamkeit da, wo man es an jener Rückbeziehung auf die ursprüngliche Quelle fehlen läßt, durch menschliche Schwäche und Eitelkeit, Fadheit und Künstelei gehemmt und verkehrt werden.

Wirkungen Gottes und seines Wortes, die wir — und zwar zunächst schon unwillkürlich — erfahren, müssen so immer unserer Hinkehr zu Gott und dem Erwachen und Wachsen unseres lebendigen Glaubens vorangehen. Aber eben hiermit wird es allerdings andererseits auch für uns möglich und zur Forderung, daß wir durch Gottes Liebe uns ziehen lassen, seinem richtenden Wort uns beugen, seinem Rufe folgen. Es ist das sittlich-religiöse Interesse, vermöge dessen wir eben auch auf diese Selbstbestimmung Nachdruck legen müssen: nicht etwa um die Behauptung der Würde der Persönlichkeit handelt sich's dabei zunächst, sondern vor allem um unsere sittliche Verantwortlichkeit, vermöge deren ein Beharren in Sünde und Gottentfremdung und ebendamit auch in Selbstentwürdigung unsere eigene schwerste Schuld ist, und um die Heiligkeit und Liebe Gottes, den wir dafür nicht verantwortlich machen dürfen. In solchem Interesse ist für diese Seite der Betrachtung einst vorzüglich der gewissenhafte Melanchthon eingetreten und hat die ihm deshalb gemachten

Vorwürfe nicht verdient, so viel man auch an Korrektheit des Ausdrucks noch bei ihm vermissen mag. Oben hatten wir daran zu erinnern, daß Gott im Innern wirkt wann und wo er will; hier haben wir vornehmlich der Mahnung zu gedenken, daß einer an dem „Heute," wo er Gottes Stimme wirklich hört, sein Herz nicht verstocke (Hebr. 4, 7).

So ist bußfertiger Glaube und eben hiermit der ganze Ursprung unsers neuen Lebens das Erzeugnis des Wirkens der freien Gnade Gottes an unserm Herzen, so zugleich Sache unserer eigenen, von Gott durchwirkten und unter dieser Wirkung sich selbst bestimmenden Persönlichkeit. Speziell mit Bezug auf jenen Ursprung aber erhebt sich nun noch eine Frage für uns, die wir nach dem bisher Erwogenen und Ausgeführten nicht unerörtert lassen dürfen: es fragt sich nämlich, wie es dann mit jenem göttlichen Wirken und persönlichen menschlichen Verhalten in der Taufe stehe, die wir gemäß den biblischen Aussagen eben auf jenen Ursprung oder auf die Wiedergeburt beziehen und die wir jetzt schon mit den neugeborenen Christenkindern glauben vornehmen zu sollen. Wie haben wir denn nun das Erleben göttlicher Wirkung bei den Täuflingen und ihr eigenes persönliches Verhalten dabei zu verstehen? Die Frage darf hier nicht beiseite bleiben, wenngleich zu einer Ausführung und Begründung der gesamten Lehre von der Taufe ein Zusammenhang mit der Lehre von den Sakramenten und Gnadenmitteln überhaupt hier nicht der Ort ist.

Was die neutestamentlichen Männer selbst hinsichtlich der Taufe aussprachen und ausübten, wird sich auch kurz in den Hauptpunkten feststellen und verständlich machen lassen. Dabei dürfen wir aber als heutzutag anerkannt annehmen, daß sie von einer Taufe der Kinder nicht geredet, eine solche noch nicht angewandt haben.

Fest steht nach den Aussagen des Neuen Testaments und insbesondere auch des Apostels Paulus, daß die Taufe keineswegs bloß eine Aufnahme des Täuflings in die Gemeinde bedeuten sollte, sondern wesentlich und vor allem eine innere Wandlung, die nichts geringeres als das Sterben einer alten und Geburt einer neuen Persönlichkeit heißen darf, in der Gemeinschaft mit dem Heilande Christus, in Genuß der Vergebung, in Kraft und Mitteilung des Geistes von oben.*) Und so innig erscheint in jenen Aussagen der innere Vorgang mit der für ihn sinnbildlichen Handlung des Untertauchens verbunden, daß jener durch diese nicht bloß abgebildet, sondern auch irgendwie vermittelt und so Gottes Gnade auch eben bei und in dieser selbst wirksam sein sollte. Aber so großes Gewicht man auch hierauf legen mag, — so gewichtig redet doch das apostolische Wort eben bei der Taufe und dem, was durch sie vermittelt wird, auch wieder vom Glauben, und wir müssen dabei immer zugleich an das Wort der Gnade denken, das den Glauben weckt und anregt, — an dieses Gnadenwort überhaupt und dazu speziell an die auf die Taufe bezügliche Mahnung und Verheißung. So kann der Apostel unmittelbar in Eines zusammenfassen, daß die Christen Gotteskinder sind durch den Glauben und daß sie es sind als solche, die Christum in der Taufe „angelegt" haben (Gal. 3, 26 f.).**) Ein durchs Heilswort gewecktes gläubiges Verlangen nach dem Heil und der Taufe sollte bei dem, der zur Taufe kam, schon stattfinden; vermöge der Taufe sollte er erst vollends zum innigsten gläubigen Erfassen des Heiles, der Vergebung, der Gemeinschaft mit seinem Heiland u. s. w. gebracht worden. Dabei könnte uns die Schnelligkeit überraschen, womit die Apostel Leute, die nur einmal jenes Verlangen gezeigt, das eigene innere Vorbereitetsein aber noch nicht weiter erwiesen haben, doch schon in bester Zuversicht zum „Bade der Wiedergeburt" (Tit. 3, 5) zulassen: sie müssen dabei auf eine gute Wirkung und Frucht der Taufe selbst bei denen, die wenigstens einmal innerlich angeregt waren, vertraut haben.

Was sollen wir jedoch von der Taufe der Kinder aussagen, deren sittlich religiöses Bewußtsein und Streben noch gar nicht begonnen haben kann? Auf die bloße Autorität der Kirche, welche die Kindertaufe einführte, kann sie natürlich für uns nicht gestützt werden. Auch die Thatsache, daß die Kirche bei ihr Jahrhunderte

---

*) Vgl. Joh. 3, 3 ff., Röm. 6, 3 ff., Kol. 2, 11 ff., Gal. 3, 26 f., Tit. 3, 5 ff., Eph. 5, 26, Hebr. 10, 22 ff.; eben hiermit dann Einverleibung in den Einen Leib der Gemeinde Christi 1. Kor. 12, 13.

**) Vgl. zum Glauben besonders auch Kol. 2, 12, Eph. 3, 17; zum Wort Eph. 5, 26.

hindurch sich wohl befunden und des göttlichen Segens genossen habe, würde doch zum Beweis dafür noch nicht genügen, daß sie auch bei einer in Erkenntnis und Leben auf Grund des apostolischen Wortes noch weiter fortgeschrittenen Christenheit in unveränderter Übung bleiben sollte. Mit Recht macht man nun geltend, daß wie der Apostel (1. Kor. 7, 14) sagt, die Kinder christlicher Eltern schon als solche „heilig" seien, daß Gott sie schon als solche sich geweiht, sie aus der unreinen Welt heraus zu sich aufgenommen haben wolle. Und gewiß darf und soll man hieraus da, wo das christliche Gemeindeleben mit der die Kinder von Anbeginn umfassenden christlichen Erziehung einen allgemeinen und festen Bestand gewonnen hat, noch weitere Konsequenzen ziehen, als der Apostel zu seiner Zeit gethan. Dazu weist uns Schrift und Erfahrung darauf hin, wie das Innere der Kinder, denen Jesus seinen Segen gespendet und das Himmelreich zugeteilt hat, vermöge einer natürlichen Anspruchslosigkeit und Empfänglichkeit gerade schon in den Anfängen der persönlichen Lebensentfaltung vorzugsweise geeignet ist, Gottes Gnadenwirkungen aufzunehmen; und diese gehen hier zumeist in der Stille vor sich: es läßt sich schwer beobachten, wie weit sie vorgerückt sind, und doch kann es hernach sich zeigen und bewähren, daß schon im Kinde das neue Leben eines Gotteskindes im Gegensatz zur sündhaften menschlichen Natürlichkeit erstanden war, das hernach nur noch sich behaupten, durchkämpfen und vollenden soll. Vergeblich und thöricht wäre nun der Versuch, in der innern Entwickelung unserer christlich erzogenen Kinder jedesmal einen Zeitpunkt festzustellen, wo das Kind zu so viel gläubigem Verlangen nach dem Heil gekommen wäre, um nun durch die Gnadenbarbietung und Wirkung der Taufe vollends wiedergeboren oder von oben und aus Gott geboren zu werden. Jene Entwickelung entzieht sich ja viel zu sehr, gerade auch wo sie recht gesund verläuft, unserer Beobachtung. Wie wir aber wissen, daß Gottes Gnade überhaupt unserem Verlangen nach Gott und Kommen zu Gott vorangeht, und wie wir speziell bezüglich unserer Kinder wissen, daß sie diesen entgegenkommen und sie umfassen will, so setzen wir nun, auf jene Beobachtung und Feststellung verzichtend, die vom Herrn eingesetzte Taufe schon an den Anfang ihres Lebens, damit dann das, was sie bedeutet, eben auf Grund der unseren Kindern schon von Anfang an geltenden Zusicherung mittels der christlichen Erziehung und des in dieser dargebotenen Gotteswortes sich weiterhin ganz und voll verwirkliche. Will man dagegen, wie unsere Wiedertäufer oder Baptisten, erst die herangereiften Kinder der Gemeinde getauft haben, so wird man immer in eine Verkennung dessen hineingeraten, was nach der Schrift und im praktischen Interesse die Hauptsache bei diesem Sakramente für uns sein muß: aus einer kräftigen Darreichung göttlicher Gnade wird es vielmehr ein Bekenntnis und Huldigungsakt dessen, der schon anderswie in den Heilsstand gelangt ist, werden.

Spenden wir aber so die Taufe unsern Kindern, so können wir doch nicht sagen, daß die Wiedergeburt, welche dieselbe bedeutet, hiermit bei ihnen schon v o l l z o g e n, schon fertig sei. Denn die innere persönliche Umwandlung muß ja erfolgen im Glauben, der, durch die Gnadenbotschaft geweckt, die dargebotene Gnade ergreift. Und er kann nur entstehen, indem die Gnadenbotschaft an das irgendwie schon lebendig gewordene Bewußtsein gebracht wird: so erst in der auf die Kindertaufe folgenden christlichen Erziehung.

Wir dürfen uns in der hier vorliegenden Frage durch keine kirchliche Autorität, keine vermeintliche und doch nur menschlich ersonnene, unbiblische Mysterien, auch keine Furcht vor der Wiedertäuferei den Blick für die Wahrheit trüben lassen, die sich aus dem ganzen Inhalt und Zusammenhang der evangelischen Heilslehre für uns ergiebt. Das Neue, echt Evangelische, was unser Reformator Luther in betreff der Kindertaufe aussprach, war eben dies, daß zur innerlichen Zuteilung des Heiles an die Kinder und hiermit zu ihrer Wiedergeburt ihr eigener Glaube gehöre. Ihre Taufwiedergeburt aber meinte er dadurch erklären zu können, daß eben in der Taufe selbst, unter der Zusprache des göttlichen Wortes und unter der Fürbitte der christlichen Gemeinde, schon Glaube in ihnen erzeugt werde; und hierfür müssen wir sowohl eine biblische Begründung als eine eigene Verdeutlichung bei ihm vermissen. Neuere, die auf lutherische Rechtgläubigkeit Anspruch machten, haben dann im Widerspruch gegen Luther und das Schriftwort ein Getauftwerden auch ohne Glauben für die

Wiedergeburt genügend finden wollen; oder sie haben dafür den Begriff einer substanziellen Wiedergeburt im Unterschied von der persönlichen erdacht, während das Schriftwort jedenfalls nur diese kennt und man meinen sollte, das Bild von der Geburt eines Menschen lasse sich überhaupt auf geistigem Gebiet nur eben aufs Werden einer neuen Persönlichkeit verständigerweise anwenden.

Ihre Bedeutung aber behält die Taufe, auch wenn wir das getaufte neugeborene Kind nicht schon einen Wiedergeborenen nennen können, fürs ganze fernere Werden einer neuen Persönlichkeit in ihm, ja auch für sein ganzes fortlaufendes christliches Leben überhaupt, und diese Bedeutung wird wohl meist bei uns nur zu wenig praktisch geltend gemacht. Denn eben auch jene ganze Wirksamkeit, welche dann durchs Gnadenmittel des Wortes aufs Kind geübt werden muß, darf und soll darauf sich zurückbeziehen, daß Gott schon dort seine Gnade ihm zugewiesen, die Sünde ihm vergeben, gleichsam seine Vaterhand ihm aufgelegt hat, um weiterhin es auch innerlich mit seinem Geiste zu durchdringen und zum gläubigen Gotteskinde zu gestalten. Daran soll der Getaufte vom Beginn seines sittlich religiösen Bewußtseins und Lebens an vertrauensvoll sich halten, dadurch schon von vornherein der himm=lischen Vaterliebe sich verpflichtet wissen.

Eine allgemeine dogmatische und ethische Erörterung der Wiedergeburt, von der wir in so weit hier zu handeln hatten, müßte namentlich auch zu der Frage führen, wie man dann zwischen der prinzipiellen inneren Umwandlung und zwischen der darauf folgenden fortgesetzten inneren Durchheiligung oder zwischen der wirklichen Neugeburt und der weiteren sittlich religiösen Entwicke=lung im wirklichen christlichen Leben zu unterscheiden und wann man jene wirklich für vollzogen anzuerkennen habe. Ein aus=führliches Eingehen darauf aber würde über unsere gegenwärtige nächste Aufgabe, die Frage nach dem Wesen und Werden des lebendigen Christenglaubens, uns hinausführen. Nur davor mag hier noch gewarnt werden, daß man für den Fortgang des stillen inneren göttlichen Wirkens und menschlichen Hinnehmens, Strebens und Wollens willkürliche Regeln und Merkmale aufstelle, mit denen man andere und sich selbst bald peinlich drückt, bald zu eitler Selbstüberhebung verführt. Ob in Einem ein neuer Mensch mit dem rechten Glaubenscharakter erstanden ist, wird recht erst daraus zu erkennen sein, daß dieses Christentum als ein bestehendes in seinem ganzen ferneren Verhalten sich ausweist. — Hier haben wir weiter von jenem Glauben zu reden in seiner Bedeutung fürs christliche Leben überhaupt und so dann auch für die Früchte, in denen ein wirkliches Christenleben sich als solches erweisen muß.

2. Das Leben im höchsten Sinne, oder das Heilsgut und sein Inhalt; Rechtfertigung.

Ein lebendiger Glaube muß nach dem bisher Ausgeführten jeder echte Christenglaube sein, sofern er ein Vorgang des innersten persönlichen Lebensmittelpunktes ist. Lebendig ist er schon, indem er rein empfangend und hinnehmend sich verhält.

Zum wahrhaften Leben aber, nämlich zu dem Leben, das in sich fest gegründet, innerlich gesättigt und befriedigt ist und mit seinem reichen Inhalt sich bethätigt und auswirkt, gelangen wir nun eben durch den Glauben. Ja darin, daß diesem Glauben ein Leben im höchsten und vollsten Sinne des Wortes zu teil werde, können wir den ganzen Inhalt der christlichen Heilsbotschaft und Heilswahrheit zusammenfassen. Wir vergegenwärtigen uns zunächst, was zum Leben in diesem Sinn an sich gehört oder was das im Glauben zu erlangende Heil an sich in sich schließt, um dann eingehender darzulegen, wie eben der Glaube es erlangt.

Dies Leben ist ja ein umfassender Grundbegriff, mit welchem das neutestamentliche Wort, und zwar im Anschluß ans Alttestamentliche, auf das den Christen zugesicherte höchste Gut, auf ihren im Glauben zu gewinnenden Heilsstand und auf das Ziel ihres eigenen Strebens anwendet. Dazu hat Gottes Liebe uns seinen Einen Sohn gegeben, daß alle, die an ihn glauben, das Leben haben (Joh. 3, 16. 5, 24). Daß der Gläubige „aus Glauben lebt," ist eins damit, daß das Evangelium eine „Kraft Gottes ist zur Rettung für jeden, der glaubt," oder daß wir „aus Gnaden gerettet", oder, wie Luther übersetzt, selig werden durch Glauben (Röm. 1, 16. Eph. 2, 8). Das Leben ist's, wozu

2. Das Leben im höchsten Sinn oder das Heilsgut.

wir eingehen sollen durch die enge Pforte und auf dem schmalen Weg (Matth. 7, 14). Ein lebendig machender Geist, ja ein Geist des Lebens ist der Geist, den Gott seinen Kindern in Christo schenkt (2. Kor. 3, 6. Röm. 8, 2). Die, welche er zu Genossen seines Reiches macht, sollen selbst herrschen in Leben (Röm. 5, 17).

Schon vom gewöhnlichen Begriffe des Lebens aus mögen wir uns zu dieser höheren und höchsten Idee desselben im biblischen und christlichen, sittlich-religiösen Sinne hinleiten lassen, während man das Wort Leben insgemein nur zu oft im Munde führt, ohne diese seine volle Bedeutung sich zu vergegenwärtigen und zu würdigen.

Schon im natürlichen Dasein reden wir ja noch nicht da von Leben, wo wir Dinge existieren, fortbestehen, sich bewegen und mit ihrer Bewegung dies und das verursachen sehen, sondern nur da, wo ein für sich bestehendes Wesen die Macht in sich trägt, aus sich selbst heraus zu streben und zu wirken, in seiner thätigen Beziehung auf anderes sich selbst zu behaupten, zu erhalten und zu fördern. Und wo Selbstbewußtsein und Wille ist, da gehört schon nach gewöhnlichem Sprachgebrauch zu einem Leben, das diesen Namen wahrhaft verdient, ein lebendiges Gefühl und Bewußtsein des eigenen Wesens und der mit diesem gegebenen Bestimmung, eine dem Willen zu Gebot stehende Kraftfülle und Energie, eine wahre Selbstbefriedigung im gegenwärtigen Besitz und im sichern Streben und Wirken auf das noch gesteckte Ziel hin.

Der Christ aber weiß, vernimmt aus Gottes Wort und bekommt es fort und fort zu erfahren, daß die menschliche Persönlichkeit zur Gemeinschaft mit Gott bestimmt ist, nur aus dieser ihre wahre Kraft und Selbständigkeit gewinnt, nur in ihr wahre innere Harmonie, Befriedigung und Beseligung findet und nur von hier aus in der richtigen, erfolgreichen Weise auch auf die Welt zu wirken, ihr gegenüber seine sittliche Selbständigkeit zu wahren und selbst über sie zu herrschen vermag. Indem das Schriftwort vom Leben in diesem Sinne spricht und es dem Glauben zusagt, läßt sie uns dieses Leben vorzüglich als ein

Leben in höchster Befriedigung oder vollkommenem, allseitigem Wohlsein erkennen und erhoffen. Ein Leben ist's, wie Jesus es seinen Schafen verheißt, daß sie Leben haben sollen und volle Genüge (Joh. 10, 10), oder wie Petrus mit alttestamentlichem Ausdruck „leben und gute Tage sehen" (1. Petr. 3, 10) zusammenfaßt; das Gegenteil ist die Unseligkeit derer, die in der Abkehr von Gott dem Tod und Verderben anheimfallen. So kann Luther*) einmal von der hebräischen, alttestamentlichen Sprache sagen, „leben" heiße in ihr „guten Mut haben".

Wir wissen nun, daß die Gemeinschaft mit Gott, dem vollkommen guten und heiligen, und hiermit wahres Leben für uns erst durch die Erlösung und durch den Erlöser Jesus Christus möglich wurde. Das erste aber, dessen wir bedürfen, ist Erlösung aus dem Banne der Schuld und zwar Erlösung durch die Vergebung der Sünden, die nun den an ihn Glaubenden durch Gottes Gnade zu teil wird. Nur von hier aus können wir die Bedeutung recht verstehen, welche das biblische Heilswort diesem Glauben fürs Erlangen des Heiles und Lebens beilegt und welche namentlich unsere Reformatoren im neuaufleuchtenden Lichte des Evangeliums wieder erkannt und in den Mittelpunkt gestellt haben. Auf die Bedeutung der Schuld und Schuldvergebung, von der diese Bedeutung des Glaubens bedingt ist, muß namentlich in der Gegenwart auch vielen ernst gesinnten protestantischen Christen und Theologen gegenüber gedrungen werden. Gewiß gehört ja zum Bewußtsein unseres natürlichen sündhaften Zustands das Bewußtsein davon, daß ein wahrhaft freies, sittliches, unserer höchsten Bestimmung entsprechendem Wollen und Wirken uns durch übermächtige selbstische Triebe und trügerische Reize weltlicher Güter, die diesen Befriedigung versprechen, immer mehr oder weniger gehemmt, ja gebunden sei, oder, kurz gesagt, ein schmerzliches Bewußtsein von der Macht der Sünde. Gewiß ist ein wahres Verlangen nach Erlösung ein Verlangen darnach, von dieser Macht befreit zu werden, und so weit der Heilsbedürftige Kraft von oben empfangen hat, wird er ihrer als göttlicher Gnaden-

---

*) Werke, Erl. Ausg., 2. Aufl., Bd. 4, S. 441.

gabe sich freuen und mit ihr den Kampf gegen die Sünde führen. Aber, so fragen namentlich unsere Reformatoren, wie sollen wir Gott anrufen und bei ihm Freiheit und Kraft gewinnen, so lange wir seiner Vergebung, und zwar seiner ganzen und vollen Vergebung noch nicht gewiß sind, den freien Zutritt zu ihm, wie die Apostel es ausdrücken, noch nicht besitzen, vielmehr in unserem Gewissen dessen inne werden müssen, daß Gott richtend und strafend gegen das Böse und die Bösen sich wende und diesem seinem Gericht auch wir als Sünder verfallen seien? So steht es mit uns, so lange nicht er selbst vermöge seines Gnadenwillens und mittels seiner Gnadenratschlüsse den Bann der Schuld von uns genommen hat. Und wer die Aussagen der heiligen Schrift samt denen des eigenen Gewissens würdigt, der wird in diesem Banne, gerade auch wenn er sich durch Gottes Gnade von ihm erlöst weiß, nimmermehr eine bloße subjektive Vorstellung oder Stimmung sehen können. Wie nach Gottes heiliger Ordnung der höchste, unbedingte Anspruch und Wert des sittlich Guten für die sittlichen, gottgemäß sich verhaltenden Persönlichkeiten Gemeinschaft mit Gott und Leben in jenem Vollsinn mit sich bringt, so andererseits Verworfensein von Gott, Tod, Unseligkeit. Die ganze Menschenwelt, sagt Paulus, ist Gotte schuldig, steht unter seinem Gericht (Röm. 3, 19), und Jesus fragt, was ein Mensch geben könnte, um seine jenem Todesbann verfallene Seele zu lösen (Mark. 8, 37). Ein Bewußtsein von dieser Bedeutung der Sünde und Schuld ist's, was auch in jenen dem Glauben vorangehenden Erschütterungen und Schrecken des Gewissens (oben S. 216) immer neu sich erhebt; vor allem im Gegensatz hierzu wird dem bußfertigen Glauben Leben zu teil.

So tritt denn jenes erste Grundmoment als solches voran in allen den biblischen Bezeichnungen des Heiles und Heilsstandes. Jene Aussage des Heilandes, daß die an ihn Glaubenden das Leben haben oder gerettet werden sollen, steht entgegen dem Gedanken, daß er gekommen wäre, um die Welt zu richten und durchs Gericht Verderben zu bringen (Joh. 3, 16 ff.). Die Erlösung ist zwar Erlösung vom ganzen bisherigen Sündenstand, nicht bloß von der Schuld, sondern auch vom Sündigen selbst oder von der Macht, welche die Sünde über uns hat, wie Petrus (1. Petr. 1, 18) seine Leser bedenken lehrt, daß sie von ihrem alten eiteln Wandel erlöst seien, und wie die Erlösung Tit. 2, 14 umfassend eine Erlösung von aller Ungerechtigkeit heißt. Aber so sehr behauptet jenes Moment in ihr die erste Stelle, daß Paulus sie kurzweg als Vergebung der Sünden oder Übertretungen bezeichnen kann (Kol. 1, 13. Eph. 1, 6); und dem entspricht, daß die Erlösung durch Christus geschieht, indem durch ihn und seinen Opfertod Sühne gestiftet, d. h. eben die Vergebung möglich gemacht und ausgewirkt ist (Röm. 3, 24 f., dazu auch 1. Petri 1 a. a. O.). Positiv wird die neue Stellung, in die Gott mit der Sühne und Vergebung uns zu sich und sich zu uns setzt, zunächst durch die „Rechtfertigung" ausgedrückt: er nimmt die Gläubigen als Gerechte an und eben als Gerechtfertigte sollen sie nun auch das Leben haben (Röm. 1, 17). Und er läßt sie hiermit nicht etwa ihre Wege gehen, wie ein Richter einen Angeklagten, den er frei gesprochen. Jetzt sollen sie vielmehr eben jenes Zutritts zu ihm und dem Genuß seiner Gnade fort und fort sich freuen (Röm. 5, 2. Eph. 2, 18. 3, 12). Ja — und wir kommen hiermit auf den höchsten Ausdruck für jene Stellung — die, die im Glauben an den Gottessohn Christus sich halten, sollen selbst auch Gottes Kinder oder Söhne sein und hiermit Teilnehmer oder Erben der höchsten Lebensgüter, des Gottesreiches, der Seligkeit.

Besonders auch an der richtigen Auffassung dieser Idee der Gotteskindschaft im Sinn der neutestamentlichen Heilsoffenbarung ist fürs Verständnis des christlichen Glaubens und Lebens viel gelegen, während auch darüber vielfach Unklarheit und Irrtum obwaltet. Daß nicht etwa alle Menschen als solche schon Kinder Gottes heißen dürfen, wird für Keinen, der ans neutestamentliche Wort sich hält, erst noch des Nachweises oder der Begründung bedürfen: erst durch seine Liebesoffenbarung und die Erlösung in Christo will Gott sie zu der Stellung, welche dieser Name bezeichnet, erheben. Auch das aber ist Irrtum und thut dem rechten Heilsverständnis Eintrag, wenn man bei unserem Begriffe von demjenigen eigenen Charakter und Verhalten der zu erlösenden und schon in der Erlösung begriffenen Menschen ausgeht, vermöge dessen sie Gotte wie einem Vater seine Kinder ähnlich seien und demgemäß auch von ihm wie seine Kinder behandelt werden sollten. Die vollendete Heilsoffenbarung stellt vielmehr auch hier voran, was Gott in seiner Gnade für uns thun und für uns sein will, wofern wir nur gläubig von seiner Hand uns ziehen lassen. Da teilt er uns die Kindschaft zu, und während das biblische Wort hierfür von der Annahme an Kindesstatt oder der Adoption wie von einem rechtlichen Akte entnommen ist und auf die einem Kind zustehenden Rechte hinweist, schenkt und wirkt Gott sofort auch den inneren Genuß dieses Verhältnisses zu ihm, den wirklichen Genuß seiner Vaterliebe, den freien und freudigen Zutritt, den wir nicht bloß wie Unterthanen zu ihrem Herrscher, sondern wie Kinder zum Vater haben, das kindliche Vertraut= sein, das zur Gemeinschaft eines Sohnes mit seinem Vater ge= hört. So verbindet sich bei Paulus die Kindesannahme mit jener Gerechtannahme (vgl. besonders Röm. 8, 14 ff. Gal. 4, 5 ff.). Ähnlich redet Johannes von einer Macht oder genauer Vollmacht, Kinder Gottes zu werden, die Gott in seiner Liebe denen ge= geben habe, die Jesum aufgenommen haben und an seinen Namen glauben (Joh. 1, 12, vgl. 1. Joh. 3, 1). In Jesu eigener Predigt haben von Anfang an Gottes Vaterarme denen sich geöffnet, welche durch sie vertrauensvoll zu ihm sich ziehen ließen: denn als seinen und ihren Vater hat ihn ja Jesus von Anbeginn ihnen dargestellt und sie angewiesen, ihn als ihren himmlischen Vater, also wie seine Kinder, anzurufen; als Söhne des himmlischen Königs, dessen Reich er verkündete und stiftete, hat er in seinen an Petrus gerichteten Worten Matth. 17, 25 sich und den Jünger zugleich bezeichnet. Jene andere Seite der Kindschaftsidee, die wir nicht, wie viele thun, voranstellen dürfen, kommt darum doch zu ihrem vollen Rechte. Johannes nennt a. a. O. diejenige göttliche Wirkung und Mitteilung, durch die jener Glaube er= zeugt und der Glaubende wie eine neue Persönlichkeit geboren wird, gar eine Geburt aus Gott selbst (vgl. ferner 1. Joh. 5, 1); eine solche Geburt ist also schon Voraussetzung für jene Kindschafts= Vollmacht. Und einmütig fordert das gesamte neutestamentliche

Wort, daß, wie Petrus (1. Petr. 1, 14) es ausdrückt, die Gottes=
kinder auch gehorsame Kinder seien, und daß sie, wie Jesus sagt,
ihren Vater im Himmel mit all ihrem Thun und Verhalten ver=
herrlichen (Matth. 5, 16). Ja so kann Jesus diejenigen, die er
schon wie Kinder den himmlischen Vater anrufen lehrt, doch zu=
gleich ernstlich ermahnen, daß sie dieses Vaters Kinder werden
sollen, seinem Charakter und Willen entsprechend (Matth. 5, 9. 45 ff.).
Davon hängt's namentlich auch ab, daß sie in der schließlichen
großen Offenbarung seines Reiches und Lebens als Kinder oder
Söhne anerkannt werden und das Kindeserbe dort erlangen.

Mit dieser Idee der Kindschaft oder Sohnschaft hängt und
stimmt vollständig zusammen, was Paulus von dem Geist Gottes
und Christi aussagt, der den Glaubenden zu teil wird. Weil
die Christen Söhne sind, hat (nach Gal. 4, 6) Gott den Geist
seines Sohnes in ihre Herzen gesandt, der schreit „Abba, lieber
Vater". Es heißt nicht, wie viele Erklärer der Stelle haben wollten,
daß sie Söhne seien, weil sie schon den Geist im Herzen haben.
Sondern voran stellt der Apostel wieder den göttlichen Gnaden=
willen, der sie zur Sohnschaft angenommen hat. Und als diejenige
Kundgebung des diesen Söhnen ins Herz gesandten Geistes, durch
die er sich recht eigens als Sohnesgeist bethätigt, bezeichnet dann
Paulus jenes herzliche, innige Abbarufen, das des Zugangs zum
Vater sicher ist. Zugleich aber wirkt (Röm. 8, 14 f.) eben dieser
Geist innerlich treibend, daß die Gotteskinder im Kampf wider
die Sünde und in gottgemäßem sittlichen Verhalten als solche sich
bewähren.

So entfaltet sich nach dem neutestamentlichen Worte die Idee
des Heiles und Lebens, das für uns durch Christus anbricht, um
den Glaubenden zu eigen zu werden. Je tiefer wir unsere sittlich
religiösen Bedürfnisse fühlen und sie verstehen lernen, um so mehr
wird sich unser Sinn auch für die verschiedenen hier ausgedrückten
Seiten und Momente dieser Idee öffnen. Je mehr wir in den
wirklichen Genuß eintreten und darin bestehen und fortschreiten,
desto klarer und freudiger werden wir ihres gesamten Inhalts
und seines notwendigen inneren Zusammenhangs gewiß werden.
Wie dieser Genuß eben durch den Glauben bedingt und vermittelt

ist, werden wir noch näher im folgenden Abschnitte zu erörtern haben.

Zunächst bedarf indessen eines jener Momente, nämlich das der **Rechtfertigung**, erst noch einer weiteren Erläuterung. In der großen, lebensvollen Ausführung des Heilsweges, die der Apostel Paulus in seinen Briefen an die Römer und Galater uns hinterlassen hat, ist dieser Begriff bekanntlich Grundbegriff: durch den Glauben werden wir gerechtfertigt und hiermit bringt der Glaube Heil und Leben. Eben derselbe steht im Mittelpunkte der evangelischen Lehre, wie sie namentlich im Gegensatz gegen die katholische sich gestaltet hat: man pflegt die Rechtfertigung durch den Glauben als Materialprinzip des Protestantismus zu bezeichnen. Hat aber das Wort in der apostolischen Lehre wirklich denjenigen Sinn, welchen die Protestanten ihm beigelegt haben, daß nämlich Rechtfertigen ein „für gerecht erklären" bedeute? Und sollen und dürfen dann wirklich auch wir von diesem Begriff einen solchen Gebrauch machen? oder ist's nicht ein innerer Widerspruch, daß Gott einen, der in Wahrheit noch ein Sünder ist, für einen Gerechten erklären sollte? und wäre nicht, falls man darein auch einen erträglichen Sinn legen mag, ein solcher göttlicher Akt, der eben eine bloße Erklärung und noch keine Wirkung Gottes ausdrücken würde, etwas an sich Leeres, Bedeutungsloses?

Feststehen muß nun für jeden unbefangenen Ausleger der heiligen Schrift so viel, daß der Ausdruck dort nicht etwa, wie die katholische Auslegung will, eine innere Wirkung in den Gläubigen oder eine Mitteilung oder „Eingießung" innerer Rechtbeschaffenheit, Tugendhaftigkeit u. s. w. bezeichnet, sondern ein Urteil Gottes über sie. Er ist entlehnt vom Sprachgebrauch gerichtlicher Vorgänge, wo der Übertreter oder Gottlose nicht gerechtfertigt werden darf (vgl. Jes. 5, 23. 2. Mos. 23, 7). Den Gegensatz dazu bildet so bei Paulus nicht ein inneres Schlechtmachen oder Korrumpieren, sondern ein Anklagen und Verurteilen (Röm. 8, 33f.). Nur so kann der Ausdruck auch in der Meinung der vom Apostel bekämpften Gegner verstanden werden, daß man durch Gesetzeswerke vor Gott gerechtfertigt werden könne: denn jene dachten nimmermehr daran, daß einer durch derartige Werke zur Mitteilung innerer Rechtbeschaffenheit gelangen, wohl aber daran, daß er vermöge ihrer vor Gott gerecht gesprochen werden sollte (Röm. 3, 20; — weiter vgl. namentlich Röm. 2, 13. 4, 3. 5). An dieser Wortbedeutung des Ausdruckes darf uns auch der neuerdings oft hervorgehobene Umstand*) nicht beirren, daß in ihn anfänglich auch unsere Reformatoren, so sehr sie die Schuldvergebung und Gerechtannahme des Gläubigen durch Gott voranstellten, doch schon mehr, nämlich auch schon eine innere, geistige Erneuerung, mit hineingelegt haben: Luther pflegt in seiner Übersetzung jener Briefe dafür den Ausdruck „gerecht machen" und „gerecht werden" zu setzen und sagt z. B. in seinen Schmalkalder Artikeln bei der Erklärung davon, wie man durch Glauben vor Gott gerecht werde, nicht bloß, Gott wolle uns um Christi willen für ganz gerecht halten, sondern auch, wir kriegen durch den Glauben ein neues, reines Herz; und Melanchthon hat in seiner Apologie der Augsburger Konfession in dem Begriffe der Rechtfertigung eine Gerechtmachung und zwar bestimmter die innere Aufrichtung und Neubelebung des unter der Sündenschuld geängsteten Herzens und von hier aus dann auch das ganze sittlich religiöse Neuaufleben mit befaßt. Auf unserer Auslegung des Ausdrucks müssen wir trotzdem beharren: denn jene Deutung unserer Reformatoren war nicht aus neuer Erforschung der Schriftsprache, sondern aus einer Nachwirkung der überlieferten Übersetzung und Auffassung des Wortes hervorgegangen; dagegen ist der ursprüngliche bestimmtere Sinn des Wortes bald darauf auch von Melanchthon, desgleichen vom Reformator Calvin und weiter von den protestantischen Dogmatikern insgemein anerkannt worden.

Um so gewichtiger erheben sich dann allerdings jene weitere Fragen. Und noch andere könnten an sie sich anreihen. Hat unsere christliche Heilsverkündigung und Lehre wirklich den in Frage stehenden Begriff auch für sich als Grundbegriff aus den beiden genannten paulinischen Briefen aufzunehmen? Der Apostel

---

*) Meines Wissens habe ich zuerst auf ihn aufmerksam gemacht, in den Jahrbüchern für deutsche Theologie 1856, S. 103 f., 117, in meiner Schrift „Der Glaube u. s. w." v. J. 1859 S. 328 und in meiner „Theologie Luthers" 1863, Bd. 2, S. 444.

hat ihn wohl dort so angewandt im Anschluß an die Sprache jüdischer Frömmigkeit und Theologie und zwar mit spezieller Beziehung auf Gegner, welche in stolzer Zuversicht auf ihre eigenen Gesetzeswerke vor Gott als ihren Richter treten und das gerechtsprechende Urteil von ihm erwarten zu können meinten. Ist derselbe darum auch an sich der geeignetste? würden wir den scheinbar kalt und abstrakt, juristisch und formalistisch klingenden und überdies schwer verständlichen, ja eines innern Widerspruchs beschuldigten Begriff nicht besser beiseite lassen neben den richtigen Hauptbegriffen des Heiles, des Lebens, der Gotteskindschaft? So wird er ja auch in den tiefen und reichen Heilsaussagen des Johannes nicht ausgeprägt. Paulus selbst hat im Epheserbrief bei seiner Hauptaussage darüber, daß wir aus Gnade durch Glauben selig werden (Eph. 2, 8), doch keinen Gebrauch von ihm gemacht. Auch in Luthers Katechismen begegnet er uns nicht. Und wenn dann Luther und der frühere Melanchthon bei ihrem eigenen Gebrauch desselben mehr als Paulus in ihn hineinlegten, zeugt nicht auch dies dafür, daß es für uns angemessener wäre, dasjenige, was Paulus hineinlegte, nicht so für sich zu fixieren?

Wir müssen zugeben, daß diese Fragen mehr Aufmerksamkeit verdienen, als ihnen von manchen warmen und überzeugungsfesten Vertretern unserer kirchlichen Rechtfertigungslehre geschenkt wird. Dabei handelt sich's ja wesentlich um die Interessen einer praktischen, lebendigen Heilsverkündigung. Und werden nicht auch jene Vertreter in ihrer eigenen Predigt und Seelsorge den speziellen Begriff und Ausdruck der Rechtfertigung, Gerechtsprechung u. s. w. neben jenen andern Begriffen doch immer nur weit seltener gebrauchen?

Dennoch halten wir den Begriff mit seinem biblischen Sinne fest, — halten ihn fest für eine strenge dogmatische Ausführung, fest auch mit Bezug aufs Bedürfnis eines lebendigen sittlich religiösen Bewußtseins und Gewissens.

Nur muß vor allem sein Sinn, und zwar in der oben angedeuteten Weise noch näher bestimmt und hiermit gegen den Vorwurf des inneren Widerspruchs oder der Sinnlosigkeit verwahrt werden. Nicht so ist er, wie der Zusammenhang überall zeigt, zu verstehen, als ob Gott von einem, der Sünde begangen hat und mit Sünde auch ferner noch innerlich zu ringen haben wird, dennoch aussagte, daß derselbe schon vollkommen den göttlichen Forderungen und Normen in seiner sittlichen Beschaffenheit entspreche; sondern das meint er, daß Gott, und zwar der heilig richtende Gott, dem gläubigen Sünder die Schuld erlasse, ihm die dem entsprechende positive Stellung eines Gerechten zuweise, selbst wie einen solchen ihn annehme und ihn behandeln wolle. So handelt der Gott, dem das Gericht zusteht, vermöge seiner Liebe und Gnade an denen, die gläubig seine Gnade aufnehmen, wie hiervon noch weiter im folgenden zu reden sein wird. Der Ausdruck, welcher einen richterlichen Spruch bedeutet, gewinnt also hier wesentlich den Sinn eines Willensaktes, in welchem Gott den gläubigen Sündern jene neue Stellung zu ihm selbst zugeteilt haben will. Die Analogie mit einem menschlichen Rechtspruch oder die Auffassung des Aktes als eines, wie man zu sagen pflegt, forensischen darf hiernach nicht zu weit ausgedehnt werden.

Die wirkliche Bedeutung eines solchen göttlichen Aktes aber muß für uns erhellen und feststehen eben mit der Bedeutung der sittlichen Schuld überhaupt und der Stellung vor Gott und zu Gott, die sie für uns mit sich bringt. Es ist ein objektives Verhältnis zu dem heiligen, die Sünde verdammenden Gott, worein wir durch Sünde und Schuld geraten. Unsere Befreiung vom Banne der Schuld und unser Eintritt in das entgegengesetzte Verhältnis der Gottesgemeinschaft muß erst ermöglicht werden; ermöglicht wird dies unbeschadet der heiligen göttlichen Ordnungen durch Gottes eigene Liebesoffenbarung und Liebesthätigkeit, durch den von ihm gesandten Heiland und seine den Glauben weckende Heilsbotschaft; daß es jetzt für den einzelnen Gläubigen ermöglicht, ja das neue Verhältnis für ihn als Gläubigen schon hergestellt sei, das besagt eben die Erklärung, er sei für gerecht angenommen. Wir kommen hiermit auch schon auf die volle Idee der Kindschaft: in Wirklichkeit ist der für gerecht angenommene auch schon als Kind angenommen und der Kindesgeist wird ihm zu teil. Aber der Gedanke an den heiligen Gott, vor dem kein Schuldiger bestehen und gar zum Kind angenommen werden kann, läßt doch

2. Das Leben im höchsten Sinn oder das Heilsgut.

zuvor noch eigens den Gedanken uns erfassen, daß derselbe jetzt eben wie ein Gerechter vor ihm bastehen solle.

Ein Standpunkt, der das Verhältnis zwischen Gott und Mensch überhaupt einseitig gesetzlich auffaßt, wird freilich auch zu einer einseitigen und verkehrten Auffassung der Rechtfertigung führen. Eine Selbstgerechtigkeit, wie jene jüdische, die immer auf einer oberflächlichen, äußerlichen Betrachtung der an uns gerichteten göttlichen Forderungen ruht, pocht auf eine Gerechtsprechung durch Gott, wo eine solche in keinerlei Sinn des Wortes statthaben kann. Dagegen wird die besondere Hervorhebung des objektiven schuldvergebenden und rechtfertigenden göttlichen Aktes auch hohen praktischen Wert namentlich für den Sünder haben, der, während er ganz an Gottes Gnade sich halten möchte, doch an ihrem Genuß im Herzen und Gewissen noch durch schwere Anfechtungen behindert wird (vgl. unten S. 251 f.). Nur muß die Heilslehre und Heilsverkündigung besonders bei diesem Grundmomente sich hüten, es rein für sich zu nehmen und bei ihm stehen zu bleiben.

Gegen alle die Ausdrücke und Begriffe, die wir hier aufs Heilsgut und Gottes Heilsmitteilung angewandt haben, ist endlich eingewandt worden, daß sie menschlichen Beziehungen und irdischen Vorgängen entnommen seien. Nach unsern früheren allgemeinen Ausführungen über die religiöse Erkenntnis und Sprache brauchen wir weder zu wiederholen, wiefern dies richtig ist, noch neu zu begründen, weshalb es zu Einwendungen nicht berechtigt. Speziell hat man noch gegen einzelne zeitliche Rechtfertigungsakte Gottes eingewandt, daß man den Ewigen nicht so ins zeitliche Leben herabziehen dürfe: als ob nicht eine Beziehung desselben auf alle unsere zeitlichen Momente, die freilich jedes menschliche Verständnis übersteigt, durch die ganze christlich religiöse Auffassung gefordert würde. Ja die hier bezeichnete Vorstellungsweise wird zumeist gerade für die Betrachtung des durch den Glauben bedingten Heilslebens und seiner konkreten Vorgänge einem jeden frommen und dabei gewissenhaft nachdenkenden Christen ein stetes, unabweisbares Bedürfnis bleiben.

3. Der Glaube als rechtfertigend und Leben bringend.

Zu diesem Leben also, zu diesem Heilsstand, erhebt Gottes Gnade und Liebe in Christo die, welche an sie glauben. Und die christliche Heilsoffenbarung selbst legt es uns nun noch bestimmter dar und Gottes Gnadenwirksamkeit will es jedem innerlich erfahren lassen und jeder soll es um seines eigenen Heiles willen wohl beherzigen, wie eben jener Glaube es ist, wodurch wir zur Schuldvergebung und Rechtfertigung gelangen, in die kindliche Gemeinschaft mit Gott eintreten, des Geistes von oben teilhaftig werden, der die Gotteskinder beseligt und zugleich zum gottgemäßen sittlichen Verhalten treibt, und wodurch wir endlich auch der schließlichen Seligkeit oder des ewigen Lebens mit und in Gott gewiß sein dürfen.

Wir haben hierbei, wie wir schon im Eingang dieses Hauptstücks (oben S. 207) bemerkten, bereits auch auf die Stellung den Blick zu richten, welche die im Glauben mit Gott geeinte Persönlichkeit mit ihrem Willensverhalten zur Welt einnimmt; und wir müssen hier namentlich die Bedeutung würdigen, welche ihrem sittlichen Verhalten zu dieser oder den Früchten, welche ihr Glaube hier trägt, für ihr Verharren in der Gemeinschaft mit Gott und für jene schließliche Seligkeit zukommt. Ein näheres Eingehen aber auf diese Stellung und dieses Verhalten werden wir einem besonderen, nachfolgenden Abschnitte (S. 256 ff.) vorbehalten. Es ist ein Leben in Gott, zu welchem der Glaube erhebt, und es ist ein gottgemäßes sittliches Leben in der Welt, das aus diesem Leben fließt.

Auf den Unterschied, den wir so eben gemacht haben, möchte man vielleicht die bei Neueren ungemein beliebte, jedoch meist nicht klar gedachte Unterscheidung zwischen Religiösem und Sittlichem anwenden. Man kann dies thun, wenn man von Religiösem und Religiosität da geredet haben will, wo es um die Beziehung der Persönlichkeit zu Gott, von Sittlichem da, wo es um ihre Beziehung zur Welt sich handelt. Man möchte demnach zuerst von der religiösen, dann von der sittlichen Bedeutung des Glaubens reden, zuerst von dem rechten religiösen Leben, zu dem er uns erhebe, dann von dem sittlichen Leben, in dem er sich bewähren müsse. Aber wir müssen jedenfalls beides von vorn herein in unmittel-

3. Der Glaube als rechtfertigend und Leben bringend.

barer Einheit mit einander auffassen: das sittliche Verhalten zur Welt so, wie es eben aus der im Glauben gewonnenen Gottesgemeinschaft fließt. Und weiter müssen wir warnen, daß man nicht, indem man in der bezeichneten Weise unterscheidet, das wichtigste übersehe und beiseite setze, nämlich das, daß schon für das religiöse Verhalten oder das Verhalten zu Gott und Leben in Gott und nicht erst fürs Verhalten zur Welt wesentlich unser Wille mit den höchsten für ihn gegebenen Forderungen und Zielen in Betracht kommt; und eben auf dieses sein gesamtes Verhalten werden wir den Begriff des Ethischen oder Sittlichen auszudehnen haben, wie wir ja auch bisher stets von einem ethischen Charakter des Glaubens selbst sprachen. Insofern wäre es also doch unangemessen und irre führend, jenes Leben in Gott als religiöses und im Unterschied hiervon das gottgemäße Leben des Christen in der Welt als sittliches zu bezeichnen. Sondern jenes wird zugleich ein sittliches zu nennen sein oder ein sittlich religiöses, sofern die Gottesgemeinschaft der Gläubigen immer durch ihr Willensverhalten bedingt bleibt und zugleich bestimmend auf ihren Willen wirkt, dieses zugleich ein religiöses, sofern es eben aus jener Gottesgemeinschaft hervorgeht. Und besonders auf diese inneren Zusammenhänge werden wir auch im folgenden stets den Blick gerichtet halten müssen, um das Wesen unseres christlichen Glaubens und Lebens zu verstehen und zu würdigen, während dieses namentlich in den angegebenen Beziehungen gegenwärtig so vielen Christen verhüllt bleibt und auch in der gebildeten und wissenschaftlichen Sprache so vielfach zu ungenügendem und falschem Ausdrucke kommt.

Der Eintritt in den Heilsstand durch Glauben.

Betrachten wir denn nach diesen Vorbemerkungen noch näher des Glaubens Bedeutung für jenes Leben in Gott, so haben wir hier zunächst den Eintritt in den Heilsstand für sich ins Auge zu fassen, oder den Übergang aus einem natürlichen Lebensstande, worin der Mensch die in Christus uns sich darbietende Gottesgnade noch nicht kennt und innerlich erfahren hat, zu der hier ihm sich eröffnenden Gottesgemeinschaft mit dem Genuß der Vergebung und Rechtfertigung und mit den von oben kommenden sittlichen

Kräften und Antrieben, vermöge deren er fortan seinem himmlischen Vater hingebend dienen und so auch trotz fortwährender Versuchungen und Kämpfe die Gemeinschaft mit ihm wahren kann und soll. In diesem Eintritte tritt auch die Bedeutung, welche der Glaube an und für sich hat, am reinsten ins Licht.

Was zu diesem Eintritte gehört, wie tief und furchtbar die Kluft zwischen der unter dem Banne der Sünde stehenden unerlösten Menschheit und ihrem Gott ist und wie dieser alle Möglichkeit fehlt, von sich aus den Bann zu brechen, aus der Sündenknechtschaft sich aufzuraffen und die Schuld zu sühnen, — das muß sich am meisten bei Menschen und menschlichen Gemeinschaften wahrnehmen lassen, die ganz in diesem Zustand aufgewachsen und bei denen die Früchte desselben gereift sind, ehe noch der Tag des Heils für sie anbrach. In den gewaltigsten Zügen hat so der Apostel Paulus im Römerbriefe seinen Lesern den Zustand vor Augen gestellt, in welchem die heidnische Menschheit darnieder lag und worin nicht minder die Juden befangen waren, die ohne die erlösende Gnade durch ihre eigenen Leistungen vor Gott bestehen zu können vermeinten. Wie muß er hier diesen, die des Gesetzes sich rühmen, ihre Übertretungen des Gesetzes vorhalten, mit denen sie Gott schänden (Röm. 2, 17 ff.)! Wie deckt er im Heidentum, und zwar gerade auch bei geistig reichbegabten, hochstehenden Heiden, die man als Vertreter schönster menschlicher Bildung feiern möchte, die schandbaren Dinge auf, die unter uns keiner mehr ohne Scham auch nur wird nennen mögen (Röm. 1, 21 ff.)! Wir sehen darin auch gar nicht bloß eine natürliche Schwäche, die des Himmels Mitleid hätte auf sich ziehen dürfen, sondern einen Sündengräuel, den Gottes Strafgerichte treffen mußten und trafen, — einen Zustand, für welchen nach der Erfahrung aller vorangegangenen Jahrhunderte von einer natürlichen Selbstentwickelung der Menschheit durchaus keine Erhebung zur Gottheit oder Versöhnung mit ihr zu hoffen war. Dem gegenüber konnte Paulus jetzt auf die im Evangelium geoffenbarte, vor Gott gültige Gerechtigkeit und das mit ihr erschienene Leben und Heil (1, 16 f.) hinweisen, und dieses Heil kam aus Glauben und für den Glauben.

So stellt in unserer Mitte der Gegensatz zwischen dem Leben

3. Der Glaube als rechtfertigend und Leben bringend.

im Genuß der Erlösung und Vergebung und dem Leben einer unerlösten Menschheit in Schuld und Sünde sich freilich nicht mehr bar. Wirkt doch innerhalb der gegenwärtigen Christenheit bei ihren Gliedern, die schon in ihrer Erziehung zum Gott aller Gnade hingeführt werden, dieselbe rettende Liebe und Kraft von oben, die dort neu in die gottentfremdete Menschenwelt hereintrat, gegen die Macht der Sünde, die auch in ihnen sich regt, schon von den Anfängen ihres Lebens an. Kommt doch die vergebende Gnade ihnen schon entgegen noch ehe sie ihr ganzes eigenes Unvermögen und Elend erfahren mußten. Und auch Menschen, die inmitten dieser Christenheit leben, ohne die christliche Heilsbotschaft zu glauben oder zu verstehen, werden doch von den Kundgebungen des Geistes, der in den echten Christen lebt und in Sitten und Gesetzen sich ausprägt, unwillkürlich mit berührt, sittlich angeregt, in heilsamen Schranken gehalten, auch positiv im Guten gefördert. Sie bekommen auch an den Wirkungen und Gaben der vergebenden Liebe Gottes viel mehr Anteil, als sie selbst es wissen und anerkennen wollen. Aber wie wenig wir von uns aus imstande wären, aus dem Banne der Sünde und Schuld zur Gemeinschaft mit Gott und einem wahrhaft guten, gottgemäßen Leben zu gelangen, und wie viel mehr hier für uns alles an Gottes Gnade und unserem einfachen, gläubigen Erfassen derselben liegt, dessen muß doch gerade auch ein Christ, der ihrer von Anfang an genießen durfte, fort und fort sich bewußt bleiben. Muß er doch, je mehr er kraft des von ihr kommenden Geistes den sittlichen Aufgaben und vor allem seiner eigenen sittlichen Läuterung nachstrebt, immer neu und immer tiefer inne werden, wie fest und mächtig die entgegengesetzten eigenen Regungen und Triebe noch in ihm wurzeln. Muß er doch, je mehr sein Gewissen im treuen Vernehmen der von oben kommenden Forderungen und Warnungen sich schärft, desto schmerzlicher empfinden, wie Sünde und Schuld ihm immer wieder den Zutritt zu dem Gotte wehren möchte, den er schon von jenen Anfängen seines Lebens an seinen Vater im Himmel nennen gelernt hat. Muß ihm doch immer mehr die Erkenntnis aufgehen von dem unbedingten Anspruch, den jede sittliche Forderung Gottes an uns erhebt, von dem Fluch, der an sich auf jeder Übertretung derselben ruht, von der Thatsache, daß wir unserem Gott auf tausend nicht eins antworten können (Jak. 2, 10, Gal. 3, 10, Hiob 9, 3). Wer recht weiß, was er an seinem Heiland hat, wird um so inniger mit dem Dichter sprechen: „Was wär' ich ohne dich gewesen, was würd' ich ohne dich nicht sein?"

Unsere Reformatoren mußten gegen eine katholische, scholastische Theorie kämpfen, wonach der unerlöste Mensch mit seinen eigenen Kräften doch schon so viel leisten könnte, daß ihm Gott — wenigstens von Billigkeits wegen, wenn auch nicht von Rechts wegen — ein Verdienst zuerkennen müßte; leiste er, was er so zu leisten vermöge, so verdiene er sich hiermit das, daß ihm Gott die Gnadenmitteilung zukommen lasse, vermöge deren er vollends das wahrhaft Gute üben und vor Gott bestehen könne. Ein ernstes christliches Gewissen weist jeden Gedanken an ein solches Verdienen schlechthin ab; wir brauchen hier kein Wort weiter darüber zu verlieren.

Inmitten unserer evangelischen Theologie und Kirche ist sodann darüber gestritten worden, ob nicht auch im unerlösten Menschen, entsprechend seinem sittlichen Wesen, seinem Geschaffensein nach Gottes Bild und den fortwährenden Eindrücken des Göttlichen auf sein Herz und Gewissen noch fortwährend wenigstens höhere sittliche Regungen, Antriebe und Strebungen möglich seien, obgleich von einem Erringen oder gar Verdienen des Heils durch eigene Kraft und Leistung nicht die Rede sein dürfe, — oder ob bei ihm auch die scheinbar edleren sittlichen Züge doch schließlich nur auf Motive der Selbstsucht und Weltliebe zurückgeführt werden müßten. Wir werden auch darüber hier nicht weiter zu diskutieren haben. Wohl dürfen wir gegen diese zweite Auffassung einwenden, daß sie nicht bloß nach den Zeugnissen unseres Gewissens, sondern auch nach den Aussagen des Neuen Testaments und namentlich des kräftigsten apostolischen Zeugen von Gottes Gnade und unserem Unvermögen, des Apostels Paulus, eine Übertreibung sei: denn wenn nach Paulus (Röm. 2, 14 ff.) auch Heiden noch in gewissem Maße thun können, was Sache eines in ihren Herzen wirksamen Gesetzes ist, so meint er damit gewiß nicht ein thun, das doch lediglich aus den diesem Gesetz ent=

3. Der Glaube als rechtfertigend und Leben bringend.

gegengesetzten Motiven hervorginge; und bei demjenigen Kampfe zwischen gut und bös in den Menschen, den er Röm. 7, 14 ff. mit schmerzlicher innerer Bewegung schildert, stellt er dem Gesetz der Sünde und der sündhaften Fleischlichkeit, in der es waltet, nicht etwa (wie in Galat. 5, 17) den in den erlösten Christen waltenden Gottesgeist (von dem er überhaupt erst im folgenden Kapitel redet), sondern nur einen auch in den Sünden noch fortbestehenden „innern Menschen" entgegen, hat also hier eben nicht den Stand des erlösten Christen als solchen im Auge, will vielmehr zeigen, wie weit es der Mensch abgesehen von der Erlösung oder ohne den Heiland Christus im besten Falle bringen kann,*) und da findet er also auch bei ihm doch noch wahrhafte, höhere, wider das Böse ankämpfende Regungen vor. Aber einer eingehenderen Untersuchung über Kraft, Umfang und Erfolge solcher Regungen bedarf es hier auch nicht für uns; wir mögen auch dahin gestellt lassen, wie weit da unser Denken und Forschen überhaupt eindringen kann und soll. Genug, daß wir gewiß sind, ein solcher Kampf führe doch ohne Gottes erlösende Gnade immer nur zu neuer Knechtschaft unter der Sünde Gesetz (Röm. 7, 23), und daß wir namentlich der Unmöglichkeit uns bewußt bleiben, Vergebung der Schuld anders als durch Gottes freie Gnade zu erlangen: „aus Gnaden selig durch den Glauben" (Eph. 2, 8)!

Wie aber haben wir es nun zu verstehen, daß für uns, um Vergebung, Rechtfertigung und Leben zu erlangen, eben einfach der Glaube Bedingung und Mittel sein und einfaches Glauben dafür genügen soll? Und weiter noch haben von jeher nicht bloß gelehrte Theologen, sondern auch einfache fromme Christen mit Bezug auf Gott selbst gefragt: wie ist es für die heilige Liebe Gottes, die bei ihren Erweisungen und Selbstmitteilungen doch als heilige alles Unreine und Schuldbeladene von sich fern hält, überhaupt möglich geworden und fortwährend möglich, Sünde zu vergeben und die Sünder wieder in ihre Gemeinschaft auf-

---

*) In Röm. 7, 25b heißt es genauer als nach Luthers Übersetzung: „So diene nun ich selbst u. s. w." Das „ich selbst" steht im Gegensatz zu dem, was ich nach der ersten Vershälfte durch Gottes Gnade in Christo bin und habe.

zunehmen, was dies nun also dem gläubigen Sünder zugesichert sein soll?

Man kann die Gegenfrage stellen, ob denn der Genuß der Liebe, in welcher Gott die Welt mit sich versöhnt hat (2. Kor. 5, 18 ff.) und uns Sünder zu sich ruft, für uns von einer bestimmten, wohldurchdachten und unanfechtbaren Versöhnungstheorie abhänge. Jesus hat seine Heilandsthätigkeit mit der eines Arztes verglichen, auch ein Bild für sie in seinen leiblichen Wunderheilungen uns gegeben. Die Kranken aber bekommen seine Wunderthätigkeit aufs kräftigste an sich zu erfahren, indem sie, durch die bisher von ihnen erfahrenen Kundgebungen Jesu angeregt, derselben einfach vertrauen; es bedarf für sie nicht erst eines verständigen Einblicks in den innern Zusammenhang seiner Wunderkraft mit seinem inneren Wesen, dem Verhältnis zwischen Gott und ihm u. s. w. Analog, möchte man sagen, steht es mit seinen geistigen Heilungen. In jener Sünderin (Luk. 7, 37 ff.), der, wie Jesus sagt, viel vergeben war und die dies in ihren ihm dargebrachten Liebesbezeugungen erwies, kann der Glaube, der ihr das Heil brachte, einfach nur durchs Hören und Schauen der praktischen Liebesoffenbarung Jesu in seinem Reden und Wirken erzeugt worden sein. Seine Jünger, von denen er sagte, (Joh. 13, 10 f.), daß sie schon wie Gebadete ganz rein seien und nur noch des Waschens der Füße bedürfen, hatte er so gereinigt in Kraft seines innerlich auf sie wirkenden Wortes und gesamten Umgangs mit ihnen, sicherlich ohne daß sie aus seinem Wort auch schon eine Theorie der erwähnten Art für sich entnommen hätten. So ist denn jene Frage mit Recht namentlich in der Gegenwart lebendig unter uns angeregt, wie wir auch oben schon auf sie geführt worden sind (S. 185. 194).

So gewiß nun je nach Umständen auch schon bei sehr geringer Reflexion über unser dogmatisches Problem ein lebendiger Glaube die vergebende Gnade erfassen und andererseits bei einem scheinbar sehr gründlichen und erfolgreichen Nachdenken darüber ein trauriger Mangel an solchem Glauben stattfinden kann, und so wenig ein vollkommenes Verständnis auch dem kräftigsten Nachdenken auf Grund lebendigen Glaubens hier möglich werden mag, so gewiß wird doch bei fortgeschrittener sittlich religiöser und allgemein geistiger Entwickelung die ernste Beschäftigung mit diesen Fragen immer Bedürfnis bleiben. Es treibt ja dazu auch nicht bloß ein intellektueller Trieb, sondern unser sittlich religiöses, christliches Gewissen selbst mit seinen Zeugnissen von jener unwandelbaren und unantastbaren Heiligkeit Gottes. Die Analogie mit den leiblichen Heilswirkungen des Erlösers trifft hier nicht zu. Und so haben ja, wie wir oben a. a. O. sahen, auch schon Jesus und seine Apostel unserem gläubigen Erkennen gewisse Hauptweisungen für die ihm vorliegende Aufgabe gegeben; ihnen hat die christliche Lehrbildung weiter nachzugehen.

Aber am gegenwärtigen Orte ist hierfür doch der Raum nicht. Nur einige Bemerkungen zur Abwehr von Mißverständnissen und Mißdeutungen mögen in Kürze mit Rückweis auf das schon oben (a. a. O.) Gesagte, ausgesprochen werden. Man darf, wenn mit Anschluß an jene Schriftworte unsere Versöhnung mit Gott auf Jesu Opfertod, sein Eintreten und Genugthun für uns u. s. w. begründet wird, dies nicht so verstehen, als ob es hierbei um eine bloße äußerliche Übertragung der uns obliegenden Pflicht= leistungen und uns zukommenden Strafleiden auf ihn, um eine durch uns oder durch irgend einen Andern zu leistende Zahlung, oder um einen göttlichen Zorn sich handle, der nun einmal irgendwie, sei's an uns, sei's an einem Andern, sich auslassen müßte. Wie arg ist in dieser Beziehung von Böswilligen und auch von Bessergesinnten das Sühnopfer Christi schon entstellt worden! In Wahrheit vollbringt er ja nach den biblischen Be= richten des Vaters Willen und Werk ganz in dem Bewußtsein, selbst dazu verpflichtet zu sein und darin seine Speise zu finden (Joh. 4, 34), was aber keineswegs ausschließt, daß es zugleich uns zu gute komme. Sein Leiden kommt über ihn im Zusammenhang seines ganzen von Gott ihm zugewiesenen Berufs und hat darum solchen Wert, weil er in der Übernahme und Erduldung desselben sich vollends ganz seinem Gotte weiht und heiligt (Joh. 17, 19, vgl. oben S. 186). Muß er mit fühlen, was über die sündhafte Menschheit um der Sünde willen kommt, so duldet er's mit als einer, der als Glied der Menschheit mit Leib und Seele in sie hineingestellt und mit Herzen und Willen in ihre Gemeinschaft eingegangen ist. Den sündhaften Menschen aber kann jetzt die heilige Gottesliebe dies alles zu gute kommen lassen und darauf hin Vergebung der Schuld den an ihn Glaubenden darbieten, weil Gott, wie wir in menschlicher Vorstellungs- und Redeweise sagen dürfen, in dem Einen heiligen Gottes- und Menschensohn nicht bloß überhaupt einen hervorragenden und einzigartigen Vertreter der Menschheit vor sich sieht, sondern denjenigen, von welchem aus und durch welchen diese Menschheit, so weit sie mit demselben im Glauben sich einigt und der vergebenden Gnade sich öffnet, dann auch selbst durchheiligt werden kann und soll.*) Doch nur die Möglichkeit des Vergebens ist hiermit für unser Denken begründet. Daß Gott wirklich vergiebt, ist und bleibt Sache seines freien Liebeswillens; seine reine, freie Liebe ist's ja auch, die selbst jenen Heiland der Menschheit gesandt hat, um durch ihn die Vergebung der Schuld zu ermöglichen und so sie uns darzubieten.

Kommen wir endlich auf die Frage zurück, wie der Glaube, und zwar der Glaube für sich allein, den Sünder zum Empfang der göttlichen Vergebung und Aufnahme in die Gottesgemeinschaft führen sollte, so liegt die Antwort hierauf eben im Wesen des Glaubens, wie es in der ganzen bisherigen Ausführung sich uns dargestellt hat.

Man meine ja nicht, die Liebe, die wir oben (S. 212) von Glauben unterschieden, hier doch gleich mit ihm zusammenfassen zu müssen: so daß er uns rechtfertige, weil und sofern wir vermöge des Glaubens auch schon Liebe hegten und übten. Denn damit wahrhafte Liebe zu Gott und liebende Selbsthingabe an ihn und die Brüder in uns möglich werde, muß eben schon Gottes vergebende Liebe ins gläubig aufnehmende Herz sich ergossen haben

---

*) Diesen Gedanken hat schon der tiefe christliche Denker Phil. Matth. Hahn 1778 in „etlichen Aufsätzen von Gottes Dreieinigkeit und von der Versöhnung" (im „Schwäbischen Magazin"; dann in Separatausgabe, Winterthur 1779) so ausgedrückt: „Jesus konnte für das Ganze gelten, um so mehr, da Gott in seiner Auferstehung auf das Leben ... aller hinaussah; — alles wurde Gott nahe, weil die Wurzel, woraus von nun an alles wachsen soll, ... Gott nahe worden ist; ... Gott sieht alles erneuert durch Jesum an, denn es wird alles durch ihn erneuert werden."

(Röm. 5, 5); dieses muß mit seinem Gott im Glauben schon versöhnt sein. Manche freilich berufen sich für jene Meinung immer noch auf Jesu Worte über die Sünderin, die ihm die Füße wusch (Luk. 7, 47): „Ihr sind ihre vielen Sünden vergeben, denn sie hat viel geliebt:" unbegreiflich wenn man die Worte in ihrem Zusammenhang mit den vorangehenden nimmt, worauf sie klar sich zurückbeziehen. Denn diese erklären ja, daß einer, je mehr ihm Schuld erlassen sei, desto mehr auch den, der sie ihm erlassen, lieben werde; und so will Jesus von der Sünderin nicht sagen, daß sie die Vergebung durch ihr Lieben erlangt, sondern man aus der reichen Liebe, die sie ihm soeben erwiesen hatte, das Vergebensein ihrer vielen Sünden, das ihr durch ihn zu teil geworden, zu ersehen habe. Wodurch sie aber diese Vergebung erlangte, spricht sein folgendes Wort an sie aus: „dein Glaube hat dir geholfen" (vgl. oben S. 210).

In der neueren gläubigen, evangelischen Theologie hat man die Rechtfertigung durch den Glauben auch dahin zu deuten versucht, daß Glauben zwar noch nicht eins sei mit Lieben, daß aber der Glaube doch das gesamte gottgemäße sittliche Streben und Verhalten keimartig, ähnlich wie ein Samenkorn die künftigen Früchte, in sich enthalte und daß nun der gnädige Gott in ihm schon alles dieses künftige wie ein Gegenwärtiges sehe und würdige. Die Deutung erinnert an den vorhin ausgesprochenen Gedanken, daß Gott allerdings seine Menschheit nicht um Christi willen zu Gnaden annehmen könnte, wenn nicht in demselben Menschensohn und Heiland dann auch eine innere Erneuerung und Durchheiligung der Menschheit verbürgt wäre. Sie übersieht jedoch, daß ja nicht der Glaube selbst schon ein solcher inhaltsvoller Keim, sondern nur erst ein Erfassen und Aufnehmen der vergebenden Gottesgnade ist und daß der lebenskräftige, fruchtbare Keim, von dem wir hier reden dürfen, in die Gläubigen erst mit der Vergebung, der Kindesannahme und dem Kindschaftsgeiste eingesenkt wird. Übel wär's ja auch in praktischer Beziehung um den durch seine Sünde und Schuld angefochtenen Menschen bestellt, wenn er nun über sich zu reflektieren hätte, wie weit denn alle die Früchte, die aus dem Keim seines Glaubens zu erwarten sein möchten, wirklich genügen könnten, um ihm die Versöhnung zu verschaffen. Statt dessen haben wir die einfache Heilsbotschaft: aus reiner Gnade will Gott den Sünder annehmen und will dann den, der ihr sich ergiebt, selbst auch innerlich und im ganzen Verhalten mehr und mehr nach seinem Bilde gestalten.

Das Vermittelnde aber ist auf unserer Seite einfach der Glaube, weil er eben das der Darbietung entsprechende Aufnehmen ist und zwar ein Aufnehmen, zu welchem wir durch die an uns ergehenden Kundgebungen der göttlichen Liebe und Gnade bestimmt werden und uns bestimmen lassen. Will man zur Verdeutlichung dafür Analogieen in unserem menschlichen Leben haben, so suche man sie nicht auf juristischem Gebiete, sondern auf demjenigen, auf welches Jesus selbst vor allem uns verweist mit seiner Bezeichnung Gottes als Vaters. Der verlorene Sohn kann vor dem Vater, der ihm vergeben möchte, einfach nur im bußfertigen Vertrauen zu dessen vergebender Liebe erscheinen und wird hiermit sofort völlig von ihr aufgenommen, um dann im Genuß der Sohnschaft ein neues Leben zu beginnen.

So ist es der Glaube, der die Sünder rechtfertigt und in den Stand des Heiles eintreten läßt. Er ist's da, wo dieser Heilsstand in der Entwickelung der Persönlichkeiten sich scharf von einem vorangegangenen eiteln, schlechten Weltleben und Sündenleben abhebt, und er ist's nicht minder da, wo mit den Anfängen des persönlichen Lebens eines Christen auch schon die Eindrücke der in Christus geoffenbarten Liebe und Gnade in ihm zu wirken und ihn in kindlichem Vertrauen zum himmlischen Vater hinzuziehen begonnen haben.

Das Bestehen der Gläubigen im Heilsstande.

Der wirklich gläubige Christ soll dann erfahren und genießen, was, gemäß den schon oben (S. 228 ff.) vorangestellten biblischen Begriffen, zum Stande des Heiles, der Gotteskindschaft, des Lebens u. s. w. gehört. Was er zunächst innerlich erfahren hat, waren jene Eindrücke der Gnadenoffenbarung, in welchen Jesus (vgl. oben S. 33) uns einen Zug des Vaters zum Sohne erkennen lehrt. Was er jetzt erfährt, nachdem er in herzlichem Vertrauen

3. Der Glaube als rechtfertigend und Leben bringend.

diesen Heiland und Gottes Gnade in ihm erfaßt hat, das ist ein bleibender Besitz seines innern Menschen. Es ist nach den Ausdrücken der heiligen Schrift ein Inwohnen jenes Gottesgeistes, ja des im Glauben erfaßten Heilandes selbst in ihm. Als gerechtfertigter hat er so Frieden, freien Mut, Freude (Röm. 5, 1. 12, 17. 15, 13. Eph. 3, 2. Joh. 15, 11. 1. Joh. 3, 21). In Trieb und Kraft desselben Geistes kämpft er nun auch kräftig wider die Reizungen zur Sünde, die von außen und vom eigenen Innern her noch an ihn kommen, und trägt die Früchte echt sittlicher Gesinnung und sittlichen Willens (Gal. 5, 22 f.). Derselbe Geist führt auch zur richtigen intellektuellen Beschäftigung mit der höchsten Wahrheit, öffnet das innere Auge für sie und leitet in sie und ihre Zusammenhänge ein.

Ebenderselbe Glaube aber, in welchem wir (nach Paulus Röm. 5, 2) den Zugang gehabt haben zur Gnade, in der wir stehen, bleibt auch Grundbedingung für dieses Lebens Bestand. In einfachem Glauben müssen wir immer neu wieder die reine Gnade Gottes erfassen. Eine der gefährlichsten Versuchungen im neuen Lebensstand ist die, daß man im Hochgefühl jenes Besitzes über das stete Schöpfen aus Gnade durch Glauben hinaus sein möchte.

Wohl bezeichnet ein Paulus den Charakter der Christen kurzweg damit, daß jetzt Christus in ihnen sei oder, von einem anderen bildlichen Gesichtspunkt aus, damit, daß sie in Christo seien (Röm. 8, 10. 1). Aber der hinnehmende vertrauensvolle Glaube ist's fort und fort, wodurch nach seinem Wunsche jener in ihren Herzen wohnen soll; und daß in ihm selbst Christus lebt, ist ihm eins damit, daß er im Glauben an diesen Gottessohn lebt (Eph. 3, 17. Gal. 2, 30). Wir erinnern auch daran, daß er, so gewiß nach ihm das Christentum Liebe zu Christus ist, doch diesen seinen Lesern immer viel mehr als Gegenstand des Glaubens, denn als Gegenstand der Liebe vorzuhalten pflegt (oben S. 212 f.).

Verkehrt und verderblich wäre die Meinung, es sollte für den echten Christen an die Stelle des gläubigen Hungerns, Dürstens und vertrauensvollen Aufnehmens vielmehr eben der Genuß jenes Besitzes, jenes Friedens, jener Freude treten. Derselbe kann ja gewiß bei einem wahren Christen nicht ausbleiben, und man soll seiner sich freuen, an ihm sich stärken. Aber man darf auf ihn nicht pochen, nicht in ihm den sichern Heilsgrund finden. Leicht täuscht man sich über ihn, als ob man seiner schon vollauf teilhaftig wäre, während man in Wahrheit noch der Saat gleicht, die ohne genügende Wurzeln schön emporgeschossen ist und in der Hitze schnell verwelkt. Und wo Christen wirklich zum Leben in Gott durchgedrungen sind und dies auch in ihrem ganzen sittlichen Verhalten erkennen lassen, wo man also vielleicht für sie den reinen Hochgenuß des Lebens erwarten möchte, da kann, wie die Erfahrung der ernstesten Christen bezeugt, die Empfindung des Friedens, der Freude, der Seligkeit doch oft in befremblicher Weise gehemmt, getrübt, ja entschwunden sein (vgl. oben S. 239.) Psychische und leibliche Verhältnisse können dabei zusammen wirken, und Gottes Wille ist's, der sie so wirken läßt zur Zucht und Prüfung für die Seinen. Paulus, der des in ihm lebenden Christus so freudig sich bewußt war, mußte jenen peinlichen Pfahl im Fleisch fühlen, damit er sich nicht überhebe (2. Kor. 12, 7). Unter den großen Gotteszeugen und Kirchenmännern nach ihm hat keiner kräftiger und reicher aus Gottes Wort und eigener Erfahrung heraus von Gottes Gnadenoffenbarung gezeugt als Luther, und keiner zugleich mehr und ergreifender von den Anfechtungen uns Kunde gegeben, denen er dennoch, und zwar in den Jahren seiner kräftigsten evangelischen Predigt, von Gott oft preisgegeben zu sein schien. Um das innere Leben und so auch um jenen innern Genuß des Heilsstandes war es hernach vorzugsweise dem Pietismus zu thun und man hat ihn deshalb teils gelobt, teils getadelt; aber vorzugsweise Spener hat die christlichen Seelen auch sehr besonnen darüber belehrt, daß jene Freudigkeit und anderes Empfinden keinem Christen schlechthin vom Herrn zugesagt, sondern immer freie Gabe Gottes sei, und einer der tiefsten religiösen Dichter seiner Richtung*) hat gesungen: „ohne Fühlen will ich trauen". Immer haben wir da auch im Heilsstande nicht an unsere eigenen reichen Empfindungen, sondern gemäß dem

---

*) Herrnschmid in seinem Lied: „O wie selig sind die Seelen".

3. Der Glaube als rechtfertigend und Leben bringend. 253

apostolischen Wort (Röm. 8, 35—39) an die Liebe Gottes, die in Christo Jesu ist, uns zu halten; sie haben wir immer neu im Glauben zu erfassen.

Besonders wichtig ist es, die Bedeutung, welche diesem Glauben fort und fort zukommt, zugleich mit derjenigen Bedeutung zu würdigen, die wir jetzt allerdings auch dem gesamten sittlichen Verhalten, Gesinntsein und Thun der Gläubigen und im Glauben Gerechtfertigten oder den sittlichen Früchten des jetzt in ihnen lebenden Geistes beizulegen haben.

Es verhält sich ja mit ihnen anders als mit denen, die dem Gnadenstand oder dem wahren Leben in Gott noch ferne sind und bei denen daher auch von solchen Früchten überhaupt noch nicht die Rede sein kann. Von diesen Früchten sagt das ganze neutestamentliche Gotteswort und namentlich auch Paulus, der große Zeuge von Gottes Gnade und unserer eigenen Unmacht und Unwürdigkeit, sehr entschieden aus, daß sie von Gott gewürdigt werden. Nur durch den Glauben wird, wie Paulus sagt, der bisher im Bann der Sünde und Schuld lebende Mensch gerecht= fertigt oder von Gott wie ein Gerechter angenommen und in seine Gemeinschaft, ja Sohnschaft aufgenommen. Wie derselbe aber hiermit zugleich Kraft und Trieb zum Guten erhält, ja von Gott selbst zu guten Werken neu geschaffen wird (Eph. 2, 10), so wird durch diese seine Werke oder Früchte auch die künftige Entscheidung des richtenden Gottes über ihn bedingt sein: er wird empfangen je nachdem er gehandelt, wird ernten, was er gesäet hat (2. Kor. 5, 10. Gal. 6, 7 ff.). So sagt der Apostel von den durch Gottes Gnade erlösten, befreiten und in seinen Dienst gestellten Christen auch ganz allgemein, schon mit Bezug auf ihre gegenwärtige und ganze fernere Stellung zu Gott: dieser ihr Gehorsam gegen Gott solle ihnen zur Gerechtigkeit werden (Röm. 6, 16).

Ja insoweit trifft der große Zeuge von der Rechtfertigung der Sünder durch Glauben doch auch mit Jakobus zusammen, nach welchem „der Mensch aus Werken gerecht wird und nicht durch Glaube allein" (Jak. 2, 24) und welchen man hiermit oft in direktem Widerspruch gegen jenen findet, weshalb auch Luther sein be= kanntes Urteil über die „stroherne Epistel" gefällt hat. Wir müssen beachten, daß Jakobus dort nicht, wie Paulus in seinen Hauptausführungen über die Rechtfertigung, von jener Aufnahme der bisher Gott entfremdeten Sünder in den Gnadenstand redet, sondern von dem Urteil Gottes über die Rechtbeschaffenheit der Christen, die, durch sein Wort neu geboren (Jak. 2, 18), schon im Gnadenstande sich befinden. Daß dabei dem Jakobusbrief der tiefere Einblick in des Glaubens volle Bedeutung und vor allem auch schon in seinen wurzelhaften Zusammenhang mit den Werken oder Früchten fehlt, darf freilich auch nicht verkannt werden.

In den johanneischen Schriften, die vorzugsweise das innere Leben des Christen in seiner Gemeinschaft mit Christus und Gott uns erkennen lassen, vernehmen wir besonders auch, wie dieses Leben durch seine eigene Bewährung und Bethätigung in Liebe und Werken der Liebe bewahrt und gefördert wird. Im Glauben sollten die Jünger Jesum aufnehmen, im Glauben an ihn das Leben haben. Aber um zu bleiben in der Liebe, mit der er sie umfaßt hat, müssen sie seine Gebote halten (Joh. 15, 10). Wenn sie in Liebe zu ihm seine Gebote halten, dann sollen sie (12, 15 ff.) auch den Geist der Wahrheit empfangen, den er ihnen verheißt, und der Vater wird sie lieben und er und der Vater werden bei ihnen Wohnung machen. Ja auch solchen Anklagen, welche das eigene Herz eines echten, von Liebe beseelten und in Liebe thätigen Christen doch noch wider ihn erheben möchte, stellt Johannes (1. Joh. 3, 19 ff.) zur Beruhigung desselben die Kenntnis gegenüber, welche der allwissende Gott von jenem wirklichen sittlichen Charakter und Verhalten desselben habe. Während er die Reinigung von der Sünde und Schuld, die auch den Christen immer noch anhängt, fort und fort beim Versöhner und Fürsprecher Christus suchen lehrt, macht er doch die Reinigung durch dessen Blut für sie von ihrem ganzen „Wandel im Licht" abhängig (1. Joh. 1, 7). Und für das, was alle Furcht austreibe, erklärt er die vollkommene Liebe (1. Joh. 4, 18).

Was die Schrift hier sagt, wird sich im Leben der Christen immer bewähren. Die Gemeinschaft mit Gott, zu der sie gelangt sind, der Genuß seiner Liebe, die fortgesetzte gläubige, zuversichtliche Erhebung zu ihm, wird nicht bloß gehemmt und zerstört durch eine neue Hingabe des Christen an die selbstischen, unsittlichen Triebe und durch Trägheit und Gleichgültigkeit zum Guten, sondern ebenso positiv erhalten, befestigt und gefördert durch Treue im sittlich guten Wollen, Wandeln und Wirken. Auch hat man kein Recht, jene vielen Aussagen der Schrift über Gottes richtendes Urteil dahin zu deuten, daß Gott hierbei in jenen guten Früchten lediglich Zeichen und Beweise des Glaubens sehe, auf welchen alles allein ankomme; sondern Gott würdigt sie selbst und die ganze gute Gesinnung und Willensrichtung, aus der sie erwachsen, gemäß dem Werte, welchen das Gute überhaupt für ihn hat. Was hierüber die Schrift aussagt und was auch in der christlichen Erfahrung und für ein christlich sittliches Bewußtsein sich bestätigt, das ist allerdings in unserer altorthoxen Dogmatik und im kirchlichen Bekenntnis der Konkordienformel bei ihrem sehr berechtigten Kampf gegen römisch-katholische oder katholisierende Theorieen noch nicht genügend zu seinem Rechte gekommen.

Aber mit dem allen kommen wir doch auf keinerlei Verdienst, das ein Christ vor Gott geltend machen, auf keinerlei sogenannte Genugthuungen, die er, wie das katholische Dogma will, der göttlichen Gerechtigkeit leisten könnte und sollte. Jene Früchte selbst verdanken wir wesentlich der freien Gnade Gottes, die im Glauben uns aufgenommen hat und schaffend, treibend und stärkend in den Gläubigen weiterwirkt. Und wenn das Gewissen, und zwar gerade ein geschärftes christliches Gewissen an die Mängel uns mahnt, die auch den relativ besten Früchten vor Gott anhaften, und die positiven Sünden uns vorhält, deren wir uns im Dichten und Trachten, Unterlassen und Thun noch schuldig machen, so muß da vollends jedes Berechnen des relativ Guten, das wir durch Gottes Gnade etwa bei uns selbst aufzuweisen hätten, unsererseits ein Ende haben. Alles eitle Reflektieren darüber muß verschwinden vor dem praktischen Bedürfnis und der praktischen Erkenntnis. Vergebung und Heil ist da fort und fort wie zu Anfang nur bei Gottes vergebender Liebe und in der vertrauensvollen Hinkehr zu ihr zu suchen. In eben jener Ausführung, in welcher Paulus die Gerechtigkeit der erlösten Christen zu ihrem eigenen Gehorsam gegen Gott in Beziehung gesetzt hatte, ruft er doch am Schluß einfach aus: „die Gnadengabe Gottes ist ewiges Leben in Christo Jesu" (Röm. 8, 23). Bis zu Ende gilt so das Wort: „aus Gnaden selig durch den Glauben!"

4. Das sittliche Leben aus dem Glauben.

Wir haben mit jener Rechtfertigung durch den Glauben die Grundlehre ausgesprochen, welche unsere evangelische Kirche gegen den Katholizismus behauptet. Sie wirft diesem vor, er verkenne überhaupt des Glaubens Wesen und Kraft, mache aus dem herzlichen Vertrauen auf Gottes Gnade ein bloßes Fürwahrhalten oder eine bloße blinde Unterwerfung unter Aussprüche einer höheren Autorität; und indem er von den Christen eigene Werke fordere, mit denen sie vor Gott bestehen, seiner Gerechtigkeit genug thun, ja noch mehr als das geforderte leisten könnten, treibe er einerseits zarte Gewissen, weil sie hierzu sich unfähig fühlen, in Angst und Verzweiflung, wie einst unsern Luther, anderseits mache er sittlich leichten Subjekten die Sache doch gar leicht, weil er selbst bei jenen Forderungen mit sehr äußerlichen Leistungen sich begnüge. Er dagegen erhebt bekanntlich gegen unsre Würdigung des Glaubens den Vorwurf, daß dieser Glaube, aus dem nach unserer Behauptung sittliche Früchte erwachsen, ja der selbst ein sittlicher Akt sein sollte, für uns vielmehr zu einem Ruhekissen sittlicher Trägheit und zu einem Deckmantel der Unsittlichkeit werde. Dem gegenüber bedarf der Zusammenhang des sittlichen Lebens gläubiger Christen mit ihrem Glauben noch eingehender Erörterung; und je nachdem dieser Zusammenhang sich vollzieht und aufgefaßt wird, wird auch dieses Leben verschieden sich gestalten.

Noch um andere Fragen, bei denen das Christentum überhaupt auf dem Spiele steht, handelt sich's mit Bezug auf die Bedeutung des Glaubens fürs sittliche Leben in der Gegenwart. Neben die Frage, ob unser fest begründetes und streng zusammenhängendes Weltwissen für den Inhalt unseres christlichen Glaubens überhaupt noch Raum lasse, tritt die andere, ob etwa doch irgend welcher religiöse und christliche Glaube für ein tüchtiges, seinen Zielen entsprechendes praktisches Leben ersprießlich oder gar notwendig sei — ob nicht im Gegenteil gerade eine echt sittliche, der höchsten

4. Das sittliche Leben aus dem Glauben.

Aufgaben sich bewußte und von den ethischen Prinzipien beseelte Persönlichkeit sich selbst ihr Gesetz geben oder ihre Ideale aufstellen und von sich aus frei dafür sich entscheiden und frei darauf hinwirken könnte und sollte. Nicht fürs Willensverhalten, nicht fürs eigentlich ethische Leben, sondern nur etwa für nebenher gehende Gefühle und Gemütsstimmung behielte dann unser Glaube noch Bedeutung; jenem möchte er ähnlich zu gute kommen wie etwa eine erhebende Dichtung, eine erquickende Musik.

Auch unter solchen Christen und Theologen endlich, welche im Gegensatz gegen jene katholische Theorie den Sünder aufs einfache Vertrauen zu Gottes Gnade verweisen und welche auf einen über uns und der Welt waltenden, lebendigen vollkommnen Gott auch bei allem ihren sittlichen Wirken in der Welt bauen wollen, kommt darum nicht auch überall die schon oben bezeichnete biblische, evangelische Auffassung des sittlichen Lebens zur Anerkennung. Vielfach erscheint vielmehr dieser Gott und der Glaube an ihn doch nur als Rückhalt eines ganz aus Selbstbestimmung stammenden Wollens und Verhaltens und als Bürgschaft für den Erfolg solchen Wirkens in der Welt.

Klar genug sollte nun doch wohl der Sinn der bestimmten auf unsere Frage bezüglichen Schriftaussage für jeden sein, der sie unbefangen aufnimmt, — ob er ihnen dann beistimmen mag oder nicht.

Wie für einen Paulus das neue Willensleben, Streben, Wirken und Kämpfen mit jenem Gnadenstande, zu dem der rechtfertigende Glaube erhebt, innerlich zusammenhänge, das bringt schon der oben (S. 234) angeführte kurze Ausspruch Röm. 8, 14 f. auf klassischen Ausdruck. Eben derselbe Geist, den Gott den Gläubigen (vgl. Gal. 4, 6) als seinen Kindern oder Söhnen ins Herz giebt und der sie als echter Sohnesgeist ihr „Abba" rufen läßt, — eben dieser ist's, durch den sie zugleich zu jenem sittlichen Verhalten „getrieben" werden (vgl. auch Gal. 5, 18). Wir denken bei der Aussage über den „Geist" wieder (vgl. oben S. 41) an die ursprüngliche sinnliche Bedeutung dieses Wortes in der biblischen, griechischen und hebräischen Sprache: wie auf sinnlichem Gebiete der Wind oder Hauch als unsichtbare bewegende

Köstlin, Der Glaube.

Macht wirkt, so auf dem des inneren, geistigen, sittlichen Lebens der Geist mit seinen Trieben und Kräften. Wir denken ferner beim „Geiste der Sohnschaft" an die Analogie mit einem recht innigen menschlichen Sohnesverhältnis, wo ein Sohn unwillkürlich, wie durch eine ihm inwirkende Macht, sich nicht bloß in herzlichem Vertrauen zu den Eltern hingezogen fühlt, sondern zugleich aus dieser Gemeinschaft heraus auch rege unmittelbare Antriebe zu einem dem Sinn der Eltern entsprechenden sittlichen Verhalten empfängt. Was so der in den Gläubigen lebendig gewordene Geist hervorbringt und was als dieses Geistes Frucht bezeichnet wird (Gal. 5, 22, Eph. 5, 9), darin kann dann der Apostel auch kurzweg ein Wirken des Glaubens selbst sehen, der „durch Liebe thätig ist" (Gal 5, 6): es ist der Glaube, wie er wirksam wird eben vermöge der von ihm gewonnenen Gotteskindschaft in dem den Gläubigen zu eigen gewordenen Geiste. Liebe aber ist der Grundcharakter und Inhalt dieses ganzen, aus dem Glauben und dem Sohnesgeiste fließenden sittlichen Lebens und Verhaltens, so wie ja Gott selbst nach Paulus (2. Kor. 13, 11) wesentlich Gott der Liebe ist und eben als Gott der Liebe vom Glauben erfahren, erfaßt und aufgenommen wird. Hiernach und aus dem ganzen Zusammenhang der paulinischen und gewiß jeder echt christlichen Anschauung erklärt sich's auch einfach, weshalb nach Paulus' Wort 1. Kor. 13, 13 die christliche Tugend der Liebe noch über dem Glauben steht, während manche Exegeten noch immer nach andern Gründen dafür suchen. Wie der vollkommen gute Gott wesentlich der Gott der Liebe ist, so ist bei uns das wahrhaft Gute oder der gottgemäße sittliche Charakter erst in dieser Liebe wahrhaft verwirklicht. Nicht aber erlangen wir erst durch sie die Rechtfertigung und Aufnahme in die Gotteskindschaft; sondern sie selbst kann erst aus dem Glauben und der durch ihn gewonnenen Gottesgemeinschaft erwachsen.

Daß Gottes Wollen und Walten ganz durch Liebe bestimmt, ja daß er selbst wesentlich Liebe sei und daß der Christen gottgemäßes Wollen und Verhalten in der Gottesliebe und der aus ihr fließenden Bruderliebe befaßt sei, das hat uns in den lichtvollsten und gedrängtesten Worten Johannes ausgesprochen (vgl. besonders 1. Joh. 4, 7 ff.). Er aber erklärt zugleich aufs nachbrücklichste, daß die Liebe in ihrem ursprünglichen Wesen und Bestand nicht eine Liebe unsererseits gegen Gott oder unseren Nächsten, sondern Gottes in Christo geoffenbarte Liebe gegen uns sei. Erst aus dieser leitet er jene ab. Und das thut er nun nicht etwa bloß so, daß er Gottes Liebe uns als Vorbild hinstellte und eine Verpflichtung zu gegenseitiger Bruderliebe (4,11) hierauf begründete. Sondern nach seinen Ausführungen ist der gläubige Christ durch die Wirkung und Mitteilung jener göttlichen Liebe innerlich aus Gott geboren oder gezeugt (vgl. dazu Joh. 1, 12. ff., 1 Joh. 5, 1. 3, 9); der „Same Gottes" (1 Joh. 3, 9) bleibt in ihm als Macht wider die Sünde und Triebkraft fürs Gute; dieses Gezeugtsein aus Gott ist's, was in seinem Lieben und gesamten sittlichen Verhalten sich bethätigen muß (1 Joh. 4, 7). Wir stehen so wieder bei denselben Grundgedanken und Bildern, wie in jenen paulinischen Aussprüchen; das Kindschaftsverhältnis des Christen und die lebendige wirksame Grundlage, welche darin sein sittliches Verhalten hat, ist in den johanneischen zu noch stärkerem Ausdruck gekommen. Und wir haben ihnen noch einen besonderen Ausspruch über die christliche Bruderliebe beizufügen, der zu ihrer Begründung jene Analogieen mit dem natürlichen menschlichen Verwandtschaftsleben noch weiter führt, nämlich 1 Joh. 5, 1: wie naturgemäß die gleiche Abstammung von dem Einen natürlichen Erzeuger auch ein natürlich sittliches Verbundensein und gegenseitiges Lieben der Geschwister mit sich bringt, so stellt es der Apostel wie etwas Selbstverständliches hin, daß der aus Gott geborene Christ diesen seinen Erzeuger und ebenso auch diejenigen liebe, die mit ihm aus Gott gezeugt sind.

Diese so schön in sich zusammenhängenden biblischen Aussagen führen uns in Vorgänge des inneren, geistigen Lebens hinein, die freilich mit ihrem tiefsten Grund und Gehalt einer weiteren zerlegenden Betrachtung sich entziehen. Aber ganz fremdartig können sie Keinem bleiben, der dieses Leben überhaupt aus eigener Erfahrung heraus gründlich beobachtet, und das Geheimnisvolle, was sie haben und behalten, hängt zusammen mit den Grundmomenten und Grundthatsachen der Gottesgemeinschaft überhaupt, zu der wir bestimmt sind, die durch Christus uns dargeboten ist und deren jeder Christ erfahrungsmäßig gewiß werden soll und kann.

Vor allem muß jene Beobachtung jedem das zeigen, daß unser Wollen überhaupt und auch das relativ selbständigste sittliche Wollen nie eine von gegebenen inneren Voraussetzungen unabhängige Selbstbestimmung ist. Es ruht immer auf inneren Bewegungen, Regungen, Antrieben, die oft wie aus einem dunkeln Grunde sich erheben und teils auf bleibende Gesamtzustände des Innersten einer Persönlichkeit, teils auf anderswoher von ihr empfangene Einflüsse zurückgeführt werden müssen. Indem verschiedene solche Regungen zugleich in uns sich erheben und indem namentlich zugleich ein Bewußtsein höherer sittlicher Forderungen ihnen gegenüber im Gewissen sich erhebt, haben wir zwar mit Bezug auf sie eine gewisse Selbstentscheidung oder sollten wenigstens, laut der Stimme unseres Gewissens, eine solche haben. Aber sie reißen auch durch die eigene Übermacht fort, ohne daß auch jene Forderungen etwas gegen sie vermöchten; und andererseits wird, je mehr die unwillkürlichen inneren Regungen selbst auf das zielen, was vom Gewissen für gut bezeugt wird, desto mehr auch das Subjekt in seiner Selbstbestimmung jenen ohne weiteres und doch mit wahrer Freiheit, freudig und wie von selbst folgen.

Auf Regungen, welche schon das natürliche Leben, ein hier vorhandener geheimnisvoller Zusammenhang und ein darin waltendes Lebensgesetz für unser Willensleben mit sich bringt, führt uns jener Hinweis der biblischen Aussagen auf das Verhältnis von Eltern und Kindern und von Geschwistern zu einander: eben diese natürliche Verwandtschaft bringt solche hervor. Die natürliche Gemeinschaft und Verwandtschaft der Menschen überhaupt erzeugt namentlich ein allgemeines Gefühl des Mitleidens samt den darin liegenden unwillkürlichen Antrieben.

Die Erfahrungen, die wir vom sittlichen Verhalten anderer machen, wecken ein uns unwillkürlich zu ihnen hinziehendes Vertrauen, eine unwillkürlich auf unsere Gemeinschaft mit ihnen hinstrebende und auch auf ihr eigenes Wohl gerichtete Gegenliebe, wohl auch einen unwillkürlichen Aufschwung nach dem sittlich Hohen und Guten überhaupt, was dort sich uns darstellte.

Traurig nur, daß alle derartigen Regungen im natürlichen, unerlösten, sündhaften Menschen noch so schwach bleiben, daß aus dem dunkeln Grund entgegengesetzte übermächtig sich erheben und daß der Mensch auch im Eingehen auf sie und in ihrer Befriedigung so gerne doch wesentlich nur sein eigenes, selbstisches Wohlsein und Genießen sich zum Zwecke setzt. Anders bei den Gotteskindern, von denen Paulus sagt, daß der Geist sie treibe. Ihnen stellt ja das vollkommen Gute und Höchste in der ergreifendsten, innerlich wirksamsten Weise, in Gottes Liebesoffenbarung sich dar, und zwar so, daß ihnen nicht zugleich im Gefühl der eigenen Unreinheit und Verwerflichkeit vor dem Höchsten, Heiligen bange werden muß, sondern daß es selbst durch Versöhnung und Erlösung zu sich zieht. In ihnen weckt die Macht der vollkommenen Liebe auch reine Gegenliebe. Wesentlich als solche Gegenliebe hat Johannes die christliche Liebe dort, in seinem Briefe, bezeichnet. Dankbare Gegenliebe für die bei Jesus gefundene Vergebung und Gnade hat jene Sünderin Luk. 7 in innerem Drange zu ihm geführt. Solche Liebe zu Gott bringt nach 1 Joh. 5, 1 auch die Liebe zu den anderen aus ihm Geborenen mit sich, ja, wie wir gewiß beifügen dürfen, auch Liebe zu allen den anderen, die er nach seinem Bilde geschaffen und in seinen Heilsratschluß aufgenommen hat. Und wenn wir in jener Verwandtschaft von Eltern und Geschwistern und von der gesamten Menschheit eine Naturmacht sehen, die wir anerkennen und deren wir uns freuen, ohne sie weiter ergründen zu können, so viel mehr noch in diesen ethischen Vorgängen des Heilslebens eine Macht des heiligen Gottesgeistes, von welchem die Schrift zeugt und der ebenso in seinen Wirkungen sich kund giebt, wie er in seinem Wesen über unser Begreifen und Grübeln erhaben bleibt.

Luther hat jenen biblischen Gedanken und christlichen Erfahrungen den besonders schönen Ausdruck in seiner Schrift „von der Freiheit eines Christenmenschen" gegeben: „Wohlan, mein Gott hat mir unwürdigem Menschen aus eitel Barmherzigkeit durch und in Christo vollen Reichtum aller Frömmigkeit und Seligkeit gegeben; ei, so will ich solchem Vater wiederum frei, fröhlich und umsonst thun was ihm wohlgefällt, und gegen meinen

Nächsten auch werden ein Christ wie Christus mir worden ist; — also fleußet aus dem Glauben die Liebe und Lust zu Gott, und aus der Liebe ein freiwillig fröhlich Leben den Nächsten zu dienen umsonst." „Aus dem allem folget der Beschluß, daß ein Christenmensch lebt nicht ihm selbst, sondern in Christo und seinem Nächsten: in Christo durch den Glauben, im Nächsten durch die Liebe; durch den Glauben fähret er über sich in Gott, aus Gott fähret er wieder unter sich durch die Liebe, und bleibt doch immer in Gott und göttlicher Liebe." Und in seiner Vorrede zum Römerbrief sagt derselbe: „O es ist ein lebendig, thätig, mächtig Ding um den Glauben, daß unmöglich ist, daß er nicht ohne Unterlaß sollte Gutes wirken; er fraget auch nicht, ob gute Werke zu thun sind, sondern ehe man fraget, hat er sie gethan und ist immer im Thun; — solche Lust freier Liebe giebt der heilige Geist ins Herz."

So führt der Glaube, der uns ohne alles eigene Verdienst rechtfertigt, zum wahren Dienste Gottes in einem sittlichen Leben nach seinem Willen. Sittlichkeit und Religiosität (vgl. oben S. 240 f.) haben wir hier in ihrem wahren, ganz unlösbaren inneren Zusammenhang, ja in innerer Einheit mit einander. Eine solche Sittlichkeit trägt in ihrem innern Grund auch die Kraft und Bürgschaft festen, sieghaften Bestandes.

Oben (S. 48 f., 52 f.) hatten wir von einer Auffassung des Sittlichen zu reden, wonach die Menschen in ihrem Zusammenleben und ihren großen Gemeinschaftskreisen dasjenige, was ihrem Dafürhalten und ihrer Erfahrung nach für ein den allgemeinen Interessen entsprechendes Zusammenleben unentbehrlich und förderlich ist, zum Gesetz zu erheben und als göttlichen Willen hinzustellen pflegten und wonach nun den also gewordenen Sitten und Gesetzen auch jeder einzelne vernünftigerweise deswegen sich unterordnen und folgen werde, weil er auch sein eigenes Interesse und Wohlsein dadurch bedingt finden müsse. Mit einer Sittlichkeit, die also erwüchse, werden wir unsere evangelisch christliche nicht erst lange zu vergleichen haben. Dort muß einem Menschen, je mehr er zum vermeintlichen Einblick in jenen Hergang gekommen ist, der Glaube an die Allgemeingültigkeit und Unbedingtheit irgend welcher sittlichen Gebote schwinden. Er wird sich in sittliche Grundsätze, welche ben von seiner bisherigen Umgebung und so auch von ihm angenommenen widersprechen, mit einer üblen Leichtigkeit hineinfinden, wenn er in eine anders geartete Umgebung hinein versetzt ist — zumal dann, wenn das hier erlaubte seinen eigenen, durch die frühere Umgebung noch niedergehaltenen Gelüsten entspricht. Ja er wird auch die von seiner jeweiligen Umgebung ihm gesetzten Schranken ohne viel Bedenken durchbrechen, sobald für ihn schwere Notstände oder heftige Begierden, um deren willen er den Durchbruch wagen möchte, das Übergewicht über die etwaigen Gefahren bekommen, die hierbei seiner Ehre, seinem Vermögen, seiner bürgerlichen Freiheit u. s. w. drohen. Wie schwindet der scheinbar feste Bestand und Glanz jener Sittlichkeit so kläglich bei den Exempeln, die in der wirklichen Erfahrung auftreten! Dagegen giebt in jenem christlich sittlichen Leben der Geist von oben dem Wissen und Gewissen sicheres Licht über das schlechthin und ewig Gute und Rechte, wie dem Willen Trieb und Kraft, hierbei trotz widersprechender Meinungen und Sitten und im Kampf auch gegen eigene Gelüste und Trugbilder zu beharren.

Auf idealer Höhe erscheint im Gegensatz gegen eine solche Auffassung diejenige, nach welcher das Gute vielmehr in einem unbedingten „du sollst" dem Innern des Menschen, oder wie Kant sagt, seiner praktischen Vernunft sich ankündigt und das sittliche Verhalten darin besteht, daß wir das sittlich Gute rein um seiner selbst willen und hiermit nicht aus Neigung, sondern aus Pflicht wollen und thun. Aber leider müssen wir fort und fort bei uns und andern erfahren, daß das Bewußtsein des Sollens mit nichten auch schon das Können, ja auch nicht einmal das Wollenkönnen in sich schließt. Die Regungen einer Eigenliebe, die in den verschiedenartigen sinnlichen Genüssen oder auch in geistiger Überhebung, Ehre und Macht ihre Befriedigung sucht und darüber das Wohl anderer hintansetzt und preisgiebt, lassen durch jenes Bewußtsein keineswegs schon sich überwältigen. Ihnen gegenüber finden wir Vergebung und wahre sittliche Kraft eben erst in jener Gnade Gottes, die wir im Glauben erfassen. Sie lassen sonst jene innere gebietende Stimme gar nicht voll in uns zum Bewußtsein kommen und lassen uns den wahren Sinn derselben möglichst abschwächen und mißdeuten. Namentlich findet hier jene demütige, dienende Bruderliebe, in welcher unser Heiland uns vorangeht, keine Stätte. Für dieses „du sollst" wird man vielmehr um so weniger Gehör und Willen haben, je mehr man im Hochgefühl eigener selbständiger Sittlichkeit und vermöge anderweitiger wirklicher oder auch nur vermeintlicher sittlicher Leistungen sich selbst erheben zu können glaubt.

Wohl mag man nun auch bei jenem sittlichen Verhalten eines gläubigen und vom Geiste der Kindschaft beseelten Christen noch weiter fragen, was denn hierbei für ihn das eigentlich Bestimmende sei, und diese Frage ist besonders in der neueren Zeit und den so eben besprochenen Auffassungen gegenüber vielfach erörtert worden. In Wahrheit wird aber gerade dort auch dem, was diese Richtiges enthalten, genügt.

Es findet hier, wie wir mit dem apostolischen Worte sagen, ein „Treiben des Geistes" statt; der Christ folgt also bei seiner Liebe gegen Gott und die Brüder einem innern Triebe, und man möchte im gleichen Sinn auch sagen: einem innern Zug, oder auch einer jetzt in ihm kräftig gewordenen Neigung. Aber er folgt vermöge eigener Willensbestimmung, — mit einer Willensentscheidung, welche bei jeder neuen Aufgabe oder jedem neuen Schritt des sittlichen Lebens allen anderweitigen innern Regungen gegenüber immer neu gefällt werden muß. Und jener Trieb oder, wenn wir den Ausdruck gebrauchen wollen, jene höhere Neigung ist keineswegs den natürlichen Trieben oder den Neigungen im gewöhnlichen Sinn des Wortes gleichzustellen. Sondern er hat selbst schon sittlichen Ursprung, stammend aus der im bußfertigen Glauben gewonnenen Gottesgemeinschaft. Und sein Inhalt und Ziel ist eins mit Gottes Willen und dem schlechthin Guten. Damit wird er für den Willen, der ihm gegenüber sich zu entscheiden hat, eben auch zur höchsten, unbedingten Forderung. Der Christ fühlt und weiß sich eben zu dem, auf was die ihm jetzt innwohnende Grundrichtung schon beständig hinzielt, auch schlechthin verpflichtet, und dieses Pflichtbewußtsein muß als solches um so mächtiger für sich hervortreten, je mehr bei ihm jene neuen Selbstentscheidungen noch ein Kämpfen und Schwanken mit sich bringen.

Was sodann einerseits den Gedanken betrifft, daß ein sittlich

gutes Verhalten der Menschen schließlich doch immer auf ihrem
Streben nach eigenem Wohlsein ruhe, und andererseits die
Forderung, daß man das Gute rein um sein selbst willen
wollen und thun sollte, so schließen sich hier in unserer christlichen
Anschauung zwei Seiten in einer Weise zusammen, die zunächst
vielleicht rätselhaft, ja gar widerspruchsvoll erscheinen kann, im
ganzen Zusammenhang unseres christlichen Erkennens aber ebenso
verständlich wird, wie sie im wirklichen Leben sich bewährt.

Die Liebe zu Gott, welche Jesus fordert und zu welcher die
Dankbarkeit gegen Gott und der Geist Gottes die gläubigen Christen
treibt, soll eine Liebe von ganzem Herzen und ganzer Seele sein
(Matth. 22, 37). In der Nachfolge ihres Herrn und Heilandes
und der Hingabe an ihn sollen sie auch ihr eigenes Leben oder,
wie es im Grundtext heißt, ihre Seele hassen (Luk. 14, 26); nur
wer sein Leben haßt in dieser Welt, wird es bewahren zum ewigen
Leben (Joh. 12, 25, Matth. 10, 39, Mark. 8, 35, Luk. 9, 24.
17, 33). Auf Gottes Ehre und Verherrlichung soll das Thun
der Christen überall und schlechtweg hinzielen (1. Kor. 10, 31,
Phil. 1, 11, Kol. 3, 17).

Aber zugleich ist doch nicht bloß in Jesu Gebot, den Nächsten
wie sich selbst zu lieben, die Selbstliebe wie etwas Natürliches,
Berechtigtes, ja Selbstverständliches voraus gesetzt, sondern auch
gerade jene Mahnung, aufs eigene Leben in dieser Welt zu verzichten, damit man das ewige und wahrhaft selige Leben gewinne,
wendet sich ja an ein in uns vorhandenes Streben nach eigenem
Wohlsein, wobei wir nur recht erkennen und bedenken sollen, worin
dieses besteht und wie es zu gewinnen ist. Und das Gleiche gilt
ja auch von allen anderen Verheißungsworten, die uns im gottgemäßen sittlichen Wandel befestigen, im Kampf mit niedern, unsittlichen Regungen stärken wollen. Man kann auch die Bedeutung,
welche hiernach unsere eigene Seligkeit für unser ganzes Dichten
und Trachten erhält, nicht etwa dadurch beseitigen oder umdeuten,
daß man sagt, es handle sich bei der verheißenen Seligkeit nach
dem Sinne Jesu doch nur um unsere sittliche Vollendung selbst
oder um die volle Realisirung des göttlichen Willens in unserem
sittlichen Wollen, Gesinntsein und Verhalten. Denn nicht bloß

darum handelt sich's, sondern wesentlich um ein höchstes Wohlsein, das wir in dieser Vollendung zu genießen bekommen; und zu ihm gehört auch nicht bloß ein seliger innerer Genuß der Gottesgemeinschaft, bei dem von den anderen Seiten des menschlichen Daseins abgesehen werden sollte, sondern vielmehr ein Stand vollkommener, seliger und herrlicher Befriedigung nach allen Seiten unserer Existenz hin.

Und dennoch erhält hierdurch die christliche Sittlichkeit keineswegs einen egoistischen und eudämonistischen Charakter, wie es bei jener Ableitung der sittlichen Prinzipien, von der wir oben geredet haben, der Fall ist. Der Unterschied besteht auch nicht etwa bloß darin, daß jene eine viel höhere Idee der zu erstrebenden Glückseligkeit hat, nämlich sie vor allem in die Einigung mit Gott selbst setzt, der das Gute von uns fordere. Sondern weiter darf und soll der Christ, wenn er den Drang, sich selbst zu behaupten und wahres Wohlsein für sich zu gewinnen, in sich verspürt und durch ihn sich bestimmen lassen möchte, zugleich dessen gewiß sein, daß diesen Drang Gott selbst ursprünglich in ihn gelegt habe und in der rechten Weise bei ihm befriedigt sehen möchte. Er weiß, daß auch eben jene Verheißungen mit der vorhin bezeichneten Absicht nach Gottes Willen an ihn gerichtet sind. Ja er soll auch sie in eben demselben Glauben festhalten, mit welchem er Gottes gegenwärtige vergebende Gnade erfaßt. Er soll jene Dankbarkeit gegen Gott auch darin erweisen, daß er jene fort und fort der göttlichen Absicht gemäß bei seinem Streben und Kämpfen im Auge behält. So macht dann die christliche Selbstliebe nur im Einklang mit der Selbsthingabe an Gott und seinen Willen sich geltend. Und, was Hauptsache ist, — seine Grundbestimmung muß der Wille eines frommen Christen doch immer durch jenen Trieb des Geistes und durchs Bewußtsein des in ihm sich kundgebenden Gotteswillens erhalten. Bedarfs doch wahrlich für den Christen nicht erst einer Begründung, daß es widersinnig wäre, von einer herzlichen, ungeteilten Liebe zu Gott da zu reden, wo man vielmehr zu solcher Liebe im tiefsten Grund durch Selbstliebe, nämlich durch Streben nach dem davon zu erwartenden Gewinn, bestimmt sein sollte. Aber allerdings, so gewiß als jenes Streben nach Selbstbehauptung und einem unser ganzes Leben umfassenden Wohlsein zu dem persönlichen Wesen gehört, das wir von Gott her haben, müßte das Wirken des sittlichen Grundtriebes gehemmt werden und auch ein Gott innig ergebener Christ an einem innern Zwiespalt leiden, wenn er nicht gerade in seiner Hingabe an Gott und die göttlichen Zwecke jenem Streben in der rechten, von Gott verordneten Weise genügen könnte und sollte. Das sittliche Verhalten des Christen stammt in seinem Grunde nicht aus jenen anziehenden Verheißungen und Aussichten, erhält jedoch in ihnen durch Gottes Gnade Stützen und Impulse, wie sie der von Gott gesetzten einheitlichen Gesamtheit unseres Wesens entsprechen. Der Geistestrieb im gläubigen Gotteskind aber ist vor allem für sich selbst und von sich selbst aus rege und wirksam, und durch ihn wird der Wille eines Christen, je mehr dieser überhaupt in der Gemeinschaft mit Gott steht, um so mehr schon ohne weiteres bestimmt sein. Wir erinnern hier wieder an die Analogien und Bilder, auf die auch das Schriftwort uns verweist. Aus des Baumes Stamm und Wurzeln erwachsen wie von selbst die Früchte. Ein Kind wird, wenn auch nur die natürlich sittlichen Regungen in ihm erwachen, diese von selbst in Ausdrücken der Liebe gegen Eltern und Geschwister kund geben, auch ohne hierbei auf den Nutzen oder Genuß zu reflektieren, den es für sich davon haben werde. So hörten wir oben von Luther: aus dem Glauben fließe die Liebe zu Gott, aus ihr ein frei, willig Leben, dem Nächsten zu dienen umsonst.

Nach all dem Bisherigen also hat gerade im Glauben, wie ihn unser evangelisches Bekenntnis auffaßt, das sittliche Leben und Streben, dessen Schädigung uns katholischerseits vorgeworfen wird, seinen lebendigen Grund und seine sichere Gewähr. Ja, Gottes Wille, der eine unbedingte und unser ganzes Leben umfassende Erfüllung von uns fordert, kommt zu seiner vollen Geltung für einen jeden Einzelnen erst hier, wo er so in seiner Beziehung aufs innerste eines jeden Christen aufgefaßt wird. Der Katholizismus redet, während er uns Mangel an strengem sittlichen Ernst vorwirft, seinerseits von sittlichen Leistungen, die im höchsten Sinn gut und dennoch, oder vielmehr eben darum, den Christen nicht geboten oder Pflicht für sie seien; er will sie bloß angeraten haben, damit man noch etwas über die Pflicht hinaus leiste und hiermit ein sonderliches Verdienst vor Gott sich erwerbe (consilia evangelica im Unterschied von den praecepta). Dagegen muß nach unserer Auffassung zwar der Inhalt des einen, für alle geltenden Gotteswillens für die einzelnen Christen je nach ihren verschiedenen Gaben, ihren verschiedenen natürlichen und sittlichen Kräften, ihren verschiedenen Stellungen und Umgebungen u. s. w. sich in sehr verschiedenen Aufgaben und Leistungen entfalten. Aber wo irgend ein Christ vermöge des ihm innerlich sich bezeugenden Gotteswillens sich sagen muß, daß für ihn und sein individuelles Verhalten irgend etwas, — etwas Kleines oder Großes, etwas Leichtes oder Schweres — wahrhaft gut oder gottgefällig sein werde, so muß sich darauf bei ihm notwendig der sittliche Trieb und Wille richten und es muß für ihn zu einer heiligen und zugleich freudig zu erfüllenden Pflicht werden.

Zugleich wird bei dieser strengsten Auffassung und Durchführung der sittlichen Forderungen Gottes die auf dem Glauben ruhende Sittlichkeit eine im höchsten Sinn des Wortes freie — eine freie namentlich wieder im Gegensatz gegen den Standpunkt des Katholizismus, nicht minder eine wahrhaft freie im Gegensatz gegen eine falsche, unsittliche Freiheit.

Frei wissen wir uns im Glauben schon nach den bisherigen Ausführungen im Gegensatze dazu, daß menschliche Satzungen, dergleichen der Katholizismus aufgestellt und unsere Reformation auf Grund des Evangeliums umgestoßen hat, unser Gewissen binden, unseren Zugang zu Gott bedingen, unser Wollen und Thun knechten dürften. Frei fühlen wir uns ferner in dem Geiste, der durch den Glauben in uns lebendig wird, gerade auch den unbedingten Forderungen Gottes selbst gegenüber, sofern sie nicht mehr fremd uns gegenüber stehen, sondern eben das uns bezeichnen, worauf jener Geist in uns sich richtet und wozu schon unser ursprüngliches, nach Gottes Bild geschaffenes und jetzt erst recht von uns erkanntes Wesen bestimmt ist; die Liebe, diese Frucht des Geistes, ist des Gesetzes Erfüllung (Röm. 13, 10), das göttliche Sittengesetz für die Christen ein vollkommenes Gesetz der Freiheit (Jak. 1, 25).

4. Das sittliche Leben aus dem Glauben.

Und ganz besonders haben wir nun die Freiheit christlichen Wollens und Wirkens noch mit Bezug auf das ganze weite Gebiet zu würdigen, welches ihr vermöge ebendesselben Glaubens sich öffnet. Insbesondere hierfür hat auch unsere Reformation mit ihrer Lehre vom Glauben und Glaubensleben die höchste Bedeutung gewonnen. Diese Bedeutung ist freilich noch vor kurzer Zeit von manchen angesehenen protestantischen Ethikern auffallend wenig erkannt worden; noch schlimmer, wenn dieselbe praktisch nicht beherzigt wird, wie dies weithin gerade auch in unserer Gegenwart der Fall ist.

Man pflegt das Gebiet des irdischen Lebens oder Weltlebens mit seinen Aufgaben und Gütern und das Gebiet himmlischen Trachtens oder des aufs Himmlische, Ewige, Göttliche bezüglichen Lebens und Strebens zu unterscheiden. Besser noch werden wir, was das Letztere betrifft, von demjenigen Willensverhalten reden, welches direkt auf den sittlich religiösen Mittelpunkt unseres persönlichen Lebens und auf seine Beziehung zu Gott und die Gemeinschaft mit ihm sich richtet; eben damit ist auch die Richtung auf ein ewiges Leben in der Gemeinschaft mit Gott gegeben, während alles, was unser Wille mit seinen aufs andere, weltliche Gebiet gerichteten Kräften und Thätigkeiten herstellen oder gewinnen kann, einem künftigen Untergange verfallen ist und schon jetzt nicht genügt, jenen inneren Menschen zu befriedigen. Wir denken bei diesem Gebiet an die auf Naturgrund ruhenden und wenigstens zunächst dem irdischen Leben dienenden Gemeinschaften der Ehe, der bürgerlichen Gesellschaft, des Staates, — an die Bearbeitung der äußeren Natur durch den Menschen und zugleich an die Durchbildung seines eigenen Geistes in der Beziehung desselben auf diese Welt, an Kultur, weltliche Wissenschaft, Kunst, — zugleich an alle die Güter, die er hier zum Zweck des eigenen Wohlseins sich aneignen, und die Genüsse, die er gewinnen und mit denen er sein psychisches und leibliches Leben fördern kann. Wie hat zu diesem allen der Christ sich zu verhalten, der nach Gottes Reich und Gerechtigkeit nach Jesu Ausspruch (Matth. 6, 33) trachten soll?

Man kann, auch wenn man nicht mit gewissen Heiden und auch christlichen Häretikern einen schon ursprünglichen Dualismus in der Schöpfung und dem Universum annimmt, sondern mit dem Christentum auch das ganze natürliche weltliche Dasein und mit ihm alle jene weltlichen Thätigkeiten und Lebensformen auf eine göttliche Schöpfung und Ordnung zurückführt, dennoch fragen, ob nicht Gott seine Christen schon jetzt zu einer höheren Stufe, für welche alle die irdischen Dinge möglichst dahinten bleiben müssen, emporheben und hinaufrufen wolle. Zu einer solchen Frage treibt besonders der Gedanke an die wirkliche Gefahr, mit welcher die Welt mit ihren Gütern, Arbeiten und Genüssen uns allerdings immer bedroht, daß nämlich unser Herz dadurch gefangen werde, daß wir darüber unseren Gott und unseren eigenen inneren Menschen vergessen, und daß wir in der Gemeinschaft weltlichen Lebens und Wirkens mit andern unwillkürlich auch in die bei ihnen noch herrschenden Laster und Ärgernisse mit hineingeraten. Andererseits zieht zu einer solchen vermeintlich höheren sittlichen Stellung, zu der hiernach ängstliche Gewissen streben und sich für verpflichtet halten möchten, die Neigung hin, sich selbst vor Gott und Menschen hervorzuthun im Interesse eigener Ehre, ja eigenen Verdienstes. So hat der Katholizismus die christliche Vollkommenheit und die Verdienstlichkeit, von der wir oben sprachen, wesentlich in eine solche Erhebung über die Welt und Abkehr von ihr gesetzt. So ist innerhalb unserer Kirche der Pietismus, an sich mit Recht darauf bringend, daß das ganze Leben Gott geweiht werde, auch wieder in eine ängstliche Befangenheit verfallen.

Der echte christliche Glaube, der die Versöhnung und den Geist der Kindschaft bringt, macht frei auch in diesen Beziehungen. Er erkennt in den natürlichen Dingen, die der Sünder mißbraucht und vor denen ein ängstliches und schuldbelasteten Gewissen zurückscheut, vertrauensvoll noch die Schöpfung des himmlischen Vaters, der den nach seinem Bilde geschaffenen und nun zu seiner Kindschaft erhobenen Menschen über sie gesetzt haben will (1. Mos. 1, 28, Psalm 8, 7 ff.); desgleichen in der natürlichen, geistigen und leiblichen Ausstattung des Menschen und den Bedürfnissen und Aufgaben, die sie in sich schließt, trotz aller Verkehrung und Verunreinigung durch Sünde und Schuld noch die ursprüngliche göttliche Ordnung und Bestimmung. Er weiß: „alle Kreatur Gottes ist gut" (1. Tim. 4, 4); er ist „gewiß in dem Herrn Jesu, daß nichts gemein ist an ihm selbst" (Röm. 14, 14); er darf auch hierauf Paulus' Wort beziehen: „Alles ist euer, ihr aber seid Christi, Christus aber ist Gottes." So lange daher Gott uns in diese irdische Welt und Menschheit hineinstellt, dürfen und sollen wir auch jenen Aufgaben nachkommen, und zwar ein jeder speziell denjenigen, zu welchen er sich durch seine besonderen Gaben und seine besondere Stellung berufen findet, — dürfen und sollen auch dessen uns freuen, was Gott zur rechten Förderung dieses irdischen Lebens und ebendamit zur Stärkung für jene Arbeiten uns schenkt. Nur daß es alles in kindlicher Dankbarkeit gegen Gott, ihm zum Dienst und ihm zur Ehre geschehe (1. Tim. a. a. O. Kol. 3, 17), und daß man allerdings da entsage, wo dem eigenen schwachen Herzen wirklich Befleckung droht und keine dringende Pflicht zum Bestehen der Gefahr auffordert! So fließt ja gerade auch dieses sittliche Verhalten zur Welt aus dem Leben des Gläubigen mit Gott und in Gott oder aus seiner Richtung auf den Himmel und die Ewigkeit. Gegenüber den Gefahren aber, die doch nicht ausbleiben können, hält der Glaube sich an den, der für seine Jünger den Vater nicht bitten wollte, daß er sie von der Welt nehme, sondern daß er sie bewahre vor dem Bösen (Joh. 17, 15). — Auf die Bedeutung, welche das hier Gesagte namentlich auch fürs weltliche Wissen und sein Verhältnis zur Glaubenserkenntnis hat, sind wir schon oben (S. 83 ff.) bei der Erörterung dieses Verhältnisses hingeführt worden.

Unter den Aposteln war Paulus, der Prediger der Glaubensgerechtigkeit, auch besonders berufen von dieser Freiheit zu zeugen. Und zwar hat nach ihm, wie wir in den angeführten Worten hörten, der Christ jene Gewißheit eben durch den Heiland Christus vermöge der Stellung zu Gott, die er diesem verdankt. Und eine Schwäche im Glauben ist's, worauf er die Ängstlichkeit und Befangenheit römischer Christen (Röm. 14) zurückführt, die, um nicht durch Pflege ihres Leibes bei sich Lüsternheit zu erwecken (Röm. 13, 14), sich des Genusses von Fleisch und Wein enthielten; ein solcher Genuß ist nach Paulus frei und recht, wenn er aus dem Glauben kommt. Die Konsequenzen zu entfalten, die wir von hier aus für die weite, umfassende Wirksamkeit der Christen auf jenen weltlichen Gebieten zu ziehen haben, war freilich auch eines Paulus' Aufgabe noch nicht. Noch handelte sich's ja erst um die Pflanzung des Gottesreichs in jenem Mittelpunkte sittlich religiösen Lebens. Noch war es auch dem Ausblick aller gläubigen und von Gottes Geist beseelten Christen verborgen, wie lange das Wesen dieser vergänglichen Welt überhaupt noch bestehen, wie lang und wie weit die Genossen jenes Reiches in ihr und auf sie zu wirken bekommen sollten.

Wie ein neues Licht ist über diese Hauptfragen unseres Lebens von der alten, schon an sich klaren Heilsoffenbarung durch den neuen Glaubenszeugen L u t h e r ausgegangen. Und nach einer großen weltgeschichtlichen Fügung geschah dies zu derselben Zeit, in welcher weltliche Kultur, Wissenschaft, Kunst und Staatswesen von anderer Seite her die mächtigsten, erfolgreichsten Antriebe und Mittel für ihre selbständige Ausbildung und Neubildung empfangen hatten. Die Kirche der Reformation hat nicht etwa schon damals zuerst oder zumeist an diesen Aufgaben sich beteiligt und von diesen Gütern gekostet. Aber erst das in der Reformation aufgegangene Licht lehrt uns mit gutem, christlichen Gewissen dem hier von uns erkannten Gotteswillen nachkommen und gerade auch in einem treuen hierauf bezüglichen Wirken und Schaffen nach dem trachten, was droben ist (Kol. 3, 1). Wo dagegen die weltlichen Interessen an die Stelle der sittlich religiösen Grundinteressen treten, da bringt, wie die Geschichte lehrt und immer weiter lehren wird, eine noch so eifrige und möglichst kunstgerechte Pflege aller jener Gebiete doch nicht bloß der damit beschäftigten glaubenslosen Menschheit kein wahres Heil, sondern verfällt auch selbst den zerstörenden Folgen einer unter solchen Pflegern unvermeidlichen innern sittlichen Fäulnis.

Der Heilsglaube und der Glaube an Gottes Weltlenkung.

Bei der Betrachtung des sittlichen Lebens hatten wir von unserem Willen zu handeln, wie er sich selbst nach Gottes Willen und zu den von Gott gesetzten Zielen hin bestimmen soll und wie dies nun geschehen kann und soll in Kraft unseres christlichen Glaubens.

Bei dem allen aber sind ja für sein eigenes Wirken in seiner Umgebung die Grenzen immer gar enge gezogen, weit enger, als wir in unserem gewöhnlichen praktischen Selbstgefühl meist bedenken. Die Erfolge desselben hängen von äußeren Bedingungen ab, über die wir weiter keine Macht besitzen, namentlich auch von den unberechenbaren Einwirkungen anderer Willen. Und unser eigenes Inneres mit seinen Regungen, mit den inneren Vorbedingungen jeder Willensentscheidungen, mit den Reizen und Trieben, die auch gegen jenen göttlich treibenden Geist wieder sich erheben, und mit den daraus entstehenden Erschütterungen und Kämpfen, ist von Einflüssen abhängig, die unserer Gewalt und Vorsicht mehr oder weniger sich entziehen. Da muß denn unser Glaube an den Gott, durch dessen Willen und Geist das Willensleben der Seinen bestimmt wird, fort und fort zugleich den Blick auf ihn gerichtet halten, wie derselbe auch das gesamte von uns unabhängige, ja für uns übermächtige Dasein, Werden und Geschehen lenkt und eben jenen Zielen zuführt. Er muß zugleich fester Glauben an Gottes Vorsehung oder Weltlenkung sein und als solcher in userm ganzen Streben, Arbeiten und Kämpfen sich bethätigen.

Oben*) hatten wir darauf hinzuweisen, wie der Gedanke an ein solches höheres Walten auch schon dem sittlichen Bewußtsein von Menschen sich aufdrängt, denen die christliche Heilsoffenbarung noch nicht erschienen, oder wieder dunkel und unsicher geworden ist. Wir mußten auch bei solchen nicht bloß ein Begehren darnach, sondern auch ein gewisses Vertrauen darauf anerkennen. Ja auch ernsten und in ihrer Art frommen Heiden, namentlich ernsten Denkern des heidnischen Altertums, dürfen wir es nicht überhaupt abstreiten. Diejenigen sittlich religiösen Regungen und Eindrücke, welche wir in Übereinstimmung mit dem Schriftwort auch bei ihnen anerkennen müssen, führte sie zugleich hierauf. Das ihnen ins Herz geschriebene Gesetz zeugte auch ihnen von einer Vergeltung, die schon der irdische Gang der Dinge mit sich führt. Die Not des Lebens und freundliche Erfahrungen, die sie hier machen durften, ohne dieselben eigener Klugheit oder Kraft beimessen zu können, lehrte auch sie schon nach einer hilfreichen höheren Hand greifen.

Anbererseits hatten wir daran zu erinnern und müssen's ja auch täglich erfahren, wie wenig solche Vorstellungen und Hoff-

---
*) Vgl. S. 62, 77, 116.

nungen unter Erlebnissen entgegengesetzter Art Stand halten und wie wenig sie in einem durch Sünde und Schuld von Gott geschiedenen Herzen festwurzeln können. Wahres Vertrauen kann auch zur allgemeinen gütigen und weisen Vorsehung und Leitung Gottes erst entstehen, wo die höchste, vergebende, sich selbst mitteilende Liebe dieses Gott mit ihren ebenso geheimnisvollen wie weisen Wegen sich offenbart und zu erfahren giebt. Indem Jesus seine Jünger auf die Fürsorge des Gottes vertrauen lehrt, von dem alle Haare ihres Hauptes gezählt seien, bezeichnet er denselben nachdrücklich als ihren Vater, als dessen Kinder sie sich wissen dürfen (Matth. 10, 29 f.). Von denjenigen, die Gott als seine Kinder lieben, versichert Paulus, daß für sie alles zum Besten zusammenwirken müsse (Röm. 8, 28). Nur so kann der Vorsehungsglaube insbesondere auch unter allen jenen Fragen sich behaupten, die ein rein verständiges, auf die weltlichen Vorgänge und ihren Kausalzusammenhang gerichtetes Denken mit sich bringt: wie eine solche Lenkung, ein solches Vorhersehen, Vorherordnen, Zusammenbringen und Gutmachen ganz besonders mit Bezug auf unsere und unserer Mitmenschen freie Handlungen sich denken lasse, deren Freiheit wir doch gerade vermöge unseres sittlichen Bewußtseins annehmen müssen (oben S. 116 f.).

Hier nun haben wir, indem wir auf das Alles zurückkommen, insbesondere darauf noch zu bringen, daß unser Heilsglaube seine Kraft auch wirklich in dieser seiner Beziehung auf die Welt bewähre.

Lösen wird die hier vorgelegten Rätsel kein irdisches zeitliches Denken, auch nicht das eines gläubigen, lebendigen Christen.

Aber die daraus entspringenden Bedenken und Anfechtungen kann und soll der überwinden, der jener Liebe des allmächtigen Gottes gewiß geworden ist. Er wird ihren unerforschlichen Wegen und Mitteln im äußeren weltlichen, wie im geistigen Leben vertrauen. Gilt ihm doch dort wie hier Jesu Wort (Matth. 19, 26): „bei Gott sind alle Dinge möglich". Er soll und wird dieses Vertrauen auch in den Arbeiten und Kämpfen des Weltlebens und seines eigenen Berufes in der Welt standhaft bethätigen. Des Christen Glaube ist auch in dieser Hinsicht der Sieg, der die Welt überwindet (1 Joh. 5, 4).

Fünftes Hauptstück.

Die Gemeinde der Gläubigen.

1. Das Wesen der Kirche als Gemeinde der Gläubigen.

Religiöses Glauben, christliches Glauben ist und bleibt im strengsten und vollsten Sinne des Wortes Sache der Persönlichkeit. Im eigenen Herzen muß jeder, der also glaubt, die göttlichen Zeugnisse vernommen, mit dem eigenen Herzen und Willen muß er sie erfaßt und ihnen sich hingegeben haben.

Aber ebenso ist es auch schon in unseren seitherigen Ausführungen enthalten, daß das Gläubigwerden und Glauben der einzelnen Christen jetzt immer schon ein christliches Gemeinwesen zur Voraussetzung hat, daß ein wirklicher Glaube jeden Christen sofort auch treiben muß, in Liebe Gemeinschaft zu pflegen und weiterhin zu stiften, daß überhaupt das Glaubensleben ein Gemeinleben ist.

Wir stehen hiermit bei der Bedeutung, welche die Kirche für den Glauben eines jeden Christen und der Glaube eines jeden Christen für die Kirche hat. Denn nichts anderes als die christliche Gemeinde haben wir ja unter der Kirche zu verstehen (Luther hat bekanntlich dafür auch in seiner Übersetzung des Neuen Testaments immer nur „Gemeinde" gesetzt).

Man kann in gewissem Sinn sagen, daß wir durch die Gemeinde zum Glauben gelangen. Nur muß bei dieser Aussage nicht bloß derjenige Sinn, in welchem der Katholizismus den Glauben der Christen vom Kirchentum abhängig macht, aufs entschiedenste abgewiesen, sondern auch eine unter Protestanten aufgetretene falsche oder wenigstens unklare und mißverständliche Auffassung sorgsam ferngehalten werden. Wir wissen ja schon nach allem bisher Dargelegten: wir können und sollen nach dem Willen Gottes, der seine Heilswahrheit uns darbietet, zu ihrer Annahme nicht etwa dadurch bestimmt werden, daß wir zur Unterwerfung unter kirchliche Autoritäten, die untrüglich bei uns für sie zeugten, unter schlechthin sichere Überlieferungen oder unter die Aussprüche gegenwärtiger kirchlicher Amtsträger uns von Gott aufgefordert wüßten; und auch die Einflüsse, welche das Leben einer uns umgebenden, im Genuß der göttlichen Gnade und Vergebung stehenden Gemeinde auf uns ausübt, könnten den festen Glauben an die Wahrheit, an welche diese glaubt, noch nicht in uns begründen, das herzliche Vertrauen auf jene Gnade als eine wirkliche und auch für uns gültige noch nicht erwecken. Das Entscheidende hierfür sind nicht diese Einflüsse und vollends nicht jene Autoritäten, sondern die Eindrücke, welche Gottes Heilsoffenbarung und Gnadenbotschaft, wie sie in der heiligen Schrift niedergelegt ist, unmittelbar in unserem eigenen Innern erzeugt; und sie kann und soll nach Gottes Willen solche in uns erzeugen, wo immer sie unserem Selbstbewußtsein entfaltet gegenüber tritt. Nur dienend verhält sich dazu die Kirche mit ihrer Verkündigung derselben, nur anregend und ermunternd eine wirklich gläubige und im Glauben lebende persönliche Umgebung mit ihren thatsächlichen Zeugnissen für des Heilswortes Kraft und für des Heilsgutes unendlichen Wert. Auch so aber erhält allerdings auch die Gemeinde oder Kirche selbst, durch deren Hand und Mund Gott sein Evangelium an uns ergehen läßt, einen Wert für den Glauben, den viele, und zwar auch gläubige, lebendige Glieder derselben zu wenig zu würdigen pflegen. Und zu besonderem Dank gegen Gott mahnt jener fördernde Einfluß, welchen er durch schon echte, gediegene und gereifte Glieder des Leibes Christi auf Seelen übt, die erst noch zum rechten Verständnis seiner Heilsbotschaft gebracht und zur Heilsgemeinschaft gezogen werden sollen. In diesem Sinne darf man, wie auch Luther gethan hat, die Kirche die Mutter der Gläubigen nennen, — in analogem Sinne, wie Paulus sich den Vater der von ihm Bekehrten nannte, die er gezeugt habe durchs Evangelium (1. Kor. 4, 15, Gal. 3, 19): die Zeugungskraft lag im Evangelium, dessen Diener er doch nur war (1. Kor. 3, 5).

1. Das Wesen der Kirche als Gemeinde der Gläubigen.

Bei jenem Einfluß einzelner Glieder der Gemeinde gedenken wir ferner des Ausspruchs Jesu von den an ihn Glaubenden, von welchen selbst auch Ströme lebendigen Wassers fließen werden (Joh. 7, 38): Der Eine Urquell aber ist und bleibt doch er, und eben auch durch jene wird man dazu angewiesen, direkt aus ihm zu schöpfen.*)

Wie hiernach der persönliche Glaube der einzelnen Christen schon eine Gemeinde von Gläubigen zu seiner Voraussetzung hat, so, sagten wir, treibt andererseits er selbst jeden dazu, Gemeinschaft weiterhin zu pflegen. Und zwar ist es unberechtigt, falsch und verkehrt, diese spezifisch christliche Glaubensgemeinschaft oder was damit identisch ist, die christlich kirchliche Gemeinschaft ihrer Idee nach darauf zu beschränken, daß die Gläubigen hier als ein unter sich verbundenes Ganzes in gemeinsamer Andacht zu Gott sich erheben, seine Heilsbotschaft gemeinsam immer neu aus seinem Wort entnehmen, die äußeren auf einen direkten Verkehr mit Gott bezüglichen Kultusakte gemeinsam vollziehen.**) Sondern in untrennbarer Einheit hiermit gehört dazu ein gegenseitiges Wirken der einen Glieder auf die andern und vornehmlich der schon im Glauben stärkeren und gereifteren auf die noch schwächeren, um sich gemeinsam im Glauben und im ganzen Glaubensleben, welches ein Leben in Gott und Leben in brüderlicher Gemeinschaft ist, zu bewahren und zu befördern. Den Gliedern der gläubigen Gemeinde als solchen macht es ja das neutestamentliche Wort überall zur Pflicht, sich gegenseitig zu ermahnen, zu warnen, aufzurichten; in treffendster Weise gebraucht dafür namentlich Paulus das Bild eines gemeinsamen und gegenseitigen Sicherbauens oder Aufbauens aller Glieder zu dem Leibe, dessen Haupt Christus ist (vgl. z. B. Apostelgeschichte 20, 23, Röm. 14, 19, Eph. 4, 12. 29; ungenau übersetzt Luther: „bessern"). Es gehört dazu, wie wir es ausdrücken mögen, die Pflege und Förderung des gesamten sittlich religiösen Mittelpunkts in den Subjekten, in welchem eben das Sittliche und Religiöse unmittelbar eins ist, die Bildung und Wahrung ihrer Grund-

---

*) Vgl. meine Schrift: „Die Begründung unsrer sittlich religiösen Überzeugung" S. 122 und „Religion und Reich Gottes" S. 62.

**) Vgl. „Religion und Reich Gottes" S. 20 ff., 250.

gesinnung und Willensrichtung und der Antrieb, von hier aus gewissenhaft und mit Gottvertrauen auch diejenigen Berufsgebiete zu erfassen und zu bearbeiten, die in dieser Welt der Christenheit im ganzen vorliegen und die den verschiedenen einzelnen Gliedern je nach ihren besonderen Gaben und Umständen verschieden von Gott zugeteilt sind. Eine Aufgabe der Gemeinde, weil und sofern sie eben eine im Glauben lebendige und thätige Gemeinschaft ist, haben wir hiermit bezeichnet; und zwar eine Aufgabe, an der nicht bloß allen Gliedern gegenüber die für die Gesamtheit bestimmten Diener des göttlichen Wortes zu arbeiten haben, sondern an welcher seinen Anteil auch jedes andere einzelne Glied in gläubiger Hingabe an Gott und die göttlichen Weisungen und Winke finden wird, wenn auch oft nur in engem Kreis und sehr in der Stille, ohne viel laute Worte.

Diese Hauptseite in der Idee der gläubigen Gemeinde ergiebt sich uns so vermöge des ganzen Zusammenhangs zwischen dem Glauben und Willensverhalten, den wir schon beim Werden und Wesen des Glaubens und weiter bei dem im Glauben erlangten Heilsstand und seinen Früchten erkennen mußten. Zu einer Klage darüber, daß dieselbe in unserer Kirche nicht zu ihrem Rechte komme, wäre wohl noch weit mehr Grund als zu der Klage, daß die Mitglieder der Kirche es am Dank für das von ihr Empfangene fehlen lassen. Große allgemeine, öffentliche Notstände und Gefahren müssen dieselbe wieder zu lebendigerem Bewußtsein bringen: so sehen wir's ja jetzt aus Anlaß der sogenannten sozialen Frage. Um so nachdrücklicher muß dann aber auch an den wirklichen, bestimmten Inhalt jener sittlichen Aufgabe der Kirche erinnert werden: daß sie nämlich in Kraft des göttlichen Wortes und Geistes überall eben auf jenen innern Menschen wirke, ihm das wirklich Sündhafte und sittlich Verderbliche der vorhandenen äußeren Zustände vorhalte und von da aus zu treuem Suchen und Anwenden der richtigen äußeren Mittel zu bestimmen suche, — im Gegensatz gegen eine Meinung, als ob die Christenheit und der einzelne echte Christ solche Mittel und Maßregeln aus der biblischen Heilsoffenbarung selbst oder aus seiner eigenen christlichen Erkenntnis und Grundgesinnung zu ent=

1. Das Wesen der Kirche als Gemeinde der Gläubigen.

nehmen hätte und sie nicht vielmehr nach Gottes Willen und Ordnung erst Gegenstand einer auf jene äußeren Zustände gerichteten Beobachtung und Erkenntnis, Wissenschaft und Kunst werden müßten, zu welcher weder die Kirche noch jeder einzelne gläubige Christ als solcher von Gott berufen und begabt ist.

Was der Glaube für die Kirche zu bedeuten hat, ist in unsern kirchlichen Bekenntnissen auf den klarsten und stärksten Ausdruck gebracht, indem sie die Kirche geradezu als Gemeinde der Gläubigen definieren; so unsere Augsburger Konfession: „die Versammlung aller Gläubigen, bei welchen das Evangelium rein gepredigt und die heiligen Sakramente laut des Evangelii gereicht werden." Mit dem Ausdruck „Gläubige" verbindet sich dort der Ausdruck „Heilige" und wechselt mit ihm, sowie das apostolische Wort die Kirche oder Gottesgemeinde als „berufene Heilige" und „Geheiligte in Christo Jesu" bezeichnet hat (1. Kor. 1, 2). Aus denjenigen hat Gott sich seine Gemeinde gebildet, die er aus der profanen und unreinen Welt heraus in seine Gemeinschaft aufgenommen hat und nun mit seinem Geist auch mehr und mehr innerlich durchbringt, reinigt und durchheiligt. Der Glaube aber ist's, wodurch sie wirklich in diese Gemeinschaft eingehen, durch den Glauben wird dieser Geist in ihnen lebendig.

Mit der Bedeutung des Glaubens ist nach allem, was wir über sein Wesen, Werden und Leben zu sagen hatten, auch die des Evangeliums oder Heilswortes und der Gnadenmittel überhaupt gegeben, welche in jene Definition mit aufgenommen sind. Es ist das objektive, in der Gemeinde verkündigte, in der Erziehung, dem Unterricht, der Predigt, dem eigenen Lesen uns gegenübertretende Gotteswort, das den Glauben weckt und an welches der Gläubige fort und fort und immer neu sich hält. In eigentümlicher Weise, die wir indessen hier nicht näher auseinander zu setzen haben, verbindet sich in den Sakramenten, der Taufe und dem Abendmahl, der äußere sinnbildliche Akt mit den Worten der Verheißung, um die einzelnen Subjekte zugleich aufs innigste mit ihrem Gott und Heiland und gemeindlich unter einander zu verbinden. Auch ihres Heilswirkens Bedingung aber ist Glaube, und vor allem den Glauben wollen auch sie anregen und stärken

(über die Taufe vgl. oben 223 ff.). Nicht bloß die reformierte Kirchen=
lehre, sondern gerade auch die lutherische, welche jener gegenüber
eigens die Objektivität der Gnadendarbietung wahren will, bringt
auf diese Beziehung des Glaubens zu denselben; die Sakramente
sind laut der Augustana „Zeichen und Zeugnis göttlichen Willens
gegen uns, unseren Glauben zu erwecken und zu stärken, derhalben
sie auch Glauben fordern".

Die Idee der Kirche als Gemeinde der Gläubigen hat so
einen ebenso reichen und vielseitigen, wie in sich einheitlichen Inhalt.
Es kommt nur darauf an, ihn vor mancherlei einseitigen Auf=
fassungen und Deutungen zu verwahren.

Vor allem ist festzuhalten, daß darunter eine reale, in der
Gegenwart bestehende, zeitlich sich entwickelnde Kirche und nicht
etwa ein bloßes Ideal, an das wir zu glauben hätten, von uns
verstanden werden muß: in den wirklichen Gläubigen hat sie ihr
Dasein. Zu diesem ihrem Dasein gehört ferner notwendig auch
Äußeres, auch sinnlich Wahrnehmbares: nämlich nicht etwa bloß
eben jene Personen, sofern sie mit ihrem leiblichen Dasein und
ihrem Wirken überhaupt in die Äußerlichkeit fallen, während freilich
ihr Glaube und der in ihnen lebende Geist sich der sinnlichen Be=
trachtung entzieht, sondern bestimmter jene ganze Verkündigung
des Wortes und Übung der Gnadenmittel, die vor den Augen
und Ohren Gläubiger und Ungläubiger vor sich gehen muß, während
ein unsichtbares göttliches Wirken in ihr unserem Glauben sicher
verheißen ist.

Mit dieser Idee der Kirche oder Gemeinde ist auch an sich
wohl verträglich, daß innerhalb dieser Gemeinschaft nicht bloß
Christen stehen, die im Glauben noch sehr unreif und schwankend
sind, sondern auch bloße Namenchristen, denen die Heilswahrheit
und der christliche Geist innerlich noch fremd ist. Und in gewissem
Maße muß dies die Entwickelung der Gemeinde in dieser Welt
und die Ausspendung der Gnadenmittel in der Menschheit immer
mit sich bringen. Den Namen Kirche oder Gemeinde dürfen wir
dennoch auf die ganze gemischte Gemeinschaft anwenden um des
gläubigen Kernes willen, der in ihr lebt, und wegen der lebendigen
Einwirkungen, die von ihm, von dem in ihnen kräftigen Geistes=

und dem unter ihnen verkündeten Gotteswort noch auf alle aus=
gehen. Bleibt doch auch im natürlichen Leben ein Leib mit allen
seinen Gliedern immer noch ein einheitlicher und lebendiger Leib,
ob auch viele seiner Bestandteile krank sind, ja schon erstorben
scheinen. Und ist doch keine natürliche Kraft, die dazu wirkt, um
einen solchen leiblichen Organismus trotzdem zu erhalten, der weit=
tragenden, tief dringenden, anregenden und läuternden Kraft jenes
Einen Geistes von oben zu vergleichen.

Man pflegt in der evangelischen Lehre von einer unsicht=
baren Gemeinde der Gläubigen zu reden, die eben hiermit selbst
Gegenstand des Glaubens und nicht äußerer Wahrnehmung sei,
und zugleich von einer sichtbaren Kirche. Wie das richtig zu ver=
stehen sei, liegt in dem vorhin Gesagten. Gerade zur echten Ge=
meinde gehört auch schon jenes Sichtbare, von dem wir sprachen.
Welches aber die echten Glieder derselben oder die wahrhaft
glaubenden seien und daß Gottes Geist wirklich sie beseele und
in jenen Gnadenmitteln wirke, — darüber vermag weder eine
bloße sinnliche Beobachtung, noch auch eine auf bloßer Welt=
erfahrung ruhende menschliche Reflexion etwas auszumachen, sondern
es gehört dazu ein Urteil des Geistes, der in den Gläubigen wohnt;
und daß diese Gemeinde in der Welt trotz aller hier drohenden
Kämpfe und Versuchungen und namentlich aller von hier aus in
sie selbst eindringenden unreinen Elemente Bestand behalten und
einer vollendeten Gottesherrschaft und Gottesgemeinschaft entgegen
reifen wird, das ist und bleibt immer Gegenstand desselben Glaubens,
der ursprünglich zur Gemeinschaft des Heiles uns geführt hat.

Die in dieser Welt bestehende Gemeinde bedarf endlich für
das äußere Thun, in welchem sie ihr Leben bethätigt und die ihr
anvertrauten geistigen, ewigen Schätze pflegt, notwendig, damit
dies (vgl. 1. Kor. 14, 40) in ersprießlicher, wohlanständiger, echt
sittlicher Weise geschehe, auch gewisser regelmäßiger, ständiger
Formen oder Ordnungen. Dies könnte so selbstverständlich er=
scheinen, daß es gar nicht erst ausgesprochen werden müßte, wenn
es neuerdings nicht dennoch ernstlich, und zwar durch einen christ=
lichen Lehrer des Rechts, Sohm,*) in Frage wäre gestellt worden.

---

*) R. Sohm, Kirchenrecht, Bd. I, 1894.

Von selbst versteht sich's ja doch, daß für die gemeinsame Andacht und gemeindliche Ausspendung der Gnadenmittel Orte und Zeiten festgesetzt werden, und zwar nicht jedesmal wieder neu, sondern auf Dauer, so lange nicht für ebendieselbe Gemeinde eine Änderung der Ordnung durch die Umstände ratsam wird. Für die äußeren Thätigkeiten der Kirche sind auch immer gewisse, wenn auch noch so eingeschränkte Mittel und der dauerhafte Besitz gewisser äußerer Gegenstände erforderlich; man käme in wunderliche Vorstellungen hinein, wenn man irgend eine Gemeinde, z. B. die erste Christengemeinde, ganz ohne das denken wollte, — etwa die nötigen Gegenstände nur immer neu entlehnend von einzelnen Mitgliedern oder Beiträge immer neu sammelnd, um sie nur gleich wieder auszuteilen und aufzuzehren. Gott teilt, wie das apostolische Wort erklärt, selbst geistige Gaben an verschiedene Glieder der Gemeinde, damit diese eben vermöge ihrer frei wirken und die anderen sie wirken lassen. Aber wenn Gott Gemeindeglieder so mit der Gabe der Leitung ausgestattet hat, deren die Gemeinde bedarf, so soll doch gewiß eben auch diese Leitung in gewissen regelmäßigen Formen sich bewegen. Auch die hohe geistige Thätigkeit der Verkündigung des Wortes für die Gemeinde bedarf solcher, damit gewisse bestimmte Gemeindeglieder regelmäßig und eben auch an festen Orten und Zeiten mit der Ausübung dieser Thätigkeit eintreten, so viel daneben auch einem ganz freien Walten des Geistes in diesen und anderen Gliedern Raum gelassen werden muß. Im voraus läßt sich auch denken, daß Gottes Wille und Fügung Einzelngemeinden zu einem kleineren oder größeren Gemeinwesen verbinden werde, das dann auch nicht bloß in einem freien brüderlichen Zusammenwirken und Zusammenkommen, sondern in einer gewissen festen Verfassung sich als solches behaupten und bethätigen möge.

Unser evangelischer Glaube, auf die neutestamentliche Offenbarung sich stützend, weiß nun von keinen derartigen äußeren Ordnungen und Satzungen, die etwa Gott selbst vermöge dieser Offenbarung ähnlich eingesetzt hätte, wie das Alte Testament die äußeren Ordnungen des in Israel bestehenden Kultus und Gemeindelebens auf die sinaitische Offenbarung zurückgeführt hat. Er kennt keinen besonderen Stand, der, wie es der Katholizismus von seinen Priestern und Bischöfen meint, von Gott eingesetzt und mit besonderem Geist ausgestattet wäre, um bei sich in fester Succession solchen Geist fortzupflanzen und vermöge seiner mit höherer, göttlicher Autorität das Regiment in der Gemeinde zu führen und Satzungen als Bedingungen des Heilsgenusses für sie aufzurichten.

Andererseits meinten in neuer Zeit die sogenannten Irvingianer, die sich die apostolische Kirche nennen, daß Gottes Absicht ursprünglich gewesen sei, seine Gemeinde fort und fort durch solche Amtsträger, Apostel, Propheten, Evangelisten und jede Einzelgemeinde durch solche „Engel" (Bischöfe) und Presbyter (Priester) zu leiten, deren jeder durch neue, besondere Offenbarung dazu eingesetzt würde; durch Schuld der Kirche sei sie dieser wahrhaft geistigen Leitung und der hiermit gegebenen Verfassung verlustig gegangen; jetzt, seit etwas über sechzig Jahren, habe Gott dieselbe durch neue Apostel und Propheten für die Christenheit — eben in ihrer, der Irvingianer, Mitte — wiederhergestellt. Wir jedoch können weder anerkennen, daß Gott eine hierauf gerichtete Absicht in seiner ursprünglichen Heilsoffenbarung uns angekündigt, noch daß die angebliche neue Offenbarung Gottes sich als solche erwiesen hätte.

Aber es genügt uns, daß äußere Ordnungen der vorbezeichneten Art dem einfachen christlichen Geist als allgemeines sittliches Bedürfnis unseres Lebens in dieser Welt sich erweisen, während zugleich die Heilsoffenbarung selbst uns erkennen läßt, daß an keinerlei solche Formen der Weg des Heiles oder unsere Gemeinschaft mit Gott oder dem Heiland und Haupte Christus gebunden ist, daß wir so auch keiner göttlichen Autorität im Sinne des Katholizismus oder des Irvingianismus für sie bedürfen und daß sie immer wandelbar und durch wechselnde geschichtliche Verhältnisse und spezielle Bedürfnisse bedingt bleiben müssen. Eben unser evangelischer Glaube schließt auch das Bewußtsein derjenigen Freiheit in sich, vermöge deren die Gemeinde nach bestem eigenen Wissen und Verständnis hier ihre Bestimmungen trifft, aufrecht erhält oder wiederum ändert, und das Vertrauen auf Gott dazu, daß er auch hierbei mit ihr sein werde. Eben der aus dem Glauben stammende Geist freier Liebe wird auch die echten Glieder der

Gemeinde dazu bestimmen, daß sie, anstatt im Pochen auf Freiheit solchen Ordnungen zu widerstreben, vielmehr mit deren Hilfe das brüderliche Gemeinleben pflegen und gerade darin sich mit ihrem innern Menschen und seiner Stellung zu Gott wahrhaft frei wissen.

2. Die Idee der Gemeinde Christi und die gegenwärtige Kirche.

So will unser evangelisches Bekenntnis die Kirche Christi als Gemeinde der Gläubigen aufgefaßt haben. Und diese Idee der Gemeinde hat ihren guten Sinn. Wir erklären es mit Recht für einen Hauptgegenstand unseres Glaubens, daß Jesus wirklich eine solche Gemeinde gläubiger Glieder gestiftet hat.

Besteht aber auch in der Gegenwart eine christliche Kirche, welche dieser Idee entspricht? Ist diese in unserem eigenen gegenwärtigen kirchlichen Gemeinwesen realisiert? Das ist ja wohl nächst der Hauptfrage unseres ganzen Christenglaubens, nämlich nächst der Frage über die Begründung und den Wahrheitsgehalt dieses Glaubens überhaupt, die wichtigste Frage, welche in unserer Zeit ernste Christen auf dem Gebiete des religiösen Lebens bewegen muß.

Zuerst muß uns, wenn wir die Apostel und unser evangelisches Bekenntnis von einer Gottesgemeinde oder Gemeinde Christi reden hören, dem gegenüber die Spaltung der Christenheit in eine Vielheit von Kirchen, und zwar von Kirchen, die eine Verschiedenheit des Glaubens von einander trennt, in die Augen fallen. Sollen Glieder dieser verschiedenen Gemeinschaften dennoch Eine Gemeinde der Gläubigen bilden? Oder wollen wir behaupten, daß nur in einem jener Gemeinwesen, und zwar in demjenigen, dem wir mit unserem Glaubensbekenntnis zugehören, die Gemeinde der Gläubigen verwirklicht sei? Die Antwort hierauf behalten wir indessen einem folgenden Abschnitte vor, welcher die dort vorliegenden Hauptunterschiede des Glaubens und Bekenntnisses näher zu beleuchten und die Möglichkeit einer auch bei solchen Unterschieden noch bestehenden gemeinsamen Teilnahme am Heil und Gemeinschaft christlichen Glaubens und Lebens eingehender zu erörtern haben wird.

Treten wir sodann näher an jene bestehenden kirchlichen Gemeinschaften und speziell an unsere eigene, evangelische, lutherische oder reformierte heran, — wer wird da den Eindruck bekommen,

2. Die Idee der Gemeinde Christi und die gegenwärtige Kirche.

daß er wirklich eine Gemeinde der Gläubigen oder Heiligen in dem vorhin ausgeführten Sinn unseres Bekenntnisses vor sich habe? Scheint doch das Wesentliche dieser wirklichen Kirchen vielmehr in demjenigen zu liegen, was nach jener Idee und Begriffsbestimmung nur für etwas Sekundäres, Untergeordnetes gelten sollte, auch in jenen Bekenntnisworten gar nicht einmal zum Ausdruck gekommen ist, nämlich in einer äußerlichen anstaltsmäßigen Organisation. Voran treten in dieser — wenigstens für eine in der Kirche selbst weit verbreitete Betrachtung — die gesetzlich bestellten Behörden und Oberbehörden für Verwaltung, Rechtsprechung u. s. w., deren weder in jener Begriffsbestimmung, noch auch sonst in unseren Glaubensbekenntnissen gedacht ist. Die Vollmachten, welche diese üben, faßt man jetzt nach allgemeinem Sprachgebrauch zusammen im Begriff der Kirchengewalt, während unsere Reformatoren und reformatorischen Bekenntnisse diesen Namen, ebenso wie den Namen „geistliche Gewalt" nur für die wahrhaft geistliche Thätigkeit, nämlich nur für das Weiden und Leiten der gläubigen Gemeinde durchs göttliche Heilswort gebrauchten.

Dazu möchte man sagen, kommt bei uns gar noch die Stellung dieses Kirchentums unter dem Staatsoberhaupt. Daß es in dieselbe geriet, hängt nicht bloß mit den geschichtlichen Verhältnissen unserer Reformation, sondern auch mit den eigenen Auffassungen unserer Reformatoren viel enger zusammen, als in neuer Zeit großenteils, und zwar namentlich von Theologen, beachtet wird. Jene wollten, daß die Kirche die Gemeinde der Gläubigen sein sollte; aber sie blieben zugleich bei der hergebrachten Meinung, die ganze zu einem Staat geeinte Volksgemeinschaft könne und solle auch in Einheit des Glaubens, der Glaubensbekenntnisse und des christlichen Kultus stehen, wenn auch zum Glauben selbst kein Einzelner gezwungen werden dürfe und könne; so fiel ihnen zusammen, was wir kirchliche Gemeinde und was wir Staat nennen. Während sie ferner gewisse Rechtsordnungen als etwas auch fürs religiöse Gemeinleben Unerläßliches ansahen, sahen sie in den staatlichen Obrigkeiten und Regenten die von Gott berufenen Vertreter des öffentlichen Rechtes und Träger der höchsten, das Recht durchsetzenden äußeren Gewalt, ohne dabei den eigentümlichen Charakter solcher Ordnungen und rechtlichen Akte, wie sie für die Gemeinde der Gläubigen in Betracht kommen, vom staatlichen, das ganze Volksleben notwendig umfassenden und hier durch eine höchste Gewalt zu handhabenden Rechte klar zu unterscheiden (auch von Luther und nicht etwa bloß von seinen schwächeren Genossen gilt dies). So kamen sie dazu, nicht bloß eine Aufsicht über das kirchliche Leben in einem Lande den Regenten zur Pflicht zu machen, sondern sie auch das Kirchenregiment selbst übernehmen zu lassen, als die bisherigen Träger desselben, nämlich die Bischöfe, sich dem wahren christlichen Glauben verfeindet zeigten. Bei Luther hängt die Art, wie er dieses äußere Regiment der Kirche sich gestalten ließ, eben auch mit der nur untergeordneten Bedeutung zusammen, welche für ihn diese ganze äußere Seite der Gemeinde der Gläubigen neben ihrem eigentlichen Wesen und die jetzt sogenannte Kirchengewalt neben jenem geistlichen Leiten und Weiden durch die einfache Übung des Heilswortes hatte. Die geschichtliche Folge aber war, daß die Kirche eine Gestalt annahm, in welcher das eigentliche Wesen jener Gemeinde hintangesetzt, ja verleugnet erscheint. Und dazu kommt jetzt gar noch, daß seither die allgemeine Einheit der religiösen und der staatlichen Volksgemeinschaft hinfällig worden ist, daß in der letzteren die Glieder ganz verschiedener religiöser Gemeinschaften gleichberechtigte Stellung haben, daß der staatliche Regent durch daher kommende Rücksichten und Einflüsse notwendig auch in seinem kirchenregimentlichen Verhalten mit berührt wird, ja daß die politische Vertretung des ganzen, jetzt in religiöser Hinsicht so verschieden zusammengesetzten Volkes, also Leute von ganz verschiedenen religiösen Standpunkten, ja, wie man gesagt hat, „Heiden und Juden", in die Angelegenheiten und Fragen unserer Gemeinde der Gläubigen mit drein zu reden bekommen. Sind so nicht mit unserer schönen, evangelisch reinen Idee der Kirche als Gemeinde der Gläubigen und Heiligen gerade unsere evangelischen und speziell deutschen Kirchen thatsächlich am ärgsten zerfallen?

Den größten und ärgsten Widerspruch gegen die Auffassung unsrer Kirchengemeinschaften als wirklicher Gemeinden der Gläubigen könnte man endlich darin sehen, daß nicht bloß einzelne Namen-

2. Die Idee der Gemeinde Christi und die gegenwärtige Kirche. 287

christen, sondern ganze Massen von Ungläubigen, ja Feinden des Glaubens in ihnen seien und ihr Spiel treiben, ja daß wir hier überhaupt mit Massen zu thun haben, die nur vermöge jener äußern Ordnungen und anstaltlichen Formen ein Ganzes bilden, während davon abgesehen werde, ob auch nur wenigstens ein anständiger Bruchteil im Glauben lebe. Man hat dem gegenüber gefragt, ob man denn vernünftiger Weise von einer Versammlung lebendiger Menschen rede, wo die meisten tot da liegen, oder von einer Genossenschaft von Männern, die der großen Mehrzahl nach aus Weibern bestehe. Und ist nicht unsere gegenwärtige Kirche ganz darauf angelegt, auch fernerhin in diesem Zustand und Charakter zu verbleiben? Niemand soll zwar genötigt werden, in sie einzutreten oder in ihr auszuhalten; auch sollen die staatlichen Rechte dadurch nicht bedingt sein. Aber ganze Massen werden, wie sie ohne ihr eigenes Wollen die Taufe empfangen, so dann auch ohne wirkliche Selbstentscheidung für den Glauben zu mündigen Gliedern der Gemeinde der Gläubigen angenommen. Auch gerade der Konfirmationsakt, den eine schöne Deutung zu einer selbständigen persönlichen Hingabe des so weit gereisten Gemeindeglieds in den schon durch die Taufe geschlossenen Gnadenbund machen möchte, erfolgt bei ganzen Massen leider selbst nur vermöge einer nun einmal bestehenden Sitte und Ordnung; ja er führt bei Vielen hinüber zugleich zur äußeren, rechtlichen, selbständigen Stellung in der Kirche und zu einer thatsächlichen Ablösung ebendesselben Subjekts vom wirklichen Leben der gläubigen Gemeinde und vom wirklichen Anteil an ihren Gnadenmitteln. Und eine Menge der diesem Leben Entfremdeten hält dann doch, anstatt die Kirche zu verlassen, an ihrer Stellung in derselben fest, weil sie unter den bestehenden Verhältnissen und Sitten von einem Austritt mindestens mehr Schwierigkeiten und Unannehmlichkeiten als vom Verbleiben zu erwarten hätten, auch für die sich doch noch bei ihnen regenden religiösen Bedürfnisse in einem längst feststehenden und von Alters her mit den äußeren Mitteln ausgestatteten Kirchentum trotz ihres sehr schlechten inneren Zusammenhangs mit diesem sich noch eine gewisse Befriedigung offen halten möchten. Wo, möchte man fragen, ist da die Gemeinde der Gläubigen?

Diese besteht dennoch in Wirklichkeit für uns. So beklagenswert und bedenklich solche Zustände sind — die Kraft des Heilswortes, das Glauben weckt und erhält, und die Macht des Geistes, der in den wirklich gläubigen Gliedern dieser Kirche lebt, bewährt sich doch gerade auch den dort drohenden Gefahren gegenüber, indem dadurch nicht bloß die echte Jüngerschaft unter den Ärgernissen und Versuchungen erhalten und weiter gefördert wird, sondern auch ganze Massen der vorhin bezeichneten Art doch noch unter kräftigen, von hier ausgehenden Einflüssen verbleiben müssen. Die geschichtliche Erfahrung zeigt auch, daß die eigentliche Lebensentwickelung unserer Kirche oder Gemeinde, so wichtig auch für sie ein angemessenes oder unangemessenes äußeres Kirchenregiment und tüchtige oder untüchtige Träger desselben sind, in ihrem Kern und ihren wichtigsten Beziehungen ein wahrhaft geistiger Prozeß ist und bleibt. Von Gott berufene Träger des Geistes von oben haben hier durch ihren Geist und ihr Wort größere, tiefere, weitergreifende Wirkungen hervorgebracht, als die tüchtigsten jener Amtsträger und Kirchenregenten auch beim besten Willen es je vermögen. Auch für jene Einflüsse der Christengemeinde auf jene ihr nur äußerlich noch eingefügten Massen und weiter dann auf die verschiedenen Gebiete des allgemeinen Volkslebens kommt der Geist, der in ihren Gliedern und deren Treiben auf allen jenen Gebieten frei waltet und wirkt, sicherlich weit mehr in Betracht als alle Maßregeln, die von jener äußeren Organisation der Kirche ausgehen mögen. Der erste Eindruck, den ein prüfender Blick von unserer Kirche bekommen mag, führt eben noch nicht in ihr eigentliches Wesen ein, läßt noch nicht ihren wirklichen Bestand verstehen. Jenes Gleichnis vom Himmelreich als einem im Acker verborgenen Schatze gilt in ganz besonderem Sinn für unsere gegenwärtige Kirche. Ganz besonders in der Gegenwart haben wir daran uns zu halten, daß sie mit ihrem Bestand und Fortbestand selbst Gegenstand des Glaubens für uns sein soll.

Aber wir müssen auch noch weiter gehen, müssen auf die praktischen Mahnungen achten, welche unsern gegenwärtigen Zuständen gegenüber aus der wahren und unwandelbaren Idee der christlichen Kirche sich für uns ergeben und zugleich auf die Weisungen, welche Gott in der bisherigen zeitlichen Entwickelung unserer Kirche und ihres Lebens in der Welt uns erteilt.

Vor allem muß das für uns mit seinen praktischen Konsequenzen feststehen, daß der Glaube derjenigen, welche die Gemeinde der Gläubigen bilden, ihr im vollsten Sinn freier, selbsteigener Glaube sein sollte. Gewiß erkennen wir Protestanten alle ein echt evangelisches Grundzeugnis unserer Reformatoren darin, daß sie gegen Glaubenszwang protestierten und Gewissensfreiheit forderten. Dabei haben sie indessen (worauf wir dort schon S. 287 hindeuteten) nicht zugleich diejenige äußere Bethätigung des religiösen Glaubens freigegeben, welche dieser für sich erfordert. Sie meinten vielmehr, die von Gott über alles äußere Leben und Treiben eines Volkes gesetzten Obrigkeiten müßten hier auch allen ihrer eigenen Überzeugung nach verwerflichen äußeren religiösen Akten steuern, ja sie müßten als Wächter über die beiden Tafeln des Gesetzes auch überall positiv den ihrer Überzeugung nach von Gott gewollten Kultus aufrichten und jeden andern ausschließen. Zwang zum Glauben sollte das nicht sein; wer nach anderer Predigt und anderem Gottesdienst begehrte, der konnte ja aus dem Land abziehen. Eine Menge lauterer evangelischer Christen hat es durch lange Zeit hindurch nicht anders gewußt. Gott selbst aber hat es im Lauf der Geschichte, wie jetzt jeder unbefangene Blick in diese zeigen muß, uns anders gelehrt. Für Deutschland im ganzen erwies sich schon damals infolge der geschichtlichen Verhältnisse unseres Vaterlands und namentlich seines Kaisertums eine solche ausschließliche staatliche Geltung Eines Kultus und Kirchentums als unmöglich. Damals hat dies dann ganz besonders mit dazu geführt, eben auch die staatliche Einheit Deutschlands als eines Ganzen zu zerreißen, während für die evangelischen und katholischen Einzelstaaten jenes Prinzip fest blieb. Seither ist dasselbe auch für diese — und zwar vielmehr durch den ganzen von Gott gelenkten Gang unserer politischen Geschichte als infolge irgend welcher immerhin noch disputabler Theorieen — vor unser aller Augen hinfällig geworden, während zugleich das gesamte Deutschland mit seinen verschiedenen christlichen und auch nichtchristlichen Religionsgemeinschaften wieder als ein staatliches Ganzes fest sich zusammenschließen durfte. Und die Entwickelung unseres Staatslebens hat auf dieser Bahn noch weiter geführt: nicht bloß zur Glaubensfreiheit im Sinn voller Freiheit des Bekenntnisses und Kultus, sondern auch zur vollen bürgerlichen Gleichberechtigung der verschiedenen Konfessionsgenossen. Zugleich hat unsere Kirche auch auf eine eigentümliche Hilfe verzichten müssen, die ihr der Staat als Schützer ihrer Ordnungen dazu geleistet hat, daß die von ihren Mitgliedern geborenen Kinder sofort auch selbst in die nämliche Gemeinde der Gläubigen eingegliedert würden: der Staat läßt solche Kinder, wenn die Eltern es versäumen oder widerstreben, nicht mehr, wie vordem, durch Strafandrohung und Zwang zur Taufe bringen.

Echte treue Glieder unserer Kirche mögen noch jetzt jene Gleichberechtigung beklagen; sie machen dagegen vielleicht das Interesse des Staates selbst geltend, dessen Gesetzgebung und Leitung durch den Einfluß der nichtchristlichen Elemente Schaden leiden müsse. Möglich, daß sie auch jenen Taufzwang zurückwünschen, natürlich im Interesse jener Kinder, damit jenen das Gut der Taufgnade gesichert sei, das ihnen als Kindern der Gemeinde im voraus (vgl. 1. Kor. 7, 14) zukomme. Und solche Gläubige werden dann viel mehr noch von der Zukunft fürchten: werden nicht in unsern Massenkirchen ganze Massen der Bevölkerung, die dem Glauben der Kirche entfremdet sind, bald auch noch zum förmlichen Austritt aus ihr sich verführen lassen, wenn die Macht des Herkommens, die sie allein noch festhält, allmählich schwindet und sie über die gegenwärtige Leichtigkeit eines solchen Schrittes von ihren Verführern aufgeklärt sind?

Aber die Wege, auf denen wir geführt worden sind, treiben noch viel mehr zu Erwägungen anderer Art. Sie lassen uns bedenken, ob es denn wirklich zum Frommen einer Gemeinde Christi und der hier in Frage kommenden Mitglieder selbst gedient hat und dienen kann, wenn diese nur durch äußerliche Beweggründe in ihr festgehalten, zu einer eignen Glaubensentscheidung nie veranlaßt, oder gar durch die verfehlte Stellung, in der wir sie festhalten möchten, und durch einen Zwiespalt ihres Innern, an dem wir so mitschuldig sind, unvermeidlich verbittert und den widerchristlichen Hetzern zugänglich werden. Und in welche Lage würden wir mit jener Zwangstaufe ihre Kinder hineinführen, die dann thatsächlich und nach Gottes Willen wie nach bürgerlichem Recht doch eben **ihre** Kinder, in ihren Händen und ihrer Erziehung verbleiben sollten?

In der That wird die christliche Gemeinde mit ihren lebendigen Gliedern weit kräftiger auf solche Leute wirken, wenn sie sich's vollständig und bedingungslos freigegeben wissen, in oder außerhalb unserer Kirchengemeinschaft zu stehen, und wenn wir uns sagen dürfen und sie selbst sich's sagen müssen, daß wir nur mit rein geistigen, sittlich religiösen Mitteln auf ihr Inneres zu wirken versuchen. Von dem Weg, auf den wir uns gewiesen sehen, darf auch die Furcht uns nicht zurückhalten, daß der Staat mit seiner Gesetzgebung und Verwaltung den christlichen Charakter verliere. Sie geht aus unklaren und nicht evangelischen Vorstellungen von diesem Charakter hervor. Denn nicht darin kann und darf dieser bestehen, daß der Staat christlichen Glauben und Kultus durch Gesetzeszwang einführe und zugleich für das äußere, weltliche Gemeinleben, Ehe, Familie, Eigentum u. s. w. seine Gesetze aus dem Coder der christlichen Offenbarung entnehme. Sondern darauf kommt es an, daß die Obrigkeiten und Volksvertreter, welche dieses Gemeinleben gesetzlich zu ordnen haben, thatsächlich von den sittlichen Prinzipien des Christentums sich leiten lassen, und die Frage ist die, ob dies nicht am besten dadurch erreicht werde, daß durchs geistige Wirken und die inneren Einflüsse der wirklich und frei im Christentum stehenden Volksglieder jene Prinzipien auch fürs Volk im ganzen zu einer geistigen Macht werden. Für geschichtliche Erfahrungen haben wir in dieser Hinsicht namentlich auf die Vereinigten Staaten Nordamerikas zu verweisen: wir haben, so vorsichtig wir auch mit der Beziehung auf die dortigen eigenartigen Verhältnisse sein müssen, in ihnen jedenfalls einen Beweis dafür, daß ein Volk ohne jedes staatsgesetzliche Christentum doch in jenen staatsgesetzlichen Bestimmungen über das Gemeinleben thatsächlich ebenso christlich sein kann als die im traditionellen Sinn christlichen Völker und Staaten.*)

---

*) Vgl. meine Ausführungen in den Theol. Studien und Kritiken 1889, S. 508 ff.

Gewiß ist treue, ruhige Vorsicht Pflicht, daß wir den Entscheidungen, denen wir noch weiter werden entgegengeführt werden, nicht eigenmächtig vorgreifen. Immer aber müssen wir ihnen gegenüber auf den Glauben daran zurückkommen und bauen, daß zum Wesen der Kirche oder Gemeinde Christi nichts gehört als der Glaube, der lebendige Glaubensgeist und jene geistig wirkenden Mittel der göttlichen Gnade, das Wort mit den Sakramenten.

Mit Bezug auf die innere Organisation der Kirche ist in unserer Zeit mit Recht daran, daß sie ihr Leben zunächst in den Einzelgemeinden habe, und an die hieraus sich ergebenden praktischen Konsequenzen gemahnt worden: jede der Einzelgemeinde soll möglichst zu einem angemessenen Gebiete für die Thätigkeit der ordentlich bestellten Diener des Gotteswortes gestaltet werden; jede soll auch im Gesamtaufbau des Kirchtums ihre angemessene ordentliche Vertretung und Mitwirkung finden. Mindestens ebenso wichtig wird sein, daß innerhalb der Einzelgemeinden und der Gesamtgemeinde der Gläubigen auch abgesehen von solchen Ämtern alle einzelnen Glieder kraft des Einen Glaubensgeistes und je nach ihren Gaben, Verhältnissen und Anlässen in freie Thätigkeit treten, direkt und indirekt vom Einen Heilsworte zeugend und ihm dienend. So soll es ja durch alle die Früchte des Glaubens geschehen, auf die im vorigen Hauptstück hingewiesen worden ist.

Unter jenen Beschwerden einer Abhängigkeit von der Staatsgewalt und einer Hemmung freier kirchlicher Bewegung durch diese sollte eine gläubige Gemeinde vor allem bedenken, daß, so lang eine Gemeinschaft von seiten des Staates materielle Mittel oder irgend welche andere Hilfleistungen und Vorteile genießt und begehrt, dieser es wie selbstverständlich als sein Recht und seine Pflicht ansehen wird, sie, wie unter seiner wohlwollenden und mächtigen Obhut, so auch unter seiner Aufsicht und Leitung zu erhalten, und zwar mit Rücksicht auf seine eigenen, wirklichen oder vermeintlichen Interessen so gut als auf die ihrigen. Sie wird den Mut haben müssen, die Konsequenzen eines lauteren Strebens nach Selbständigkeit auch nach dieser Seite hin für sich zu ziehen. Anderseits aber möge sie zusehen, ob denn nicht für die wesentlichen Bethätigungen und Aufgaben des Glaubenslebens, von denen

wir bisher gesprochen haben, ihr im ganzen und allen ihren ein=
zelnen Gliedern auch unter allen den Beschwernissen noch freier
Raum verbleibt ja die Möglichkeit, unendlich mehr zu leisten,
als bisher geleistet ist.

So muß jene Idee der Kirche uns lehren, was ihr auch in
der Gegenwart vor allem not thut.

3. Die Eine Christengemeinde und die verschiedenen Kirchen.

Die Kirche oder Gemeinde Christi kann ihrem Wesen nach
nur eine einzige sein, und doch reden wir zugleich von einer
Vielheit von Kirchen.

Wir reden nun aber so in sehr verschiedenem Sinne.

In gewissem Sinne nämlich besteht eine Vielheit recht gut
mit jener Einheit zusammen, ja gerade um dessen willen, was
das eigentliche Wesen der Kirche ausmacht, wenden wir mit Recht
den Namen der Kirche oder Gemeinde sowohl auf die Christenheit
im ganzen als auf viele Kirchen oder Gemeinden an und sehen
in ihrer Vielheit etwas Notwendiges, ja Selbstverständliches. Denn
schon die äußere Verteilung der Glieder der Christenheit an ver=
schiedene Orte bringt eine Vielheit von Gemeinden mit sich, und
es ist ganz richtig und recht bedeutsam, wenn wir, ganz gemäß
der Sprachweise der heiligen Schrift, den gleichen Namen „Ge=
meinde" oder „Kirche" zugleich für die vielen Ortsgemeinden und
für die Gesamtkirche gebrauchen. Wir haben ihn ferner desgleichen
größeren Verbänden beizulegen, welche eine größere Anzahl von
Einzelgemeinden umfassen und doch nicht etwa mit der ganzen
Christenheit identisch sind und sein wollen. Denn schon in den
einzelnen, wie in der Gesamtheit, will ja Christus mit seinem
Geiste leben; der volle Genuß der Gnadenmittel, durch welchen
dieses Leben allein bedingt ist, hat hier und dort gleichermaßen statt.

Verkehrt wäre es vollends, den Namen Kirche auf ein
größeres, viele Einzelgemeinden umfassendes christliches Gemein=
wesen nur in so fern anzuwenden, als dasselbe in äußeren Ver=
fassungsformen so geeint ist. Man würde hiermit wieder, wie
wir schon oben bemerkten, den Hauptnachdruck auf dasjenige legen,
was allerdings einer äußerlichen Betrachtung am meisten ins Auge

springt und auch einen eigentümlichen Wert fürs innere Leben haben kann und hat, aber doch immer nur von untergeordneter Bedeutung ist, anstatt auf das, was die Kirche im neutestamentlichen Sinn wirklich und überall zur Kirche oder Gemeinde Christi macht. Und wie dieses Wesen der Kirche schon in jeder Einzelgemeinde echter Gläubiger sich verwirklicht, so werden ebendadurch diese einzelnen Gemeinden und ihre Glieder auch schon ohne jene feste, gesetzliche Organisation kraft des in ihnen wirkenden Geistes der Liebe und Eintracht und in der Richtung auf die gemeinsamen Ziele hin zu Einem Ganzen, ja zu Einem Gemeinwesen, zu Einer Gemeinde sich verbunden wissen und ihre Verbindung unter einander bewähren.

Von Einer Gemeinde der Christenheit redet so Paulus: Gott hat ihr Apostel, Propheten, Lehrer u. s. w. gesetzt (1. Kor. 12, 28); sie ist Christi Leib, die Fülle dessen, der alles in allem erfüllt (Eph. 1, 22 f.); der ganze Eine Bau soll in einander gefüget wachsen zu einem heiligen Tempel (Eph. 2, 21). Und doch fehlte es ihr damals noch an jedem Aufbau in den festen Formen einer allgemeinen Verfassung. In freiem Wirken der Bruderliebe bethätigte sich die Gemeinschaft. Frei verhandelte der große Heidenapostel über die für die gemeindliche, kirchliche Einheit wichtigsten Fragen mit seinen Mitaposteln und den Vertretern der jerusalemischen Muttergemeinde (Galat. 2, Apgesch. 15). Frei pflegte er sich selbst in seinem äußeren Verhalten (1. Kor. 9, 19 ff.), den noch unter dem Gesetze stehenden Juden und den nicht drunter stehenden zum Knechte zu machen, um recht viele von beiden fürs Eine Heil und die Eine Gemeinde zu gewinnen. Feste Formen der Einheit aber hat er weder für die von ihm selbst gestifteten Gemeinden mit einander, noch für ihre Verbindung mit den übrigen Gemeinden erstrebt. Hatte er nicht dennoch gutes Recht, von Einer Kirche zu reden?

Auch wir dürfen so aus der Idee der Kirche Christi, welche Gegenstand unseres Glaubens ist, nicht etwa die allgemeine Folgerung ableiten, daß ihre Einheit in jener Form sich verwirklichen, ja daß wir eine solche Form für die Gesamtheit der Gläubigen auf Erden fordern und erstreben müßten. Der Wert und die Möglich=

keit einer solchen einheitlichen Gestaltung auf kleineren und größeren Gebieten wird immer gar nicht bloß von dem in den Gläubigen lebenden christlichen Geiste der Liebe, Eintracht, Brüderlichkeit abhängen, sondern von sehr verschiedenartigen geschichtlichen Verhältnissen und Bedürfnissen.

Auch mannigfache Verschiedenheiten des Kultus oder der äußeren Formen, in denen die Gemeinden die Gnadenmittel Gottes ausspenden, zu ihm im Gebet sich erheben, ihn lobpreisen und anflehen, werden durch Wesen und Geist der Einen Gemeinde keineswegs ausgeschlossen. Im Gegenteil: eine solche Ausgestaltung hängt von Bedingungen ab, die nach Gottes eigener Fügung vermöge der von ihm gewollten natürlichen Individualitäten und geistigen Gaben und Eigentümlichkeiten bei den einzelnen Gliedern und ganzen Gemeinden der Christenheit gar verschieden sind. Man denke z. B. an die Bedeutung, welche für eine mehr oder minder reiche und für eine mehr nach den einen oder anderen Seiten hin gerichtete Ausgestaltung jenes Kultus einem verschieden ausgeprägten ästhetischen Sinne mit den Ansprüchen, die er machen darf, und mit den Versuchungen, die er bringen mag, zukommt. Gerade vermöge des Einen Geistes und aus dem Einen Geist heraus muß in solchen Beziehungen das Eine Leben der Kirche verschieden geordnet werden. Besonders auch individuelle natürliche Eigentümlichkeiten und Nationen werden hier in Betracht kommen müssen. Auch die Verschiedenheit intellektueller und allgemeiner geistiger Bildung bei ganzen Gemeinschaftskreisen, bei Christen aus kultivierten oder sogenannten rohen Völkern u. s. w., fordert notwendig Rücksicht, so gewiß das Wesentliche des Gottesdienstes wie des Glaubens überall ohne Rücksicht auf solche Unterschiede ein und dasselbe bleiben muß.

In einer wissenschaftlichen Lehrausführung über Kirche im evangelischen, biblischen Sinn des Worts kann kein Zweifel über das Gesagte bei uns entstehen. Im Leben und in der Praxis thut doch Mahnung daran immer wieder Not. Erhaben und nur allzu erhaben erscheint manchen, die sich protestantische oder evangelische Christen nennen, auch heute noch das Streben des römischen Katholizismus, Eine christlich kirchliche Monarchie über die Menschheit aufzurichten, in Einer Liturgie die Völker zum Dienste Gottes zu vereinigen, dieselbe sogar nur Eine Sprache, die lateinische, reden zu lassen. Das Vertrauen, daß es dessen nicht bedürfe, gehört mit zum Glauben an Gott, seinen Geist, seine Lenkung der Kirche und Welt. Und auch das bestgemeinte Begehren und Streben nach einer gesetzlich geordneten und auch von verschiedenen kirchlichen Gemeinschaften anzunehmenden einheitlichen Ordnung in jenen Dingen, wie es gegenwärtig besonders vielen unter uns in Deutschland anliegt, muß doch immer zugleich ernstlich davor gewarnt werden, daß es die Hauptsache, um die es bei der Einheit in der Vielheit sich handelt, darüber nicht verkenne und die Hauptpflichten, denen wir schon jetzt und überall nachkommen könnten, nicht darüber versäume.

Ganz anders verhält es sich selbstverständlich mit einer Spaltung derer, die Christi Namen tragen und sich Glieder seiner Gemeinde nennen, in verschiedene Gemeinschaften oder Kirchen, die über die wichtigsten Fragen des Glaubens, über seinen Grund, seinen objektiven Inhalt, seine Bedeutung für unsere Gottesgemeinschaft und Seligkeit, sowie über das aus ihm hervorgehende Leben sich entzweit haben.

So steht es jedenfalls zwischen uns **Protestanten**, die wir uns evangelische Christen nennen, und zwischen der **römisch katholischen** Kirche.

Auf einen Gegensatz gegen diese sind wir in allen den Hauptstücken und Hauptpunkten hingeführt worden, die wir bisher auseinanderzusetzen und festzustellen hatten. Immer wieder war vor Irrtümern zu warnen, die sie hegt und vertritt, für Güter zu streiten, die wir bei ihr bedroht und beeinträchtigt sehen. Und gewiß fordert besonders gerade unsere Gegenwart mit der Stellung, welche in ihrem öffentlichen Leben der Katholizismus einnimmt und erstrebt, daß wir tief und klar in diesen Gegensatz blicken. Wo es daran fehlt, wird man teils die rechten Waffen wider den Gegner nicht finden, teils in vermeintlich guter Absicht ihm gar die eigene Hand darreichen.

In unserem nächsten Zusammenhang stellt sich uns als spezieller Gegenstand des Streites eben die Idee der Kirche dar. Denn die

Kirche Christi erkennt der Katholizismus nicht in jener Gemeinde der Gläubigen, sondern nur im äußeren hierarchischen Aufbau seines eigenen Kirchtums. Hier erschließt sich ihm die göttliche Offenbarung in untrüglicher Überlieferung und Auslegung, worunter wir in unbedingtem Autoritätsglauben uns beugen sollten. Hier allein wird das Heil ausgespendet durch den besonderen Priester= stand. Von hier soll das Gottesreich auch über alle Welt in der Weise sich ausbreiten, daß die aufs Weltleben bezüglichen sittlichen Ordnungen und Thätigkeiten nicht bloß von allen den echten Christen oder Gliedern der Gemeinde dem oben Gesagten gemäß frei im christlich sittlichen Geiste gepflegt und geübt, sondern gleich= falls unter die Oberaufsicht und Oberleitung des „Statthalters Christi" gestellt werden. Einer solchen Kirche Macht und Pracht kann ja auch ein gewaltiges Hochgefühl bei ganzen Massen ihrer Mitglieder erwecken. Sie mögen hiermit auch Gegenstand der Eifersucht und des Neides für andere werden, die an einem im Acker verborgenen Schatz sich genügen lassen sollten und an eine Gemeinde der Gläubigen glauben sollten auch ohne sie zu sehen. Und es ist nicht verwunderlich, wenn eine bloße Weltklugheit oder Weisheit dieser Welt (1 Kor. 2, 6) auf eine Macht, die Geistliches und Weltliches also in sich geeint hat, eine große und scheue Rücksicht meint nehmen zu müssen.

Tiefer gehend aber werden wir im Streit zwischen Protestan= tismus und Katholizismus auf den Hauptgegenstand aller unserer Ausführungen hingeführt, auf die Frage, was der Glaube oder das Glauben im christlichen Sinn überhaupt sei und zu be= deuten habe. Darum handelt sich's, ob Glauben an Gott und Christus jenes Vertrauen eines Herzens ist, das Gott selbst mit seiner neu= testamentlichen Heilsoffenbarung innerlich ergriffen und zum Heiland hingezogen hat, oder ein bloßes Fürwahrhalten der göttlichen Offen= barung, wie jenes Kirchentum sie lehrt, mit Unterwerfung des Willens und Verstandes unter dessen Autorität; darum, ob wir in solchem Glauben Gerechtigkeit vor Gott, Gotteskindschaft und Leben gewißlich erlangen und hiermit dann auch Trieb und Kraft zum gottgefälligen, sittlichen Leben, oder ob wir mit eigener Recht= beschaffenheit, wenn auch mit einer durch göttliche Gnadenwirkung bedingten, vor Gott bestehen, mit eigenen Leistungen oder Büßungen ihm genug thun und eben darum dann auf die Gewißheit unseres Heiles verzichten müßten; darum, ob das neue sittliche Leben der Gläubigen ein Leben in jener Freiheit des ihnen von Gott verliehenen Geistes ist und so auch im ganzen Verhalten zur Welt und den in ihr gestellten Aufgaben sich bethätigen darf und soll, oder ob die Christen wesentlich „unter dem Gesetze" (Röm. 6, 14) sind und bleiben, und zwar unter dem Gesetze, wie jene Kirche es auslegt, handhabt und mit ihren eigenen Satzungen umkleidet.

Wir können hiernach von der Kirche, die sich die katholische nennt und die einzig christliche zu sein behauptet, nicht anders urteilen, als daß derjenige Weg zum Heil und zu Gott, welchen sie weise, von dem des wirklichen Evangeliums abweiche. Und auch Gott selbst in seiner Beziehung zu uns hat für sie andere Gestalt angenommen. Wie es ihr an der Würdigung und Kenntnis jenes von Gott gewirkten und mit Gott uns einigenden Glaubens fehlt, so genügt ihr auch nicht Gottes Vaterliebe zu uns und der Eine Mittler zwischen ihm und uns: sie meint erst noch der Fürsprache von Heiligen zu bedürfen, die es eben auf jenem Wege sogar zu sonderlicher Vollkommenheit und höheren Verdiensten gebracht haben, und vorzüglich der Fürsprache einer weiblichen Liebe, nämlich der Gottesgebärerin Maria. Man sieht darin — und zwar mit Recht — Nachwirkungen des Heidentums; aber sie waren nur möglich im Zusammenhang mit jenem Grundmangel der Glaubensauffassung.

Im Verlauf der Zeit seit der Reformation ist der Katholizismus gerade in dieser verkehrten Richtung fortgeschritten. Eine mehr von allgemein christlichem und echt christlichem Geist zeugende Bewegung, die wenigstens innerhalb des deutschen Katholizismus (bei einem Seiler u. a.) sich kund gegeben hatte, ist im Lauf unseres Jahrhunderts bald wieder dahin geschwunden; daß sie überwunden sei, ist Gegenstand des Rühmens dort geworden. Nur allzu charakteristisch sind dafür die neuen Dogmen von der unbefleckten Empfängnis jener Gottesmutter und von des Papstes Infallibilität, dazu die kühne Behauptung, daß diese Dogmen nicht neu, sondern in Wahrheit der alte christliche Glaube seien. Der überaus schwache Erfolg, den der „altkatholische" Widerspruch hiergegen erreichte, hat nur zu sehr gezeigt, wes Geistes Kind der sogenannte Katholizismus im ganzen und in seinem Grundcharakter geworden ist.

Neben den Gegensatz zwischen Katholizismus und Protestantismus innerhalb der Einen Christenheit müssen wir nun diejenige Differenz stellen, die innerhalb des letzteren zur Scheidung zwischen der **lutherischen** und **reformierten** Glaubensgemeinschaft oder Kirche geführt hat.

Diese Differenzen jenem Gegensatz an Bedeutung gleichzustellen, kann keinem einsichtigen und wahrhaft christlich gesinnten Lutheraner und Reformierten mehr in den Sinn kommen, so sehr er auch für sein Glaubensbekenntnis allein das Recht der Wahrheit in Anspruch nehmen mag.

Derjenige bestimmte einzelne Glaubens- und Lehrgegenstand, an welchem einst in Marburg 1529 die Einigung zwischen Luther und Zwingli scheiterte, nämlich das heilige Abendmahl mit Christi Leib und Blut, ist seither durch Calvin doch auch für die reformierte Kirche in ein anderes Licht getreten: denn auch für ihn, wie für Luther, ist ja die Hauptsache darin nicht, daß wir einen symbolischen Bekenntnisakt feiern, sondern daß wir in hinnehmendem Glauben die höchste geistige Gnadengabe empfangen, wenn auch nicht zugleich mit dem Munde den stofflich gegenwärtigen verklärten Leib des Herrn, wie Luther auf Grund der Einsetzungsworte lehrte. Mag Luther dort seine starken Worte „Ihr habt einen andern Geist" mit Recht oder Unrecht ausgesprochen haben: er sprach sie aus im Gedanken an Beziehungen, die er zwischen Zwingli und übel schwärmerischen Geistern annahm, die indessen schon hier wenigstens nicht in dem von ihm angenommenen Maße statthatten und von denen vollends bei einem Calvin und dessen Genossen keine Rede mehr sein konnte.

Andererseits reichen allerdings die wirklichen Differenzen zwischen dem echt lutherischen und echt reformierten Protestantismus weit hinaus über jenen Einen Streitpunkt bezüglich der Gegenwart des Leibes Christi im Abendmahl, und auch über denjenigen andern, der dann neben diesem noch besonders hervorzutreten pflegte, nämlich die Lehre von der Prädestination, vermöge deren Gott nach seiner freien Wahl die einen Menschen zum wirklichen Genuß des in

Christo geoffenbarten Heils gelangen, die andern in ihren Sünden verderben lasse.

Ja wir können die Unterschiede der Konfessionen in gewisser Weise auch hier bis auf den das Heil aneignenden Glauben und auf die religiöse Grundanschauung von Gott zurückbeziehen. Denn Rechtfertigung durch den Glauben wird zwar auf beiden Seiten ernstlich behauptet und wir müssen die Mißdeutungen bedauern, welche manche mit Bezug hierauf gegen die reformierte Konfession sich erlaubt haben. Aber es ist doch mehr dem Lutheraner eigentümlich, sich mit seinem religiösen Sinnen und Streben ganz in den Einen Glaubensakt zu konzentrieren und zu versenken, in welchem er die vergebende Gottesgnade vertrauensvoll erfaßt, so wie sie ihm zu solcher Annahme eben jetzt in dem an ihn sich richtenden Gnadenworte und noch auf besonderer Weise in dem ihm gereichten Brot und Wein oder dem Leib und Blut des für uns gestorbenen Heilandes dargeboten wird. Er hat dabei nicht bloß auf jeden Gedanken an eigenen Wert oder eigene Gerechtigkeit, die er vor Gott bringen könnte, schlechthin verzichtet, sondern er will auch bei seinem Gott auf nichts anderes blicken, als eben auf die in Christus geoffenbarte Liebe desselben, wie auch die Schrift von Gott geradezu sagt, daß dieser Liebe sei, und Luther, daß in ihr uns Gott sein Herz ausschütte. Er hält hierbei jede störende Verstandesreflexion darauf von sich ferne, wie etwa das, daß doch so viele Menschen verloren gehen, mit Gottes Gnade sich vertrage und wie wir hiernach den Gnadenratschluß Gottes zu verstehen und wie wir ihn gewißlich auf uns selbst zu beziehen haben. Er fürchtet sich mit Luther, hier grübelnd in die Geheimnisse der göttlichen Majestät einzudringen.*) Er ist der getrosten Gewißheit, daß auch die gebührende fromme Ehrerbietung vor dieser Majestät Gottes, seiner heiligen Erhabenheit und Macht und Souveränität, und eine demgemäße Erwägung der unbedingten göttlichen Ratschlüsse ihm den Einen Gedanken an die ihm dargebotene Gnade Gottes und das einfache Vertrauen auf sie nicht beeinträchtigen dürfe. Eben diese Seite in Gott hat nun viel

---

*) Vgl. oben S. 144 f.

mehr Gewicht für die reformierte als für jene lutherische Glaubens=
richtung, und zwar nicht etwa bloß oder zumeist vermöge einer
Verstandesneigung, wie sie den Reformierten oft vorgeworfen
worden ist, sondern vermöge der stärkeren Eindrücke, welche dort
gerade auch Herz und Gewissen von Gottes Erhabenheit empfangen
hat. So steht bei Calvin neben der gemeinsamen evangelischen
Lehre von der Glaubensgerechtigkeit jene ernste, furchtbare, fromm
gepflegte Prädestinationslehre. Keineswegs bloße Verstandesreflexion,
sondern den Einfluß einer religiösen Scheu, die zwischen dem all=
erhabenen Gott und allem Kreatürlichen geschieden haben will,
erkennen wir auch in dem Widerspruch eines Calvin gegen die=
jenige Einigung der göttlichen und menschlichen Natur in Christi
Person, auf welche Luther drang und mit welcher er jene Gegen=
wart des Leibes Christi im Abendmahl begründete.

Dieselbe Verschiedenheit der Grundrichtung wirkt ins christlich
sittliche, praktische Leben hinein. Jene Freiheit, die, wie unser
voriges Hauptstück zeigte, aus dem rechtfertigenden Glauben und
der im Glauben gewonnenen Gotteskindschaft hervorgeht, zeigt und
genießt vorzugsweise der lutherische Protestantismus. Ihm droht
dann auch besonders die Versuchung, im Genuß der Gnade aus=
zuruhen und seiner Kirche die Gefahr, vielmehr nur zu einer
Anstalt zu werden, in der das Heil durch Amtsträger ausgespendet
werde, als zu einer Gemeinde der Heiligen, die auch selbst sich
Gott weihe mit gemeindlichem Streben und Wirken und namentlich
mit Übung der Zucht wider alles Unreine in ihrer eigenen Mitte.
Dagegen sehen wir die Reformierten nach dieser Seite hin unstreitig
weit mehr leisten. Sie aber trifft dann der Vorwurf einer hiermit
sich verbindenden Neigung zu neuer Gesetzlichkeit.

In diesem Unterschiede des lutherischen und reformierten
Protestantismus liegt auch der Grund dafür, daß, wie von manchen
neueren als das Charakteristische beider hervorgehoben worden ist,
jener mehr den Gegensatz gegen das Jüdische im Katholizismus,
dieser mehr den Gegensatz gegen das Heidnische in demselben vertritt.

Auch hier also ein bedeutsamer und weit greifender Unterschied,
der zur Bildung verschiedener kirchlicher Gemeinschaften innerhalb
der Einen Christenheit geführt hat. Aber es ist unverkennbar,

daß die hier hervortretenden Differenzen in Tiefe und Gewicht mit denen, die uns vom Katholizismus scheiden, sich nicht vergleichen lassen und durchweg etwas Relatives und Schwankendes haben. Wer das in prinzipiellem Eifern heutzutage noch verkennen wollte, den sollte wenigstens ein Blick auf die geschichtliche Entwickelung belehren. Es gab wohl redliche Lutheraner, die gleichermaßen nach der einen Seite hin von den Katholiken, nach der andern von den Reformierten sich geschieden meinten. Wohin nun der weit überwiegende innere Zug den Katholizismus im Verhältnis zum evangelischen und lutherischen Christentum weiter führte, wissen wir. Dagegen stellt sich nach jener andern Seite hin bei allem Gespaltensein der Kirchen, aller Fortdauer theologischen Streites, aller Verschiedenheit äußerer Formen, Ordnungen und Sitten ein thatsächliches Gemeinleben des Protestantismus oder der von der Reformation ausgegangenen evangelischen Christenheit heraus, wie es durch keinerlei menschliche Berechnung oder Agitation möglich gewesen wäre und nur als Frucht wirklicher Glaubensgemeinschaft sich erklären läßt. Die großen geistigen Lebensregungen und Bewegungen, Fortschritte und inneren Kämpfe, welche in der Geschichte des Protestantismus sich erheben, werden sofort den beiden Teilen desselben gemeinsam; bald kann man sagen, daß sie wenigstens speziell von einem der beiden ausgegangen seien, bald läßt sich auch dies kaum beobachten, — jedenfalls handelt sich's überall um Grundmotive, Antriebe, Ziele und Gegner, welche den beiden im Wechselverkehr mit einander gemein sind und bleiben. Man denke doch z. B. an den Pietismus und mit ihm verwandte schwärmerische Richtungen, an Aufklärerei, Rationalismus und Supranaturalismus, an eine neue Erregung religiösen evangelischen Lebens in unserem Jahrhundert, an die Schleiermachersche Theologie und alle die verschiedenen theologischen Richtungen seither, an die allerwärts aufgelebte Thätigkeit für innere Mission u. s. w. In der größten deutschen Landeskirche, der preußischen, schien, als ein Kirchenregiment eine Einigung der beiden Konfessionen mittels gesetzlicher Maßregeln bewerkstelligte, der Gegensatz derselben nur um so mächtiger, und zwar gerade bei ernst religiösen Gliedern, sich wieder zu regen; und als diese Kirche ihre eigene, frei gewählte Vertretung erhielt, fürchteten viele und hofften auch manche, daß in dieser auch ein Streben nach Scheidung erst recht wieder sich erheben werde: seitherige zwanzigjährige Erfahrung hat gezeigt, daß dieselbe vielmehr ganz andere Aufgaben sich gestellt findet, und zwar Aufgaben, die sie in einer durch jene konfessionellen Eigentümlichkeiten nicht gebrochenen oder gehemmten Einheit evangelischen Geistes verfolgen kann und soll. Ein aus dem inneren Leben entsprungenes und Leben bringendes Gemeingut, das aus den beiden verschiedenen Kirchen hervorgegangen ist, besitzen wir ferner in gar reichen Erzeugnissen und Mitteln christlicher Erbauung und ganz besonders in geistlichen Liedern. Ein kundiger Beobachter wird in der Regel leicht den Ursprung aus der einen oder anderen Konfession an charakteristischen Zügen erkennen. Die Aufmerksamkeit eines noch so konfessionell gesinnten schlichten Christen aber wird sich doch nicht hierauf richten, weil diejenigen Seiten und Momente, die bei solchen Geistesfrüchten der anderen Konfession eigentümlich stark sich geltend machen, doch auch seiner eigenen Religiosität nicht fehlen und er je nach Umständen vielleicht sogar ein besonderes Bedürfnis für sie empfindet.

Hiernach ergiebt sich, daß und in welchem Sinne wir in diesen beiden Gemeinschaften, auch wo sie in Verfassung und Bekenntnis getrennt bastehen, dennoch Eine Gemeinde der Gläubigen zu erkennen haben, in der Ein Gotteswort verkündigt wird und die gleiche Anbetung sich zu Gott erhebt. Gerade im Gedanken daran, worin die wahre Einheit ihrem Wesen und Grunde nach bestehen muß, möge man ihr nimmermehr dadurch zu dienen versuchen, daß man durch äußere, gesetzliche Mittel jene Trennung zu beseitigen strebe. Aber der Eine Geist und das Eine Wort wird mehr und mehr, wie schon bisher, die da und dort vorhandenen Einseitigkeiten und deren gefährliche Konsequenzen niederhalten und überwinden und nicht bloß die einzelnen Gläubigen da und dort, sondern auch größere, noch äußerlich getrennte Kirchen zu freiem brüderlichem Verkehr und Zusammenwirken verbinden.

Jede solche Gemeinschaft der getrennten Kirchen im ganzen ist für den Protestantismus und Katholizismus ausgeschlossen, so lange dieser im evangelischen Kirchentum einfach Abfall von der

Heilswahrheit und der wahren Heilsanstalt sieht und seinerseits das Heil schlechthin an Bedingungen geknüpft haben will, in denen wir auf Grund des göttlichen Wortes vielmehr schlechte und den Seelen gefährliche Menschensatzungen erkennen müssen. Dennoch haben schon unsere Reformatoren und ihre Genossen, während das schlechthin verdammende Urteil der römischen Kirche über sie erging, getrost geglaubt und anerkannt, daß auch innerhalb dieser Kirche das Gotteswort unter allen Trübungen und Hemmnissen, die es hier erleide, doch immer noch die Kraft behalte, herzlichen Schmerz über die Sünde und reines, demütiges, inniges Vertrauen zu Gottes Gnade in den Seelen zu erwecken. Eine Seele kann hiernach auch dann noch thatsächlich aufs innigste nach dieser Gnade begehren und greifen, wenn sie daneben, von falschen Seelsorgern hierzu angewiesen, ängstlich mit eigenen Büßungen und Leistungen sich abquält. Es ist besonders der Augenblick der Todesnot, wo Luther bei vielen Irregeleiteten noch eine solche rechte Glaubensentscheidung hofft und annimmt. Die Möglichkeit eines solchen Zustandes überhaupt, wo die rechten Eindrücke der Heilswahrheit den tiefsten Herzensgrund getroffen haben, ob auch daneben noch viele verkehrte Vorstellungen sich behaupten, und wo nach jenen der Wille in seinen tiefsten Entscheidungen sich bestimmt, ob ihn daneben auch manche falsche Annahmen und Satzungen noch hin und herziehen mögen, ist in demjenigen innersten Wesen des Glaubens begründet, mit welchem wir in allen unseren Auseinandersetzungen zu thun hatten. So finden wir Evangelischen auch dort wirkliche Glieder der Einen Gemeinde Christi und seiner Gläubigen. Die Einheit derselben bleibt ganz besonders hier etwas Unsichtbares. Der Glaube aber vertraut darauf, daß der im stillen wirkende Gottesgeist die echten Christen, die er dort und die er bei uns beseelt, auch zu einer Gemeinschaft brüderlicher Liebe und gemeinsamen Strebens trotz der von jenem Kirchentum gegen uns eingenommenen Stellung noch immer und immer neu zusammenführe, und macht es uns zur Pflicht, eine solche nach Möglichkeit fort und fort noch zu suchen und zu pflegen. Über jene Stellung des römisch=katholischen Kirchentums dürfen wir uns freilich nicht täuschen. Vertreter desselben haben zwar in den neueren Zeiten und namentlich unter gemischten und gebildeten Bevölkerungen sich in mildem Tone dahin geäußert, daß diejenigen von ihm abgefallenen Ketzer, die ihm aus Unwissenheit und ohne persönliche Schuld, vielmehr in subjektiv guter Meinung den Gehorsam verweigern, hiermit nicht schon verdammt, noch vom christlichen Verkehr ausgeschlossen sein sollten; der angesehenste neuere römische Dogmatiker, Perrone († 1876), will sie „dem Urteilsspruch Gottes, des Herzenskündigers, anheimgeben". Aber ungemildert besteht dort das schärfste kirchliche Verdammungsurteil über den Protestantismus als solchen, über unser evangelisches Bekenntnis und Kirchenwesen, unverrückt der Satz, daß das Heil nirgends außerhalb der römischen Kirche zu finden sei; und wir werden nirgends darüber aufgeklärt, wie trotzdem echte evangelische Christen jener scheinbaren Milde genießen, oder Katholiken wirklich zu einer christlich brüderlichen Gemeinschaft mit ihnen ermächtigt werden sollten.

Was hier mit Bezug auf die für uns wichtigsten großen Kirchengemeinschaften ausgeführt worden ist, genügt zur Erörterung der Frage, wie unser Glaube in einer also gespaltenen Christenheit Eine Kirche oder Gemeinde der Gläubigen erkenne. In entsprechender Weise haben wir, ohne daß es näheren Eingehens darauf hier bedürfen wird, teils über die Glieder der sogenannten griechisch katholischen Kirche zu urteilen, teils über kleinere neben den protestantischen Hauptkirchen stehende Gemeinschaften und ihre Genossen, wie die Wiedertäufer oder Baptisten, Quäker u. A.

Unsere Augsburger Konfession hat (vgl. oben S. 279) die Kirche definiert als „die Versammlung aller Gläubigen, bei welchen das Evangelium rein gepredigt wird". Nach dem, was wir jetzt, und zwar in Übereinstimmung mit unseren Reformatoren, auch von Christen ausgesagt haben, die innerhalb jenes katholischen Kirchentums stehen, müssen wir die Erklärung beifügen: und diese Kirche Christi oder Versammlung seiner Gläubigen hat Glieder auch da, wo das Evangelium unter schweren Trübungen noch zu wirken fortfährt. In der Gottesgemeinde im ganzen aber sieht unser Glaube (nach 1. Tim. 3,15) „einen Pfeiler und Grundfeste der Wahrheit", die auch unter schweren Trübungen sich noch behauptet, eine sichere Stätte für sich gewinnt und ihren Inhalt weiter und weiter entfaltet.

4. Die Gemeinde der Gläubigen und das Glaubensbekenntnis.

Der Glaube eines Christen ist Vertrauen auf einen wirklichen, lebendigen Gott, den er kennt. Er weiß und baut darauf, daß dieser in dem wirklichen Gottessohne Jesus Christus sich ihm geoffenbart und das Heil für ihn gestiftet hat. Er ist des wahren Heilsweges gewiß, auf welchen derselbe ihn sicher zum wahren Leben führen will. Jeder Gläubige hat auch das Bedürfnis, den Inhalt seines Glaubens in geistigem Anschauen und Denken für sich zusammenzufassen; er bedarf dessen nicht etwa bloß und auch nicht hauptsächlich vermöge eines intellektuellen Interesses, sondern vor allem im höchsten praktischen Interesse, um in Gesinnung und Wille richtig und gewissenhaft zu diesem Gott und seinen Darbietungen und Forderungen sich zu verhalten. Auf den Umfang, über welchen sich bei den einzelnen Christen dieses ihr Denken ausdehnt, und auf die Anschauungs- und Begriffsformen, deren er sich bedient, muß die verschiedene intellektuelle Begabung und Reife der einzelnen einwirken. Klarheit und Schärfe des Denkens im Zusammenhang mit einem tiefen, lebendigen Erfassen des Göttlichen in Herz und Gewissen wird übrigens nicht bloß dahin führen, daß dem einen Christen mehr Glaubens-Fragen und Probleme als dem anderen vor den Geist treten, sondern andererseits auch dazu, daß er mehr als andere zwischen dem eigentlich religiösen Inhalt oder dem eigentlichen Gegenstand des Glaubens und der von Gott an ihn ergehenden Offenbarung, und zwischen Fragen, die für unser logisches Denken im Zusammenhang mit unserem Weltwissen daran sich knüpfen, zu unterscheiden weiß und auf Fragen, zu denen ein anderer in religiösem Eifer über die Grenzen unseres Erkennens hinaus weiter dringen möchte, in christlicher Demut und Vertrauen zu Gott verzichten lernt. Das ergiebt sich für uns aus allen den vorangegangenen Erörterungen über christliches Glauben und Erkennen.

Auch ein christliches Gemeinwesen aber muß dem gemeinsamen Glauben seiner Mitglieder bestimmten Ausdruck geben. Es handelt sich ja auch hierbei nicht um ein schulmäßiges Wissen oder ein System theoretischer Erkenntnis, wogegen viele protestieren zu müssen meinen; wohl aber darum, daß fürs Bewußtsein aller die

Wahrheit klar und festgestellt sei, auf deren Grund sie gemeinsam sich zu Gott erheben, sich im sittlich religiösen Sinn miteinander erbauen, das Heilsgut mit einander genießen und pflegen wollen. Kirchen, welche in der Auffassung des Heilsgrundes und so auch der Art, wie das Heil in den Gnadenmitteln auszuspenden sei, von einander abweichen, müssen sich und anderen besonders über diese Unterschiede Licht und Rechenschaft zu geben bedacht sein. Ebenso muß jede für sich mit dem Ausdruck ihres Glaubens zu Gegensätzen Stellung nehmen, die mit Bezug auf die Grundfragen des Heils in ihrer eigenen Mitte sich erheben: sei's daß sie auszusprechen hätte, die Streitpunkte haben keine wirkliche religiöse Bedeutung und dürfen die gliebliche Einheit nicht beeinträchtigen, sei's daß sie vor gewissen religiösen Meinungen, Zusagen oder Anforderungen warnen und sie aus der von Gemeinschafts wegen erfolgenden Verkündigung der Heilswahrheit ausschließen müßte. Was sie so ausspricht, muß immer denen vor allem gelten, die sie selbst mit dem Dienste des Wortes in der Gemeinde betraut, durch deren Mund sie das gemeinsame Dank- und Bittgebet zu Gott aufsteigen läßt, an deren Unterricht und Rat sie die einzelnen, dessen bedürftigen Seelen weisen möchte.

Man könnte denken, das hier Gesagte verstehe sich so von selbst, daß es einer solchen Auseinandersetzung gar nicht bedürfte. Wie sehr es aber doch vielen in unserer Mitte an Klarheit darüber fehlt und wie namentlich ein in gewissem Sinn sehr berechtigter, aber in sich unklarer und dazu oft mit übermäßigem Selbstgefühl verbundener Eifer für evangelische Freiheit die hier vorliegenden Fragen mißdeutet und verwirrt, das zeigen die Verhandlungen der letzten Jahre über kirchliches Dogma und Bekenntnis nur gar zu sehr.

Selbstverständlich und dennoch nicht überflüssig ist so namentlich auch, was wir schon all dem bisher Gesagten gemäß über den Zweck eines solchen Bekenntnisses hier gegen Mißverständnisse und Mißbeutungen noch beifügen. Unsere Kirche hat darin nicht etwa bloß dasjenige auszusprechen, was nach ihrer evangelischen Überzeugung schlechthin Bedingung des Heiles, der Gottesgemeinschaft und Seligkeit für jeden Einzelnen ist. Erkennt sie doch an, daß dies, wie wir vorhin sagten, auch noch bei Gliedern und Vertretern der römisch katholischen Kirche statt haben kann; einen Glauben, der im tiefsten Grund für Leben und Sterben sich ganz an Jesus Christus und die in ihm erschienene Gottesgnade hält, findet sie auch dort noch möglich. Aber eben den Verdunkelungen gegenüber, unter denen diese Gnadenbotschaft dort leidet, und den Gefahren gegenüber, die diesem Glauben dort drohen, hat sie von Anfang an bestimmter ausgesprochen, was nach ihrer Überzeugung gemäß der biblischen Offenbarung zu den Voraussetzungen, den Objekten und dem wahren Wesen eines solchen Glaubens gehört, und abgewiesen, was ihn ihrer Überzeugung nach beeinträchtigen müßte. Es ist auch arge Mißdeutung, wenn man dies so auslegt, als ob sie hiermit über einen anders Glaubenden ein Urteil fällen wollte, in welchem sie (gegen Röm. 14, 4) „einen fremden Knecht richtete"; sie erkennt ja jene Möglichkeit des Heils trotz anders modifizierten Glaubensbekenntnisses auch bei ihm an, sie bedauert nur, daß ihm dadurch der Heilsweg erschwert sei, und sie verbittet sich die Zumutung, ihm gar die Verkündigung der Heilswahrheit in ihrer eigenen Mitte zu übertragen. Eine grobe, ja im Mund eines protestantischen Theologen fast unbegreifliche Mißdeutung ist es desgleichen, wenn man aus der Forderung, daß die von einer Kirche bestellten Verkündiger des Heilswortes es in dem dort ausgeprägten Sinne der Kirche verkündigen sollten, die Forderung macht, sie sollten mit Verzicht auf eigene, freie, in der Wahrheit lebende Überzeugung der Autorität der Kirche gehorchen. Das kann natürlich keine Frage für eine evangelische Kirche sein, ob sie eine nicht aus eigener Überzeugung, sondern aus solchem Autoritätsgehorsam hervorgegangene Annahme ihres Bekenntnisses billigen oder gar wünschen dürfte. Gar nicht um diese Frage aber handelt sich's ja hier, sondern um die, ob und woher einer, der aus irgend welchem Grund ihr Bekenntnis verwirft, Anspruch darauf haben sollte, ein von ihr bestellter Diener des Wortes zu sein und zu bleiben, oder ob es nicht auch für ihn selbst Pflicht wird, zwar nicht auf seine Überzeugung, noch auch auf ein offenes Eintreten für sie, wohl aber auf jene Stellung im Amte dieser bestimmten Kirche zu verzichten.

Wir gedachten vorhin unseres Verhältnisses zum Katholizismus und seinem Kirchenglauben. Wenn nun in einer evangelischen Kirche über eine Abweichung von ihrem Bekenntnis geurteilt werden sollte, die diesem sich zuneigte, so würden diejenigen, die sonst so unklar vor Richten und Glaubenszwang warnen, hier doch schwerlich auf ebendieselbe Rücksicht bringen. Es hat Diener der evangelischen Kirche — nicht bloß in der englischen Staatskirche, sondern auch in Deutschland — gegeben, die in redlicher eigener Überlegung auf eine Verehrung der Jungfrau Maria, auf Meßopfer, auf asketische Bußleistungen und ähnliches anderes gerieten: dafür einzutreten würden doch wohl auch jene ihnen verwehren. Gleiches wird auch z. B. für den Fall gelten, daß einer vermöge eigenen Nachdenkens insoweit auf den anabaptistischen Standpunkt käme, als er die Kindertaufe für an sich verwerflich erklärte und dies der Gemeinde predigte, ob er auch die durch Jahrhunderte von Gott zugelassene falsche Praxis bis auf weiteres noch zulässig fände und mitmachte; Gleiches z. B. für Irvingianer, dergleichen es ja in der evangelischen Kirche sehr überzeugungsfeste gegeben hat und noch giebt, wenn sie etwa der Gemeinde ankündigen wollten, daß Gott im Zusammenhang mit seiner ursprünglichen neutestamentlichen Offenbarung neuerdings wieder Apostel und Propheten erweckt habe und wir ihn anflehen müßten, auch in unserer Mitte seine Geistesgaben so wieder auszuschütten. Sollte nach solchen Seiten hin dem Glaubensausdruck oder Glaubensbekenntnis einer evangelischen Kirche doch eine Bedeutung und Berechtigung zukommen, die man ihm nach gewissen anderen Seiten hin (und nach welchen hin?) grundsätzlich absprechen müßte?

Man möge auch zusehen, ob derartige Einwendungen gegen die Geltung eines kirchlichen Bekenntnisses nicht weit mehr inmitten von Kirchen aufzutreten pflegen, denen es an allgemeinem, regem und freiem kirchlichem Leben fehlt, als in solchen, deren Mitglieder selbständig und frei sich zum Gemeinwesen zusammen schließen und die selbständig und frei und namentlich unabhängig von staatlicher Hilfe und Leitung ihren Bestand behaupten und ihre Ordnungen durchführen. Man denke z. B. an die verschiedenen protestantischen Kirchen Nordamerikas. Ja hier wird es vielmehr wie etwas Selbstverständliches angesehen werden, daß der in einer Gemeinde bestellte Diener des Worts, wenn er sich mit dem Bekenntnis derselben im Zwiespalt weiß, jenen Dienst aufgeben müsse und, falls er nach seiner eigenen Überzeugung weiter zeugen und wirken möchte, sich hierfür einen neuen Kreis zu suchen habe.

Mit den hier ausgesprochenen Fragen und Bemerkungen soll nun nicht etwa gesagt sein, daß diejenigen, welche den kirchlichen Bekenntnissen das Recht und die Pflicht freier Überzeugung so unklar und mit solchen Mißdeutungen entgegenhalten, hierzu nur durchs eigene Interesse veranlaßt seien, weil sie nämlich ihre äußere Stellung trotz ihres Widerspruchs gegen jene behalten möchten, daß sie in herrischer Selbstüberhebung der Kirche zumuten, ihrer angeblich höheren Wahrheitserkenntnis einen freien Spielraum zum Kampf gegen deren eigenen Glauben einzuräumen, daß sie, die vorgeblichen Vertreter kirchlicher Freiheit, hierfür wohl auch Schutz und Schirm bei religiös gleichgültigen und verständnislosen staatlichen Obrigkeiten suchen, und was sonst noch von derartigen Vorwürfen schon ausgesprochen worden ist. Wir müssen vielmehr auch das Richtige anerkennen, was die hier in Betracht kommenden Reden und Bestrebungen bei aller ihrer Unklarheit und Verkehrtheit doch in ihrer Beziehung auf unsere thatsächlichen kirchlichen Zustände enthalten. Mit einem gewissen Rechte nämlich könnte man von jener Seite her die Frage uns entgegenhalten, wo denn bei uns diejenige Kirche oder Gemeinde, deren Bekenntnis unseren Grundsätzen gemäß Geltung haben und behalten sollte, in Wirklichkeit existiere und Bestand habe. Denn von einer Kirche, die zu einem bestimmten Glauben sich bekenne, darf man doch wohl nur da reden, wo wenigstens diejenigen Mitglieder, die für einen lebendigen Kern der Kirche gelten können, auch wirklich fest auf diesem Glauben stehn. Es kann für eine christliche Beurteilung nicht genügen, daß von ältern Zeiten her eine Rechtsordnung besteht, wonach dieser oder jener Glaubensinhalt gepredigt und gelehrt werden sollte. Eben das aber, daß man den in den Bekenntnissen ausgeprägten Glauben wirklich noch als Glauben der Kirche geltend machen könne, wird von jener Seite bestritten; Gott selbst habe vielmehr die Gemeinde auf den Wegen der Erkenntnis weiter geführt. Und wer wollte, auch wenn er dies keineswegs zugiebt, leugnen, daß seine Gegner immerhin auch in redlicher Erwägung auf eine solche Auffassung unserer Lage kommen konnten? Fürs Zweite kann man dort nicht ohne Grund darauf sich berufen, daß die reformatorischen, evangelischen Männer, von denen die Bekenntnisse unserer Kirche herstammen, mit ihnen doch nicht etwa das ausgesprochen haben wollten, daß dieselben schlechthin irrtumslos und keiner Verbesserung fähig seien. In der That haben auch gerade unsere alten Orthodoxen im Streit über das, was in der Kirche gelehrt werden sollte, viel weniger, als es in neueren Kämpfen für kirchliche Rechtgläubigkeit oft geschehen ist, sich dabei genügen lassen, die Entscheidung den einmal zu Recht bestehenden Bekenntnissen selbst zu entnehmen, sondern vielmehr sich bemüht, die Sätze, die sie in Übereinstimmung mit diesen verfechten zu müssen glaubten, erst immer wieder neu den neuen Behauptungen gegenüber an der einen höchsten Norm, dem Worte der heiligen Schrift, zu bewähren.

Es bleibt so nach all dem dabei, daß unsere Kirche eines bestimmten zusammenfassenden Ausdrucks ihres Glaubens bedarf und auf eine dem entsprechende kirchliche Verkündigung der Heilswahrheit in ihre Mitte bringen muß. Aber es muß erst vom Grundcharakter und Wesen des christlich religiösen Glaubens aus, wie dieser sich uns hier in den Aussagen der Schrift und im wirklichen innern Leben dargestellt hat, ernstlich erwogen werden, was überhaupt zur Aufnahme in einen solchen Ausdruck bestimmt sein kann und wie dieser richtig zu gestalten ist.

Unsere deutschen Reformatoren nun, die hier für uns speziell in Betracht kommen, waren, als sie zuerst ein Bekenntnis aufzustellen hatten, nicht in der Lage, dieses einfach und ganz aus derjenigen Auffassung des Christentums und christlichen Glaubens und Denkens heraus zu gestalten, die ihnen im Unterschied von der vorreformatorischen Kirche und Theologie eigentümlich war und mit der wir in unsern bisherigen Ausführungen übereingestimmt haben. Sie kamen ja dazu nicht selbständig von sich aus. Ihre Augsburger Konfession oder, wie sie sie ursprünglich nannten, Apologie war vielmehr veranlaßt durch die Aufforderung, vor Kaiser und Reich ihre Meinung in dem zwischen ihnen und der großen katholischen Mehrheit entbrannten Glaubensstreit darzulegen und zu vertheidigen; sie mußten hierbei, so weit sie mit dieser sich noch in Übereinstimmung wußten, ihre Zustimmung zu den überlieferten kirchlichen Bekenntnissen aussprechen und zugleich die ihnen eigentümlichen Lehren zum Gegenstand besonderer, rechtfertigender Ausführung machen. Konnten sie doch damals auch noch hoffen, für ihre eigenen Überzeugungen innerhalb der alten Kirche und bei gemeinsamem Festhalten an jenen alten Bekenntnissen Raum zu gewinnen, ja gar damit zum Siege wenigstens im deutschen Vaterlande durchzubringen.

Da war denn der spezielle Gegenstand des Streites der Weg, auf welchem der in Christus geoffenbarte Gott vermöge der durch diesen seinen Sohn gestifteten Erlösung und mittels des Wirkens seines heiligen Geistes uns zum Genusse seines Heils und der ewigen Seligkeit gelangen lasse. Da kämpften jene fürs Seligwerden aus Gnaden durch den Glauben ohne eigenes Verdienst oder genugthuende Leistungen (vgl. oben S. 244); da durchbrachen sie das Joch, das die Kirche mit ihren Satzungen und Richtersprüchen den Gewissen auferlegte. Auch sie aber konnten und wollten ja in der getrosten Zuversicht ihres Glaubens dieses Heil nur von dem einen Gott, Vater, Sohn und Geist, und von dem Gottessohn und Menschensohn Jesus Christus herleiten, von welchem Gottes Wort in unsern heiligen Schriften zeuge. Und in dem neuen Lichte, welches ihnen durch dieses Gotteswort über die rechte Aneignung des Heiles aufging, fanden sie nicht auch Anlaß dazu, an den Sätzen Kritik zu üben, in denen die bisherige Christenheit dieses Gottes und dieses Gottmenschen Wesen auf festen, begrifflich bestimmten Ausdruck zu bringen und hiermit jede die Heilsgrundlagen bedrohende Auffassung zurückzuweisen versucht hatte. So hielten sie nicht bloß am sogenannten apostolischen Symbolum fest, das nur einfach die großen Heilsthatsachen in festem, freudigem Bekenntnis ausheben will, sondern auch am nicänischen und sogenannten athanasianischen und an deren einst aus großer theologischer Reflexion und langem theologischem Streit hervorgegangenen Bestimmungen über des Gottessohnes ewiges Gezeugtsein vom Vater und Wesensgleichheit mit ihm, über des Einen Gottes Sein in drei Personen, über das ungeschiedene und unvermengte Geeintfein der ganzen göttlichen und der ganzen menschlichen Natur in des menschgewordenen Gottesfohnes einiger Perfon.

Wir aber mögen allerdings jetzt fragen: wären jene auch vermöge der ihnen eigenen evangelifchen Auffaffung des religiöfen, feligmachenden Glaubens und der zu ihm gehörigen Erkenntnis darauf gekommen, die begrifflichen Beftimmungen über Gottes und Chrifti Wefen fo, wie es dort gefchehen ift, auszudenken und zu einem kirchlichen Bekenntnis zu erheben, ja von diefem Bekenntnis, wie es im athanafianifchen heißt, zu erklären: „wer diefen Glauben nicht treulich und feft glaubt, kann nicht felig werden"?

Der Gedankengang, der bei den neuteftamentlichen Zeugen und Bekennern der Heilsoffenbarung fich vor uns entfaltet und den wir oben (vgl. befonders S. 195 ff., 204) verfolgt haben, war jedenfalls von demjenigen verfchieden, in welchem die urfprünglichen Verfaffer jener Bekenntniffe mit der ganzen Theologie ihrer Zeit fich bewegen. Wohl fehen fchon jene in dem Gottesfohn, der unter uns als Heiland erfchienen ift, den Erftgeborenen der Schöpfung oder das Wort, das von Anfang an bei Gott war, und man kann fagen, daß fie hiermit in ein innergöttliches Verhältnis uns einführen. Aber wie haben fie fich noch jedes Verfuchs enthalten, ihre Vorftellungen von einem folchen Verhältnis lehrhaft und begrifflich auszugeftalten und im Verftändnis diefer Geheimniffe, auf die unfer Nachdenken allerdings von Gottes Offenbarung im Gottes- und Menfchenfohn Chriftus aus zurückgehen darf und foll, die eigentliche Begründung unferes Glaubens an ihn und Vertrauens auf ihn zu fuchen! Ganz anders jener fyftematifche Aufbau der kirchlichen Trinitätslehre, — in einer fcharf ausgedachten, harmonifch klingenden Formulierung, welche Gegenftand der Bewunderung für viele geworden ift, fo unbegreiflich auch der Inhalt und der eigentliche Sinn der auf ihn angewandten Kategorieen dabei bleibt, — entftanden unter dem Einfluß eines philofophifchen, fpekulativen Strebens nach allgemeinem Verftändnis des Göttlichen und feines Verhältniffes zur Welt, nun aber zum Bekenntnis erhoben für die Gemeinde der Gläubigen, deren Seligkeit durch den Glauben daran bedingt fein foll! Es kommen hier für uns auch nicht bloß gewiffe Begriffs- und Erkenntnisformen in

Frage, die einer bestimmten Zeit zugehörten, auch in verschiedenen Zeiten verschieden gebraucht wurden und vermöge deren deshalb ein solches Bekenntnis für eine spätere Zeit nicht mehr so wie ursprünglich zu gebrauchen wäre. Sondern der Glaube selbst wird hier anders aufgefaßt und gewürdigt als im Worte des Neuen Testaments: es ist eine intellektualistische Auffassung, welche von der neutestamentlichen sich wesentlich unterscheidet.

Eben jener Glaube im echten neutestamentlichen Sinn ist nun bei unseren Reformatoren vielmehr wieder zur Geltung gekommen. Vermöge dessen hat Melanchthon in der ersten Ausgabe seiner Loci, dieser Grundlage der ganzen nachfolgenden protestantischen Dogmatik, die „Mysterien der Trinität" zwar anerkannt und vorausgesetzt, aber eines Eingehens auf sie sogar ganz sich enthalten; es sei, sagte er, richtiger, sie anzubeten, als sie zu erforschen. Weiterhin sprach er dort das schon früher von uns erwähnte, freilich von neueren mitunter einseitig ausgebeutete Wort: Christum erkennen heiße seine Wohlthaten erkennen. Als dann Luther und Melanchthon die wahre Gegenwart Gottes im Gottessohne, die auch für sie die Voraussetzung für dessen Heilswirken war, durch neue Irrlehrer bestreiten hörten, traten sie dafür auch mit sehr nachdrücklicher inhaltlicher Zustimmung zu eben jenen alten trinitarischen Bekenntnissen ein, in deren Annahme sie immer mit der katholischen Kirche eins geblieben waren. Aber da muß dann zugegeben werden, daß sie bei der Aufnahme und Rechtfertigung des bestimmten Inhalts derselben weit nicht so selbständig, mit eigener Prüfung und namentlich eindringender Schriftforschung verfahren sind, wie bei ihrem Zeugnis von jenen Wohlthaten Christi und deren gläubiger Aneignung, wozu sie ja fürwahr auch recht eigens von Gott berufen waren.

So dürfen wir denn bei treuer Anhänglichkeit an die echten und ursprünglichen Grundsätze unserer evangelischen Kirche und bei aller dem entsprechenden Pietät gegen die von ihr angenommenen alten trinitarischen Bekenntnisse doch nicht verkennen, daß die kirchliche Verkündigung und Lehre vielmehr von diesen auf das ursprüngliche, lebendige Offenbarungswort zurückgehen, als den Buchstaben derselben zum Gesetz für sich machen sollte. Dem entspricht auch thatsächlich das Verfahren der treusten Diener des Wortes, selbst wenn sie mit ihrem theologischen Denken fest an jenem Buchstaben halten wollen. Und wer auch unter unsern neueren kirchlichen Dogmatikern ist wirklich jenem Buchstaben in seinem ursprünglichen Sinne ganz treu geblieben?

Ähnliches müssen wir zugestehen in betreff jener Lehrformulierung über die beiden Naturen in Christo, die im athanasianischen Bekenntnis und dann noch eigentümlich weiter gestaltet in der lutherisch kirchlichen Konkordienformel uns vorliegt. Was haben wir unter dem Begriffe von Naturen und von Natur im Sinne derjenigen zu verstehen, welche eine solche Formulierung aufstellten oder später annahmen? was nach unserer heutigen Denk= und Sprachweise? Das Offenbarungswort selbst macht ja von solchen Kategorien überhaupt keinen Gebrauch. Und, was hier die Hauptsache ist, — können uns denn wirklich diese abstrakten Begriffe der beiden Naturen und einer Person, in der sie geeint seien, zur Erklärung und Verdeutlichung desjenigen Lebens und Verhaltens Christi und derjenigen Gegenwart des Göttlichen in ihm dienen, wodurch wir in der lebendigen Darstellung unserer Evangelien unmittelbar ergriffen und gewiß auch von unwillkürlichen Eindrücken einer inneren Harmonie erfüllt werden? Oder bringen sie nicht einem Glauben, der sonst ganz hingebend, vertrauensvoll und beseligt in diese Thatsache der höchsten Gottesoffenbarung sich vertiefen möchte, erst recht unlösbare Fragen für die Reflexion mit sich? Da wird uns auseinandergesetzt, daß jede der beiden Naturen voll und ganz in der Einen Person des Gottmenschen gesetzt sei, und weiter noch in der lutherischen Kirchenlehre, daß, während hierbei die göttliche Natur mit allen ihren Eigenschaften schlechthin unverändert bleibe, die menschliche Natur vom Moment der Menschwerdung Christi an zu den ihr eigentümlichen Eigenschaften auch die Majestätseigenschaften der göttlichen Natur übertragen erhalten habe. Dies führt aber sogleich z. B. auf die Frage, ob denn nicht zwei Naturen auch ein zweifaches Selbstbewußtsein enthalten müßten, zum Begriff der Person jedoch ein einziges Selbstbewußtsein gehöre; oder weiter auf die Frage, ob denn nicht zur göttlichen Natur und desgleichen auch

zu ihren auf die menschliche Natur übergehenden Majestätseigen=
schaften ein von Anbeginn vollkommenes Wissen gehöre und wie
sich das in der Einen Person mit dem relativen Nichtwissen und
dem erst allmählich fortschreitenden und heranreifenden Wissen zu=
sammendenken lasse, das zu Jesu menschlicher Natur gehöre und von
welchem ja auch die Evangelien ausdrücklich uns berichten. Liegt
es nun doch im Interesse des evangelischen Glaubens oder des
Glaubens und Glaubenslebens unserer Kirche, auf einer solchen
Begriffsformulierung zu bestehen? Gewiß fehlt auch der großen
Mehrzahl der gläubigen, lebendigen Glieder der Kirche jede genauere
Kenntnis des Inhalts derselben; ja, fehlt diese nicht auch gar
vielen gläubigen und für die kirchliche Rechtgläubigkeit eintretenden
Dienern des Wortes? Luther hat allerdings für jene Lehrbestimmung
eifrig gekämpft; es lag ihm hierbei alles daran, der wahrhaftigen
Gegenwart Gottes gewiß zu werden, zu dem wir nicht erst in
den Himmel uns hinaufschwingen müssen, sondern der in diesem
Gottmenschen sich uns darbiete, und er hat nun dafür Bestim=
mungen angewandt, bei denen uns freilich zweifelhaft werden könnte,
ob denn dieser dann auch noch wahrhaftiger Mensch bleibe. Aber
gepredigt hat er aufs lebendigste und kräftigste von jener Gegen=
wart Gottes eben im Menschensohn, weil er da nicht die Begriffs=
bestimmungen vortrug, sondern das lebendige biblische Zeugnis
wiedergab. In der neueren Zeit hat eine ganze Reihe anerkannt
gläubiger Theologen, darunter namentlich ein so konfessionell
lutherischer Dogmatiker wie Thomasius und ein so streng biblischer
Theologe wie Geß, eine Lehre von Christi Person aufgestellt, welche,
wenn auch mit verschiedenen Modifikationen, allgemein jener dog=
matischen Bestimmung, daß die Eigenschaften der göttlichen Natur
bei ihrer Einigung mit Christi Menschheit keine Wandlung erlitten
haben, ganz entschieden thatsächlich widerspricht: sie lehren nämlich
Entäußerung jener göttlichen Natur selbst, und nicht, wie das
Dogma will, eine Entäußerung, welche bloß die menschliche Natur
hinsichtlich des Gebrauchs jener auf sie übergegangenen Majestäts=
eigenschaften betreffe. Man mag über die Richtigkeit ihres Lehr=
versuchs streiten und auch darüber, ob nicht auch sie zu viel be=
grifflich zu erklären unternommen haben (vgl. über die biblischen

Aussagen oben S. 198). Jedenfalls aber entspricht dasjenige Bild vom geschichtlichen Christus, dem Gegenstand unseres Glaubens, auf welches sie hiermit kommen, weit mehr dem echt biblischen, als dasjenige, welches aus jenen alten kirchlichen Bestimmungen sich ergeben müßte. Und keinesfalls dürften auch orthodoxe Vertreter unserer Kirche dergleichen Versuche zu verbieten wagen.

Man muß, so hoch man auch selbst jene kirchlichen Bekenntnisse stellen mag, zugeben: alle unsere namhaften neueren Theologen und zwar auch solche von streng kirchlicher Richtung haben, wenn sie die bezeichneten Hauptlehren zu besprechen hatten, sich Abweichungen von jenen erlaubt, mit denen sie vor dem Gerichte derjenigen Kirche und Theologie, aus welcher jene hervorgingen, nicht hätten bestehen können.

Was sodann Lehrpunkte betrifft, um welche es speziell bei der reformatorischen Lehre von der Rechtfertigung durch den Glauben sich handelt, so sind über die objektive Voraussetzung dieser Rechtfertigung in Christi Versöhnungswerk auch von sehr kirchlich gesinnten Theologen neue Untersuchungen und Erörterungen auf Grund der noch nicht systematisch ausgestalteten neutestamentlichen Vorstellungen*) und der gesamten Idee von Gottes Liebe und Recht angestellt worden, die den hierher gehörigen Sätzen unserer reformatorischen Bekenntnisse gegenüber mindestens frei sich bewegen. Und was über eine andere Voraussetzung jener reformatorischen Grundlehre, nämlich über die völlige Verderbnis des natürlichen Menschen und Passivität unseres Willens der göttlichen Gnade gegenüber die Konkordienformel aufs strengste und nachdrücklichste ausgesprochen hat (vgl. oben S. 218. 244), ist doch von jenen Theologen nirgends so aufgenommen, vielmehr entschieden abgeschwächt worden. Wir bemerken, daß gleiches auch von unserer oben gegebenen Darstellung der Entstehung des Glaubens in den von Gottes Gnade ergriffenen Subjekten gilt.

Die wichtigsten Fragen müssen sich endlich für unsere Kirche, wenn sie ihrem Glauben bestimmten Ausdruck geben soll, mit Bezug auf die heilige Schrift erheben. Wir sind auf diese Fragen schon durch das hingeführt, was oben (in unserem 3. Haupt-

---

*) Vgl. über diese oben S. 185, 194, 264 ff.

stück) in betreff der Offenbarung und ihrer neutestamentlichen Urkunden (S. 199 ff.) auszuführen und offen auszusprechen war. Wir haben ihnen hier noch weiter offen ins Auge zu blicken.

Die Bekenntnisschriften der lutherischen Kirche kommen auf den höheren Ursprung und die ihm entsprechende Autorität der heiligen Schrift, nach der sie von Anfang an ihren Glauben normiert haben wollten, doch zunächst nicht ausdrücklich zu reden; bloß gelegentlich sprechen die Schmalkalder Artikel aus, daß Gottes Wort und sonst niemand Artikel des Glaubens stellen soll, und weiter erklärt die Konkordienformel eigens und nachdrücklich die prophetischen und apostolischen Schriften für die einige Regel und Richtschnur, nach welcher alle Lehren und Lehrer gerichtet werden sollen. Die alte lutherische und reformierte Dogmatik und mit ihr der allgemeine kirchliche Glaube hat dann Gottes Wort und die heilige Schrift einander gleichgesetzt und diese in dem Sinn für Gottes Wort erklärt, daß ihr Text wörtlich von Gottes Geist eingegeben sei. Luther aber hat, wie wir schon oben bemerkten, bei all seiner Verehrung für die heilige Schrift und bei allem Gewicht, das er auf bedeutsame Aussprüche derselben legte, doch jene Inspirationslehre nicht vorgetragen und vielmehr ganz unbefangen Äußerungen gethan, die mit ihr sich nicht vertragen.*) Er findet in geschichtlichen Angaben der von Gottes Geist beseelten Männer doch echt menschliche Versehen und Irrtümer. Er legt auch verschiedenen Schriften mit Bezug auf den in ihnen sich kund gebenden Geist verschiedenen Wert bei: sein Urteil über den Jakobusbrief, die „stroherne Epistel", ist besonders herb (und zwar wie wir sagen dürfen, einseitig herb),**) steht indessen nicht vereinzelt da. Auch kritische Forschungen über die Verfasser einzelner Schriften gemäß den Zeugnissen des Altertums fehlen bei ihm nicht. Ja er hat ein Ergebnis seiner eigenen Prüfung des inneren Wertes gewisser neutestamentlicher Schriften und zugleich ihrer äußeren Bezeugung in sein deutsches Neues Testament aufgenommen und seine Kirche hat es acceptiert: denn vom ihm erst stammt ja die Hintanstellung des Hebräerbriefs und Jakobus- und Judasbriefs

---

*) Vgl. in meiner Schrift „Luthers Theologie", Bd. 2, S. 252—296.
**) Vgl. oben S. 190 f., 253.

4. Die Gemeinde der Gläubigen und das Glaubensbekenntnis.

hinter die anderen neutestamentlichen Briefe, wobei er sie von den „rechten, gewissen Hauptbüchern des Neuen Testaments" unterschieden haben wollte.

Diejenige Durchforschung und Beurteilung der biblischen Schriften, zu welcher Luther so von der tiefsten religiösen Gesinnung aus ohne Bedenken schritt, muß jedenfalls von den Prinzipien der evangelischen, reformatorischen Kirche aus für berechtigt anerkannt werden, mag dann auch noch so vielen Verirrungen zugleich mit ihr das Thor sich öffnen. Und die ganze Geschichte der Wissenschaft und des Glaubens in unserer Kirche muß uns lehren, welche wirkliche Pflichten und ganz unabweisbare Aufgaben uns hier vorliegen. Auch die Ansprüche des weltlichen, geschichtlichen Erkennens und verständigen Denkens haben ja ihren guten Grund in Gottes Willen und Ordnung. Und andererseits erfordert es in Wahrheit der Glaube selbst, daß sein eigentlicher Gegenstand in seinem reinen, geistlichen Charakter erfaßt, von Weltlichem geschieden und selbst „geistlich gerichtet" werde (1 Kor. 2, 13).

Unsere ganze Ausführung über die Glaubenserkenntnis (in unserem 2. und 3. Hauptstück) hat darzulegen versucht, wie ein echter christlicher Glaube mit einer jenen Anforderungen entsprechenden Erkenntnis zusammensteht, ja selbst zu ihr weiterführt und in ihr eine Stütze für sich gewinnt.

Es handelt sich dabei um den ganzen Verlauf der Offenbarung, wie sie, wenn sie nur mit echt religiösem Sinn erfaßt wird, auch bei aller verständig kritischen Untersuchung in Hinsicht auf ihren geschichtlichen Gang und auf den in ihr geoffenbarten Wahrheitsgehalt sich unserem Verständnis als ein in sich geschlossenes, harmonisches Ganzes darstellt. Einzelheiten in jenem Gange werden freilich immer zweifelhaft bleiben; aber echtem Glauben thut das keinen Eintrag. Fragen wir nach den einzelnen Momenten jenes Inhalts, so werden wir auch bei Hauptpunkten immer wieder an des Apostels Wort gemahnt, wonach auch er nur wie durch einen Spiegel gesehen hat und sein Wissen für Stückwerk erkannte: wir werden daraus auch Folgerungen für die Gestaltung unserer eigenen Glaubenslehre und Kirchenlehre zu ziehen haben.

Ein besonderer Gegenstand der kritischen Erörterung und des Streites werden dabei immer die Wunder der heiligen Geschichte bleiben: so denn auch die Stellung, welche das kirchliche Bekenntnis zu ihnen einzunehmen habe. Von dem äußeren Hauptwunder der allgemeinen apostolischen Verkündigung, dem Wunder der Auferstehung Jesu, von seiner Bedeutung für unseren Glauben und von seiner Unanfechtbarkeit für unsere gläubige Erkenntnis ist oben (S. 37. 70) eingehend gehandelt worden. Die Kirche hat jedenfalls einfach zu dem wahrhaftig von den Todten Auferstandenen sich zu bekennen. Und dennoch müssen wir zugeben, daß man das eigentlich Wesentliche des Auferstehungsglaubens festhalten kann, auch wenn man aus Gründen, die wir verwerfen, nicht eine leibliche Auferstehung des Herrn, sondern nur ein geistiges Fortleben desselben in einem Stande der Erhöhung und reale auf die Seelen seiner Jünger von ihm ausgegangene Wirkungen meint annehmen zu dürfen: eine Auffassung, deren Vertreter freilich im Unklaren zu lassen pflegen, wie denn nun sie diese Wirkungen begreiflich machen, und weiter auch, wie sie überhaupt das ganze Fortleben Christi und seine Beziehung zu den Seinigen gedacht haben wollen.

Am meisten ist neuerdings im Zusammenhange mit dem „apostolischen" Glaubensbekenntnis die übernatürliche Geburt Jesu in den Streit gezogen worden, und sie darf so auch hier nicht unberührt bleiben. Wir müssen da Einwendungen, welche von den Neueren nur immer neu wiederholt worden sind, Gegengründe gegenüber stellen, welche auch nicht neu sind, von jenen aber nicht widerlegt, sondern nur ignoriert zu werden pflegen. Eingewandt wird so mit größtem Gewicht, daß im ganzen Verlauf der öffentlichen Wirksamkeit Jesu von jenem Ursprung desselben weder er, noch die Seinigen etwas erwähnen. Aber wer sich nur einmal in die Situation hineinversetzt, muß begreifen, daß ein Reden davon durchaus nicht am Platze war vermöge der ganzen Art, in der Jesus, wie wir sahen, den Glauben an seine Person wecken wollte, und daß es durchaus unzulässig war wegen des unendlichen Skandals, zu dem es bei dem ohnedies lästersüchtigen Volk hätte führen müssen. Ähnliches gilt auch noch von der ersten Verkündigung der Apostel nach Jesu Hingang;

und sie mußten bei ihrer Predigt von ihm, auch wenn sie von jener Geburt wußten, jedenfalls beginnen mit derjenigen Offenbarung desselben, deren Zeugen sie selbst von der Taufe Johannis an (Apgesch. 1, 21) gewesen waren. Auch bei Jesu Mutter Maria ist's gar nicht schwer begreiflich, wenn sie trotz des Wunders, durch welches sie seine Mutter geworden war, doch nachher fast an ihm irre wurde, da er demjenigen, was sie hiernach von ihm, dem Messias, zu erwarten hatte, fort und fort und auch noch in seinem öffentlichen Auftreten so schlecht entsprach. Man hat noch zuversichtlicher eingewandt: wäre Joseph nur Pflegevater Jesu gewesen, so dürften die für ihn überlieferten Stammbäume seine davidische Abstammung nicht durch Joseph, sondern nur durch seine Mutter Maria vermittelt sein lassen. Aber wir wissen, daß nach israelitischer Anschauung das Erbe und so auch das theokratische, messianische Erbrecht nie durch die Mutter, sondern immer durch den Vater, auch wenn er bloßer Pflegevater ist, sich forterbt; und für die Verteidiger der Messianität Jesu und, wie wir noch weiter sagen dürfen, auch für die göttliche Fügung selbst, die ihn zum Messias wollte werden lassen, kam es darauf an, daß er eben dem Volk Israel als Davids Sohn und Erbe konnte vorgestellt werden. Man hat die angebliche Sage ebenso wie andere Wundergeschichten des Lebens Jesu aus Erwartungen ableiten wollen, welche die Juden von ihrem künftigen Messias gehegt haben: aber die Vorstellung, daß ihr Messias, dieser Davidssohn, ohne einen menschlichen Vater von einer Jungfrau geboren werden sollte, und eine Deutung der Prophetenworte Jesai 7, 14 in diesem Sinn hat noch niemand bei ihnen nachgewiesen. Man hat auch einen Zusammenhang mit der heidnischen Vorstellung von Göttersöhnen behauptet: aber die Erzählung, wie sie namentlich im Lukasevangelium steht, stammt ganz offenbar aus judenchristlichen, palästinensischen Kreisen, die gegen heidnische Einflüsse sich streng abschlossen. Mitgeteilt ist uns dieselbe nach einer im Altertum unbestrittenen Überlieferung durch Lukas, den Schüler des Paulus (während wir allerdings vom Berichte Matth. 1. 2 nicht wissen, durch wen er in dieses Evangelium kam, das ohne Zweifel nicht bloße Übersetzung, sondern eine erweiternde Umarbeitung der hebräischen

(Grundschrift des Apostels Matthäus ist). Und aus dem Lukas=
evangelium selbst müssen wir auf seine Abfassung zu einer Zeit
schließen, wo man noch keinen Anstoß an der Erwartung nehmen
konnte, daß Christus vom Himmel wiederkommen werde, noch ehe
das Geschlecht seiner Zeitgenossen ausgestorben sei (Luk. 21, 32). Der
Inhalt der Erzählung aber stellt uns jedenfalls in der edelsten
Weise, wozu keine bloße Sagenbildung Analoges bietet, dar, wie
es zuging, daß in unser unreines menschliches Dasein herein
das „Heilige" im höchsten Sinn des Wortes (Luk. 1, 35) geboren
wurde; und er wird für uns zum Gegenstand religiösen Glaubens
und Glaubensverständnisses und zu einem wesentlichen Bestandteil
unseres ganzen Glaubenszusammenhanges eben dadurch, daß wir
darin jetzt die objektive Voraussetzung für diesen in der gesamten
evangelischen Geschichte sich uns offenbarenden und innerlich sich
uns bezeugenden Charakter Jesu erkennen.

Aber dies berechtigt nun doch noch nicht zu dem Schlusse,
daß jeder, der die Geschichtlichkeit jenes Wunders bestreiten zu
müssen meint, hiermit auch den Glauben an diesen Heiligen Gottes
und Gottessohn aufgeben müßte. Vielmehr müssen wir gewisse
Anlässe zu Bedenken gegen jene Geschichtlichkeit allerdings zugeben:
so namentlich darin, daß in Röm. 1, 4. 2 Tim. 2, 8 mit solcher
Unbefangenheit der Ausdruck gebraucht wird, der Gottessohn Christus
sei nach dem Fleisch „aus Davids Samen" gekommen, so wenig
wir in diesem Ausdruck, den ja auch die ganze nachfolgende Christen=
heit in einem anderen, weiteren Sinne gebraucht, schon einen ge=
nügenden Zweifelgrund sehen können. Und wer aus solchen
Gründen zweifelt, kann dennoch ernstlich und treulich auf jenem
Glauben beharren, indem er auf eine Erklärung der Art, wie
nach Luthers Ausdruck „in unser armes Fleisch und Blut sich ver=
kleidet das ewige Gut," überhaupt verzichtet und den dabei statt=
gehabten wunderbaren Vorgang nur ganz Gott anheimgestellt
haben will. Haben doch jenen Bedenken auch solche Raum gegeben,
welche andere äußere Wunder, namentlich das der Auferstehung,
entschieden anerkennen. Unberechtigt ist so auch der von Neueren
aufgestellte Satz, daß es sich hier um einen „Fundamentartikel"
unseres christlichen Glaubens handle. Denn nicht alle diejenigen

Momente, Realitäten oder Vorgänge, welche zur objektiven Fundamentierung oder Begründung, Ermöglichung und Herstellung von etwas Wirklichem gehören, können und müssen darum auch von uns gekannt und geglaubt werden, damit wir an dieses Wirkliche glauben können; nicht alle darf man darum auch für notwendige Fundamente dieses Glaubens selbst erklären.

Bei aller Anerkennung der Notwendigkeit eines kirchlichen Glaubensbekenntnisses, dem namentlich die Verkündigung der Heilswahrheit durch die kirchlichen Amtsträger entsprechen muß, und bei aller Hochachtung für die überlieferten Bekenntnisse unserer Kirche und die in ihnen enthaltene Gestaltung der christlichen Lehre müssen wir also nach dem zuvor Gesagten eine gewisse Weiterentwickelung der für unsere Kirche geltenden lehrhaften Ausprägung des Glaubensinhaltes zulassen und selber fordern. Die Fassung, in welcher dieser von unserer gegenwärtigen Gemeinde und zwar auch von unbestreitbar lebendigen, treuen Gliedern derselben und ergebenen Freunden jener Bekenntnisse thatsächlich aufgenommen und weiter verkündigt wird, deckt sich auch keineswegs mehr einfach mit der dort vorliegenden. Und wir dürfen in Wahrheit sagen, daß die Grundprinzipien eben desselben Glaubens, aus welchem unsere reformatorischen evangelischen Bekenntnisse ursprünglich hervorgingen, von Anfang an auf eine solche Entwickelung hinleiten und daß auch in unserer bisherigen Entwickelung, so sehr diese daneben auf Irrwege geraten sein mag, doch fortwährend eben sie wirksam geblieben sind.

Aber welch weiter Spielraum wird, so lange wir nur solche allgemeine Sätze aufstellen, unter dem Titel des Fortschritts und der Weiterbildung auch für alle möglichen Abirrungen und für schwere Beeinträchtigung, ja geradezu Verleugnung von Grundwahrheiten unseres Glaubens geöffnet! Gegen die Gefahren, die hier drohen, und die Bedürfnisse, die hier für eine evangelische Kirche bestehen, pflegen auch solche Redner für Freiheit und Fortschritt, denen es gewiß um den echt evangelischen Gehalt und die Lebendigkeit des Glaubens zu thun ist, großenteils sehr die Augen zu verschließen. Gefährlich wird da ganz besonders das Einsetzen solcher dogmatischer Ausdrücke an die Stelle von überlieferten, die man zwar selbst in evangelischem Sinne meint und die lebendiger und nicht so scholastisch wie manche überlieferte klingen, hinter denen aber auch Zweideutigkeit und Unwahrheit gar zu leicht sich verstecken. Auch müssen wir hier nachdrücklich noch einmal darauf zurückkommen, daß Fürsorge zu treffen ist für eine Wahrung nicht bloß desjenigen christlichen Glaubensgehaltes, mit dem einer überhaupt noch Christ heißen und selig werden kann, sondern desjenigen, der nach evangelischer Erkenntnis zum möglichst richtigen und ersprießlichen Aufbau der christlichen Gemeinde und ihrer Glieder gehört.

Zugleich mit dem Werte, den die Aussagen jener Bekenntnisse über das göttliche Wesen in drei Personen und über zwei Naturen in Christo für unsere Kirche haben, steht ja gegenwärtig der göttliche Charakter der Person Christi überhaupt und hiermit seine Bedeutung für unser Heil und ganzes religiöses Leben in Frage. Mit ihrer Kritik jener Aussagen verbinden viele eine nur minder scharfe und minder offene Kritik gegen die hierauf bezüglichen neutestamentlichen Zeugnisse, ja sie versagen dem „Heiligen Gottes" sogar die Anerkennung seiner Sündlosigkeit. Auch beliebte Ausdrücke, wie der, daß Christus Gottes Offenbarung sei, daß Gott in ihm zu finden sei, und daß Christus deshalb mit Recht Gott heiße, geben sehr verschiedenen Deutungen Raum, — auch einer Auffassung, der zufolge die für uns wertvollsten Eigenschaften Gottes zwar in Jesu Christi geschichtlichem Bild lebendiger und voller als in irgend einem andern sich uns darstellen und so dieses Bild mit seinen Eindrücken auf uns fortwirkt, Jesus selbst aber doch nur eine menschlich geschichtliche Größe war und sein auf uns gekommenes Bild in der ursprünglich durch ihn angeregten Entwickelung christlichen Geistes auch noch über die echt geschichtlichen Züge hinaus sich vervollkommnet hat (vgl. die oben S. 67 f. angeregte Frage). Ganz anders meint es natürlich Luther, wenn er sagt, man „finde in Christo Gott," weil in ihm „hat wohnen sollen persönlich die ganze völlige Gottheit" (Col. 2, 9).*) — Was die Aussagen über Gott selbst betrifft, so ist's noch nicht lange her, daß Männer der „Wissenschaft"

---

*) Luthers Werke, Erl. Ausg. Bd. 23, S. 259.

auch die Idee eines persönlichen, d. h. seiner selbst bewußten und sich mit Bewußtsein selbst bestimmenden Geistes und eben damit die Idee eines Gottes, dem man mit Gebet und Bitte nahen kann, für eine durch den Fortschritt des heutigen Denkens und Erkennens überwundene Vorstellungsform erklärten; ein Festhalten dieses entwerteten Altertums sollte nach ihrer Meinung auch gebildeten Dienern der Kirche nicht mehr zugemutet werden. — Ähnlich ist über die Idee einer persönlichen Unsterblichkeit des Menschen geurteilt worden: an die Stelle dieser schlechten Vorstellung müsse der Gedanke ans Fortleben der Gattung und des allgemeinen „Geistes" überhaupt treten; dieselbe ist vom Standpunkt des fortgeschrittenen Wissens aus nicht minder zuversichtlich verworfen worden, als die christliche Vorstellung von einer Auferstehung des Leibes.

Man könnte so den ganzen Glaubensinhalt, zu welchem unsere Kirche ursprünglich sich bekannt hat, mit der Frage durchnehmen, wie weit ihm gegenüber eine sogenannte zeitgemäße Änderung der Bekenntnis- und Lehrformen sich erstrecken möchte. Sie wird besonders auch auf die Auffassung unserer eigenen Stellung zu Gott und des uns dargebotenen Heilsweges sich richten, wodurch dann unser praktisch religiöses Verhalten zu Gott, unser Bitten und Danken, und unser ganzes Streben nach seiner Gemeinschaft unmittelbar bedingt sein wird. Mit einer Kritik gegen überlieferte Versöhnungstheorieen kann da auch eine Auffassung Hand in Hand gehen, die nicht mehr an eine objektive Schuld und Versöhnung, sondern nur noch an eine Wandlung unseres subjektiven Bewußtseins von Gottes Zorn und Liebe denken möchte; mit einem Widerspruch gegen jene Leugnung aller noch im unerlösten Menschen möglichen höheren Regungen und jeder menschlichen Selbstbestimmung beim Wirken der Gnade eine Auffassung, die statt von inneren göttlichen Gnadenwirkungen vielmehr von unserem eigenen Eintreten in Gottes Absichten und Zwecke und vom Wert unserer eigenen Persönlichkeit redet.

Daß den angezeigten Gefahren gegenüber der kirchliche Glaube gewahrt werden und die Kirche in dieser Hinsicht namentlich über die von ihr selbst bestellten Diener des Wortes wachen muß, kann für uns keine Frage sein. Fraglich ist nur, wie damit eine den echt evangelischen Prinzipien entsprechende Anerkennung der Unvollkommenheit jener Bekenntnisformen, ihrer Fortbildungsfähigkeit und Bedürftigkeit, und der speziellen, in dieser Beziehung gegenwärtig vorliegenden Bedürfnisse sich verbinden sollte.

Thatsächlich machen die Forderungen, die in betreff einer treuen Wahrung und zugleich evangelisch freien Behandlung des Bekenntnisses hiermit ausgesprochen sind, in unseren deutschen evangelischen Kirchen gegenwärtig allgemein sich geltend. Es geschieht das mit einer inneren Notwendigkeit, wenn auch die Sache sehr verschieden aufgefaßt und oft nur sehr wenig zum Gegenstand ausdrücklicher, offener und bestimmter Erklärungen gemacht wird. Auch ist das praktische Verfahren in formeller Beziehung wohl im allgemeinen überall dasselbe. In den jeweiligen einzelnen Fällen, wo das Bekenntnis gefährdet erscheint, urteilen die jeweiligen obersten kirchlichen Behörden — in der preußischen Landeskirche zusammen mit Vertretern der Kirche, die aus ihrer eigenen Mitte gewählt sind. Dabei wird jeder Fall, wo ein Einschreiten gegen Diener des Wortes erforderlich scheint, nach seinen individuellen Umständen beurteilt. Bei jenen wird neben dem, was Gegenstand der Klage ist, ihre gesamte, sonst sich kundgebende prinzipielle Stellung zum kirchlichen Glauben und Bekenntnis und das in den bedenklichen Punkten bei ihnen wirkende Motiv in Betracht gezogen. Insbesondere wird auf die Gewissenhaftigkeit geachtet, womit sie sich hüten, durch den Ausdruck einer von jenem Glauben abweichenden Überzeugung den ihnen anvertrauten Gemeinden Ärgernis zu geben.

Auf schwere Bedenken gegen ein solches Verfahren brauchen wir nicht erst lange aufmerksam zu machen. Erscheinen doch die Entscheidungen hiebei ganz in das Gutachten und den Willen einzelner, wechselnder Personen gestellt. Sie können und müssen zu verschiedenen Zeiten und bei verschiedenen Persönlichkeiten verschieden ausfallen, auch wenn diese aus tiefster eigener Erwägung und Überzeugung heraus urteilen. Die Forderung liegt außerordentlich nahe, daß die Kirche vielmehr dem Bedürfnis vor allem durch zeitgemäße neue Normen, durch eine Neugestaltung ihres Bekenntnisses und eine daran sich schließende Lehrordnung genügen sollte. Das ist nicht bloß im Interesse evangelischer Freiheit im

Gegensatz gegen eine Bindung an alte Formen, sondern auch zum Behuf einer in der Gegenwart streng durchführbaren kirchlichen Ordnung gefordert worden. — Anderswo, bei den englischen und nordamerikanischen Presbyterianern, hat man eine „Revision" des Glaubensbekenntnisses auch wirklich mit allem Ernst in die Hand genommen:*) freilich mit einem Konservatismus, der den in Deutschland laut werdenden Wünschen sehr wenig genügen würde.

Aber das Geforderte erscheint für unsere gegenwärtige Kirche unmöglich, jenes Verfahren, wenn auch nur als Notbehelf, unerläßlich. Denn Bestimmungen in einem kirchlichen Glaubensbekenntnis können nach evangelischen Grundsätzen doch nur getroffen werden, wenn man wirklich sagen kann, daß hier eine Gemeinde von Gläubigen lebe, die darin Eines Glaubens sei und ihm Ausdruck zu geben sich gedrungen fühle. Es wäre sehr unevangelisch und wäre im evangelischen Sinn unkirchlich, wenn kirchliche Regenten oder auch die Vertreter einer Majorität der Kirchenglieder solche Bestimmungen nach eigenem Ermessen als Gesetz für die Kirche aufstellen wollten. Und von einer Kirche, die das rechte, kräftige und eben damit auch einheitliche innere Leben hat, darf sicher erwartet werden, daß dieses in wichtigen Momenten der Entscheidung auch als solches sich bethätigen und zu einheitlichen Kundgebungen führen werde. Wir aber dürfen uns nicht darüber täuschen, wie es in dieser Hinsicht mit unsern großen protestantischen Kirchen steht und namentlich mit der Möglichkeit einer Äußerung derselben in den uns hier vorliegenden Fragen des Glaubens und Bekenntnisses.

Wir finden da unter Gemeindegliedern, denen wir gerne bei allen ihren Verschiedenheiten eine gemeinsame Anerkennung als lebendigen, treuen, mit dem Haupte Christus verbundenen Gliedern schenken möchten, doch gerade in betreff solcher Fragen einen Zwiespalt und Gegensatz, der für die Gegenwart jene Möglichkeit ausschließt.

Mit einer Aufrichtigkeit, die keinem Zweifel unterliegen kann, und einem Eifer, der nicht bloß zu Kämpfen, sondern auch zu

---

*) Vgl. Ph. Schaff, Creed Revision in the Presbyterian Churches. New York 1893.

Opfern bereit steht, will ein Teil derselben an dem Glaubensinhalt festhalten, wie er von unsern frommen Vorfahren und den Reformatoren auf Grund des göttlichen Wortes, nämlich der von Gott eingegebenen heiligen Schriften festgestellt worden sei. Davon aber kann man bei gar vielen derselben nur wenig oder nichts gewahr werden, daß ihr Eifer für die Wahrheit sie auch auf die Einwendungen anderer, denen sie christlichen Glaubenssinn doch nicht absprechen dürfen, einmal ernstlich hätte hören lassen und sie in eine von menschlichen Autoritäten und Rücksichten freie, auch an keine eigene Voraussetzungen gebundene, gewissenhaft selbständige Untersuchung jenes Inhalts und zugleich jener Schriften hineingeführt hätte. Von jeder Anerkennung, ja auch schon von einer ernstlichen Prüfung der ihrem Glauben und Meinen entgegentretenden Einwendungen lassen sie sich besonders gerne durch Folgerungen abschrecken, die sie sofort aus ihnen ziehen, die aber für eine umsichtigere, gewissenhaftere Erwägung sich keineswegs als notwendig erweisen; und leicht werden sie in Versuchung kommen, hierdurch Arbeiten und Kämpfe, die sie in ihrem Innern nach Gottes Willen und Fügung durchmachen sollten, von vorne herein sich zu ersparen.

Hier kann man daher weder diejenige Reinheit und Klarheit der Erkenntnis, noch diejenige brüderliche Rücksicht auf andere, echte und doch teilweis anders denkende Glieder der Gemeinde erwarten, welche für jene Einigung bezüglich des Bekenntnisses erforderlich wäre. Der Mangel, über den wir hier klagen müssen, hat indessen nicht bloß in dieser Hinsicht seine bedauerlichen Folgen, sondern bringt den Christen, bei denen er sich zeigt, auch sicherlich Schaden fürs eigene Leben und Glauben. Eben jene Arbeiten und Kämpfe sollten uns des Einen, was not thut, erst recht klar bewußt und im Ringen darnach und Bauen darauf erst recht sicher und männlich machen. Und sie werden, wenn man sich ihnen entziehen möchte, in nur um so gefährlicherer Weise über uns kommen. Möchte man doch bedauern, daß nicht längst gerade durch anerkannte Vertreter des evangelischen Glaubens und im Interesse des Glaubens selbst auch kirchlich gesinnte Laien den richtigen Inhalt der Offenbarung und echten Kern des Glaubens von zweifelhaften

4. Die Gemeinde der Gläubigen und das Glaubensbekenntnis. 329

und geradezu unhaltbaren Formen und Stücken einer sogenannten orthodoxen Überlieferung unterscheiden gelernt haben. Mit Recht ist so vor kurzem mit Bezug auf jene unberechtigte Auffassung der inspirierten heiligen Schrift in einem Blatte, das niemand der Neologie beschuldigen wird,*) bemerkt worden: die Epigonen der Reformation haben darin gefehlt, daß sie ein Dogma von der absoluten Irrtumslosigkeit der heiligen Schrift aufstellten, „das dem forschenden Geiste wie dem einfältigen Wahrheitssinn nicht stand halte", und leider habe dann „bei der Erneuerung der gläubigen Theologie noch mehr der Mut als die Erkenntnis gefehlt, den Laien über den Sachverhalt reinen Wein einzuschenken." Statt dessen müssen jetzt solche Glieder der Kirche in die unerläßlichen Aufgaben und Fragen sich durch eine massenhafte Erhebung des Unglaubens, ja Religionshasses hineintreiben lassen, der die von ihnen bisher verkannten oder beiseite gesetzten Momente der Wahrheit für seine eigenen Tendenzen aufs gefährlichste zu mißbrauchen versteht. Um so dankenswerter ist es, wenn gerade auch Theologen, welche auf dieser Seite mit Recht besonderes Ansehen genießen, für unabweisbare und doch dort noch anstößige Aufgaben und Ergebnisse rückhaltlos eintreten.**)

Nicht leugnen dürfen wir auch, was leider an dem Vorwurf der Gegner wahr ist, daß bei unsern kirchlichen Kämpfen und Entscheidungen mit solchen wirklich treuen Gliedern der Kirche auch gar viele zusammenzustehen pflegen, die sich in ihrem gesamten persönlichen Leben und Treiben eben nicht von den christlichen sittlich religiösen Motiven bestimmt zeigen, für ihre Person sehr wenig dem Glauben nachfragen und darum auch dort viel mehr von anderen, weltlichen, politischen Interessen sich leiten lassen.

---

*) In der Deutschen Evang. Kirchenzeitung 1895, S. 38.
**) Vgl. die Äußerung von Delitzsch oben S. 157; neuerdings besonders Köhler, Zur Kritik des Alten Testaments, in der neuen kirchlichen Zeitschrift herausgegeben von Holzhauser, 1894, S. 865 ff., und die Äußerungen aus dem Basler Missionshaus: Kinzler, Über Recht und Unrecht der Bibelkritik 1894, dazu das Weitere, worüber z. B. in der Allgemeinen Evangelischlutherischen Kirchenzeitung 1895 Nr. 5 und namentlich in der Christlichen Welt Nr. 6 berichtet ist.

Auf der andern Seite dagegen sehen wir eine Menge von Gliedern unserer evangelischen Kirche, die bei aller Entschiedenheit, womit sie dieser zugehören wollen, doch von ihrer Stellung zu den bestimmten einzelnen Hauptpunkten des kirchlichen Glaubensbekenntnisses nur wenig vernehmen lassen, und zwar oft um so weniger, je mehr sie auf anderen Gebieten menschlichen Erkennens ein wohldurchdachtes Ganzes der Wahrheit zu erringen streben. Dort möchten sie lieber bei einem allgemeinen Vertrauen zu ihrem Gott und Erlöser und bei treuer Hingabe an die von ihnen gestellten Aufgaben sich beruhigen. Dennoch darf auch ein Eiferer für die Kirchenlehre deshalb ihre Treue gegen das Christentum und die Kirche nicht verdächtig machen. Eine christliche Gewissenhaftigkeit kann sich gerade auch in der ernsten Zurückhaltung zeigen, welche sie manchen dogmatischen Fragen gegenüber üben, während man auf jener anderen Seite dieselben mit übergroßer Zuversicht abmacht. Durch sittliche Früchte, durch Akte sittlicher Selbstüberwindung und Selbstverleugnung und schlichter treuer Pflichterfüllung bewährt sich der christliche Geist bei ihnen oft mehr als bei gar manchen, die im Vollbesitze der Gotteskindschaft wie des Glaubens sich über sie erheben zu können meinen. Wo solche Glieder der Kirche — wenn auch nur in ihrer Weise — für das Christentum und unsere Kirche eintreten, haben wir jedenfalls des Wortes (Mark. 9, 40) „Wer nicht wider uns ist, der ist für uns" zu gedenken.

Aber allerdings hat unsere Kirche solchen Gliedern gegenüber genug Grund zum Bedauern und auch zu einem Vorwurf darüber, daß sie nicht in den vollen Inhalt und Zusammenhang der geoffenbarten göttlichen Wahrheit, an die sie sich halten möchten, mit allem Ernst auch tiefer einzudringen, über den Grund ihres Glaubens an sie sich sichere Rechenschaft zu geben, über Zweifelhaftes in der Kirchenlehre, das vielleicht doch höhere Bedeutung haben könnte, ihre Überzeugung festzustellen und die Wahrheit, auf die sie ihr Leben im höchsten Sinne des Wortes zu bauen haben, eben als Wahrheit auch mit dem Inhalt alles übrigen Erkennens und aller anderen Lebensgebiete in harmonischen Zusammenhang zu bringen bedacht sind. Insbesondere pflegt es an der rechten Bekanntschaft mit der heiligen Schrift und einem Sichhineinverfetzen in den ganzen Gehalt und Gang ihrer Thatfachen und ihrer Gedanken und Anfchauungen zu fehlen. Weithin wirken bei diefem Mangel die Einflüffe eines überlieferten aufklärerifchen Rationalismus unwillkürlich bei ihnen fort. Leicht wirkt dazu auch bei fonft gewiffenhaften Perfönlichkeiten ein Mangel an Mut einer Richtung gegenüber, die auf weltliches Wiffen und weltliche Bildung pocht, als ob hiergegen eine Berechtigung des Glaubens nicht mehr auffommen könnte.

So broht dann auch dem Glauben jener Chriften felbft Gefahr, wenn fie für diejenige Wahrheit, von der auch fie nicht laffen möchten, unter Anfechtungen und im Kampf mit eigenen und fremden Gedanken fich feft entfcheiden follten; fie werden da immer die Folgen jenes Mangels fchwer empfinden müffen. Und jedenfalls find fie fchlecht dazu befähigt, mit Gemeindegenoffen der erftgenannten Art, welche für das jenen Mangelnde mehr Bedürfnis fühlen und diefes im Anfchluß an die ganze überlieferte Lehre befriedigen möchten, fich als wahrhafte Glieder Einer Gemeinde zu verftändigen.

Den hier charakterifierten Gemeindegliedern gegenüber müßte zum Behuf irgend welcher Verftändigung auch mit dem größten Nachdruck die Forderung erhoben werden, daß man den verfchiedenen negativen und pofitiven Beftrebungen nach einer fogenannten zeitgemäßen Geftaltung des Glaubensbekenntniffes nicht den ganzen weiten Spielraum öffne, auf den wir oben (S. 323 ff.) hinwiefen, fondern den wirklichen Glaubensinhalt in beftimmtem, ehrlichem Ausdruck wahre. Und was läßt hierfür von diefer Seite bis jetzt fich erwarten?

Wenn endlich in den Kämpfen über unfere Glaubens- und Bekenntnisfragen neben jenen treuen Anhängern der kirchlichen Überlieferung auch viele ftehen, deren chriftliches Intereffe und religiöfer Charakter überhaupt berechtigten Zweifeln unterliegt (S. 329), fo ftehen wahrlich bei den Streitern gegen Bekenntniszwang, Befchränkung der Forfchung, Freiheit des Wortes u. f. w. noch viel größere Scharen, die zu Zweifeln gleicher Art uns nötigen. Äußerft unklar ift bei ihnen oft auch fchon die Auffaffung der vorliegenden Streitpunkte, kläglich die Unkenntnis des Schriftwortes, höchst mangelhaft das Verständnis des Sinnes kirchlicher Lehren.

Dabei erheben sich auf dieser Seite gar viele Rufer im Streit, von denen wir ihrem eigenen christlichen und kirchlichen Standpunkt nach ein Wirken für wahre Einigung der Gemeinde in Glauben und Bekenntnis hoffen möchten und doch nicht können. Denn sie zeigen eine bedauerliche Scheu davor, auch alles das, was auf ihrer eigenen Seite einer richtigen Einigung entgegensteht, mit Offenheit und Entschiedenheit abzuweisen, oder auch nur wenigstens demjenigen immer klar und scharf entgegenzutreten, worin auch sie geradezu eine Gefahr für den Glauben und zugleich für echte, gediegene Wissenschaft erkennen müssen, während es von angeblichen Vorkämpfern der Glaubensfreiheit vorgetragen wird. Wie kann man da ängstlichen Genossen des alten Glaubens zumuten, durch Erklärungen sich beruhigen zu lassen, die von dieser Seite aus und, wie sie sagen werden, aus einer so gearteten Genossenschaft heraus an sie gerichtet werden?

Eine wirkliche gemeindliche Einigung in dieser Sache des Glaubens ist nur zu hoffen, wenn eine höhere Macht die Christen der einen und anderen Seite in diejenige innere Arbeit des Glaubens und Erkennens hineinführt, an der es, wie wir sehen, hier und dort fehlt, und so ihnen dann auch die Treue und den Mut giebt zu offener Aussprache.

Hoffen aber lassen uns in dieser Hinsicht eben diejenigen Angriffe gegen den christlichen Glauben und jede Religion, welche gegenwärtig in einem bis dahin unerhörten Umfang durch die Massen unseres Volkes hindurch sich ausbreiten, an allen Bestandteilen und Grundlagen des Glaubens öffentlich rütteln und noch viel weitere praktische Konsequenzen erwarten lassen. Denn einerseits werden sie treuen Gliedern der Kirche, die um der eigenen Ruhe willen und um andere Gemeindeglieder nicht zu beunruhigen, die Einwendungen gegen das Überlieferte und die unleugbaren Unterschiede zwischen Haltbarem und Unhaltbarem für sich und andere am liebsten verhüllen möchten, ein solches Verhalten fernerhin unmöglich machen. Andererseits werden diejenigen, welche in den von ihnen festgehaltenen wenigen, aber geläuterten Wahrheitsaussagen mehr wirkliche, feste und fruchtbare Wahrheit als im weitschichtigen, veralteten und mindestens unsicheren Inhalt der kirchlichen Bekenntnisse zu besitzen und dieses ihres Besitzes auch ohne eingehende Beschäftigung mit sogenannten dogmatischen, metaphysischen Fragen, mit dem Inhalte der heiligen Schrift und mit dem eigentlichen Sinn und Grund der kirchlichen Glaubenssätze sicher zu sein meinten, unter den auch für sie bevorstehenden äußeren und noch viel mehr inneren Entscheidungen und Kämpfen erst recht erfahren müssen, wie sehr einer darauf gerichteten inneren Arbeit, Vertiefung und Festgründung auch sie noch bedürfen; sie werden würdigen lernen, was sie beiseite setzten oder gar in vorschnellem Urteil abwiesen, — werden erfassen und festhalten, auch was nie in die Formen unseres irdischen menschlichen Denkens sich vollkommen fassen und darin zum Ausdruck bringen läßt.

Die geschichtlichen Fügungen Gottes in der Entwickelung unserer Kirche und unseres Völkerlebens haben uns darauf hingewiesen, wie die Zugehörigkeit zur Kirche immer mehr Sache persönlicher Entscheidung und nicht bloßen Herkommens und äußerer Ordnung werden soll. Wir werden ebenso aus ihnen lernen müssen, wie diejenigen, welche für eine Kirche und ihren Glauben sich erklären, diesen auch mehr und mehr durch eine wirkliche innere Aneignung, Durchdringung und zugleich Prüfung seines Inhaltes wahrhaft zu dem ihrigen machen sollten. Wie eine solche Aneignung im Innern der Persönlichkeit und nicht etwa bloß im Kopfe vor sich gehen soll und so gerade auch bei sehr schlichten Christen vor sich gehen kann, braucht hier nach allem bisher Gesagten nicht weiter auseinander gesetzt zu werden.

Das wird der Weg sein, auf welchem die gegenwärtig so schwierig scheinende Einigung im Glauben und auch im Ausdruck des Glaubens für uns zu erhoffen ist. Weiter wird dazu eine Gemeinsamkeit des Wirkens dienen, in welcher die Bedrohung unseres ganzen sittlichen und religiösen Lebens durch jene dunkeln, in die Öffentlichkeit hervorbrechenden Mächte diejenigen Glieder der Kirche, die trotz aller Glaubensdifferenzen doch thatsächlich noch Eines Geistes Kinder sind, zum Schutze der höchsten Güter und zur Rettung weiter, bisher verwahrloster Menschenmassen vereinigen muß. Eben in solcher Gemeinschaft und ihren Früchten wird der Eine Geist als solcher sich kundgeben und bewähren. Eben in solchem Wirken muß es auch allen im Gegensatz gegen bisherige verschiedenartige falsche Voraussetzungen klar werden, auf was es zur Vertheidigung und Begründung des Glaubens und so auch für den Glauben selbst vor allem und wesentlich ankomme.

Wo einmal eine wirkliche, lebendige Einheit christlichen Lebens und Glaubens erreicht ist, wird dann der Ausdruck dieses Glaubens im kirchlichen Bekenntnisse sich kurz fassen können. Und er wird sich möglichst in inhaltsvolle schlicht biblische Worte kleiden. Der Gefahr, daß diese verschiedenartigen Deutungen anheimfallen möchten, wird in einer Gemeinde, die ein echt christliches Gemeinleben hat, besser durch jeweilige brüderliche Verständigung ihrer Leiter und Vertreter mit einander begegnet werden, als durch gesetzlich firierte, aus dem wissenschaftlichen Denken stammende und doch selbst auch wieder verschieden deutbare und im Lauf der Zeit sich wandelnde Begriffsformen.

Blickt man auf die gegenwärtigen Zustände und Mißstände unserer Kirche und von hier aus weiter auf ihre Zukunft, so möchte hier freilich auch manchem bange werden, der in betreff seiner eigenen Person mit Dank gegen Gott seines Heils gewiß ist. Wo finden wir denn in der Gegenwart die Zeichen und Pfänder für jenes Hoffen auf die Zukunft, deren Gefahren so unabweisbar sich uns aufdrängen? Ganz absehen müssen wir dabei vornweg vom Gedanken an eine bleibende äußere Machtstellung der Kirche, an reiche äußere Existenzmittel derselben. Wird sie denn nur überhaupt Bestand behalten als Gemeinwesen, als Kirche Christi, als Gemeinde der Gläubigen?

Aber eben auch diese Gemeinde der Gläubigen und das, daß sie laut unseres Augsburger Bekenntnisses (Art. 7) „allezeit müsse sein und bleiben," ist und bleibt ja für uns immer Gegenstand des Glaubens. Auch bei den dunkeln Fragen über sie und ihre Zukunft halten wir uns einfach an dieses Glaubens Wesen und Grundlagen, wie wir sie hier klarzustellen versucht haben. Es bleibt dabei: der Glaube ist kein Sehen; er geht auch nicht aus einem menschlichen Denken hervor, das mit seinem Weltwissen oder seinen eigenen Begriffen

Berechnungen anstellt. Gott wirkt den Glauben durch seine Offen=
barung in den Herzen, die ihn hier wirken lassen. Und das Heil,
an das die gläubigen Christen und Gemeinden glauben, sollen sie
auch wirklich selbst erleben und in des göttlichen Geistes Kraft
und sittlichen Früchten davon weiter zeugen. Es bleibt dabei
(1. Kor. 2, 5): „daß euer Glaube bestehe nicht auf Menschen
Weisheit, sondern auf Gottes Kraft."

Alphabetisches Sachregister.

Abendmahlsworte Jesu S. 185.
Abraham S. 208.
Absolute, das S. 137.
Agrikola S. 216.
Altes Testament s. Offenbarung.
Amos S. 158, 162.
Anfang der Weltentwickelung S. 105.
Anfechtungen der Gläubigen S. 239, 252.
Anthropomorphismen S. 140, 239.
Apostel S. 187 ff.
Apostolicum, apostolisches Glaubensbekenntnis S. 312, 320.
Assensus und Fiducia S. 78.
Athanasianisches Glaubensbekenntnis S. 312.
Atome S. 101, 118.
Auferstehung Jesu S. 37 ff., 70 ff., 108, 320.
Augsburger Konfession S. 76, 216, 280, 311, 334.
Baptisten S. 226.
Beweise für den christlichen Glauben S. 10 ff., 46; fürs Dasein Gottes S. 12 ff., 59, 93 ff. (kosmol. u. teleolog.); 130 f. (ontolog.).
Buße und Glauben S. 214 ff.
Calvin S. 217, 236, 299, 301.
Causalzusammenhang der Welt S. 96.
Christus, seine Person, Gottessohnschaft S. 20 ff., 181 f., 193, 195 ff., 312, 315 ff.; sein Heilswirken, Sühne u. s. w. S. 185 f., 194, 246 ff., 317.

Concordienformel S. 218, 315, 317 f.
Consilia und Praecepta S. 268.
Daniel S. 177.
Darwinsche Theorie S. 96.
Dekalog S. 152, 164.
Denken, reines S. 2, 89, 130.
Dogma s. Glaubensbekenntnis.
Egoismus S. 266, s. Selbstliebe, Wohlsein.
Elastizität (angebliche) **der Naturgesetze** S. 109.
Empirische Welterkenntnis S. 91.
Entwickelungstheorie S. 96 ff.
Erbauung der Gemeinde S. 277.
Erkenntnis S. 80 ff.; vgl. die Inhaltsübersicht.
Erlösung S. 151, 230 ff.
Eudämonismus S. 266, s. Wohlsein.
Exaktes Wissen S. 93.
Fichte, J. G., über Glauben im Gegensatz gegen Skepsis S. 119.
Forensischer Akt der Rechtfertigung S. 238.
Freiheit, christliche S. 261, 268 ff., 298, 301.
Friede und Freude des Christen, Fühlen S. 251 f.
Gehorsam — im Glauben S. 41 f.
Geist im biblischen Sinn S. 41, 257; Geist Gottes und Christi als Geist der Sohnschaft S. 234 ff.; Treiben des Geistes, seine Früchte S. 257 ff.

Köstlin, Der Glaube. 22

Geistliche Gewalt S. 285.
Gemeinde S. 1, 275 ff.
Gewissen S. 47.
Glaube, Begriff des G. S. 5, 78, 297; s. Inhaltsübersicht.
Glaubensbekenntnis S. 306 ff.
Gnade. Gnadenwirkungen (Verhältnis zur menschlichen Selbstbestimmung) S. 218, 325.
Gnadenmittel S. 221 ff.
Gott, Grund des Glaubens an ihn S. 59 ff.; Gottes Wesen S. 136 ff.
Gotteskindschaft der Christen S. 232 ff.
Gottesreich S. 19, 180 f.
Griechische Einflüsse im Judentum S. 178.

Hegelsche Philosophie S. 2, 89.
Heilige (die Christen) S. 279; Heilige im katholischen Sinn S. 298.
Himmelreich s. Gottesreich.

Jakobusbrief S. 190 f., 253 f., 318.
Jeremia S. 170.
Jesaia S. 169 f.
Inspirationslehre S. 200, 317 ff.
Johannesevangelium u. Briefe S. 22, 37, 183 f., 192 f., 254.
Irvingianismus S. 199, 283.

Kants Auffassung des Sittlichen S. 54, 263.
Katholizismus, römischer S. 199, 244, 256, 267, 282, 295, 296 ff., 303 ff.
Kenotiker (Thomasius, Geß) S. 316.
Kindertaufe S. 223 ff., 290 f.
Kirche S. 75, 275 ff.; Vielheit von Kirchen S. 286, 293 ff.
Kirchenordnungen, Kirchengewalt, Kirchenregiment S. 281 ff., 285.
Konfirmation S. 287.
Kopernikan. Weltsystem S. 120.
Kultusformen S. 295.

Leben, physisches S. 102 f.; Leben als Heilsbesitz S. 228 ff.

Lessing über zufällige Geschichtswahrheiten S. 73.
Liebe, Gott als L. S. 141, 258 f.; L. zu Gott, zum Nächsten u. den Brüdern S. 212, 248, 258 ff.; 268; L. zu Christus S. 213; Liebe und Glauben S. 212, 248, 258.
Logos S. 195 ff.
Luther S. 3, 190, 200, 215, 230, 236, 252 f., 261, 272, 286, 299 f., 314, 316, 318.
Lutherische Kirche und reformierte S. 299 ff.

Makkabäerzeit S. 176.
Maria im Katholizismus S. 298.
Melanchthon S. 218, 236, 314.
Metaphysik (und Religion) S. 2, 89, 143.
Metaphysisches u. Ethisches S. 25.
Moses S. 162, 209.
Motiv des christlich sittlichen Verhaltens S. 266 f.
Mystik S. 138, 192.

Natur S. 93 ff.
Naturen Christi S. 315.
Naturgesetze S. 107 ff.
Nicänisches Glaubensbekenntnis S. 312.
Nordamerikanische Staaten: Verhältnis zur Kirche S. 291.
Nordamerikanische Presbyterianer S. 327.

Offenbarung, biblische S. 10, 14, 63, 151, 319; Alttestamentliche S. 152 ff.; Neutestamentliche S. 179.
Offenbarung Johannes S. 194 f.
Organismen, natürliche S. 100.

Parsismus S. 178.
Paulus S. 188 ff., 242, 252, 271.
Pentateuch S. 152 ff.
Persönlichkeit Gottes S. 141, 146.
Petrus, Briefe S. 190.

Phantasie im religiösen Vorstellen S. 149.
Philo S. 197.
Philosophie S. 131.
Pietismus S. 270, 302.
Prädestinatianismus S. 299 ff.
Präexistenz Christi S. 195, 204.
Preußische Landeskirche S. 302 f. (Union), 326.
Propheten, alttestamentliche S. 165 ff.
Protestantismus, protestant. Kirche S. 296 ff.
Psalmen S. 175.

Rechtfertigung S. 232, 235 ff.
Reformierte Kirche und lutherische S. 299 ff.
Religion und Sittlichkeit S. 20, 240, 262.
Reue S. 217.

Sakramente S. 279.
Samuel S. 165.
Schmalkalder Artikel über die hl. Schrift S. 318, über Rechtfertigung S. 236.
Schönheitssinn S. 56.
Schöpfungsbericht 1. Mos. S. 121.
Schrift, heilige S. 317 ff.
Schriften, neutestamentliche S. 74, 199 ff.
Schuld u. Vergebung S. 230, 325.
Selbstliebe S. 265, vgl. Wohlsein.
Sittliche Normen: ihre Ableitung und Begründung S. 48 ff., 262 ff.
Sittlichkeit u. Religion s. Religion.
Spener über das Empfinden S. 252.
Staat, Staatsgewalt: ihre Stellung zur Kirche S. 285, 289 ff.
Sünde: Schuld und Macht der Sünde S. 230 ff.
Synergismus S. 218.

Taufe S. 223.
Teleologie in der Natur u. Welt S. 95 ff.

terrores incussi conscientiae (Conf. Aug.) S. 216, 231.
Trinitätslehre S. 17, 312 ff.

Unbedingtheit der sittlichen Forderungen S. 48, 54, 262.
Union zwischen Lutheranern u. Reformierten S. 302 f.
Unsichtbarkeit der Kirche S. 281.

Verdienst (im Katholizismus) S. 244, 255, 268.
Vermögen des natürlichen Menschen S. 219, 244 f., 325.
Vernunft, praktische S. 54, 123 ff.
Versöhnungslehre S. 246 ff., 325; vgl. Christus.
Vorsehung, göttliche (vgl. Weltordnung) S. 62, 77, 116.

Welt — Welterkennen S. 91 ff.; weltlich-sittliche Aufgaben und Güter S. 269 ff.
Weltordnung, Weltlenkung S. 58, 115 ff., 272 ff.; vgl. Vorsehung.
Wiedergeburt S. 226 f.
Wille — sittlicher, beim Menschen überhaupt S. 17 ff.; Beziehung zum Glauben S. 41, 57, 77, 211; Willensfreiheit S. 115 ff.
Wohlsein, eigenes: Verhältnis des sittlichen Wollens dazu S. 48 ff., 265.
Wunder S. 28 ff., 69, 107 ff., 320.

Zeremonialgesetz, alttestamentliches S. 176.
Zeugnisse, geschichtliche, für die Offenbarungsthatsachen S. 14 ff.
Zeugung, Jesu übernatürliche S. 179, 320 f.
Zug, innerer göttlicher S. 33, 76, 207.
Zweckmäßige Ordnung der Natur s. Teleologie.

22

Verzeichnis der beigezogenen Bibelstellen.

1. Mos. 1, S. 121.
— 1, 28, S. 270.
— 15, 6, S. 209.

Jesai. 2, S. 172.
— 6, 5 ff., S. 166.
— 7, 9, S. 203.
— 9 u. 11, S. 169.
— 40 ff., S. 170, 172.
— 53, S. 171, 173, 185.

Jerem. 20, 7, S. 166.
— 31, S. 170.

Hosea 4, 1, 12, 7, S. 166.

Amos 2, 4, 11; 3, 7; 5, 14; 7, 14, S. 162.

Micha 4, S. 172.

Psalm 8, 2 ff., S. 270.

Sprichwörter 8, 22 ff., S. 196.

Matth. 4, 17, S. 19, 217.
— 5—7, S. 27, 180.
— 5, 3, S. 177.
— 5, 2, 45 ff., S. 24, 181, 234.
— 5, 18, S. 176.
— 6, 23, S. 57.
— 7, 14, S. 229.
— 7, 29, S. 27.
— 10, 29, S. 274.
— 10, 37, S. 182.
— 10, 39, S. 265.
— 11, 4 ff., S. 29, 181.
— 11, 11, S. 181.

Matth. 11, 25 ff., S. 22, 33, 177, 184.
— 12, 28, S. 181.
— 13, S. 181.
— 13, 44, S. 288.
— 15, 10 ff., S. 188.
— 16, 1 ff., S. 30.
— 16, 13 ff., S. 20, 32, 184.
— 16, 18, S. 187.
— 17, 25, S. 233.
— 18, 17, S. 187.
— 19, 26, S. 274.
— 20, 28, S. 151.
— 22, 37, S. 265.
— 28, 19, S. 18.

Mark. 1, 1, S. 29.
— 1, 14, S. 19, 217.
— 6, 5, S. 29.
— 8, 11, S. 30.
— 8, 35, S. 265.
— 8, 37, S. 231.
— 10, 38, S. 186.

Luk. 1, 35, S. 322.
— 1, 6, 70 ff. und 2, 29 ff., S. 177.
— 2, 41 ff., S. 22, 180.
— 7, 47 ff., S. 21, 246, 249, 261.
— 9, 24, S. 265.
— 14, 26, S. 182, 265.
— 17, 21, S. 181.
— 17, 33, S. 265.
— 22, 37, S. 186, 199.
— 24, 15, S. 39.

Joh. 1, 1, S. 195.
— 1, 12, S. 25, 35, 86, 211, 233.

Verzeichnis der beigezogenen Bibelstellen. 341

Joh. 1, 14, S. 74, 147, 197.
— 1, 17, S. 172.
— 1, 48, S. 177.
— 3, 3 ff., S. 25, 224.
— 3, 8, S. 41, 76, 257.
— 3, 13, S. 23.
— 3, 16, S. 211, 228, 231.
— 3, 19, S. 37.
— 4, 38, S. 23.
— 4, 48, S. 30.
— 5, 24, S. 184, 228.
— 5, 26, S. 72.
— 5, 36, S. 30.
— 5, 40 ff., S. 34.
— 6, 29, S. 35.
— 6, 30 ff., S. 30.
— 6, 38, 62, S. 23, 34.
— 6, 40, 47, S. 211.
— 6, 44, 65, S. 33.
— 6, 63, 68, S. 37.
— 6, 69, S. 66, 85.
— 7, 17 f., S. 32, 35, 37, 57, 77, 128.
— 7, 38, S. 276.
— 8, 29, S. 23.
— 8, 42, S. 23.
— 8, 46, S. 32.
— 8, 58, S. 196.
— 10, 10, S. 230.
— 10, 17, S. 186.
— 10, 28 ff., S. 22, 34.
— 10, 37 f. S. 30.
— 13, 10, S. 246.
— 14, 15 ff., S. 254.
— 14, 21 f., S. 37.
— 14, 14, 26, S. 74.
— 15, 10, S. 23, 25, 254.
— 15, 11, S. 251.
— 16, 28, S. 22.
— 17, 3, S. 44, 86.
— 17, 6, S. 151.
— 17, 15, S. 271.
— 17, 19, S. 72, 74, 151, 186, 247.
— 20, 14 ff., S. 39.

Joh. 20, 17, S. 24, 72, 185.
— 20, 28, S. 39.
— 20, 31, S. 207.
— 21, 15 ff., S. 213.

Apgesch. 2, 27, S. 38.
— 2, 37, S. 41, 215.
— 4, 12, S. 88.
— 4, 23, S. 1.
— 8, 32 f., S. 194.
— 9, 1 ff., S. 40.
— 10, 38, S. 41.
— 13, 33 ff., S. 38.
— 15, S. 294.
— 16, 14, S. 41.
— 20, 21, S. 217.
— 20, 23, S. 277.
— 21, 17 ff., S. 40.

Röm. 1, 4, S. 38, 322.
— 1, 5, S. 42.
— 1, 16 f., S. 151, 228, 232, 242.
— 1, 21 ff., S. 242.
— 2, 14 f., S. 52, 61, 244 f.
— 2, 17 ff., S. 242.
— 3, 19, S. 231.
— 3, 24, S. 232.
— 4, 3, 11, S. 209.
— 4, 21, S. 6.
— 5, 1, S. 251.
— 5, 2, S. 232, 251.
— 5, 5, S. 249.
— 5, 17, S. 229.
— 6, 2 ff., S. 216, 224.
— 6, 4, S. 72.
— 6, 14 ff., S. 189.
— 6, 16, S. 253.
— 7, 6, S. 189.
— 7, 7 ff., S. 40.
— 7, 23, S. 245.
— 7, 25, S. 245.
— 8, 2, S. 229.
— 8, 14 f., S. 233, 257.
— 8, 23, S. 256.

Röm. 8, 28, S. 213, 274.
— 8, 33 ff., S. 213, 235, 253.
— 10, 3, S. 42, 214.
— 10, 10, S. 42.
— 10, 16, S. 41.
— 13, 10, S. 268.
— 14, S. 271.
— 14, 4, S. 308.
— 14, 14, S. 271.
— 14, 17, S. 181.
— 14, 19, S. 277.
— 15, 4, S. 86.
— 15, 13, S. 251.
— 15, 18 f., S. 28.
— 16, 26, S. 42.

1. Kor. 1, 2, S. 279.
— 1, 26 ff., S. 33.
— 2, 5, S. 41, 74, 335.
— 2, 6, S. 193, 297.
— 2, 9, S. 65, 213.
— 2, 10 f., S. 201.
— 2, 13, S. 319.
— 3, 5, S. 276.
— 4, 15, S. 276.
— 7, 14, S. 225, 290.
— 7, 40, S. 201.
— 8, 4, S. 80.
— 8, 6, S. 195.
— 9, 1, S. 40, 189.
— 9, 19, S. 294.
— 10, 31, S. 265.
— 11, 23 ff., S. 185.
— 12, 3, S. 41.
— 12, 6, 9 f., S. 28.
— 12, 13, S. 224.
— 12, 28, S. 294.
— 13, 8 ff., S. 87.
— 13, 12, S. 145, 319.
— 13, 13, S. 258.
— 14, 40, S. 281.
— 15, 3 ff., S. 40, 70.
— 16, 22, S. 213.

2. Kor. 3, 6, S. 229.
— 5, 7, S. 87.
— 5, 10, S. 253.
— 5, 14 f., 21, S. 194.
— 9, 4, S. 6.
— 11, 17, S. 6.
— 12, 2 ff., S. 40.
— 12, 12, S. 28.
— 13, 11, S. 258.

Gal. 1, 16, S. 40, 189.
— 2, 1 ff., S. 294.
— 2, 11 ff., S. 190 f.
— 2, 20, S. 213, 251.
— 3, 13, S. 194.
— 3, 26 f., S. 234.
— 4, 5 ff., S. 233 f., 257.
— 5, 6, S. 258.
— 5, 18, S. 189.
— 5, 22, S. 258.

Ephes. 1, 6, S. 232.
— 1, 18, S. 41.
— 1, 19 f., S. 38.
— 1, 22 f., S. 294.
— 2, 8, S. 228, 237, 245.
— 2, 10, S. 253.
— 2, 18, S. 232.
— 2, 21, S. 294.
— 3, 2, S. 251.
— 3, 12, S. 232.
— 3, 17 ff., S. 42, 224, 251.
— 4, 8 f., S. 86.
— 4, 12, 29, S. 277.
— 5, 25 f., S. 224.
— 6, 24, S. 213.

Phil. 1, 11, S. 265.
— 2, 6 ff., S. 198.
— 3, 12, S. 189.

Kol. 1, 13, S. 181, 232.
— 1, 15 ff., S. 197.
— 2, 2 ff., S. 86.
— 2, 9 f., S. 147.

Verzeichnis der beigezogenen Bibelstellen.

Kol. 2, 11 ff., S. 38, 72, 224.
— 2, 17, S. 176.
— 3, 1, S. 272.
— 3, 17, S. 265, 271.

2. Theff. 1, 8, S. 41.

1. Tim. 3, 15, S. 305.
— 4, 4, S. 271.

2. Tim. 2, 8, S. 322.

Tit. 2, 14, S. 232.
— 3, 5 ff., S. 224.

Hebr. 2, 4, S. 28.
— 3, 14, S. 6.
— 5, 7 f., S. 185.
— 9, 28, S. 194.
— 10, 22 ff., S. 6, 224.
— 11, 1, S. 6.

Jakob. 1, 12, S. 213.
— 1, 18, S. 191.
— 1, 25, S. 191, 268.
— 2, 18, S. 251.

Jakob. 2, 19, S. 7.
— 2, 24, S. 253.

1. Petr. 1, 2, S. 41, 186, 211.
— 1, 8, S. 213.
— 1, 18, S. 232.
— 1, 22, S. 211.
— 1, 23, S. 25.
— 2, 22 ff., S. 194.

1. Joh. 1, 7, S. 254.
— 2, 20, 27, S. 201.
— 3, 1, S. 233.
— 3, 9, S. 25, 259.
— 3, 19 ff., S. 254.
— 4, 7 ff., S. 44, 65, 142, 258.
— 4, 16, S. 86, 142.
— 4, 18, S. 254.
— 4, 21 ff., S. 43.
— 5, 1 ff., S. 42, 233, 259.
— 5, 4, S. 274.

Offenb. Joh. 3, 14, S. 195.